EL ARBITRAJE

Rodolfo Cruz Miramontes
Oscar Cruz Barney
Instituto de Investigaciones Jurídicas
Universidad Nacional Autónoma de México

EL ARBITRAJE

Utilización y práctica en México y en los Tratados comerciales internacionales

BOSCH
MÉXICO

Consulte en la Web de Editorial Bosch (www.digital.bosch.es) posibles actualizaciones, gratuitas, de esta obra, posteriores a su fecha de publicación.

Avenida Carrilet, 3
Edificio D, 9.ª planta
08902 Hospitalet de Llobregat (Barcelona)
http://www.editorialbosch.mx

Primera edición: noviembre, 2013

ISBN: 978-84-9790-730-9

Diseño, Preimpresión e Impresión Wolters Kluwer España, S.A.

Abreviaturas 9

Nota preliminar 11

CAPÍTULO I. La solución de controversias 15
1. Los medios alternativos de solución de controversias 15
   1.1. Los Mecanismos de Solución de Controversias no tradicionales 20
      1.1.1. El pequeño juicio 20
      1.1.2. El arbitraje derivado 22
      1.1.3. El Juicio sumario ante jurado 22
      1.1.4. El oyente neutral 22
      1.1.5. La opinión de un experto neutral 23
      1.1.6. Adaptación de contratos 23
      1.1.7. El juicio privado 24
      1.1.8. La transacción 24
   1.2. Los Mecanismos de Solución de Controversias Tradicionales 27
      1.2.1. Las consultas 27
      1.2.2. La investigación 28
      1.2.3. La mediación 29
      1.2.4. La conciliación 32
      1.2.5. Los buenos oficios 35
      1.2.6. La amigable composición o el amiable compositeur 35

CAPÍTULO II. El Arbitraje y su naturaleza jurídica 39
1. La naturaleza jurídica del arbitraje 39
   1.1. La teoría contractualista 41
   1.2. Teoría del mandato 41

1.3. Teoría jurisdiccionalista o publicista ... 42
1.4. Teoría Mixta o Híbrida ... 47
1.5. Teoría de la naturaleza fundamentalmente original del arbitraje ... 48
2. Tipos de arbitraje ... 54
2.1. El Arbitraje de derecho privado, el Arbitraje de derecho público y el Arbitraje "Mixto" ... 55
2.2. El Arbitraje interno y el Arbitraje internacional ... 57
2.3. El Arbitraje comercial y el Arbitraje civil ... 57
2.4. El Arbitraje Institucional y el Arbitraje Ad hoc ... 57

CAPITULO III. El procedimiento arbitral ... 59
1. La cláusula o acuerdo arbitral ... 59
2. Los árbitros ... 64
3. La substanciación del procedimiento arbitral y la ley aplicable al fondo y al procedimiento ... 68
3.1. Los medios probatorios ... 72
4. EL LAUDO ... 73
5. La homologación y ejecución de los laudos arbitrales ... 77
6. La responsabilidad de los árbitros ... 85
7. ¿Las facultades de los árbitros no están acordes con la Constitución? 88
7.1. ¿Los tribunales arbitrales son especiales por lo tanto violan la Constitución? ... 89
8. El Orden Público en el Arbitraje ... 91
9. Procedimientos tradicionales de solución de controversias ... 101
9.1. El Arbitraje en Derecho Judío ... 101
9.2. El Tribunal de las Aguas de la Vega de Valencia ... 103

CAPÍTULO IV. El Arbitraje en México ... 105
1. El arbitraje en México: antecedentes históricos ... 105
1.1. Derecho Castellano ... 107
1.2. Derecho indiano ... 124
1.3. Derecho Nacional ... 132
1.4. Experiencia de México en el Arbitraje Internacional ... 151
1.4.1. Las Comisiones Mixtas de Reclamaciones ... 152
1.4.2. El Fondo Piadoso de las Californias ... 153
1.4.3. El caso de "El Chamizal" ... 155
1.4.4. La Isla de la Pasión o Cliperton ... 156
2. El Arbitraje Comercial: su regulación jurídica y ejercicio profesional ... 157

2.1. El arbitraje de la Comisión para la Protección del Comercio Exterior (COMPROMEX): El Banco Nacional de Comercio Exterior y el Instituto Mexicano de Comercio Exterior (IMCE) ... 160
3. Los acuerdos internacionales en los que México forma parte: los mecanismos de solución de controversias en el TLCAN ... 163
3.1. Medidas Generales en la solución de conflictos: Capítulos VIII, XVIII y XX ... 164
3.2. Los mecanismos de solución de controversias del Capítulo XIX ... 178
3.3. Medidas especiales en la solución de conflictos: Capítulos XI y XIV ... 189
3.4. Los Acuerdos Paralelos en materia ambiental y laboral ... 193
4. Otros acuerdos internacionales ... 197
4.1. El Tratado de Libre Comercio entre México y la Unión Europea (TLCUE) ... 198
4.2. El Mecanismo de Solución de Controversias del GATT-Organización Mundial de Comercio (OMC) ... 207
4.3. La Corte Permanente de Arbitraje de La Haya ... 220
4.4. Solución de controversias entre partes en el Acuerdo para el Fortalecimiento de la Asociación Económica entre los Estados Unidos Mexicanos y Japón ... 222
5. México y el Arbitraje Nacional ... 234
5.1. El Código de Comercio ... 234
5.2. El Código de Procedimientos Civiles del Distrito Federal ... 250
5.3. El Código Federal de Procedimientos Civiles ... 258
5.4. La Cámara Nacional de Comercio Servicios y Turismo de la Ciudad de México ... 258
5.5. El Centro de Arbitraje de México (CAM) ... 269
5.6. El arbitraje en las Confederaciones de Cámaras, en las Cámaras Industriales y en los Colegios de Abogados ... 276
5.7. Otros sistemas ... 277
5.7.1. La Ley de Protección y Defensa al Usuario de Servicios Financieros ... 277
5.7.3. La Procuraduría Federal de Protección al Consumidor ... 296
5.7.4. Ley de la Propiedad Industrial ... 300
5.7.5. La Ley Federal del Derecho de Autor ... 300
5.7.6. Laboral ... 305

Capítulo V. México y el arbitraje comercial internacional administrado por organismos especializados ... 307
1. La Cámara Internacional de Comercio CCI ... 307
2. La Asociación Americana de Arbitraje AAA ... 339
3. La Convención Interamericana de Arbitraje Comercial Internacional CIAC ... 350
4. El Centro de Arbitraje Iberoamericano CAI ... 352
   4.1. La Secretaria General Iberoamericana (SEGIB) y la Conferencia de Ministros de Justicia Iberoamericanos (COMJIB) ... 353
   4.2. La Unión Iberoamericana de Colegios y Agrupaciones de Abogados UIBA ... 355
   4.3. El Acuerdo Marco de Colaboración para promover la conformación de un Centro de Arbitraje Iberoamericano ... 357
   4.4. El contenido del Acuerdo ... 361

Epílogo ... 369

Bibliografía ... 371

Abreviaturas

C.C.F.	Código Civil Federal
C.C.D.F.	Código Civil del Distrito federal
C.Com.	Código de Comercio
CPCDF	Código de Procedimientos Civiles del Distrito Federal
CFPC	Código Federal de Procedimientos Civiles
ESD	Entendimiento de Solución de Diferencias de la OMC
LFT	Ley Federal del Trabajo
MASC	Medios Alternativos de Solución de Controversias
OMC	Organización Mundial de Comercio
OSD	Órgano de Solución de Diferencias de la OMC
TLCAN	Tratado de Libre Comercio de América del Norte
TLCUE	Tratado de Libre Comercio con la Unión Europea

Nota preliminar

El objetivo del presente estudio es pasar revista a la institución del arbitraje y a su práctica en México que se ha incrementado notablemente en la útlima década.

Iniciamos con un panorama de los Medios Alternativos de Solución de Controversias MASC, para pasar a referirnos, ya en el tema del arbitraje, a los elementos sustantivos del mismo, sus antecedentes históricos, desde el Derecho Romano, el Derecho Castellano, el Derecho Indiano y del Derecho Nacional durante el siglo XIX.

Estudiamos los temas del arbitraje en México, tanto desde el punto de vista comercial como civil, e internacional para después entrar al estudio del arbitraje en el TLCAN, el TLCUE y la OMC. La importancia del tema se manifiesta por el hecho de que en la última década con motivo de la suscripción de numerosos acuerdos comerciales, se ha hecho imprescindible conocerlo y aplicarlo.

La práctica que se ha dado con motivo de los casos tramitados ante los llamados paneles del TLCAN, en particular los del Capítulo XIX, ha servido como mesa de trabajo a varios temas que exigen una sana consideración en el contexto de la práctica arbitral.

A continuación hacemos un breve recorrido por diversos ordenamientos e instituciones que en nuestro país se refieren al arbitraje, para terminar con un capítulo sobre el arbitraje comercial internacional.

La idea es proporcionar al estudiante y estudioso del derecho un panorama general de la institución, sin pretender en ningún momento ser exhaustivos en el tratamiento de los temas: queda mucho por hacer y estudiar.

Pretendemos responder a los requerimientos derivados del aumento notable de casos especialmente en el ámbito del comercio internacional. Asimismo deseamos responder a las inquietudes que se manifiestan en diversas universidades del país y ante otros foros públicos.

Incorporamos una revisión y comentarios a las diversas reformas legislativas sobre Medios Alternativos de Solución de Controversias y al arbitraje.

Dichas modificaciones resultan de gran relevancia pues van desde la Constitución Política al Código de Comercio que se promulgaron en el lapso que corre desde la fecha de la publicación de la edición anterior en 2004 al presente año del 2013.

Esta regulación actualizada ha provocado reacciones por demás importantes como son los programas que algunos Poderes Judiciales de los Estados han implementado para facilitar a sus integrantes, la eventual cooperación que les sea pedida para ejecutar los laudos, en caso de rebeldía ante la imposibilidad del Tribunal Arbitral para ordenarlo directamente por carecer de *imperium*.

Ojala todos estos propósitos se vean reflejados en el texto del presente estudio pero más que ello, deseamos que se útil a quienes lo consulten y así se fortalezca mayormente tan añeja y noble Institución como es el Arbitraje.

Dr. Rodolfo Cruz Miramontes
Dr. Oscar Cruz Barney
México, Distrito Federal, marzo de 2013

«El más sagrado de todos los tribunales debe de ser el que las partes mismas hayan creado y hayan elegido de común acuerdo» [1]

Platón

1. PLATÓN, «Diálogo *Las Leyes o de la Legislación* Libro VI», en *Obras Completas de Platón*, Puestas en lengua castellana por D. Patricio de Azcárate, México, Compañía Editorial Continental, S.A., 1957, Tomo III, p.701.

Capítulo I

La solución de controversias

Las controversias pueden solucionarse directamente por las partes en conflicto o bien por un tercero. Cuando se solucionan por las mismas puede tratarse de autocomposición o bien por autodefensa. En el caso de la intervención de un tercero se trata de la heterocomposición, siendo el caso del proceso jurisdiccional del Estado o bien el procedimiento arbitral. Sin embargo, a partir del surgimiento del Estado Moderno y fundamentalmente del constitucionalismo, el Estado prácticamente vino a ejercer un monopolio sobre la impartición de la justicia, relegando a un segundo plano al proceso arbitral.

Sin embargo, el arbitraje y los Medios Alternativos de Solución de Controversias se han convertido en el mecanismo idóneo del futuro para privatizar la solución de los conflictos, «dentro de la tendencia universal de reducir el papel del Estado en la vida de los particulares.» [2]

Dentro de los medios heterocompositivos el más importante es el jurisdiccional estatal, fundamentalmente a partir del surgimiento del Estado Moderno, en donde el Estado se encarga de la solución de controversias.

1. Los medios alternativos de solución de controversias

Frente a los esquemas tradicionales de solución de controversias han surgido otros medios que buscan convertirse en alternativas ante el litigio jurisdiccional y el mismo arbitraje para solucionar los conflictos entre particulares. A estos

---

2. Díaz, Luis Miguel, *Arbitraje: privatización de la justicia,* 2a edición, México, Editorial Themis, 1998, p. XV. Sobre el tema de la privatización de los conflictos véase su trabajo «Privatización de conflictos», *El Foro, Órgano de la Barra Mexicana, Colegio de Abogados, A.C.,* México, Novena ÉpocaÉpoca, Tomo X, núm. 1, Primer Semestre, 1997.

medios se les conoce como *medios alternativos de solución de controversias*, por sus siglas MASC.[3]

Por éstos, BROWN y MARRIOT entienden «...a range of procedures that serve as alternatives to litigation through the courts for the resolution of disputes, generally involving the intercession and assistance of a neutral and impartial third party. In some definitions, and more commonly, it excludes not only litigation, but all forms of adjudication».[4]

Fernando ESTAVILLO los define como «...una gama de procedimientos que sirven como alternativas a los procedimientos adjudicatorios de litigio y arbitraje para la solución de controversias, que por lo general aunque no necesariamente involucran la intercesión y asistencia de un tercero neutral que ayuda a facilitar dicha solución.»[5]

El término se originó en los Estados Unidos de América en donde han alcanzado un alto grado de aceptación, frente a los mecanismos tradicionales de solución de controversias.

Cabe señalar que el acrónimo MASC se suele aplicar también al arbitraje.[6] Está claro que el arbitraje es una alternativa frente a los mecanismos jurisdiccio-

---

3. En inglés se les conoce como *Alternative Dispute Resolution*, por sus siglas ADR. Sobre este tema se recomienda la lectura del trabajo de ESTAVILLO CASTRO, Fernando, «Medios Alternativos de Solución de Controversias», en BECERRA RAMÍREZ, Manuel, CRUZ BARNEY, Oscar, GONZÁLEZ, Nuria y ORTÍZ AHLF, Loretta, *Obra en Homenaje a Rodolfo Cruz Miramontes,* México, Instituto de Investigaciones Jurídicas, UNAM, 2 tomos, 2008; así como FLORES GARCÍA, Fernando, «Arbitraje, conciliación, amigable composición», *Revista de la Facultad de Derecho de México*, México, UNAM, Tomo XLV, núms. 201-202, mayo-agosto, 1995, entre otros.

4. «...la gama de procedimientos que sirven como alternativas al litigio en tribunales para la solución de controversias, involucrando generalmente la asistencia e intervención de un tercero neutral e imparcial. En algunas definiciones y más comúnmente, se excluye no solamente al litigio sino a todas las formas de decisión obligatoria» (la traducción es nuestra). Véase BROWN, Henry J. y MARRIOT, Arthur L., *ADR principles and practice,* 2nd edition, London, Sweet & Maxwell, 1999, p. 12.

5. ESTAVILLO CASTRO, Fernando, *op. cit.,* nota 3, p. 210.

6. Véase por ejemplo el trabajo de SUÁREZ HERNÁNDEZ, Daniel, «Medios alternativos de solución de conflictos. Transacción, conciliación, amigable composición y arbitramento», *Revista del Instituto Colombiano de Derecho Procesal,* Santa Fe de Bogotá, Vol. II, núm. 25, 1999; también RUSSOMANO BERMUDEZ, Ana V., «Mediación y conciliación. Un camino distinto para resolver los conflictos», *Revista de derecho y ciencia política,* Lima, Perú, Órgano de difusión de derecho y ciencia política de la Universidad Nacional Mayor de San Marcos, vol. 56 (N. 2), segundo semestre, 1998, p. 57. En este sentido, FARIS, J.A., «Reconciling alternative dispute resolution (ADR) and judicial dispute resolution», *CODICILLUS,* Sudáfrica, University of Soth Africa, Faculty of Law, Vol. XXXIII, núm. 2, octubre, 1992, quien además hace una crítica interesante a la utilización del término «alternativo», ver p. 7.

nales de solución de conflictos la que será obligatoria para la parte condenada. Es en este sentido que puede distinguirse de los MASC pues estos ofrecen una solución consensuada más que impuesta, de un problema, con la participación de un tercero neutral.[7]

En opinión de autores como Jan PAULSSON, la opción a los MASC no debe ser vista como una alternativa en el sentido de constituirse en substitutos de la justicia ordinaria o del arbitraje, así, cuando se acuda a los Medios Alternativos ya sea mediante la inclusión de una cláusula especial en un contrato o una vez surgida la controversia, deberá contemplarse la opción de llevar el problema al arbitraje o al litigio en tribunales para el caso en que los MASC no sean exitosos en cierto tiempo.[8] Sin embargo, se debe tener presente que al menos en México, son excluyentes entre sí. El artículo 97, f. 1 de la Ley de Comercio Exterior y el artículo 2005 y el 1121.1 a) y b) del TLCAN así los consideran.

Antes de entrar al estudio de los MASC en particular y para una comprensión de los mismos, debemos distinguir entre intereses y derechos de las partes. Los derechos provienen de la ley o de los contratos interpartes, mientras que los intereses se definen dentro de la interacción de las mismas y consisten en aquellas cosas o bienes en los que una parte les da una relevancia particular pues les resultan de gran atracción (dinero, reconocimiento, bienes materiales, etc.)

En el litigio las diputas se resuelven con base en los derechos de las partes mientras que en los MASC, se atiende en mayor medida a los intereses de las mismas.[9]

El éxito de los MASC, particularmente en los Estados Unidos, se debe fundamentalmente a que permite llegar a soluciones más efectivas al reflejar en mayor medida los intereses de las partes, permite además evitar los conflictos e inclusive convertirlos en oportunidades reales de mejora en la relación interpartes y desde luego por su rapidez y economía,[10] misma que ha llevado a

---

7. Paulsson, Jan *et al, The Freshfields guide to arbitration and ADR clauses in international contracts,* 2nd revised edition, The Hague, London, Boston, Kluwer Law International, 1999, p. 107.

8. Paulsson, Jan *et al, op. cit,* nota 7, p. 108. En este sentido, POTTER, Richard B., «The role of ADR clauses in avoiding foreing litigation entanglements», *The Canadian Business Law Journal. Revue Canadienne du Droit de Commerce,* Aurora, Canadá, Canada Law Book Inc., Vol. 28, 1997, p. 421.

9. HILL, Richard, «The theoretical basis of mediation and other forms of ADR: why they work», *Arbitration International,* Londres, Inglaterra, The Journal of LCIA Worldwide Arbitration, Kluwer Law International, Vol. 14, núm. 2, 1998, p. 174. En el mismo sentido, FARIS, J.A., *op. cit.,* nota 6, p. 8.

10. *Ibidem,* p. 175; POTTER, Richard B., *op. cit.,* nota 8, p. 421. BÜHRING-UHLE, Christian, considera que hay dos situaciones actuales que inciden en los negocios internacionales: «la integración progresiva de los mercados internacionales y el incremento en las relaciones transfron-

considerar a los MASC como una alternativa viable y más popular de acceso a la justicia en términos laxos frente a la justicia estatal que por sus características puede llegar a excluir a los que menos tienen.[11]

Sin embargo, otros autores señalan que los MASC tienen la desventaja frente al proceso judicial de que no protegen a la parte que se encuentre en desventaja social, económica o emocional, situaciones que en ciertos casos sí son tomadas en cuenta en los procedimientos judiciales comunes.[12]

Los MASC pueden ser de carácter público o privado, voluntarios u obligatorios, gratuitos u onerosos.[13] Empero si son obligatorios por ley se atenta contra el elemento esencial de los mismos o sea la voluntad de las partes, tal como sucede con el arbitraje y la conciliación obligatoria en el área laboral conforme nuestra legislación.

En nuestra opinión dichos mecanismos no constituyen realmente MASC ya que son simplemente formas de buscar la conclusión de una controversia de trabajo.

Dentro de los principales medios alternativos de solución de controversias se ubican aquellos que podemos calificar como "tradicionales" y los que no lo son tales como el pequeño juicio, el juicio privado, el arbitraje derivado, el juicio sumario ante jurado, el oyente neutral, la determinación por experto neutral, la decisión no obligatoria, la adaptación de contratos y otros. Los "tradicionales" vienen siendo principalmente las consultas, la investigación, la mediación, la conciliación, los buenos oficios y la transacción extraprocesal.[14]

---

terizas» (traducción de los autores) en *Arbitration and mediation in international business. Designing procedures for effective conflict management,* The Hague, Kluwer Law International, 1996, p. 3.

11. En este sentido véase el estudio de Spain, Larry R., «Alternative dispute resolution for the poor: is it an alternative?»,*North Dakota Law Review,* EUA, Vol. 70, núm. 2, 1994, pp. 269-270.

12. Guill, Terenia Urban, «A framework for understanding and using ADR», *Tulane Law Review*, Louisiana, EUA, Tulane University, Vol. 71, núm.4, marzo, 1997, p. 1333.Interesantescríticas a los MASC en Webb, Rodney S., «Court annexed «ADR"-a dissent», *North Dakota Law Review,* EUA, Vol. 70, núm. 2, 1994.

13. Kerbeshian, Lynn A., «ADR: to be or?», *North Dakota Law Review,* EUA, Vol. 70, núm. 2, 1994, p. 382.

14. Si bien hay quien habla de cerca de veinte diferentes MASC. Véase Arnold, Tom, «Why is ADR the answer?», *The computer lawyer,* Cliffs, N.J., EUA, Vol. 15, núm. 7, 1998, p. 14.

Dentro de las ventajas de los MASC destacan:[15]

a) La flexibilidad: esta permite optar por el MASC idóneo para cada caso y permite una amplia gama de soluciones que no necesariamente están dentro de las posibilidades de los medios jurisdiccionales o del arbitraje mismo.

b) Concentración en los principales problemas a resolver: gracias a la intervención de terceros neutrales expertos en las diferentes materias, permite concentrarse en los puntos objeto de la controversia y evitar así la distracción en asuntos meramente procesales.

c) Celeridad: los MASC ofrecen, gracias a su flexibilidad y concentración en los puntos principales en controversia, la posibilidad de resolver los conflictos de manera mucho más expedita que los medios jurisdiccionales y al ser producto de la voluntad de las partes, permiten una ejecución más rápida del acuerdo.

d) Costos: los MASC resultan ser mucho más económicos que los mecanismos jurisdiccionales y/o arbitrales de solución de controversias, representando una mejor opción de acceso a la solución de conflictos.

e) Conservación de la relación entre las partes: dadas las características de los MASC en donde se busca una fórmula ganar-ganar, es posible que las partes enfrentadas logren conservar sus relaciones de negocios.

f) Confidencialidad: dada la intervención solamente de las partes y eventualmente de terceros expertos, profesionales y con un alto sentido del honor, las partes pueden mantener la confidencialidad de su controversia. Asimismo porque no hay publicación de los actos procesales ni presencia de terceros salvo el personal de apoyo al tribunal ad hoc.

g) Control: en algunos MASC, las partes pueden mantener el control sobre el procedimiento, lo que no sucede con la intervención de las autoridades jurisdiccionales.

h) En el caso del arbitraje señalamos como muy importante a la idoneidad de los árbitros.

A continuación veremos brevemente las características principales de los mencionados mecanismos no tradicionales.

---

15. Estavillo Castro, Fernando, *op. cit.*, nota 3, pp. 231 a 242; Arnold, Tom, *ibidem*, pp. 15-20. La lista se puede incrementar tal como nos lo sugiere el distinguido colega Graham Tapia, Luis Enrique en su obra *El arbitraje Comercial*, México, Editorial Themis, 2000, pp. 22 a 25.

1.1. Los Mecanismos de Solución de Controversias no tradicionales

Para comprender debidamente a estos mecanismos señalaremos que parten fundamentalmente de la práctica norteamericana, por lo que su origen se ubica en el espíritu pragmático que caracteriza a dicho pueblo.[16]

De ahí que citemos casos sucedidos entre partes de los Estados Unidos de América.

No deberá sorprendernos que conflictos muy importantes con actores transnacionales y sumas cuantiosas, sean resueltos fuera de tribunales ordinarios y de instituciones conocidas.

Debemos pues enfocar su conocimiento con esta prevención.

Iniciemos su revisión que no pretende ser exhaustiva sino más bien ilustrativa.

1.1.1. El pequeño juicio

También conocido como *mini trial*, término acuñado según unos por el periódico *New York Times* y otros por el *Wall Street Journal*, al hacer referencia al primer caso conocido que fue resuelto con este mecanismo en 1977 entre Telecredit Inc. y TRW Inc. en los Estados Unidos.[17]

Existen muchos tipos de este pequeño juicio, pero todos ellos son básicamente lo mismo.[18] Exitoso fundamentalmente en los Estados Unidos,[19] consiste en reuniones por lo general organizadas por los abogados de las partes durante las cuales presentan ante un grupo de expertos, consistente generalmente en un alto ejecutivo de cada parte y un presidente neutral que asegure un mecanismo

---

16. Inclusive los propios Tribunales impulsan algunos MASC como ha sucedido desde la década de los 80's en la Corte Superior del Distrito de Colombia, o en la Corte Superior de Hawái que sugieren acudir a la mediación en conflictos públicos (NIDR, 1987). En 1990 el Congreso aprobó dos leyes para utilizar a los MASC en conflictos públicos: la *Administrative Dispute Resolution Act* y la *Negociated Rulemaking Act* ver Goldberg, Stephen B., Sander Frank E. A. y Rogers Nancy H., *Dispute resolution. Negotiation, Mediation, and other processes,* 2nd ed., USA, Little, Brown & Company, 1992, p. 10.

17. Brown, HENRY J. y Marriot, Arthur L., *op. cit.,* nota 4, p. 362.

18. Redfern, Alan y Martin, Hunter, *Law and practice of international commercial arbitration,* 2a ed., Londres, Sweet & Maxwell, 1991, pp. 29-30.

19. McLaughlin, Joseph T. y Beever, Vanessa, «Alternative dispute resolution», en *México-Estados Unidos, Conferencia sobre Resolución de Controversias Internacionales,* México, conferencias patrocinadas por Aguilar Alvarez y Asociados, S.C., Basham, Ringe y Correa, S.C., Bufete Jurídico Rodolfo Cruz Miramontes, S.C., Miranda, Estavillo y Hernández, S.C., Shearman & Sterling y Von Wobeser y Sierra, S.C., 1995, p. 11.

justo para ambas partes, sus posturas para conocer en mayor medida las fortalezas y debilidades de la contraparte y acercar sus posturas.[20]

Este MASC puede tener como resultado una solución no obligatoria para las partes que sirva como punto de partida para negociaciones futuras de un posible acuerdo sobre mejores bases.[21]

En realidad, el pequeño juicio es una forma más elaborada de lo que se conoce como «previa evaluación neutral» que consiste en la presentación del caso por las partes y sus abogados ante un tercero neutral, generalmente un abogado o un juez retirado que evalúa el mismo y emite una opinión no vinculante sobre sus posibles consecuencias jurídicas.[22]

Para que un pequeño juicio tenga éxito, debe ser cuidadosamente planeado. De acuerdo con Brown y Marriot, para el éxito del pequeño juicio se deben establecer previamente y con toda claridad entre otros temas los siguientes:[23]

1. Las fechas de celebración de las reuniones.
2. La duración del procedimiento, y los tiempos asignados para la participación oral de las partes.
3. La forma que deberán revestir los documentos que las partes intercambiarán antes de iniciado el procedimiento oral.
4. La posible participación de expertos técnicos o bien de testigos su número y el tiempo máximo de sus intervenciones.
5. La confirmación del carácter no vinculante y confidencial del procedimiento.
6. Costos.
7. Todo aquello que se considere necesario y relevante para el caso en particular.

Como ejemplos de controversias resueltas utilizando este MASC se cuentan el ya citado de TelecreditInc vs. TRW Inc; Texaco vs. Borden, IBM vs. Fujitsu y NASA vs. Spacecom y TRW.[24]

---

20. Buhring-Uhle, Christian, *Arbitration and mediation in international business. Designing procedures for effective conflict management,* The Hague, Kluwer Law International, 1996, p. 304.

21. Paulsson, Jan*et al,* nota 7, p. 110. Henon Risso, Jorge, «La negociación, mediación y arbitraje como métodos alternativos de solución de conflictos», *Revista de la Asociación de Escribanos del Uruguay,* Montevideo, t. 82, núms. 1-12, enero-diciembre, 1996, p. 29.

22. Brown, Henry J. y Marriot, Arthur L., *op. cit.,* nota 4, p. 363; Henon Risso, Jorge, *Idem;* Paulsson, Jan *et al,* nota 7, p. 111.

23. Brown, Henry J. y Marriot, Arthur L., *Ibidem,* p.364-365.

24. Estavillo Castro Fernando, *op. cit.,* nota 3, pp. 381-382.

1.1.2. *El arbitraje derivado*

Conocido como *court-annexedarbitration* o *court-orderedarbitration*en donde cualquiera de las partes puede acudir ante el juez que este conociendo de un juicio y solicitar que el asunto sea remitido al arbitraje de un abogado designado por el mismo juez, de ahí que se le considere como arbitraje derivado.

Fue utilizado por vez primera en Pennsylvania, Estados Unidos en 1952 y desde entonces se ha venido incrementando su uso, particularmente a partir de 1980.[25] Dentro de sus ventajas frente al procedimiento judicial civil común se destacan su rapidez, economía, informalidad y el respeto de los derechos procesales de las partes. Este MASC suele ser utilizado en casos de menor cuantía.[26]

Su resolución puede ser en ciertos casos considerados obligatoria y apelable ante los tribunales ordinarios.[27]

1.1.3. *El Juicio sumario ante jurado*

Consiste en un pequeño juicio llevado a cabo ante un jurado ficticio, *ésta es la diferencia* que emite un veredicto no obligatorio para las partes y que tiene la función de ayudar a las partes a tener una mejor idea de lo que un jurado verdadero decidiría. Cabe destacar que estos jurados ficticios no son informados del hecho de que están participando en un MASC.

La utilización de este MASC permite a las partes revisar sus expectativas respecto del asunto y considerar en su caso un arreglo.

Este MASC se utilizó por vez primera en la corte del juez federal de distrito Thomas D. Lambros en 1980[28] y se ha convertido según Lynn A. Kerbeshian en el MASC de mayor utilización en las cortes a nivel federal.[29]

1.1.4. *El oyente neutral*

En este mecanismo, las partes eligen a un tercero neutral con base en su experiencia, méritos y la confianza que les inspire. Cada parte le presenta a este

---

25. Barnett, Edith, «Anoverview of alternative dispute resolution in tne United States and the District of Columbia courts», *Ars Iuris*, México, Revista del Instituto de Documentación e Información jurídicas de la Facultad de Derecho de la Universidad Panamericana, número 14, 1995, p. 225.

26. Brown, Henry J. y Marriot, Arthur L., *op. cit.*, nota 4, pp. 376-377.

27. Estavillo Castro, Fernando, *op. cit.*, nota 3, p. 382.

28. Brown, Henry J. y Marriot, Arthur L., *op. cit.*, nota 4, p. 371.

29. Kerbeshian, Lynn A., *op. cit.*, nota 13, p. 413.

oyente neutral su propuesta de solución para que este determine si están lo suficientemente cercanas como para iniciar un proceso de negociación.[30]

Si el oyente neutral considera que las posiciones de las partes son negociables, podrá intervenir, previo acuerdo de las partes, auxiliando a la negociación y cerrar con ello el espacio entre las partes.[31]

1.1.5. La opinión de un experto neutral

Conocido también como *neutral fact-findingexpert*, consiste en un procedimiento informal por el que las partes o el juez seleccionan a un tercero neutral para investigar los hechos en aquellos casos que versan sobre temas técnicos, económicos, contables o cualquier otro tópico y que requieren de la intervención de tales expertos.[32] Su veredicto no es obligatoria y solamente podrá analizar los hechos desde un punto de vista estrictamente técnico.

Es recomendable la selección de un solo experto para evitar la posibilidad de tener que recurrir a un tercer experto si cada parte selecciona al propio. La utilización de un especialista puede ayudar, con la mejor comprensión del caso, a un arreglo inter-partes.

Cabe destacar que la Cámara Internacional de Comercio (CCI) cuenta para estos casos con un Centro Internacional de Peritaje Técnico (*ICC International Centre forExpertise*), aplicándose las respectivas reglas (*ICC Rules forExpertise*).[33]

Dentro de este MASC se puede incluir lo que se conoce como «Decisión no obligatoria», que consiste en la intervención de un tercero experto para la solución de una controversia en materia de patentes o secretos industriales.

1.1.6. Adaptación de contratos

En ciertos casos de conflicto y ante las circunstancias cambiantes del entorno económico, político, etc., las partes pueden requerir la modificación o adaptación de su contrato a la nueva situación, sobre todo cuando estamos en presencia de contratos de largo plazo. Existen dos tipos o categorías de adap-

---

30. Estavillo Castro, Fernando, *op. cit.*, nota 3, pp. 232 a233

31. Redfern, Alan y Martin Hunter, *op. cit.*, nota 18, p. 29.

32. Henon Risso, Jorge, *op. cit.*, nota 21, p. 29. También Brown, Henry J. y Marriot, Arthur L., *op. cit.*, nota 3, p. 374.

33. Véase Craig, W. Laurence, Park, William W., y Paulsson, Jan, *International Chamber of Commerce Arbitration,* 3a ed., EUA, Oceana Publications, International Chamber of Commerce Publishing, 2000, pp. 701-705.

tación de contrato que son el llenado de lagunas y/o la modificación de sus términos.[34]

La propia CCI estableció en 1978 un Reglamento para la regulación de las relaciones contractuales que establecen un procedimiento por medio del cual los contratos pueden ser modificados o adaptados a las nuevas circunstancias.[35]

«El acuerdo para implantar este mecanismo, puede existir en el contrato mismo, o puede ser celebrado con posterioridad.»[36] Cabe recordar que en derecho mexicano la cláusula *rebus sic stantibus* no se aplica automáticamente, por lo que este MASC puede resultar particularmente útil.[37]

1.1.7. El juicio privado

Según Fernando Estavillo, este MASC es semejante al pequeño juicio y consiste en la selección por las partes de un abogado, generalmente un juez retirado (por eso se le llama informalmente «buy a judge») que se encarga de resolver la controversia en forma privada aunque con carácter obligatorio y aplicando la ley estatal.[38]

No utilizamos el término en inglés por su connotación peyorativa e irrespetuosa hacia el Poder Judicial.

En este mecanismo previsto para el estado de California en los Estados Unidos, el asunto es remitido por el juez aún tercero privado que cuenta con facultades similares a las del juez ordinario y cuya sentencia, obligatoria, puede ser recurrida ante los tribunales estatales.[39]

1.1.8. La transacción

La transacción consiste, según el artículo 2944 del *Código Civil Federal* en un contrato por el cual las partes, haciéndose recíprocas concesiones, terminan una controversia presente o previenen una futura.[40] Se le define como aquel

---

34. *Ibidem,* p. 114.
35. *Ibidem,* p. 710.
36. Estavillo Castro, Fernando, *op. cit.,* nota 3, pp. 241 y 242.
37. Véase Borja Soriano, Manuel, *Teoría general de las obligaciones,* 12a ed., México, Ed. Porrúa, 1991, pp. 280-287.
38. Ver asimismo McLaughlin, Joseph T. y Beever, Vanessa, *op. cit.,* nota 19, pp. 24-25.
39. Estavillo Castro, Fernando, *op. cit.,* nota 3, pp. 237 a 238.
40. Art. 2944 *Código Civil del Distrito Federal.* Esta disposición tiene su origen en el Código Civil Francés. Sobre este punto véase Lozano Noriega, Francisco, *Cuarto curso de derecho civil contratos,* 6a ed., México, Asociación Nacional del Notariado Mexicano, A.C., 1994, p. 439.

contrato por medio del cual las partes terminan extrajudicialmente un litigio pendiente o precaven un litigio eventual.[41]

Las concesiones recíprocas objeto de la transacción pueden consistir en el reconocimiento o la renuncia de derechos reales o personales comprendidos dentro de la relación jurídica controvertida, o bien, adicionalmente a lo anterior, en la transmisión de derechos o cosas no comprendidas en la relación jurídica controvertida.[42]

La transacción representa la culminación y formalización de lo acordado por las partes como resultado de la conciliación, la mediación y cualquier otro MASC con el que hubiesen logrado dirimir sus controversias de manera satisfactoria.[43]

Los códigos civiles Federal y del Distrito Federal establecen respecto de la transacción lo siguiente:[44]

a) Cuando verse sobre controversias futuras deberá constar por escrito, si el interés pasa de doscientos pesos.

b) Los ascendientes y los tutores no pueden transigir en nombre de las personas que tienen bajo su potestad o guarda salvo que sea necesaria o útil a los intereses de los incapacitados y previa autorización judicial.

c) Es posible transigir sobre la acción civil resultante de un delito, mas no por eso se extingue la acción pública, ni se da por probado el delito.

d) No se puede transigir sobre el estado civil de las personas ni sobre la validez del matrimonio, si bien, es válida la transacción sobre los derechos pecuniarios que de la declaración de estado civil pudieren deducirse a favor de una persona, pero en tal caso la transacción no importa la adquisición del estado.

e) Puede haber transacción sobre las cantidades ya debidas de alimentos.

f) El fiador sólo queda obligado por la transacción cuando consiente en ella.[45]

---

41. Suárez Hernández, Daniel, *op. cit.*, nota 6, p. 56.

42. Sánchez Medal, Ramón, *De los contratos civiles,* 11a ed., México, Ed. Porrúa, 1991, p. 497.

43. Estavillo Castro, Fernando, *op. cit.*, nota 3, pp. 242 a 246.

44. Arts. 2945 a 2963 respectivamente.

45. Cabe transcribir aquí el comentario del maestro Lozano Noriega quien señala que «La transacción implica la renuncia a un derecho; hay una concesión recíproca; cada uno cede algo en sus pretensiones; esto implica una modificación en una obligación; esta modificación; no puede perjudicar al fiador si no consiente en ella». Lozano Noriega, Francisco, *op. cit.*, nota 40, p. 445.

g) La transacción tiene respecto de las partes, la misma autoridad y eficacia que la cosa juzgada, pero es susceptible de anulación en los casos previstos por la ley.

h) En las transacciones sólo hay lugar a la evicción cuando en virtud de ella da una de las partes a la otra alguna cosa que no era objeto de la disputa y que, conforme a derecho, pierde el que la recibió.

i) Cuando la cosa dada tiene vicios o gravámenes ignorados del que la recibió, ha lugar a pedir la diferencia que resulte del vicio o gravamen, en los mismos términos que respecto de la cosa vendida.

j) Por la transacción no se transmiten, sino que se declaran o reconocen los derechos objeto de las diferencias sobre que ella recae.

j) La interpretación de las transacciones debe ser estricta y sus cláusulas son indivisibles, salvo pacto en contrario.

k) No puede intentarse demanda contra el valor o subsistencia de una transacción, sin que previamente se haya asegurado la devolución de todo lo recibido, a virtud del convenio que se quiera impugnar.

l) Puede anularse la transacción cuando se hace en razón de un título nulo, a no ser que las partes hayan tratado expresamente de la nulidad. Cuando las partes están instruidas de la nulidad del título, o la disputa es sobre esa misma nulidad, pueden transigir válidamente, siempre que los derechos a que se refiere el título sean renunciables.

Es nula la transacción:

1. Que verse sobre delito, dolo y culpa futuros
2. Sobre la acción civil que nazca de un delito o culpa futuros
3. Sobre sucesión futura
4. Sobre una herencia
5. Sobre el derecho de recibir alimentos
6. Celebrada teniéndose en cuenta documentos que después han resultado falsos por sentencia judicial
7. Que verse sobre cualquier negocio que esté decidido judicialmente por sentencia irrevocable ignorada por los interesados

La transacción produce título ejecutivo y tiene naturaleza judicial cuando se celebra dentro de juicio y extrajudicial cuando se celebra fuera de él, caso en el que debe elevarse a escritura pública, con excepción del caso en que se celebra dentro de juicio arbitral, debiendo elevarse a laudo transaccional.[46]

---

46. Estavillo Castro, Fernando, *op. cit.*, nota 3, p. 246.

Finalmente, la transacción se clasifica como contrato bilateral, oneroso, conmutativo y por lo general formal.[47]

Eduardo Pallares llama la atención sobre la importancia de distinguir a la conciliación respecto de la transacción. Sostiene que para que haya transacción es indispensable que haya sacrificios recíprocos de las dos partes en lo concerniente a los derechos o pretensiones sobre los que disputan y por los cuales es posible un juicio futuro o tiene su causa el que ya existe. En cambio, señala, la conciliación no exige dicho sacrificio, ya que tiene lugar también cuando una de las partes reconoce plenamente las pretensiones de su contraria. «Lo propio de la conciliación es que se evita un pleito futuro o se termina uno presente por avenencia de las partes, por su mutuo acuerdo y sin necesitar la intervención jurisdiccional del conciliador.» [48] [49]

1.2. Los Mecanismos de Solución de Controversias Tradicionales

1.2.1. Las consultas

Las consultas son un MASC propio fundamentalmente del Derecho Internacional Público. Se pueden llevar a cabo al momento de surgir la controversia o bien cuando se prevé el surgimiento de la misma, en cuyo caso generalmente se acostumbra llamar al Embajador acreditado ante el Estado con quien teme pueda presentarse el conflicto. Se pueden establecer mecanismos de consulta periódicos entre las partes, mecanismos alternativos como las consultas en el Artículo 20.06; los buenos oficios, la mediación o conciliación en Artículo 20.07; así también consulta o negociación en el Artículo 11.18 relativo a inversiones entre otros para prever y evitar posibles controversias todos estos mecanismos a los que nos venimos refiriendo se encuentran comprendidos en el TLCAN.[50]

---

47. Sánchez Medal, Ramón, *op. cit.*, nota 42, p. 498.

48. Pallares, Eduardo, *Diccionario de derecho procesal civil,* México, Ed. Porrúa, 1960, sub voce «Conciliación.»

49. Podríamos citar como referencia el caso de la demanda que el norteamericano Alan C. Sugarman interpusiera en contra de Aeroméxico Inc (sic) ante la Corte de Distrito de New Jersey y resuelto en marzo de 1980, resuelto mediante una transacción en donde el Actor se desistió de su pretensión a cambio de unos boletos para vuelos futuros. El Dr. Rodolfo Cruz Miramontes, Director Jurídico de Aeroméxico a la sazón, utilizó este MASC con éxito (D.C. Civil No. 78-2860).

50. Sobre solución pacífica de conflictos entre sujetos de Derecho Internacional Público véase Verdross, Alfred, *Derecho Internacional Público,* sexta edición, trad. de Antonio Truyol y Serra, España, Aguilar, 1982, pp. 390-399. Sobre los mecanismos comprendidos en el TLCAN Ven, entre otros Cruz Miramontes Rodolfo: «El TLC: controvesias, soluciones y otros temas

1.2.2. *La investigación*

La investigación se utiliza para aclarar un hecho, encomendando la tarea a un tercero neutral que bien puede ser una persona física o bien una comisión o una institución, a efectos de lograr una valoración objetiva del hecho controvertido. Se puede acudir a ella en los casos en que las negociaciones directas han sido infructuosas, a efecto de lograr que las partes arriben a un acuerdo respecto de la naturaleza del hecho en cuestión.[51]

El resultado de la investigación si bien no es obligatorio ni ejecutable para las partes, es de utilidad para poner fin a los desacuerdos existentes sobre un hecho determinado y su autenticidad.[52]

En fechas cercanas se han presentado diversos conatos de conflictos en los que se ha utilizado este MASC como el que surgió entre Colombia por una parte y Ecuador y Venezuela por la otra parte en marzo del 2008en donde se nombró una Comisión Especial de la OEA para que verificara con precisión cuales habían sido los hechos que dieron pie a la intervención armada del ejército colombiano en territorio del Ecuador con motivo de la existencia de un campamento de entrenamiento guerrillero de la FARC[53] auxiliando así con el esclarecimiento de los hechos, a una pronta solución del conflicto como sucedió el 13 de mayo siguiente.

Lamentablemente existen otros pero con lo dicho basta para ilustrar la importancia de este medio alternativo.

---

conexos» Mc Graw Hill, México 1997, 2.ª edición, Ed. Porrúa, 2003; del mismo autor. «Las inversiones en el TLCAH: diez años de experiencia». Estudios jurídicos en homenaje a la maestra Marta Manrique, coord. Nuria González Martín. LIHAM Instituto de Investigaciones jurídicas, México, 2009.

51. Estavillo Castro, Fernando y Hoyos-Walther, Carlos de, «Otros medios alternativos para la solución de controversias», en *México-Estados Unidos, Conferencia sobre Resolución de Controversias Internacionales,* México, conferencias patrocinadas por Aguilar Alvarez y Asociados, S.C., Basham, Ringe y Correa, S.C., Bufete Jurídico Rodolfo Cruz Miramontes, S.C., Miranda, Estavillo y Hernández, S.C., Shearman & Sterling y Von Wobeser y Sierra, S.C., 1995, pp. 10-11.

52. Estavillo Castro, Fernando, *op. cit.,* nota 3, p. 241.

53. El Consejo Permanente de la OEA designó una Comisión Especial integrada por los Representantes de Argentina, Brasil, Panamá y Perú sumándoseles el Secretario de Asuntos Jurídicos y el Director de Sustentabilidad Democrática. Dichas personas viajaron a Angostura en la selva ecuatoriana y a Puerto Ospina en Colombia o sea *in situ* donde se desarrollaron los hechos. También entrevistaron a personas involucradas de Colombia y Ecuador habiendo rendido su informe el 15 marzo, o sea 15 días después de los hechos (*Press Perú*, 21 de marzo de 2008).

Podemos señalar que en ocasiones el esclarecimiento de lo sucedido ha permitido que los malos entendidos se disipen y con ello se evite el conflicto.

1.2.3. La mediación

La mediación puede definirse desde dos puntos de vista: como medio pacífico de solución de controversias entre sujetos de derecho internacional público y como medio privado de solución de conflictos. Conforme al primero, la mediación «es uno de los medios tradicionales de solución pacífica de las controversias que se caracteriza por la participación de un tercer Estado en un conflicto que involucra a otros Estados a fin de encontrar una fórmula de arreglo.» [54]

Se le define también como «las acciones no violentas de una tercera parte en un conflicto político que es, o está en peligro de ser militarizado, y cuyo propósito es el de reducir/eliminar la conducta conflictiva, o las alternativas de solución conflictivas (incompatibles), en el marco de un control negociado del conflicto y/o de un proceso de resolución.» [55]

La Mediación en derecho internacional público puede ser solicitada por los Estados afectados o bien ofrecida por el tercero y es recomendada por el artículo 33 de la Carta de las Naciones Unidas, que prevé la intervención del Consejo de Seguridad recomendando el recurso de la Mediación.

Nordquist habla de tres formas de mediación que son:[56]

a) La mediación con poder: es aquella en donde los instrumentos principales con que cuenta el mediador para persuadir a las partes, es su poder político, diplomático, económico y militar para lograr que las partes lleguen a un acuerdo. Parte de la base del interés nacional del mediador para intervenir en el conflicto y existe una relación de asimetría entre el mediador y las partes en conflicto.

b) La mediación de confianza: aquí la base normativa es la ética profesional del mediador, así como sus habilidades profesionales y un alto nivel moral. En esta forma de mediación las relaciones entre las partes son simétricas y se da en un contexto de diálogo, no de confrontación. El objetivo fundamental del mediador será apoyar el desarrollo e intercambio de ideas.

---

54. Méndez Silva, Ricardo, voz «Mediación Internacional», en *Diccionario jurídico mexicano,* México, Instituto de Investigaciones Jurídicas, UNAM, 1994, tomo I-O.

55. Nordquist, Kjell-Ake, «Tres formas de mediación y cuando usarlas», *Estudios Internacionales*, Guatemala, IRIPAZ, año 6, núm. 12, julio-diciembre, 1995, p. 77.

56. *Ibidem,* pp. 78-84.

c) La mediación de consulta: esta surge como resultado del fin de la guerra fría en donde las Naciones Unidas y otros organismos internacionales de carácter regional han impulsado sus actividades en el campo de la resolución de conflictos y la diplomacia preventiva. Las iniciativas para este tipo de mediación tienen lugar en una fase temprana del conflicto y su objetivo fundamental es disminuir las tensiones e indicar a las partes la existencia de formas alternativas para solucionar los conflictos.

Como medio privado, el maestro Don Raúl Medina Mora la define como «un proceso por el cual las partes que se encuentran en conflicto designan a un tercero neutral para que las ayude a llegar a un arreglo o a una transacción satisfactoria para ellas. El objetivo de la mediación es lograr una transacción voluntariamente negociada por las partes.» [57]

También se define a la mediación como «un proceso mediante el cual las partes en conflicto, asistidas por un tercero neutral, buscan identificar opciones reales y alternativas viables para dirimir su controversia y llegar a un acuerdo que ofrezca soluciones de mutua satisfacción.» [58]

Jorge Henon la define como «un procedimiento no adversarial en el que un tercero neutral ayuda a las partes a negociar para llegar a un resultado mutuamente aceptable.» [59] También como «un proceso en el cual una tercera parte neutral asiste a dos o más partes en conflicto para lograr resolver sus diferencias mediante un acuerdo voluntario y negociado.» [60]

Por su parte, Ana V. Russomano Bermúdez señala que la mediación está prevista para todos aquellos conflictos de naturaleza civil o comercial en los cuales se mantienen los principios de igualdad y de que el contrato es ley para las partes.[61]

Obarrio la define como «un proceso en el que las partes en conflicto deciden intentar la búsqueda de una solución a sus intereses en pugna de una manera cooperativa, con la ayuda de un tercero llamado mediador.» [62]

---

57. Medina Mora, Raúl, «Mediación y conciliación de controversias mercantiles», *Pauta,* México, Boletín informativo del Capítulo Mexicano de la Cámara Internacional de Comercio, A.C., año 99, núm. 28, s/f, p. 50.

58. Urquidi, J. Enrique, *Mediación. Solución a conflictos sin litigio,* México, Centro de Resolución de Conflictos, 1999, p. 19.

59. Henon Risso, Jorge, *op. cit.,* nota 21, p. 28.

60. Henon Risso, Jorge, «Teoría de la mediación», *Revista del Colegio de Abogados de La Plata,* La Plata, Argentina, año XXXVI, núm. 57, enero-diciembre, 1996, p. 231.

61. Russomano Bermúdez, Ana V., *op. cit.,* nota 6, p. 62.

62. Obarrio, Franklin M., «Algunos aspectos institucionales de la mediación», *Revista del Colegio de Abogados de Buenos Aires,* Buenos Aires, Argentina, tomo 55, núm.1, julio, 1995, p. 15.

Wilde la define como «un procedimiento pacífico y cooperativo de resolución de conflictos. Se trata de una instancia eminentemente voluntaria: esto es, que las partes deciden participar o no en el mismo, ponerle fin en cualquier momento si así lo desearen o consideraren conveniente a sus intereses y no están obligados a llegar a un acuerdo.» [63]

Cabe señalar que algunos autores [64] consideran a la mediación y a la conciliación como sinónimos, si bien matizando en el sentido de que la mediación indica la actividad del tercero que actúa como mediador y la conciliación el contenido y propósito de su actividad. Más adelante precisaremos cual es el punto que los diferencia.

Cabe destacar que en la mediación están presentes dos elementos que son la intervención de un tercero como facilitador para solucionar una controversia, y la ausencia de poder o facultad de ese tercero para solucionar el conflicto, al no poder imponer a las partes sus percepciones, valores o juicios.

Es decir, son las partes en conflicto y no el mediador los que conservan la facultad exclusiva de resolver su controversia, contrario al arbitraje en donde la resolución está en manos del tercero. [65]

El mediador debe ayudar a las partes a reconocer sus verdaderos intereses, a establecer una comunicación efectiva entre ellas y diseñar las soluciones adecuadas a sus necesidades. [66]

Como objetivos del mediador encontramos: [67]

1. Dirigir los procedimientos
2. Desarrollar una atmósfera propicia a la negociación y al encuentro de soluciones
3. Reunir toda la información posible sobre los intereses y posiciones de las partes

---

63. Wilde, Zulema, «Mediación y conciliación», *Revista del Colegio de Abogados de Buenos Aires*, Buenos Aires, Argentina, tomo 55, núm.1, julio, 1995, p. 12.

64. Es el caso de Medina Mora, Raúl, *op. cit.*, nota 56, p. 50 y González Calvillo, Enrique, «La mediación y la creación del Instituto Mexicano de la Mediación, A.C.», *El Foro, Órgano de la Barra Mexicana, Colegio de Abogados, A.C.*, México, Undécima Época, tomo XII, núm. 2, segundo semestre, 1999, p. 217.

65. Weckstein, Donald T., «In praise of party empowerment-and of mediator activism», *Willamette Law Review*, Oregon, EUA, College of Law, Willamette University, Vol. 33, núm. 3, verano, 1997, p. 508.

66. Medina Mora, Raúl, *op. cit.*, nota 57, p. 50.

67. Henon Risso, Jorge, *op. cit.*, nota 21, pp. 232-233. López Salas, Pedro Antonio «La Mediación como instrumento de cohesión social: abatir los índices de divorcio», Monografía presentada en el curso de Maestría impartido por el Dr. Rodolfo Cruz Miramontes al Instituto de Profesionalización e Investigación Jurídica del Poder Judicial del Estado de Hidalgo, 2011.

4. Auxiliar a las partes a encontrar opciones de solución y precisarlas
5. Auxiliar a las partes a tomas decisiones correctas para un acuerdo que satisfaga ambas posturas

La mediación es uno de los MASC con mayor difusión a nivel internacional y por sus características se le ha considerado como el medio idóneo para conflictos en materia ambiental y propiedad intelectual.[68]

¿Cuál es en esencia, la diferencia entre la conciliación y la mediación si aparecen tan cercanas? *La respuesta es que en la primera el tercero sugiere soluciones y en la segunda sólo auxilia a que las partes las definan.*

Para concluir este apartado consideramos útil referirnos a los intentos de reglamentación internacional y a varias experiencias exitosas de su práctica en este terreno como han sido las siguientes: En el Convenio I de La Haya de 1907 se elaboró un reglamento que se ocupó de varios de los mecanismos para el arreglo pacífico de controversias, resaltando la mediación pues facilita la intervención de distinguidas personalidades como ha sucedido en el caso de conflicto entre España y Alemania sobre las islas Carolinas en donde el mediador fue el Papa León XIII en 1885. Así mismo sucedió en el caso de la guerra Ruso-Japonesa en donde el presidente norteamericano Teodoro Roosevelt facilitó culminar su tarea con la suscripción del Tratado de Portsmouth en 1905. El Pacto de la Sociedad de las Naciones también se ocupó de la mediación y posteriormente, después de la Segunda Guerra Mundial en la Carta de las Naciones Unidas se incluyen algunos MASC particularmente en el Artículo 33 que dio pie a que actuase como mediador en el ya muy viejo conflicto entre Israel y los Estados Árabes particularmente con Palestina el Conde Bernadotte y debido a su asesinato, el señor Bunche en 1948. Lamentablemente aún persiste el diferendo con lamentables pérdidas de vidas humanas.

1.2.4. La conciliación

La conciliación es un «intento para llegar a un entendimiento mutuo entre las partes y un acuerdo razonable. Puede ser convocada por el juez quien cola-

---

68. Véase Martínez García, Elena, «El arbitraje y la mediación como fórmulas de resolución de los conflictos derivados del uso de la propiedad intelectual a través de Internet», *Revista de Derecho Mercantil*, Madrid, España, núm. 231, enero-marzo, 1999; también Rodríguez Brizuela, Martín, «Los conflictos ambientales y la mediación como modo de dirimirlos», *Cuaderno de Federalismo,* Córdoba, Argentina, Instituto de Federalismo, Academia Nacional de Derecho y Ciencias Sociales de Córdoba, núm. XI, 1997. En México se creó recientemente el Instituto Mexicano de la Mediación. Sobre éste véase González Calvillo, Enrique *op. cit.,* nota 64 y desde luego su *Reglamento de Mediación*, México, s.f.

bora como un tercero dirigiendo la discusión e identificando los problemas...»[69] Es una institución procesal mixta, consistente en la actividad del juez que convoca al acto, «mediante la proposición de fórmulas adecuadas que éste debe concebir, y que en ningún caso deben dejar translucir su idea sobre el progreso o rechazo de la acción, obtiene la autocomposición del litigio, a la que las partes arriban celebrando una transacción.»[70]

En la legislación colombiana, en la mayoría de los procesos jurisdiccionales las partes involucradas en un proceso tienen la oportunidad de solucionar sus diferencias sometidas al conocimiento de un juez, bajo la dirección de éste, en una diligencia diseñada para tal efecto.[71]

Se le define como «el acuerdo a que llegan las partes en un proceso, cuando existe controversia sobre la aplicación o interpretación de sus derechos, que permite resulte innecesario dicho proceso. Es, asimismo, el acto por el cual las partes encuentran una solución a sus diferencias y la actividad que sirve para ayudar a los contendientes a encontrar el derecho que deba regular sus relaciones jurídicas.»[72]

Siendo la conciliación una institución de tradición en México, Manuel DE LA PEÑA y PEÑA en 1835 la definía como «el acto en que concurren las partes ante el alcalde, para que este, con presencia de los fundamentos que lo motivaron, y oído el parecer de los hombres buenos, dicte la providencia que le parezca conducente á fin de componerlas y terminar su desavenencia sin más progreso.»[73]

Flores GARCÍA la define como «un acuerdo celebrado entre quienes se encuentran ante un conflicto de intereses, con objeto de evitar un juicio o poner rápido fin a uno ya incoado (sin correr todos los trámites que, en otro caso, sería precisos para concluirlo).»[74] Según el mismo autor, en México podemos distinguir entre dos variantes de conciliación:

---

69. HENON RISSO, Jorge, *op. cit.,* nota 21, p. 28.

70. WILDE, Zulema, op. cit., nota 63, pp. 9-10.

71. SUÁREZ HERNÁNDEZ, Daniel, «Medios alternativos d solución de conflictos. Transacción, conciliación, amigable composición y arbitramento», *Revista del Instituto Colombiano de Derecho Procesal,* Santa Fe de Bogotá, Vol. II, núm. 25, 1999, p. 70.

72. BARAJAS MONTES DE OCA, Santiago y MÉNDEZ SILVA, Ricardo, voz «Conciliación», en *Nuevo diccionario jurídico mexicano,* México, Instituto de Investigaciones Jurídicas, UNAM, 1998, tomo A-C.

73. PEÑA y PEÑA, MANUEL DE LA, *Lecciones de práctica forense mejicana, escritas a beneficio de la Academia nacional de Derecho Público y Privado de Mejico,* México, Imprenta a cargo de Juan Ojeda, 1835, tomo I, pp. 75-76.

74. FLORES GARCÍA, Fernando, *op. cit.*, nota 3, p. 79.

1. La conciliación en donde la propuesta de arreglo proviene de un tercero imparcial ajeno a las partes, que en el caso del juicio ordinario contenido en el CPCDF es un conciliador adscrito al juzgado.[75]

Este conciliador deberá preparar y proponer a las partes alternativas de solución al litigio y si las partes llegan a un convenio, el juez debe aprobarlo de plano si procede legalmente. El pacto alcanzado a través de la conciliación tiene fuerza de cosa juzgada.

2. La conciliación parcial, es decir, aquella en donde la propuesta de solución proviene de las propias partes en conflicto, supuesto del artículo 941 del CPCDF en materia de controversias del orden familiar.[76]

Sin embargo esta forma se asemeja más a una negociación que una conciliación observamos nosotros en aras de una congruencia como lo hemos venido estableciendo hasta ahora.

Existen diversos ejemplos en donde la autoridad recomienda acudir en cierto tipo de conflictos a la conciliación en México, a los que ESTAVILLO CASTRO califica como bilaterales, pre-procesales o endo-procesales, onerosos, con intervención de tercero, públicos e institucionales. Estos son, de acuerdo a dicho autor: los juicios laborales[77], los conflictos colectivos laborales de naturaleza económica[78], los procedimientos de huelga[79], el juicio ordinario civil[80], en el divorcio por mutuo consentimiento[81], controversias entre proveedores y consumidores[82], conflictos entre casas de bolsa y corredores y clientes[83], derechos de autor[84] y conflictos relacionados con operaciones de comercio exterior y su financiamiento.[85]

La conciliación también ha sido objeto de utilización en conflictos internacionales y ha sido utilizada con éxito en varias ocasiones por ejemplo el problema de la diferencia territorial entre Siam y Francia.

---

75. Artículo 272-A.

76. FLORES GARCÍA, Fernando, *op. cit.*, nota 3, pp. 80-83.

77. Arts. 873 a 876 de la *Ley Federal del Trabajo*.Véase OJEDA PAULLADA, Pedro, «Vías efectivas de acceso a la justicia: mediación, conciliación y arbitraje», *Revista del Instituto de la Judicatura Federal*, México, núm. 2, junio, 1998, pp. 245-250.

78. Art. 901 de la *Ley Federal del Trabajo.*

79. Arts. 926 y 927 de la *Ley Federal del Trabajo.*

80. El ya citado art. 272-A del CPCDF.

81. Arts. 675 y 676 del CPCDF.

82. Art. 111 de la *Ley Federal de Protección al Consumidor.*

83. Art. 87 de la *Ley del Mercado de Valores.*

84. Art. 133 de la *Ley Federal de Derecho de Autor.*

85. Art. 34 del *Reglamento Orgánico del Banco Nacional de Comercio Exterior.*

La regulación jurídica de la misma en el área internacional se puede ubicar desde el año de 1919; sin embargo se menciona normalmente a los Tratados de Locarno de 1925 como los más importantes pero posteriormente se mejoró dicha regulación en el Acta General de Arbitraje de 1928.[86]

1.2.5. Los buenos oficios

Los buenos oficios se encuentran considerados dentro de los mecanismos de solución de controversias dentro del derecho internacional público. Como tal, consisten en «la acción de un tercer Estado que, espontáneamente o a solicitud, procura aproximar, por medios diplomáticos, a los dos Estados entre los cuales existe una diferencia o si se ha desencadenado un conflicto, exhortándolos a que inicien o reinicien negociaciones o a recurrir a cualquier otro método pacífico para resolver su controversia.»[87]

Se incluyeron junto con la mediación, la encuesta y la jurisdicción arbitral en la primera Conferencia de La Haya en 1899. Este acuerdo se renovó en la segunda Conferencia de La Haya de 1907. En este sentido, VERDROSS señala que cuando los esfuerzos se encaminan a decidir a las partes a reanudar las negociaciones se habla de buenos oficios.[88]

Los buenos oficios se incluyeron en la Carta de la ONU de 26 de junio de 1945, en el Tratado de Arbitraje Obligatorio de 29 de enero de 1902, en el Tratado Interamericano sobre Buenos Oficios y Mediación de 23 de diciembre de 1936 y en el Tratado Americano de Soluciones Pacíficas, Pacto de Bogotá de 30 de abril de 1948.[89]

1.2.6. La amigable composición o el amiable compositeur

Es una forma de solucionar los conflictos de intereses entre las partes por obra de terceros amigos de ambas, sin sujetar sus procedimientos a normas de derecho preestablecidas y sin apegarse en la decisión más que a la equidad y a la buena fe.[90]

---

86. Las referencias que hemos hecho de los casos están tomadas de la obra del profesor COLLIARD, Claude-Albert intitulada *Instituciones de Relaciones Internacionales*, México, Fondo de Cultura Económica, México, 1978, pp. 323 a 326.

87. GARCÍA MORENO, Víctor Carlos, voz «Buenos oficios», en *Nuevo diccionario jurídico mexicano,* México, Instituto de Investigaciones Jurídicas, UNAM, 1998, tomo A-C.

88. VERDROSS, Alfred, *op. cit.,* nota 50, p. 392.

89. ESTAVILLO CASTRO, Fernando, *op. cit.,* nota 3, p. 385.

90. MEDINA LIMA, Ignacio, voz «amigable composición», en *Nuevo diccionario jurídico mexicano,* México, Instituto de Investigaciones Jurídicas, UNAM, 1998, tomo A-C. Véase asimismo

Como característica particular de la amigable composición esta el deferir a individuos «que no necesariamente han de ostentar calidades profesionales o técnicas especiales», pero de conducta intachable, honestidad y honorabilidad probada la decisión de un conflicto. En la decisión del conflicto podrá actuar el amigable componedor con la libertad más amplia en el marco de la equidad y la justicia.

Se exige desde luego la clara expresión de la voluntad de las partes en el sentido de estar dispuestas a someterse a la decisión del amigable componedor. Deberán hacerlo por escrito en donde asienten sus nombres, la cuestión o cuestiones en conflicto, el nombre del amigable componedor y el término para cumplir con el encargo.[91]

Este medio alternativo ofrece características singulares que lo acercan definitivamente al arbitraje.

En la práctica del arbitraje comercial internacional, se ha venido perfilando la figura del árbitro que conoce y resuelve los casos sin apoyarse en normas jurídicas expresamente señaladas por las partes, se confían en su buen juicio, en su experiencia profesional y legal y en su sentido de justicia.

Desde luego no significa que no aplique el derecho; por lo contrario debe hacerlo pero no está constreñido a que sea un orden jurídico determinado: el inglés, el alemán, el español, etc.

Es una forma de caminar dentro del derecho como una ciencia cultural que rige la conducta externa del hombre, diversa al enfoque estrictamente legalista, pues es también social que debe procurar el orden público, lo que hace tiempo viene de alguna manera manifestándose también en la actuación de otros sistemas de solución de diferencias.

El derecho civil y la práctica francesa han dado auge y apoyo a esta concepción distinta de resolver los conflictos vía el arbitraje amplio.

Su equivalente en el "commonlaw" no existe pese a que puede acercarse al arbitraje en equidad *ex aequo et bono*o como se decía antaño *"a verdad sabida y buena fe guardada"*.

Se considera que el árbitro dicta un laudo que es obligatorio per se, en cambio quien lo hace en equidad da fundamentalmente una recomendación.

Cierto es que la diferencia es sutil pero también que los casos resueltos por un "amigable compositor" suman varias decenas.

Derecho Procesal, México, Colegio de Profesores de Derecho Procesal, Facultad de Derecho de la UNAM, Ed. Harla, 1997, vol. 4, Biblioteca Diccionarios Jurídicos Temáticos, *sub voce* «amigable composición.»

91. Suárez Hernández, Daniel, *op. cit.,* nota 6, pp. 74-75.

Con frecuencia se confunden ambos términos; sin embargo en estudios específicos se ha concluido que los fallos dictados aplicando este sistema ofrecen varios elementos comunes:

1) Se han aplicado ciertas reglas generales como son:

a. la precisión de prestaciones iguales o lo más cercanas posibles acordes con la fórmula esencial al comercio internacional: *quid pro quo.*

b. la asunción de que las partes aceptaron correr similares riesgos.

c. las partes actuaron de buena fe.

2) Las soluciones han buscado la aceptación de las partes y la no afectación de sus relaciones futuras.

Dado que esta fórmula es complicada, difícil de precisar y en cierta forma riesgosa, se exige que las partes autoricen y otorguen poderes expresos a los árbitros para aplicarla. (Artículo 1445 del Código de Comercio y 19) de las Reglas de la CCI).[92]

De manera quizá menos difusa, se admite en legislaciones tanto nacionales como en el arbitraje internacional institucional que se acuda también a «...los usos mercantiles aplicables al caso...» (Art. 1445, p. 4° del C.Com. a «...los usos del comercio, Art. 21.2 de las Reglas de la C.C.I.).

La utilización de los MASC ha venido en aumento, como ya hemos manifestado dados los problemas conocidos de la administración de justicia debidos a la enorme carga de trabajo con las consecuentes deficiencias en forma y contenidos[93] así como a toras causas ya expresadas.

Cuando hablamos de los usos y costumbres surge de inmediato la práctica que se sigue de aplicar ciertas reglas específicas en las transacciones comerciales de ciertos productos que por su propia naturaleza son precedentes y que se remontan a las ferias y actividades de mercadeo que se fueron consolidando desde la edad media.

---

92. Se trata de explicar el acogerse a la *lex mercatoria*, en virtud de la necesidad de resolver los problemas de manera ágil sin aplicar normas rígidas, volviendo a lo que sucedía con los comerciantes en la época del Imperio Romano o entre ellos y los marinos del Mediterráneo en el siglo XIV con el Consulado del Mar.

93. Así, por ejemplo en México, a partir de 1997 nuestro país «reconoció dentro de su normatividad adjetiva fiscal, la posibilidad de que los particulares puedan acudir a un procedimiento de resolución de controversias, contemplado a su vez en los tratados para evitar la doble tributación celebrados por nuestro país.» Ver Amézquita Díaz, Daniel, «Medios alternativos de solución de controversias en materia fiscal», *Pauta,* México, Boletín informativo del Capítulo Mexicano de la Cámara Internacional de Comercio, A.C., año 99, núm. 29, 2000.

Esta normatividad se comprende genéricamente en el término de LexMercatoria que no deja de presentar algunas dificultades como lo veremos poco más adelante.

Nuestros legisladores han entendido la importancia de esta práctica y decidieron modificar el Artículo 17 Constitucional para que se consolidase la utilización de los MASC y así los conflictos que se presenten entre los particulares sean conocidos no solamente por los tribunales jurisdiccionales sino también en algún medio alternativo de solución de controversias tal como ahora aparece en la primera parte del párrafo tercero del susodicho precepto constitucional [94] del que nos ocuparemos con mayor detalle al referirnos a las leyes aplicables al fondo del arbitraje.

94. *Diario Oficial de la Federación* del 18 de junio del 2008.

CAPÍTULO II

El Arbitraje y su naturaleza jurídica

1. LA NATURALEZA JURÍDICA DEL ARBITRAJE

Se puede definir al arbitraje, de acuerdo con José Luis SIQUEIROS como «un método o una técnica mediante la cual se tratan de resolver extrajudicialmente las diferencias que pueden ocurrir o que han surgido entre dos o más partes, mediante la actuación de una o varias personas (árbitro o árbitros) los cuales derivan sus facultades del acuerdo consensual de las partes involucradas en la controversia.» [95]

BRISEÑO SIERRA lo define como «un proceso jurídico tramitado, desarrollado y resuelto por particulares... Estructuralmente el arbitraje es una relación jurídica triangular, en cuyo vértice superior se encuentra el árbitro, que es el sujeto ajeno a los intereses en disputa, y llamado por las mismas partes para componer las diferencias que les separan.» [96]

Raúl MEDINA MORA, haciendo referencia al arbitraje comercial, lo define como «el desarrollo procesal de un convenio privado que, con el apoyo del orden jurídico positivo, encomienda la resolución de controversias mercantiles, entre las partes que lo han celebrado, a un árbitro o a un tribunal arbitral

---

95. SIQUEIROS, José Luis, «El arbitraje, marco normativo, tipos de arbitraje, compromiso arbitral y cláusula compromisoria», *Pauta,* México, Boletín informativo del Capítulo Mexicano de la Cámara Internacional de Comercio, A.C., año 99, núm. 29, 2000, p. 3, ver también su estudio «El Arbitraje Comercial, un mecanismo idóneo para resolver controversias en forma extrajudicial», *Homenaje a Fernando Vázquez Pando,* México, Barra Mexicana, Colegio de Abogados, Ed. Themis, 1996, Colección Foro de la Barra Mexicana, p. 229.

96. BRISEÑO SIERRA, Humberto, *El Arbitraje Comercial. Doctrina y Legislación*, 2a edición, México, Limusa, 1999, p. 12.

independientes, les señala los términos básicos de su misión, indica el derecho aplicable al fondo de la controversia y las reglas del procedimiento arbitral, conviene en el lugar y la lengua del arbitraje.» [97]

Finalmente, en el *Nuevo Diccionario Jurídico Mexicano*, Flores García lo define como «una forma heterocompositiva, es decir, una solución al litigio, dada por un tercero imparcial (Carnelutti), un juez privado o varios, generalmente designado por las partes contendientes (en ausencia de su consentimiento el nombramiento será hecho por el juez público nacional), siguiendo un procedimiento que aunque regulado por la ley adjetiva tiene un ritual menos severo y formal que el del procedimiento del proceso jurisdiccional...» [98]

En orden a comprender la naturaleza jurídica del arbitraje, el punto de partida será la afirmación de que existe una diferencia de fondo entre la resolución de un conflicto y la impartición o determinación de la justicia. Como lo expresa el profesor Enrique GRAHAM TAPIA: «*...el arbitraje constituye un procedimiento de solución de controversias, no es un mecanismo de impartición de justicia*». [99]

Esta reflexión la hemos manifestado desde siempre por lo que la incorporaremos a nuestra explicación sobre el mismo.

Esto es que dar a cada quien lo suyo» conforme a la tradicional definición de la justicia consagrada en el Derecho Romano, es una cosa diversa a resolver y terminar un conflicto.

Desde luego que pueden darse ambos en un momento concreto y es más, intentarse en el planteamiento de una diferencia más no son en sí la misma cosa. Comprender la presencia de ambos campos es elemental para fijar su esencia jurídica.

Tradicionalmente se han esgrimido dos posturas sobre el particular y más recientemente algunas otras que las matizan o tratan de conciliarlas. A continuación abordaremos las principales.

---

97. MEDINA MORA, Raúl, «Cláusula y acuerdo arbitrales», en PEREZNIETO CASTRO, Leonel (comp.), *Arbitraje comercial internacional,* México, Distribuciones Fontamara, 2000, Doctrina Jurídica Contemporánea, p. 15.

98. FLORES GARCÍA, Fernando, *Nuevo diccionario jurídico mexicano*, México, Instituto de Investigaciones Jurídicas, UNAM, Ed. Porrúa, tomo A-C, México, 1998, sub voce «arbitraje» Misma definición en su estudio «El arbitraje privado», *Revista de la Facultad de Derecho de México*, México, UNAM, Tomo XL, núms. 172-173-174, julio-diciembre, 1990, p. 76.

99. GRAHAM TAPIA, Enrique *El Arbitraje Comercial*, México, Themis, 2000, p. 11

1.1. La teoría contractualista

La denominación de la tesis nos define la misma por lo que encontramos que la fuente del arbitraje está en la voluntad de las partes quienes podrán tal como lo consigna el Artículo 78 de nuestro Código de Comercio «...obligarse en la manera y términos que aparezca que quiso obligarse...», dentro de los límites establecidos por el marco legal existente tal como lo hemos expuesto en otras ocasiones.

Pero más concretamente tenemos al Artículo 1051 que textualmente consigna en su primer párrafo:

«El procedimiento mercantil preferente a todos es el que libremente convengan las partes... pudiendo ser un procedimiento convencional ante tribunales o un procedimiento arbitral».

Como es sabido en las reformas ya consignadas, se vertió en el Título Cuarto del Libro Quinto todo el mecanismo creado por la UNCITRAL con algunas pequeñas variantes, sobre el arbitraje.

Por ser una actividad vinculada al comercio se deberán respetar los principios aplicables de carácter mandatorio como los de la buena fe, la de cumplir con lo pactado (*pacta suntservanda*) y otros más de público conocimiento.

1.2. Teoría del mandato

Esta postura forma parte en cierta forma de la anterior pues lo que hace es considerar que el Pacto Comisorio o la Clausula Arbitral conforman un contrato de mandato en donde las partes convienen con los árbitros la realización de una tarea expresamente detallada fijándole los plazos, las reglas de procedimiento, los elementos probatorios, las leyes de fondo y otros elementos más.

Estas acciones las llevarán a cabo mediante un estipendio.

Acotamos que esta versión o matiz no ha encontrado mayores seguidores por su connotación laboral pero como desprendemos la fuente creadora de derechos y obligaciones está en la voluntad de las partes.

Los expositores de esta tesis fueron principalmente maestros italianos como CHIOVENDA, CARNELUTTI, REDENTI, ROCCO a los que podemos añadir otros señalados colegas franceses como MERLIN, FUZIER, HERMAN, WEISS y BRACHET [100].

También incluimos a nuestros maestros Eduardo PALLARES, Rafael DE PINA, Humberto BRISEÑO SIERRA, José BECERRA BAUTISTA y Jaime BAUTISTA.

---

100. Citados por AYLWIN AZÓCAR, Patricio, *El juicio Arbitral,* Quinta Edición, Santiago, Editorial Jurídica de Chile, 2005, p. 39.

De entre ellos sobresale el primero de los mencionados quien considera según el maestro GARCÍA RAMÍREZ de quien tomo la siguiente cita en lo que considero aplicable, que:

«...el compromiso implica una renuncia al conocimiento de una controversia por la autoridad judicial... es... una resolución de controversias mediante un juicio ajeno; pero el árbitro no es funcionario del Estado, no tiene jurisdicción ni propia ni delegada... sus facultades derivan de la voluntad de las partes».

«... no cabe afirmar que el arbitraje tenga naturaleza jurisdiccional y esto por la falta de poderes que caracteriza a los árbitros... es imposible pensar que se está ante una hipótesis de entrega de funciones públicas a los particulares».[101]

A ellos debemos añadir la de ilustres maestros españoles exiliados algunos de los cuales fueron maestros nuestros en esa época.

Me permití esta licencia pues sin duda constituye una expresión precisa y clara de la teoría contractualista.

Debo de incluir por su particularidad la respetable opinión del maestro Jorge Alberto SILVA y SILVA quien siguiendo a BARROS DE ANGELIS y CARNELUTTI en el que la cláusula arbitral afirma no es contrato sino un acuerdo.

Esta afirmación no es exacta y amerita una respetuosa observación de nuestra parte.

Conforme nuestra legislación vigente el contrato es el

«...convenio que produce(n) o trasfiere(n) las obligaciones y derechos...» según nos dice el Artículo 1793 del Código Civil Federal por lo que siendo uno el género el otro es la especie y así la cláusula es un contrato.

Considerando que la simple voluntad de las partes no puede restarle facultades al Estado, se ha planteado otra posición.

Pasemos ahora a la teoría contraria.

1.3. Teoría jurisdiccionalista o publicista

La explicación de esta tercera postura que en realidad constituye la segunda por oponerse y negar a la primera, equipara la función que tanto el juez como el árbitro llevan a cabo o sea ambos buscan impartir justicia. Por lo tanto la fuente de sus facultades no está en la voluntad de las partes en conflicto sino en la capacidad del Estado para desarrollar y cumplir sus funciones públicas.

---

101. Nuestro jurista tomó lo anterior de la obra Instituciones de Derecho Procesal Civil, véase GARCÍA RAMÍREZ, Sergio, «Inconstitucionalidad del juicio arbitral», en *Revista de la Facultad de Derecho de México,* México, Tomo XIV, No. 53, 1964.

Algunos autores no son tan radicales pues admitiendo que el poder de los árbitros deriva de un pacto, su oficio es igual al de un juez sin importar que sea temporal y sus actos serán típicamente judiciales.

La razón está en que el poder Legislativo del Estado lo permite revistiendo así al árbitro de un manto transitorio de autoridad y sus decisiones tendrán fuerza ejecutoria sin necesidad de la intervención judicial.

La cita que hacemos a continuación de uno de los principales defensores de esta postura nos proporciona una idea clara y precisa de esta tesis.

«Laurent rechaza la idea de que los árbitros puedan ser mandatarios ya que son jueces, desempeñan un ministerio social están investidos de uno de los de los grandes poderes a título de delegados de la soberanía nacional….» [102]

Tenemos así dos posturas en donde el tema en disputa es la impartición de la justicia preguntándonos ¿quién tiene la facultad de impartirla: ¿el Estado, los particulares o ambos? Considero que para efectos de una mayor claridad en nuestro análisis, devendrá útil recordar algunos elementos sobre la organización del Estado actual.

Con toda simplicidad señalaré lo siguiente:

La organización constitucional del Estado actualmente establece que se fracciona en tres poderes: el que crea las leyes, el que administra sus acciones y actividades y el que resuelve conflictos restableciendo el orden jurídico violado evitando se haga justicia por manos del agraviado.

Claramente los constituyentes del 17 aceptaron la concepción del estado moderno surgido en la Revolución Francesa por lo que el Artículo 49 establece la División de Poderes siendo estos el Ejecutivo, el Legislativo y el Judicial, atribuyéndole a cada uno sus funciones y competencias.

El artículo 49 se ocupa del Poder Judicial el que tiene su asiento o punto de partida en el ya mencionado número 17 cuyo primer párrafo prohibitivo da razón y sentido a dicho poder.

Detengámonos por un instante en el segundo párrafo ya citado, para captar mejor la idea del legislador cuando afirma que:

«Toda persona tiene derecho a que se le administre justicia por tribunales que estén expeditos para impartirla…»

---

102. Citado por Aylwin Azocar, Patricio, *op. cit.*, nota 100, p. 33

Así, es tajante la consideración de que es facultad propia exclusiva del Estado; es más coincidimos con el maestro Fernando Flores García de que además es un deber impartirla. Para dicho jurista:

«La jurisdicción puede concebirse como una potestad-deber atribuida e impuesta a un órgano gubernamental para dirimir litigios...»

Este mandato se acata a plenitud en nuestro sistema como desprendemos de los artículos 13, 14, 16, 17, 21, 41, 49, 94, 95, 96, 97, 98, 99, 100, 101, 103, 104, 105, 106 y 107 de la Carta Magna.

Por lo dicho ¿sería posible que el Estado delegase su facultad de ejercicio obligatorio a los particulares?

La respuesta inmediata es negativa pues sería necesario para ello que la propia Constitución en forma expresa lo estableciera.

Con motivo de la negación del Tratado de Libre Comercio del Norte (TLCAN) al considerarse la creación de mecanismos especiales para resolver las diferencias derivadas del mismo, se previó el establecimiento de Tribunales Arbitrales Ad-Hoc mal llamados Paneles cuya resolución o laudo serían obligatorias.

Dichos tribunales provocaron reacciones negativas siendo la más notable por la importancia de quien vino o sea del maestro Ignacio Burgoa al estimar que el tribunal previsto para conocer de conflictos inter-partes del TLC era de inicio inconstitucional.

Se estableció una polémica con los abogados gubernamentales partícipes de las negociaciones y particularmente con el Lic. Guillermo Aguilar Alvarez quien demostró que la crítica no era procedente pues el laudo que dictase el Pánel Arbitral (?) del Capítulo XX no era obligatorio sino sólo emitiría recomendaciones [103].

El maestro Burgoa con toda honestidad admitió la procedencia de la respuesta y retiró su posición [104].

Sin embargo no resulta extraño por otra parte que ciertas facultades exclusivas de un Poder se permitan que otro las lleve a cabo como en el caso del facultamiento al Ejecutivo para decretar la suspensión de las garantías individuales (art. 29) o bien para imponer medidas regulatorias al comercio exterior que son de esencia facultades legislativas (artículo 131).

En este mismo orden recordemos al Artículo 39 del Código Fiscal de la Federación que autoriza al Ejecutivo Federal para no ejercer sus facultades

---

103. Cuestiono el carácter de que sea arbitral como se califica en el Art. 2008 pues si lo fuese el laudo sería obligatorio.

104. Cruz Miramontes Rodolfo *El TLCAN: Conflictos, soluciones y otros temas conexos*, 2ª ed., México, Editorial Porrúa, S.A., 2002, pp. 160.

recaudatorias en las hipótesis comprendidas en las fracciones I y II de mismo precepto, lo que constituye un acto materialmente legislativo.

En nuestra materia existe una situación qué parecería excepcional que aparentemente contradice lo antes dicho.

Señalamos lo anterior con motivo de la presencia del Artículo 2° de la Ley Orgánica del Poder Judicial del Tribunal Superior de Justicia del D. F. al determinar que:

«...el ejercicio jurisdiccional comprende, entre otros, a los árbitros»

Sin embargo a continuación en el Artículo 3° se afirma que:

«Los árbitros no ejercerán autoridad pública....»[105]

Nuevamente nos preguntamos ante esta norma si nuestra Constitución prevé esta excepción y si así fuere ¿porqué no se ha modificado el Artículo 17 viejo conocido nuestro?

Si hubiere existido la intención de incorporar el arbitraje al Poder Jurisdiccional debió haberse modificado dicho Artículo 17 siguiendo el camino procesal establecido en el Artículo 72 párrafo F de la propia Constitución.

Ante esta aparente contradicción recordaremos que jerárquicamente la Carta Magna es la Ley Suprema como lo afirma el artículo 133 de la misma por lo que la segunda ley es inconstitucional e improcedente.

No habiendo actuado de esta manera estimo que el precepto comentado carece de validez jurídica por lo que el tema sigue en su punto.

Hace tiempo nuestro Tribunal Máximo pronunció una tesis que abordó con una visión muy clara esta posibilidad de delegación de facultades que cito en lo aplicable a continuación:

«Arbitraje.-El arbitraje es una convención que la ley reconoce y que por cuanto implica una renuncia al conocimiento de la controversia por autoridad judicial, tiene una importancia procesal negativa. Ese contrato es el llamado compromiso y en virtud del cual las partes confían la decisión de sus conflictos a uno o más particulares; de este modo se sustituye el proceso como algo que es afín a él en su figura lógica, supuestos que en uno y otros casos se define una contienda mediante un juicio ajeno; sin embargo, el árbitro no es funcionario del Estado, ni tiene jurisdicción propia o delegada; las facultades de que usa, se derivan de la voluntad de las partes, expresada de acuerdo con la ley y aunque

105. Ley Orgánica del Tribunal Superior de Justicia del Distrito Federal, *Diario Oficial de la Federación* del 7 de febrero de 1996.

la sentencia o laudo arbitral no puede revocarse por la voluntad de uno de los interesados, no es por sí misma ejecutiva, el laudo solo puede convertirse en ejecutivo por la mediación de un acto realizado por un órgano jurisdiccional. El laudo solo puede reputarse como una obra de lógica jurídica, que es acogida por el Estado, si se realizó en las materias y formas permitidas por la ley. El laudo es como los 'considerandos' de la sentencia, en la que el elemento lógico, no tiene más valor que el de la preparación del acto de voluntad, con el cual el juez formula la voluntad de la ley, que es en lo que consiste el acto jurisdiccional, sino en cuanto se realiza por un órgano del Estado. El árbitro carece de imperio, puesto que no puede examinar coactivamente testigos ni practicar inspecciones oculares, etc. Y sus laudos son actos privados, puesto que provienen de particulares y son ejecutivos sólo cuando los órganos del Estado han añadido, a la materia lógica del laudo, la materia jurisdiccional de una sentencia. La función jurisdiccional compete al Estado y no puede ser conferida sino a los órganos del mismo; pero obrar en calidad de órganos del Estado significa perseguir, con la propia voluntad, intereses públicos, lo que evidentemente no hacen las partes cuando comprometen en árbitros sus cuestiones, puesto que entonces persiguen fines exclusivamente privados; de modo que la relaciones entre las mismas partes y el árbitro son privadas y el laudo es juicio privado y no sentencia y estando desprovisto por lo mismo del elemento jurisdiccional de un fallo judicial, no es ejecutable sino hasta que le preste su autoridad un órgano del Estado que lo mande cumplir... [106]»

Para los propósitos de nuestro estudio entresaco estas afirmaciones.

«La función jurisdiccional compete al Estado» «...y no puede ser conferida sino a los órganos del mismo».

«El arbitraje es una convención que la ley reconoce y que por cuanto implica una renuncia al conocimiento de la controversia por autoridad judicial tiene una importancia procesal negativa.»

Siendo la posición de nuestro Poder Judicial muy clara y de rechazo a la postura doctrinal comentada, no desconocemos que pese a ello tiene muchos seguidores que viene desde años pasados hasta la fecha como podemos desprenderlo de la revisión somera que hicimos.

Añadimos a los autores ya citados a otros más tanto europeos como americanos de presencia reciente.

Así tenemos a: Manresa, Fedozzi, Mortova, Prieto Castro, Alcalá-Zamora y Castillo, Briseño Sierra y el ya citado P. Aylwin Azócar.

---

106. Suprema Corte de Justicia de la Nación en la tesis aislada emitida por la Tercera Sala, visible en el Semanario Judicial de la Federación, 5ª Época, Tomo XXXVIII, página 800.

1.4. Teoría Mixta o Híbrida

Esta cuarta postura nos la presenta y comenta el apreciado especialista Lic. Francisco GONZÁLEZ del Cossío como fruto de un esfuerzo por conciliar las posturas anteriores.

Cedemos la palabra a Francisco:

«De conformidad con esta postura, los árbitros realizan un acto jurisdiccional pero carecen de poder judicial (estatal) alguno. No existe acto alguno de delegación de poder estatal. Se limitan a resolver, con base al derecho, un conflicto. La función del árbitro es equivalente a la de un juez, pero no de un estado particular. Mientras que un juez está investido en principio de poder público estatal, la decisión del árbitro no tiene dicho poder público.[107] La posibilidad de que el laudo sea ejecutable mediante poder público deviene al momento de su ejecución, pero ello no modifica la naturaleza de la institución, sólo la enriquece convirtiéndola en una institución hibrida».

La teoría mixta o híbrida ha alcanzado dominancia mundial dado que el arbitraje comercial internacional muestra elementos tanto jurisdiccionales como contractuales. De conformidad con la teoría mixta, el arbitraje es un sistema de justicia privada creada contractualmente. Tanto el origen contractual como la función jurisdiccional tienen una influencia importante en el arbitraje. Un efecto importante que la teoría mixta o hibrida ha tenido es reconocer la fuerte, mas no avasalladora, relación entre el arbitraje y la sede.

Según nos informa el profesor González DE Cossío el autor de la misma fue el conocido internacionalista SAUSER-HALL en 1952 en su Informe al Institut de Droit International[108].

Las discusiones sobre el tema reviven periódicamente al aparecer fenómenos que los provocan como sucedió en los 60's sobre la constitucionalidad del juicio arbitral en el derecho laboral y ahora ante el auge aludido del arbitraje comercial, así como de los MAS'C en general.

---

107. Como fue reconocido en un caso ante la Corte de Justicia Europea (Caso Nordsee v. Reederei, sentencia del 23 de marzo de 1982) en donde se sostuvo que únicamente las cortes estatales ejercen poder estatal.

108. GONZÁLEZ DE COSSÍO Francisco, «Naturaleza Jurídica del Arbitraje», en *Pauta*, México, Boletín informativo del Capítulo Mexicano de la Cámara Internacional de Comercio, A.C., 2004 y del mismo autor «Sobre la Naturaleza Jurídica del Arbitraje», en ABASCAL ZAMORA, José María y FLORES RUEDA, Cecilia (Coords), *Homenaje a Raúl Medina Mora*, México, Temis, BMA, 2008, pp. 297 y 298.

De nueva cuenta por ejemplo se recuerda a lo dicho por el maestro Rocco quien sostiene que el arbitraje es una "transacción anticipada" dado que las partes remiten la solución de sus diferencias a terceros para que las resuelvan en las condiciones y en la forma en que se les indique.

Como vemos hay dos MAS´C entremezclados pues mediante la transacción las partes resuelven la controversia en tanto que en el compromiso las partes en conflicto convergen en que sea un tercero quien lo dirima.

Se han planteado otras tesis que en términos generales, se pueden asimilar o considerar apéndices de las anteriormente expuestas por lo que no estimo útil considerarlas.

No falta sin embargo alguna que reclama su lugar por no caber en las otras al presentar ciertas particularidades como es el caso de la siguiente.

1.5. Teoría de la naturaleza fundamentalmente original del arbitraje

Algunos autores cercanos a esta época aceptan la naturaleza híbrida del arbitraje pero no que sea ni contractual ni jurisdiccional pero tampoco eclética exclusivamente sino que constituye un fenómeno único, original y autónomo.

Esta corriente ha sido desarrollada por varios profesores básicamente galos como la maestra J. Rubellin –Devichi, los profesores M. Fouchard, H. Motulsky, R. David y particularmente por Marc Henry quien sostiene que dicha teoría se consagró definitivamente en las reformas al Derecho del Arbitraje de 1980 presentes en el Derecho Comercial francés tal como a su vez lo afirman G. Cornu, R. Roblot, J. Robert entre otros [109].

Esta postura distinta a las anteriores se puede definir, siguiendo a M. Henry de la manera siguiente:

«L'autonomie de l'arbitragedevraitselonnouss'entendre de la faculté pour ce dernier de produiresespropres normes sanssystématiquementavoir à les trouver par transposition de solutionspréexistantesextérieures à l'arbitrage.» [110]

Consideramos que no deja de ser atractiva pues aceptando que el arbitraje es mixto al consagrase una convención interpartes y cuasi-jurisdiccional al subs-

---

109. Para el profesor Marc Henry varias veces mencionando esta teoría de la naturaleza original del arbitraje supera los casos del Drago y el de Roses que habían consagrado en su momento las dos teorías clásicas de la función jurisdiccional y del carácter contractual respectivamente.

110. Henry, Marc *Le DevoirD'indépendance de L'Arbitre,* París, Bibliothèque de Droit Privé, 2001, pp. 17, 18, 19, 27, 34, 39, 41 y 42.

tanciarse el proceso, crea un sistema propio estableciendo sus reglas por lo que resulta distinto a los anteriores; de aquí su carácter original.[111]

Siendo ciertas las facetas diversas que aparecen en el arbitraje, a mí ver su origen, su desarrollo y su cumplimiento tiene como valor definitivo la expresión y concurrencia de la libre voluntad de las partes afectadas.

Por ello considero que la Teoría Contractualista sigue vigente y que esta postura reseñada líneas arriba la fortalece pues es una expresión reciente y actual de la misma con su visión muy particular de originalidad que considero valida.

El maestro Carnelutti en su tiempo se encargó[112] de poner orden esclareciendo que son dos cosas distintas que en una las partes directamente negocien el problema y mediante el contrato de compromiso acuden al arbitraje, fijan los puntos a resolver y normalmente determinan por quienes o bien de que manera se resolverá el conflicto.[113]

El problema surge en mi opinión debido a la proximidad que se presenta entre ambos procedimientos o sean el jurisdiccional y el arbitral, y en la búsqueda de objetivos similares más no necesariamente iguales.

En efecto en ambas encontramos a los mismos personajes: actor y demandado (aunque se le llama de otra manera), un período probatorio, alegatos y una resolución rigiéndose además por principios comunes.

---

111. La posibilidad de crear en el arbitraje sus propias reglas ha dado lugar sobre todo en el pasado no solo a resolver desavenencias sino a facilitar la convivencia de grupos distintos cuando existen sociedades que se encuentran ubicadas en un momento dado en un mismo lugar lo que provocaba fricciones por lo que debían de resolverse y de ser posible por las propias partes. De ahí el mérito que tuvo nuestro medio alternativo del que se decía «el arbitraje se celebra por bien de paz e concordia». El profesor Antonio Merchán Alvarez resalta esta característica y nos da unos ejemplos de su aplicación exitosa como sucedió en España con la presencia de los hispanorromanos y los visigodos en donde se logró evadir la necesidad de someterse a los tribunales de los dominadores sino aplicar las normas derivadas del arbitraje. Así también sucedió con las comunidades judías y las locales. Esta posibilidad de acudir al arbitraje no solamente era una opción si no era un derecho fundamental como se estableció en el Artículo 280 de la Constitución de Cádiz al señalar que: «No se podrá privar a ningún español del derecho de terminar sus diferencias por medio de jueces árbitros». Véase MERCHAN ÁLVAREZ, Antonio, *El Arbitraje, estudio histórico jurídico*, Utrera, España, Publicaciones de la Universidad de Sevilla, 1981, Anales de la Universidad Hispalense, serie Derecho, pp. 45 a 49.

112. Citado por PAGANONI O'DONOHOE, Francisco *El arbitraje en México*, Puebla, OGS Editores, 1997, p. 4 y5.- 1997.

113. Sobre la transacción recomiendo ver el punto de vista de Don Eduardo Pallares quien en forma breve y concisa va al fondo del problema con su brillantes acostumbrada *Diccionario de derecho procesal civil,* México, Ed. Porrúa, 1960.

Los actores pretenden ejercer un derecho de acción y el demandado de defensa. El conflicto deberá someterse a un proceso en el que uno está previamente consignado en la ley y en el otro lo determina la voluntad de las partes.

Hace algunos años quien fuera un respetable jurista Francisco VILLALÓN IGARTÚA diseccionó el tema de la jurisdicción e ilustró su tesis con una figura triangular en cuya base estaban dos polos encontrados y en el vértice un tribunal precisando la existencia concurrente de dos relaciones jurídicas distintas.

En una primera las partes tenían un conflicto de intereses y nacía el derecho de acción para quien considerase que se afectaba su esfera jurídica. En consecuencia podría ejercerlo ante un tribunal ordinario o bien si existiese un convenio arbitral, ante un tribunal de esta naturaleza.

La segunda relación jurídica consiste en el derecho para acudir ante dicho tribunal y en su caso ejercitar su derecho de acción.

n ambos casos su contraparte acudirá a defenderse si lo estima conveniente a sus intereses o bien el procedimiento se seguirá en rebeldía.

Sin embargo el objeto que se busca no es igual pues en el primero se pretende que el juez determine quien tiene el derecho y en el segundo que se resuelva el conflicto para lo cual los árbitros determinarán de la mejor manera, sin desconocer al derecho cual es la forma adecuada y conveniente de concluir y resolver el problema.

Así tenemos que en ambos casos se configura el triangulo variando únicamente la naturaleza del proceso [114].

Como vemos la cercanía entre ambos procedimientos es absoluta.

Hasta aquí estoy de acuerdo con dicho análisis pero discrepo de las conclusiones sobre el arbitraje que se lleva a cabo por el autor de esta teoría.

Dicho proceso seguirá sus propias reglas bien sean públicas o voluntarias que lo regularán y en el que deberá asegurar respeto al derecho de audiencia, de contradicción y demás que aseguren el llamado "debido proceso" exigido internacionalmente tal como desprendemos de los Acuerdos y Convenciones especializadas como son los de Uruguay, New York y Panamá [115].

Todo esto culminará ordinariamente salvo desistimiento o acuerdo, en un fallo obligatorio que la parte que perdió deberá acatar.

---

114. MORINEAU, Oscar, *El Estudio del Derecho*, México, Editorial Porrúa, S.A., 1953, pp. 410 a 413. (existe una nueva y muy reciente edición del año 2005).

115. Sobre cuáles son las reglas se sugiere ver la obra especializada de CHOCRÓN GIRÁLDEZ, Ana María *Los principios procesales en el arbitraje*. Barcelona, J.M. Bosch Editor, 2000.

Es de concluirse pues en esta parte de nuestra preocupación que el arbitraje es fruto de una conjunción de voluntades plasmadas indistintamente en dos momentos diversos: en la clausula arbitral o en el pacto comisorio.[116]

La naturaleza jurídica de ambos instrumentos es la misma pues requieren en su caso la expresión de la voluntad de los interesados en someterse al arbitraje y en estar y pasar por él. Así tenemos pues que desde su origen se manifiesta su naturaleza contractual.

Volvamos a cuestionarnos: ¿cómo podemos conciliar ambas situaciones ante la opinión de que mediante ambos mecanismos se establece el derecho, *iurisdictio*: se dice o dicta el derecho?

La explicación a mi ver es muy clara si atendemos al hecho de delimitar los fines que cada uno persigue.

Mediante el proceso público llevado por un órgano especialmente creado para ello, se busca tal como nos lo indica el párrafo segundo del Artículo 17, la impartición de justicia.

En lo que toca al arbitraje la pretensión consiste en restablecer el orden y la armonía en una situación particular en donde la relación jurídica que existe entre las partes se ve afectada por acciones u omisiones de alguna de ellas.

El árbitro deberá analizar al igual que el juez los hechos y elementos de comunicación y encontrar la mejor salida al problema provocando que se respete al derecho, a la buena relación inter-partes fundamentalmente si la materia es comercial ya que pueden subsistir intereses comunes y en fin restablecer también el orden social.

Como podemos ver se privilegia en el arbitraje otros valores sociales más que al típico del derecho en una concepción estrecha de su función en el Estado actual.

Por ahora se pretende dejar claro que no hay colisión entre las tareas exclusivas del Estado de impartir justicia y la del árbitro de buscar una solución al caso con respeto a la Ley.

Ya decíamos que existen confusiones y enfoques equivocados en los análisis que hace tiempo se formulan pero realmente no se presentan si mi conclusión es acertada.

Cada mecanismo tiene su camino propio que presenta similitudes sin duda pero de naturaleza jurídica distinta *y a la postre complementaria en cierto sentido como consecuencia lógica de que no son iguales.*

---

116. Se sugiere el magnífico estudio sobre el particular del maestro MEDINA MORA, Raúl «Cláusula y acuerdo arbitrales», en PEREZNIETO CASTRO, Leonel (comp.), *Arbitraje comercial internacional,* México, Distribuciones Fontamara, 2000, Doctrina Jurídica Contemporánea.

En efecto ante la rebeldía del obligado a cumplir con el laudo, su contraparte puede solicitar el apoyo del Poder Judicial.

El juez al reconocer la validez del laudo convertirá casi por arte de magia legal a un acto privado en uno público y el laudo pasará a ser una sentencia judicial.

Actualmente es la tesis contractualista la que ha tenido una mayor aceptación, fundamentalmente tratándose del arbitraje comercial internacional, al menos entre maestros expertos en la materia ya que aceptándose esta tesis «es posible otorgar a las partes el máximo de libertad para definir las modalidades y establecer su reglamentación.» [117]

Como veremos más adelante, el derecho positivo contempla y acoge la figura del arbitraje y lo permite e impulsa ampliamente, salvo en ciertas materias que por su importancia y trascendencia social, se reserva el Estado para su conocimiento.

Las ventajas del arbitraje son, entre otras:

a. Desde el punto de vista de la función del Estado de impartir justicia para resolver diferencias, acudir masivamente al arbitraje tiene el impacto positivo de aliviar la inmensa carga de trabajo de los tribunales.

b. Desde un punto de vista social, «el uso del arbitraje privado fortalece la cohesión de la sociedad civil al facultar a los individuos para decidir sus disputas de conformidad a las condiciones acordadas por ellos mismos.» [118]

c. Frente a los procedimientos judiciales estatales ofrece:[119]

1. Celeridad: dada la informalidad y flexibilidad del procedimiento arbitral en materia de plazos y etapas procesales, se puede hacer del arbitraje un procedimiento rápido que evite los inconvenientes del procedimiento jurisdiccional.

2. Economía: relacionada con la celeridad o rapidez del procedimiento, el acudir al arbitraje puede reflejarse en menores erogaciones de las partes en materia de honorarios, si bien se deben cubrir los gastos del tribunal, los honorarios de los árbitros y los costos administrativos que en su caso correspondan a la institución que administre el arbitraje. Se debe siempre

117. Zamora Sánchez, Juan Pedro, *Nuevas Tendencias del Arbitraje Comercial Internacional: la Posición de México*, México, Tesis Doctoral, UNAM, 1984, p. 25.

118. Díaz, Luis Miguel, *op. cit.*, nota 1, p. XVI.

119. Sobre este punto ver BUHRING-UHLE, Christian, *op. cit.*, nota 20, pp. 17-23. También Rodríguez González-Valadéz, Carlos, *México ante el arbitraje comercial internacional,* México, Ed. Porrúa, 1999, pp. 56-63.

evaluar la conveniencia del arbitraje con base en el monto del asunto a resolver.
3. Especialización: la libre elección de los árbitros permite a las partes seleccionar a aquellos expertos y conocedores del tema objeto de la controversia, situación que no siempre se presenta en la jurisdicción estatal.
4. Confidencialidad: la documentación, pruebas, alegatos y laudo arbitral son por lo general confidenciales, lo que asegura una mayor seguridad para las partes, sobre todo tratándose de temas relacionados con la propiedad intelectual y los secretos industriales.[120]
Si bien es cierto que los procedimientos jurisdiccionales solamente pueden iniciarse y promoverse por quienes acrediten tener interés jurídico, no son estrictamente confidenciales ya que son conocidos no sólo de por el juez, sino también por el personal del juzgado y por los terceros al publicarse los acuerdos en los estrados del juzgado.
5. Imparcialidad: el arbitraje es un mecanismo aceptable para todos los interesados, fundamentalmente en el arbitraje comercial internacional, que evita a las partes el tener que acudir a los tribunales locales de una de ellas, sobre todo porque se exige que los árbitros acrediten y se comprometan a ser imparciales y a guardar absoluta confiabilidad.
6. Posibilidad de elegir al tribunal arbitral: las partes pueden elegir al o a los árbitros que integrarán el tribunal arbitral, ya sea directamente o con la intervención de una institución que se encargue de la designación.
7. Elección de la sede del arbitraje: la elección de la sede del arbitraje es una ventaja particular que ofrece la institución, ya que permite a las partes seleccionar un punto intermedio o mejor comunicado y con los elementos necesarios para mejor llevar a cabo el procedimiento arbitral.
8. Elección del derecho aplicable: las partes pueden acordar cuál será el derecho aplicable tanto al fondo del asunto como al procedimiento arbitral, este punto se relaciona estrechamente con la nacionalidad de las partes, de los árbitros, la sede del arbitraje, el lugar de la celebración del contrato y el lugar donde surte sus efectos.
9. Inmediación: en el arbitraje los árbitros tienen un mayor contacto tanto con las pruebas como con el proceso mismo.

Siendo éstas las ventajas indiscutibles del arbitraje, no deja de presentar según señalan sus opositores, también desventajas como son, según Jorge Fábrega:[121]

---

120. Sobre este punto véase Martínez García, Elena, *op. cit.*, nota 68, pp. 175-177.

121. Fábrega, Jorge P., «Arbitraje en el área iberoamericana», *Revista de la Facultad de Derecho de México*, México, UNAM, Tomo XLI, núms. 175-176-177, enero-junio, 1991.p. 40.

A. En la práctica, los arbitrajes resultan onerosos: dados los altos honorarios que se deben cubrir para contar con árbitros que tengan la experiencia, conocimientos y calidad en su servicio.

B. Parcialidad: con cierta frecuencia los árbitros designados por las partes no pueden sustraerse a situaciones de parcialidad, lo cual se explica quizás porque psicológicamente ellos se consideran a sí mismos mandatarios de las partes que los nombran.

C. La negociación del compromiso arbitral no deja de crear problemas en la práctica.

D. El juicio arbitral no es constitucional [122].

Está fuera de duda la importancia actual y creciente de esta institución y que mejor argumento que el reconocimiento definitivo hecho por nuestro Congreso de los MASC al ampliar el Artículo 17 Constitucional y abarca ya no sólo a los tribunales jurisdiccionales sino también a los «...mecanismos alternativos de solución de controversias» [123].

Por ello esta crítica que se esgrimió en el pasado quedó superada al modificarse la Constitución en la forma señalada.

2. Tipos de arbitraje

El arbitraje entendido en un sentido lato, como una institución que no siendo jurisdiccional tiene como finalidad específica resolver conflictos en los que las partes aceptan el laudo o sentencia como definitivo y cumplir con sus disposiciones, es admitido plenamente por la legislación mexicana.[124] Se puede distinguir entre diversos tipos de arbitraje que son: Arbitraje de derecho privado, el Arbitraje de derecho público y Arbitraje mixto; Arbitraje interno y Arbitraje internacional y Arbitraje comercial y Arbitraje civil y el arbitraje ad hoc, sin desconocer que podríamos añadir otros más pero por "economía procesal" solamente mencionaremos los anteriores.

---

122. García Ramírez, Sergio, *op. cit.* nota 101.

123. *Diario Oficial de la Federación* del 18 de junio del 2008.

124. Como veremos más adelante, son múltiples los ordenamientos que en México han incluido al arbitraje como medio de solución de controversias, entre ellos destacan desde luego el Código de Comercio, el Código Federal de Procedimientos Civiles, la Ley Federal de Protección al Consumidor, el Reglamento Interno de la Comisión Nacional de Arbitraje Médico, etc.

2.1. El Arbitraje de derecho privado, el Arbitraje de derecho público y el Arbitraje "Mixto"

Esta clasificación atiende a la calidad de los sujetos litigantes. Sostiene José Luis SIQUEIROS que el arbitraje de derecho internacional público tiene por objeto el arreglo de los litigios entre los Estados como entidades soberanas, mediante árbitros designados libremente y sobre la base del respeto a las instituciones jurídicas, frente al arbitraje privado que trata de resolver las controversias surgidas entre particulares.[125]

En el caso de que el gobierno de un Estado se vea involucrado en un arbitraje, éste podrá ser público o privado, dependiendo de si el gobierno actúa como entidad soberana o de *iure gestionis*.[126]

Esta distinción entre la actuación estatal es transcendente ya que cambia el trato que recibirá un Estado en un proceso legal, pues podrá o no interponer la excepción de entidad soberana. En efecto si la causa del conflicto es un atentado en contra de normas del derecho internacional público no habrá la menor duda de que no podrá ser procesado ante un tribunal extranjero y deberá en todo caso acudir el demandante a las vías contempladas en el derecho internacional público.

En cambio si el conflicto surge de un trato por ejemplo meramente comercial regido por el derecho privado, no procederá la susodicha excepción o sea en otras palabras que surgirá "la excepción de la excepción" como el doctor Rodolfo CRUZ MIRAMONTES la denominó en algunos casos que intervino como abogado representando a entidades nacionales amparadas por el derecho público tales fueron por ejemplo los casos de Alan C. SUGARMAN contra Aeroméxico Inc. (sic) y Carmen MALENO HUERTA y otros contra Western Airlines, Mc Donnell Douglas Corporation, el Estado soberano de México y la autoridad responsable del Aeropuerto Benito Juárez en México, D.F., ambos sucedidos en los años 1980 y 1979 respectivamente.[127]

---

125. SIQUEIROS, José Luis, *El arbitraje en los negocios internacionales de naturaleza privada,* México, Escuela Libre de Derecho, Miguel Ángel Porrúa, 1992, pp. 9-10.

126. SILVA, Jorge Alberto, *Arbitraje comercial internacional en México,* México, Pereznieto Editores, 1994, p. 156. CRUZ MIRAMONTES, Rodolfo, *La Ley norteamericana de inmunidad del Estado Soberano de 1976*, México, IMCE-ADACI, 1981.

127. El primero de los casos mencionados se ventiló en apelación ante la Corte Distrital del Distrito New Jersey (D.C. Civil No. 78/2860) 21 de marzo de 1980 y el segundo se tramitó ante la Corte de Distrito Central de California, expediente No. 79-04653. Igualmente se han presentado más casos sobresaliendo por su importancia el de SEDCO, Inc., y otros contra Petróleos Mexicanos y Perforaciones Marítimas del Golfo, S.A., conocidos por la Corte Federal del Distrito Sur en Houston, Texas. Ver CRUZ MIRAMONTES, Rodolfo, , *op. cit.* nota 126.

Como ejemplos de arbitraje de derecho internacional público podemos mencionar, el arbitraje de la Corte Permanente de Arbitraje de La Haya; el mencionado en la Carta Constitutiva de la ONU en su Artículo 33 y en el MERCOSUR el procedimiento arbitral introducido en el Capítulo IV del Protocolo de Brasilia para la Solución de Controversias, el del Entendimiento de Solución de Diferencias, una vez que la recomendación del Grupo Especial deviene obligatoria así como el laudo del Órgano de Apelación de la Organización Mundial de Comercio (OMC) a que se refiere el entendimiento relativo a las normas y procedimientos por los que se rige la solución de diferencias (Anexo 2).

El arbitraje mixto lo hemos denominado así porque las partes en conflicto tienen diversa naturaleza jurídica, ya que una puede ser privada y la otra pública.

Los casos son realmente extraordinarios más no extraños, tal como ya lo hemos visto en la situación particular de la Ley de Inmunidad del Estado Soberano de 1976.

Este tipo de arbitrajes vino a fortalecerse con la aparición del TLCAN, especialmente al incluir en su Capítulo XI (Inversiones) la Sección B que contiene el mecanismo de solución de controversias «entre una Parte y un inversionista de otra Parte», siendo este en la mayoría de los casos un particular. Dicho tribunal se prevé que se constituya conforme lo establecen los artículos 1122 a 1126 de tal manera que el Estado demandado no opondrá la excepción de inmunidad soberana.

En principio este "invento" choca pues va en contra de la augusta majestad estatal y de su atributo exclusivo: la soberanía. Empero no podemos desconocer que en los procesos de integración se sacrifica parcialmente dicho atributo, constituyendo este mecanismo arbitral del TLCAN una contribución a este proceso integracionista, tal como lo explicamos más adelante con mayor detalle.

En el fondo, está presente la necesidad que tuvimos de atraer inversiones foráneas facilitando las cosas para que no se presentasen los reparos normales que se darían en un juicio ordinario.[128]

---

128. Para un conocimiento del mecanismo y su modus operandi véanse Cruz Miramontes, Rodolfo, «Las inversiones en el TLCAN: diez años de experiencia», en González Martín, Nuria (Coord.), *Estudios jurídicos en homenaje a Marta Morineau,* México, UNAM, Instituto de Investigaciones Jurídicas, 2006, Tomo II y Cruz Barney, Oscar, «El balance entre los derechos del inversionista extranjero y del Estado anfitrión: soberanía y recepción jurídica», en Rodríguez Jiménez, Sonia y Wöss, Herfried (Coords.), *Arbitraje en materia de inversiones,* México, Instituto de Investigaciones Jurídicas, UNAM, 2010.

2.2. El Arbitraje interno y el Arbitraje internacional

En el arbitraje interno, la problemática que se presenta se hace dentro de un sistema jurídico único, mientras que el arbitraje internacional resulta de un elemento extraño que es ajeno al carácter local de la controversia que puede ser la nacionalidad extranjera de alguna de las partes o el hecho de que los efectos del contrato se lleven a cabo en el extranjero, en fin, señala José Luis SIQUEIROS, cuando surge cualquier conexión con una legislación distinta a la interna.

El arbitraje internacional cubre tres campos básicamente: 1.el del derecho público, entre Estados y sobre problemas de derecho internacional público; 2.de derecho privado, entre particulares y 3. el de la contratación internacional de derecho público, entre Estados o entre particulares y organizaciones estatales.[129]

En México, es en el comercio exterior en donde predomina el arbitraje internacional, actividad que fuera en su momento fuertemente impulsada por el Instituto Mexicano de Comercio Exterior a través de su Comisión para la Protección del Comercio Exterior de México (COMPROMEX).[130]

2.3. El Arbitraje comercial y el Arbitraje civil

Dentro del arbitraje privado, ya sea interno o internacional, se pueden plantear conflictos en materias tanto civiles como comerciales. Esta distinción depende de la naturaleza del litigio a resolver.

2.4. El Arbitraje Institucional y el Arbitraje Ad hoc

El primero de los señalados se regula por un ordenamiento propio administrado por un sistema de apoyo al mismo que generalmente se crea por instituciones comerciales como las Cámaras tanto nacionales como internacionales así por ejemplo la CCI o la CAM que son quienes administran al arbitraje.

Por su especialidad adquieren gran relevancia como por ejemplo La London Maritime Arbitration, La Tokyo Maritime Arbitration, la Grain and Feed Trade y muchas más que son bien conocidas.[131]

---

129. Véase BARRIOS DE ANGELIS, Dante, «Naturaleza jurídica del arbitraje privado internacional. Su proyección en la práctica», *Revista de la Corte Española de Arbitraje*, Madrid, Consejo Superior de Cámaras de Comercio, Industria y Navegación de España, Vol. I, 1984, p. 53.

130. El procedimiento de la COMPROMEX se aborda en el capítulo IV.

131. En Centro de Arbitraje de México (CAM) y por el Centro de Comercio Internacional, (UNCTAD/OMC) (Eds.), *Arbitraje y Solución de Controversias*, México, 2003, Se incluye una lista no exhaustiva –como advierte– de Instituciones Arbitrales (Apéndice VI).

El segundo es aquel Tribunal Arbitral que se establece por convenio de las partes interesadas para que conozcan únicamente de su caso y resuelvan exclusivamente los temas que se le sometan a su conocimiento. Las partes deciden cuales deberán ser las normas procesales pudiendo crearlas o bien apoyarse en Reglamentos Institucionales como los existentes en las Cámaras de Comercio antes mencionadas.

Capítulo III

El procedimiento arbitral

Dentro de la autonomía de la voluntad, las partes pueden libremente convenir en el procedimiento a seguir para el desarrollo del arbitraje. En defecto de tal acuerdo, las reglas aplicables serán las que establezca la legislación interna o bien aquellas que fije un centro administrador de arbitrajes, ya sea interno o internacional, las que vendrán a ser supletorias de la voluntad de las partes.

La aplicación de determinadas reglas de procedimiento puede ser total o parcial, dependiendo de si las partes desean incorporar o bien retirar alguna disposición de las mismas. De acuerdo con Jorge Alberto Silva [132], existen cuando menos cuatro fases en el procedimiento arbitral:

a. La fase *postulatoria*: durante la cual se presenta la demanda, la contestación y la reconvención en su caso, dándose a conocer las pretensiones y excepciones de las partes, así como los hechos sobre los que se apoyan las pretensiones.

b. La fase *constitutiva*: paralela a la anterior, momento en el cual se constituye el tribunal arbitral mediante la designación de o los árbitros.

c. La fase *probatoria*: correspondiente a la demostración de la veracidad de los hechos afirmados.

d. La fase *conclusiva*: que ocupa desde los alegatos hasta el laudo arbitral.

1. La cláusula o acuerdo arbitral

Dada la naturaleza consensual del arbitraje, se requiere la expresión de voluntad de los interesados, de someter sus discrepancias, al arbitraje. Para ello será

132. Silva, Jorge Alberto, *op. cit.*, nota 126, p. 186.

suficiente acreditarlo de manera fehaciente en cualquier forma permitida por la ley. En México el C.Com. exige en su Artículo 1423 que sea por escrito.

Comúnmente se distinguen diversas etapas previas al conocimiento del conflicto por quien debe hacerlo pero como veremos, pueden conjugarse entre sí.

A) Cláusula arbitral o pacto comisorio.[133]

El pacto arbitral o comisorio consiste en «un acuerdo por el que las partes deciden someter a arbitraje todas o ciertas con roversias que hayan surgido o puedan surgir entre ellas respecto de una determinada relación jurídica, sea o no contractual» [134].

El término puede aplicarse tanto a la obligación futura de acudir al arbitraje en caso de conflicto, como de someterse cuando ya apareció el problema. (Artículo 1416.I del Código de Comercio).

El acuerdo arbitral podrá adoptar la forma de una cláusula compromisoria o arbitral incluida en el contrato o bien la forma de un acuerdo independiente.

Si el acuerdo arbitral se inserta en un contrato para prever las posibles diferencias futuras entre las partes contratantes, al acuerdo se le conoce como *cláusula arbitral o bien pacto comisorio*; si se adopta el acuerdo cuando surge la controversia; se le denomina también *compromiso arbitral* o *en árbitros.*[135]

El maestro José BECERRA BAUTISTA aclara que la clausula compromisoria o compromiso en árbitros: «...se da cuando ya existe controversia por las partes, en cambio la clausula arbitral cuando aun cuando no hay pleito y se aplicará cuando surja en el futuro».[136]

La redacción del acuerdo arbitral es una tarea delicada,[137] bastando que sea claro y preciso en cuanto a la expresión de voluntad conjunta de las partes para asumir a la obligación de someterse al arbitraje.

Sin embargo es aconsejable en ahorro de tiempo y complicaciones futuras que las partes incluyan cuales serán las reglas de procedimiento que gobernarán el proceso y si fuera posible las que se aplicarán al fondo.

---

133. También llamado «contrato preliminar de arbitraje» Ver TORRALBA SORIANO, Vicente, «Eficacia del contrato preliminar de arbitraje», *Revista crítica de derecho inmobiliario,* Madrid, España, año XLII, núm. 453, marzo-abril, 1966, p. 311.

134. SIQUEIROS, José Luis, *op. cit.,* nota 95, p. 4.

135. MEDINA MORA, Raúl, *op. cit.,* nota 116, p. 19.

136. BECERRA BAUTISTA, José *El proceso civil en México*, Quinta Edición, México, Porrúa, 1975. P. 741.

137. Sobre este punto ver DAVIS, Frederick T. y ERKER, Ferdinand J., «Drafting the arbitration agreement», en *México-Estados Unidos, Conferencia sobre Resolución de Controversias Internacionales,* México, conferencias patrocinadas por Aguilar Alvarez y Asociados, S.C., Basham, Ringe y Correa, S.C., Bufete Jurídico Rodolfo Cruz Miramontes, S.C., Miranda, Estavillo y Hernández, S.C., Shearman & Sterling y Von Wobeser y Sierra, S.C., 1995.

Por otra parte, se debe tener en cuenta que existen materias que no son susceptibles de ser sometidas a ningún mecanismo alternativo de solución de controversias, como es el caso del derecho penal y en ciertos casos el derecho de familia, la materia concursal y otras.[138]

Es recomendable consignar la sede, la forma de establecer el tribunal y como se hará la designación de los árbitros y aún mejor, señalar algún ordenamiento que lo prevea y si las partes utilizan distintos lenguajes, precisar cuál de ellos será el oficial o bien, ambos o ninguno.

Tratándose de arbitrajes internacionales de carácter comercial, atender puntualmente los detalles es fundamental, ya que la mayor precisión de estos y otros elementos, dará seguridad y eficacia al compromiso arbitral, y evitará dilaciones e interpretaciones ociosas en perjuicio de las partes.

Sin embargo bastará simplemente que se exprese por las partes su decisión de ventilar cualquier conflicto futuro derivado de la interpretación o apelación del contrato para que pueda iniciarse el procedimiento arbitral.

Es común que los ordenamientos de arbitraje sugieran cláusulas arbitrales "modelo" para incluirlas en el contrato pero insistimos basta la expresión de voluntad lisa y llanamente para que se formalice el compromiso arbitral.

No es extraño que se prevengan plazos para darle vida al arbitraje e inclusive se incluya la interpretación del clausulado aunque no aparezca aún un conflicto concreto, lo que podía parecer que va contra el propósito natural del arbitraje. Sin embargo no es así pues a través del arbitraje se está previniendo el nacimiento del conflicto y además al acudir al mecanismo, se hace porque las partes tienen distintas opiniones sobre cómo interpretar el contrato.

Al aparecer ya el problema, será indispensable que las partes cumplan con su compromiso de sometimiento al arbitraje.

Los elementos básicos del acuerdo o compromiso arbitral son:

1. La manifestación de someterse al arbitraje y aceptar el laudo que se dicte, renunciando a los recursos legales que pudieren interponerse.
2. El número de árbitros, que se recomienda sea de uno o tres personas.
3. La sede del arbitraje.
4. Si las partes se expresan en distinto idioma, cual será el o los prevalentes u oficiales en el proceso.

---

138. Ver ZAMORA ETCHARREN, Rodrigo, «El contrato de arbitraje», *Jurídica, Anuario del Departamento de Derecho de la Universidad Iberoamericana,* México, UIA, núm. 29, 1999, p. 250. Asimismo Benito LLOPIS LOMBART, Marco de, *El Convenio Arbitral,* Editorial Avanzadi, S.A., Pamplona, España, 2010.

5. Cuáles serán las reglas aplicables tanto al procedimiento como al fondo del asunto, o bien si el arbitraje será *ex aequo et bono*, en conciencia o en cualquier otra forma similar.

En el comercio es común que se apliquen no sólo normas jurídicas sino usos y costumbres de carácter mercantil siguiendo la tradición surgida en las ferias y reuniones de comerciantes, compradores, vendedores de insumos, etc. Es entendible que bienes de la misma naturaleza condicionen e influyan en las operaciones entre productores y consumidores.

Nuestro Código de Comercio así lo reconoce en sus Artículos 1445 párrafo 4° y así también las Reglas de la CCI en su Artículo 21.2.

Es más se admite que eventualmente pueda señalarse como ley de fondo la *LexMercatoria* siempre y cuando se refieran al tema del litigio.[139]

6. Cuáles serán los puntos o temas a considerar sobre los que deberá pronunciarse el tribunal y en su caso, cuales quedarán excluidos, es decir *la materia del arbitraje*. Podrán desde luego, ocuparse de todos los puntos que sean pertinentes para dictar la resolución del caso.

7. Si no se acogen a un sistema preestablecido, deberá facultarse a los árbitros para que dispongan sobre las normas de procedimiento en cuya ausencia el Tribunal «...determinará el derecho aplicable» o como bien se establece en el Artículo 21 del Reglamento de la CCI: «A falta de acuerdos de las partes, el Tribunal Arbitral aplicará las normas jurídicas que considere aplicables»

8. El tipo de arbitraje que las partes hayan convenido: institucional o *ad hoc*

9. Cumplir con las consideraciones particulares que en el caso concreto se exijan.

Hay otros temas a considerar como son las costas, los honorarios de los árbitros, los viáticos y gastos de transporte de los árbitros y de los testigos si los hay, etc. que podrán incluirse o no en el acuerdo arbitral. La CCI consigna como una obligación formal del Tribunal Arbitral, elaborar la denominada Acta de Misión que especifica claramente cual deberá ser su contenido, cuyo conocimiento se recomienda como guía aunque el caso en trámite no se sujete al Reglamento de la Cámara.

---

139. Ver Silva, Jorge Alberto (Coord.), *Estudios sobre Lex Mercatoria,* México, Instituto de Investigaciones Jurídicas, Universidad Autónoma de México, 2006. Así mismo Kornadi, Wioletta y Fix Fierro, Héctor «La LexMercatoria en el espejo de la investigación empírica», en *Boletín Mexicano de Derecho Comparado,* Año XXXIX núm. 117, 2006. Cruz Miramontes, Rodolfo «Los Incoterms y el Arbitraje», en Abascal Zamora, José María y Flores Rueda, Cecilia (Coords), *Homenaje a Raúl Medina Mora,* México, Temis, BMA, 2008, pp. 131 a 163.

Si bien las abordaremos en lo particular más adelante, cabe señalar que en las Reglas en la CCI se señala que el Tribunal Arbitral debe consignar en un documento aparte, el calendario que regulará las diversas etapas del procedimiento. Dada la posibilidad de que se modifique dicho calendario, es mejor tenerlo en un documento distinto al Acta de Misión y así facilitar que sea modificado el documento en cuestión sin mayores requisitos que el Acuerdo de las partes.

Es obvio que el principio de la autonomía y respeto a la voluntad de las partes, está sujeto al respeto a los principios generales que rigen todo procedimiento y a las garantías correspondientes por lo que serán irrenunciables aunque acuerden lo contrario, como sería la renuncia a la garantía de audiencia.

La ausencia de consideración en el Acta que viene a ser este compromiso, normalmente se suple bien por la decisión del arbitrio o porque así está contemplado por el ordenamiento al que se sujetará el arbitraje.

Por ende es aconsejable apoyarse en alguno de los sistemas existentes.

Muy importante será desde luego precisar cual será la legislación de fondo que será tomada en cuenta para resolver el conflicto.

Nadie mejor que las partes quienes conocen el alcance de sus compromisos y las pretensiones derivadas del contrato base del conflicto para que lo hagan. Ante el incremento de las transacciones comerciales internacionales, es muy útil tomar en cuenta lo anterior.

En ocasiones se acude a legislaciones que no son las que normaron las suscripciones del contrato pese a que lo lógico sea esto.[140]

Si el proceso se inicia una vez operando debe continuar salvo que ambas decidan lo contrario, aún en el caso en el que el contrato sea nulo. Si fuere así, continuará en rebeldía. La cláusula arbitral es pues independiente del convenio que le dio vida y es importante tener en cuenta que de la validez del compromiso arbitral deriva la competencia del árbitro.

El Artículo 6° en su párrafo 9° del *Reglamento de Arbitraje de la Cámara Internacional de Comercio ICC*, expresamente lo consagra al establecer:

> «4° Salvo estipulación en contrario y siempre y cuando haya admitido la validez del acuerdo de arbitraje, el Tribunal Arbitral no perderá su competencia por causa de pretendida nulidad o inexistencia del contrato. El Tribunal Arbitral conservará su competencia, aún en caso de inexistencia o nulidad del contrato, para determinar los respec-

---

140. En un caso concreto de arbitraje conforme a las disposiciones de la CCI las partes eran una francesa, la otra mexicana y la ley aplicable al fondo era la legislación suiza y la sede se ubicaba en Ginebra. Siendo árbitro el Dr. Rodolfo Cruz Miramontes nunca conoció las razones para que las partes hubiesen acordado dichos términos tan poco usuales.

tivos derechos de las partes y pronunciarse sobre sus pretensiones y alegaciones».

Disposición similar la encontramos en nuestro Código de Comercio, en el artículo 1432.

Esta disposición consagra la facultad elemental del tribunal, para discernir sobre su propia competencia y se la conoce como la "competencia de la competencia"[141] cuya autonomía constituye el pilar de su independencia apareciendo en su texto el reconocimiento a este principio.

Afortunadamente y como veremos más adelante, México incorporó en el Libro Quinto Título Cuarto del Código de Comercio, las disposiciones de la Ley Modelo de la UNCITRAL sobre arbitraje comercial internacional que fue aprobada por la Comisión de las Naciones Unidas para el Derecho Mercantil Internacional, el 21 de junio de 1985. Lo anterior dota de cierta uniformidad a las diversas legislaciones nacionales que regulan estos temas de las transacciones comerciales internacionales.

2. Los árbitros

La designación de los encargados de conocer y resolver el litigio, es un acto de análisis muy importante y la decisión que se tome, pesará gravemente en el resultado final. La constitución del tribunal arbitral «es el acto a partir del cual generalmente se considera que el procedimiento arbitral se ha iniciado.»[142]

En efecto una de las ventajas que ofrece el arbitraje es que el asunto será determinado no por individuos que aplican las normas frías sino por personas familiarizadas con la materia del caso o bien, por personas de gran sensatez y probado buen juicio. En otras palabras serán juzgados los problemas por "pares inter pares".

Esto explica la existencia de múltiples sistemas especializados como son el del Tribunal Internacional del Derecho del Mar[143], el ya mencionado de la

---

141. Ver el artículo 11.3 de la Convención de Nueva York.

142. Pereznieto Castro, Leonel, «Constitución del tribunal arbitral», en Pereznieto Castro, Leonel (comp.), *Arbitraje comercial internacional,* México, Distribuciones Fontamara, 2000, Doctrina Jurídica Contemporánea, p. 31.

143. Sobre este tribunal véase Noyes, John E., «El Tribunal Internacional de Derecho del Mar», *Boletín mexicano de derecho comparado,* trad. de Oscar Cruz Barney, México, UNAM, Instituto de Investigaciones Jurídicas, nueva serie, año XXVII, núm. 81, septiembre-diciembre, 1994. Ver también Castro Villalobos, José Humberto, «Solución de controversias en el derecho del

Cámara Internacional de Comercio, el de las Lonjas de diferentes productos básicos como el café, la miel, etc.; el de la IATA; la existencia de la American Arbitration Association; el de CIADI (Convenio sobre Arreglo de Diferencias Relativas a Inversiones entre Estados y Nacionales de otros Estados); las Reglas de Arbitraje de la CNUDMI (Comisión de las Naciones Unidas sobre Derecho Mercantil Internacional), el arbitraje marítimo [144], el de la Corte Internacional de Arbitraje Aéreo y Espacial [145] y otros más.

Mayor peso tendrá cuando se trata de un arbitraje que no sea de estricto derecho sino de equidad, llamados también *ex aequo et bono*, en donde el árbitro se atendrá a un criterio de justicia elemental y por ende podrá apartarse de las normas estrictas legales aplicables. Estos mecanismos arbitrales denominados también en conciencia, no quedan exentos desde luego, del respeto a las normas de orden público como cualquier otro mecanismo similar.

Normalmente los árbitros son designados por las partes y sus condiciones para aspirar a serlo son tales como el conocimiento, la experiencia, la capacidad, la honestidad, la imparcialidad y el prestigio pero sobre todo inspirar confianza a las partes.[146]

Desde luego deberá considerarse también el número de árbitros que serán seleccionados para el arbitraje. Las partes y sus abogados deben estar conscientes de que una buena parte de los costos del arbitraje lo constituyen los honorarios de los árbitros, sin dejar de considerar que la selección de un árbitro único si bien puede ser más económica también es más riesgosa ya que para resolver el asunto habría solamente un punto de vista y no tres o cinco como en un tribunal arbitral. Señalan Davis y Davidoff que «la elección entre estas dos op-

---

mar», *Jurídica, Anuario del Departamento de Derecho de la Universidad Iberoamericana,* México, UIA, núm. 29, 1999.

144. Sobre este véase Estavillo Castro, Fernando, «Arbitraje Marítimo», *Pauta,* México, Boletín informativo del Capítulo Mexicano de la Cámara Internacional de Comercio, A.C., año 99, núm. 28, s/f., también Meana Green, Fernando, «Particularidades que el convenio arbitral presenta en el arbitraje marítimo», *Revista vasca de derecho procesal y arbitraje,* San Sebastian, Instituto Vasco de Derecho Procesal, tomo V, cuaderno 3, 1993.

145. Sus estatutos y reglamento en Garnault, Fernand (redactor), *Revue Francaise de Droit Aérien et Spatial,* Paris, Francia, Editions PEDONE, 1995.

146. Ver Davis, Frederick T. y Davidoff, Steven, «Selecting the forum, arbitrators, and institutional rules», en *México-Estados Unidos, Conferencia sobre Resolución de Controversias Internacionales,* México, conferencias patrocinadas por Aguilar Alvarez y Asociados, S.C., Basham, Ringe y Correa, S.C., Bufete Jurídico Rodolfo Cruz Miramontes, S.C., Miranda, Estavillo y Hernández, S.C., Shearman & Sterling y Von Wobeser y Sierra, S.C., 1995, pp. 8-13.

ciones dependerá de los medios con que cuenten las partes y la complejidad de la disputa» [147]

Siendo así no debe extrañarnos pues en cualquier litigio será lo mismo en cuanto a la incidencia de los honorarios profesionales en el costo del juicio, con la gran diferencia que no habrá recursos que interponer y esto se reflejará en un notable ahorro del tiempo y dinero.

Ser árbitro no es tarea fácil; desprenderse de simpatías y antipatías y colocarse por encima de estas facetas muy humanas, significa una gran disciplina. Tampoco basta con ser ni experto en la materia ni ser abogado; se requiere algo más: un profundo interés en la tarea y una sensibilización de su importancia y trascendencia. Por encima de ello debe ser un jurista o al menos, estar en el camino de llegar a serlo. [148]

Por ello, consideramos que la formación de árbitros es indispensable y urgente. Es muy lamentable que la tarea que en este orden cumplía la Academia de Arbitraje y Comercio Internacional que fue creada y apoyada por el Instituto Mexicano de Comercio Exterior, se haya suspendido, por lo que urge sea reavivada y se le inyecten nuevos bríos.

«La idea fundamental que debe guiar la de(sic) designación de los árbitros es evitar cabos sueltos o callejones sin salida, que puedan comprometer seriamente, o demorar innecesariamente, la constitución del tribunal arbitral.» [149] En el arbitraje institucional se establecen ciertas condiciones objetivas para ser designado candidato a fungir como árbitro; algunas veces se trata con gran rigidez y otras solamente se enumeran algunas más fáciles de cumplir.

Podemos señalar como un ejemplo de lo anteriormente dicho, la integración de los Tribunales Arbitrales Ad Hoc y los mal llamados paneles del Capítulo XIX del TLCAN cuya conformación deberá observar los mandamientos que aparecen en dicho Capítulo y en el Anexo 1901.2.

En los primeros párrafos del segundo documento mencionado, se indican las condiciones que deben reunir los candidatos para ser árbitros tales como: «... individuos que sean jueces o lo hayan sido...» «...Los candidatos serán probos,

---

147. *Ibidem,* p. 13.

148. González De Cossio, Francisco «El Arbitro» en Becerra Ramírez, Manuel, Cruz Barney, Oscar, González, Nuria y Ortíz Ahlf, Loretta, *Obra en Homenaje a Rodolfo Cruz Miramontes,* México, Instituto de Investigaciones Jurídicas, UNAM, 2 tomos, 2008, Tomo I, pp. 297 a 341.

149. Véase Villalobos Chaparro, Elvira y Vargas Gómez-Urrutia, Marina, «Arbitraje comercial internacional: la importancia de la selección del árbitro», *Ars Iuris,* Revista del Instituto de Documentación e Información jurídicas de la Facultad de Derecho de la Universidad Panamericana, núm. 15, México, 1996, p. 173.

gozarán de gran prestigio y buena reputación, y serán escogidos estrictamente sobre la base de su objetividad, confiabilidad, buen juicio y familiaridad general con el derecho comercial internacional...» «Los miembros de cada pánel serán en su mayoría juristas de buna reputación».

Hemos querido detenernos en este anexo pues ilustra suficientemente lo que venimos consignando advirtiendo que estimamos exageradas las condiciones a tal grado que si se aplicasen al pie de la letra sería bien difícil designar panelistas y tal como observó el doctor Rodolfo Cruz Miramontes lo único que faltó en el anexo invocado, fue indicar dónde podía encontrarse la lámpara de Diógenes para dar con el hombre justo que pudiese cumplir con todos los requisitos para formar parte del Tribunal Arbitral Ad Hoc.[150]

Se observa que a mayor rigidez menor será la posibilidad de conseguir árbitros y si esto sucede en medios no familiarizados con el arbitraje, los resultados serán inconvenientes.

Como se puede desprender de los comentarios anteriores, la condición de árbitro es muy especial; lo que resulta evidente es que deben reunir condiciones tanto subjetivas como objetivas, por lo que su elección debe ser hecha con vistas tanto a las mismas como el asunto que va a conocer.

Se exige adicionalmente en todos los casos la firma de un documento que constituye un código de conducta para que se respete la confidencialidad de la información, la independencia de los panelistas y se evite en todo momento, un conflicto de intereses.

Siendo un derecho indiscutible de las partes, nombrar a sus árbitros, puede suceder que consideren que el sugerido por su contraparte o bien nombrado conforme a un mecanismo determinado, no reúne las condiciones apropiadas o aún más que tiene nexos personales o profesionales con ella de tal grado que le pueden impedir ser imparcial en el caso. En esta situación puede darse el recurso de la recusación. Así está previsto en los distintos Reglamentos del arbitraje comercial como sucede con el de la CCI cuyo Artículo 14 lo consigna; igualmente sucede con el Código de Comercio en cuyo Artículo 1428 se previene al recurso.

Es común que antes de que se nombre un árbitro, las partes y la institución administradora del arbitraje conozcan los *curricula* de los propuestos; para ello deberán entregarlo por escrito y señalar aquellos hechos que pudieren «...poner en duda su independencia...» (Art. 1428 del C.Com.).

---

150. Ver Cruz Miramontes, Rodolfo, *op. cit.*, nota 104, p.18

Generalmente se pueden presentar las objeciones en tres momentos diversos:
A. Antes del nombramiento o confirmación de los árbitros, al conocerse su *curricula*.
B. Durante la secuela del procedimiento al conocerse alguna razón válida.
C. Por decisión del tribunal mismo si encuentra que no está cumpliendo bien su tarea.

Tal como puede suceder en los procedimientos jurisdiccionales, las causas de las impugnaciones pueden darse por razones objetivas, como es la vinculación y dependencia profesional, nexos comerciales o similares; subjetivos por lazos de amistad o familiares, o bien por ambos motivos.

Puede suceder inclusive que la misma parte que sugirió a un árbitro lo recuse, al conocer después de hacerlo, razones para proceder. (Art. 1428, 2° del Co. Co.)

La obligación de firmar y aceptar el código de conducta es fundamental y tiene no sólo una función de compromiso sino también de prevención de problemas a futuro.[151]

Existiendo esta facultad para enmendar el nombramiento de árbitros, lo aconsejable será que se tenga buen cuidado de seleccionar a los mismos y no tener que acudir al recurso posterior.

3. La substanciación del procedimiento arbitral y la ley aplicable al fondo y al procedimiento

Una de las características del arbitraje consiste en la libertad que tienen las partes de pactar la forma, términos y condiciones en que se desarrollará el arbitraje: lugar, idioma, número de árbitros y sus facultades, materia, derecho aplicable, etc.,[152] tal como señalamos anteriormente al puntualizar cuales son los elementos básicos que debe contener el llamado compromiso o acuerdo arbitral al cual nos remitimos.

---

151. Por contener una obligación pocas veces mencionada citamos al Código de Conducta aplicable a los panelistas de los Capítulos XIX y XX del TLCAN, cuya parte I a la letra dice:«Todo candidato, miembro o ex-miembro evitará ser deshonesto y parecer ser deshonesto y guardará un alto nivel de conducta…»

152. Von Wobeser, Claus, «El desarrollo del procedimiento arbitral», en Pereznieto Castro, Leonel (comp.), *Arbitraje comercial internacional,* México, Distribuciones Fontamara, 2000, Doctrina Jurídica Contemporánea, p. 96.

Al no existir una legislación mundial uniforme en cuestiones arbitrales dado que la institución se puede ocupar de materias diversas tales como mercantiles, civiles, de servicios, etc., será siempre necesario hacer las precisiones correspondientes a cada caso.

Pese a que ordinariamente el arbitraje es acogido en todos los países eventualmente se presentará alguno que no lo contemple; de ahí la pertinencia de consignar primeramente que norma legal se aplicará al Acuerdo o compromiso arbitral. En este sentido, las partes pueden pactar que el procedimiento arbitral se lleve a cabo ya sea conforme a un código en particular (p.e. el *Código de Comercio*, el de Procedimientos Civiles del D.F., etc.), o a unas reglas de arbitraje previamente establecidas (UNCITRAL), bien recurriendo a reglas elaboradas para un caso concreto, o apoyándose en las reglas de una institución arbitral (CCI) o bien conforme a los lineamientos fijados por el árbitro en el arbitraje *ad hoc*.[153]

Más común puede ser el caso de los temas que no puedan quedar sujetos al arbitraje cuando existan disposiciones que prohíban ciertos asuntos para ser arbitrados. Tal es el caso en México en donde no se pueden comprometer en árbitros el derecho a recibir alimentos, los divorcios, excepto en cuanto a la separación de bienes y a las demás diferencias puramente pecuniarias, las acciones de nulidad del matrimonio, las concernientes al estado civil de las personas y otros asuntos (Artículo 615 del Código de Procedimientos Civiles para el Distrito Federal).

Esto conlleva otra situación pues la ley aplicable a la ejecución del laudo, debe revisarse también con sumo cuidado.

Puede suceder que en el país de ejecución no se admita la condena de intereses moratorios o se limiten a cierto monto o bien como algún comentarista ha sostenido, en algunos países de fé oficial musulmana, puede haber problema si en el tribunal arbitral que dictó el laudo, había una mujer.

En el caso ya comentado en el que la ley de fondo era la ley suiza, simplemente sin precisar que debería entenderse por tal, hubo que consultarse a expertos en Ginebra que significaba la mención y así se consideró tanto al Código Civil como al Código Suizo de las Obligaciones y la ley federal que regula las relaciones de los Cantones entre sí y la Confederación Helvética (Ley Internacional de Derecho Privado y la Ley de Arbitraje Internacional).

Tengamos presente que es una Federación con 26 Cantones cada uno de los cuales legislan en materia procesal y otra serie de particularidades que se deben conocer.[154]

---

153. *Ibidem*, pp. 97-99.

154. Dada la importancia que tiene la Confederación Suiza como centro de arbitrajes comerciales, financieros, etc., se recomienda consultar la obra de BUCHER, Adreas y TSECHANZ,

Asimismo el Código Civil francés, los de procedimientos de ambos países, pese a que las partes convinieron en la primera y desde luego, las reglas de la CCI.

El contrato principal normalmente se aplica para determinar la capacidad de representación de las partes, la legitimidad y validez del objeto del contrato y otros temas más. Es usual que las partes invoquen también la llamada *Lex mercatoria*, entendiéndose por tal los usos más comunes y relevantes en las transacciones comerciales.

Ciertamente no es muy fácil saber cuales son dichos usos al no estar codificados y constar en disposiciones positivas. Sin embargo nadie rechaza remitirse a los Incoterms, que constituyen prácticas observadas en las relaciones contractuales comerciales, o a las normas recogidas en el Código UNIDROIT en la Convención Internacional sobre compraventa internacional de mercaderías y otros más.

Siempre ha existido una tendencia en los árbitros internacionales a darle un peso específico a la *Lex mercatoria* junto a las normas legales existentes y en algunos casos concretos se ha llegado a tener como normas aplicables solamente a las de dicha *Lex mercatoria*, como lo ilustran los casos de *Norsolorv. Pabalk Ticaret* en Austria y *Fougerolles* en Francia.[155]

Lawrence Craig, William Park y Jan Paulsson, encierran en tres conceptos, la importancia de la *Lex mercatoria*:[156]

1. Su pretensión de ser un *corpus legis* autónomo, creado espontáneamente por los interesados, fuera de normas nacionales.
2. Su capacidad y suficiencia para resolver los conflictos comerciales de manera independiente.
3. Su posibilidad de apoyar a las disposiciones legales nacionales, aportando lo actual en la materia.

En contra, la falta de difusión y de concreción en cuerpos legales o al menos, en órganos que permitan su publicidad, provoca que sólo un grupo reducido de especialistas conozcan la evolución de estas prácticas y que además, eventualmente, con los mismos términos se digan cosas diferentes.

Pierre-Ires, *International Arbitration in Switzerland*, Frankfurt ontheMain, 1989. Asimismo Knnak, Tomas, «El Uso del nuevo Reglamento Suizo de Arbitraje» *Pauta*, México, Boletín informativo del Capítulo Mexicano de la Cámara Internacional de Comercio, A.C.

155. Craig, W. Laurence, Park, William W., y Paulsson, Jan, *op. cit.*, nota 33, pp. 332-338.

156. *Ibidem*, p. 623.

Este derecho "consuetudinario" que va formándose paulatinamente, está convirtiéndose en una fuente muy importante que se va aceptando como cuerpo legal obligatorio. El acudir a la *lexmercatoria* y a los principios generales del derecho que la sustentan, es el camino seguido necesariamente cuando las partes deciden utilizar la fórmula del "amiable compositeur", tal como ya lo consignamos al ocuparnos de ésta figura, tan cercana al arbitraje.

Como fuere es evidente que el tráfico comercial internacional, tradicionalmente ha requerido de reglas ágiles y dinámicas, que van cambiando al ajustarse a las necesidades de las partes en donde la oportunidad juega un papel determinante y con frecuencia constituye el fiel de la balanza.

De ahí que la tarea de las organizaciones internacionales públicas o privadas para recoger estas prácticas que se acepten como obligatorias e ir codificándolas, deviene cada día más importante. No es quehacer fácil pero el jurista más que el meramente abogado, tiene un compromiso trascendente.[157]

Insistimos que ante la posibilidad de un incremento de las transacciones comerciales de nuestros industriales con motivo de la euforia en celebrar acuerdos de esta naturaleza, debemos los abogados prepararnos. Las aportaciones recientes que en este sentido nos hiciera el Instituto Internacional para la Unificación del Derecho Privado (UNIDROIT, Roma 1994), al codificar los Principios Sobre Contratos Comerciales Internacionales, son verdaderamente importantes, comprendiendo en su articulado la institución del arbitraje, como un mecanismo aconsejable y útil pese a que no era su propósito, ocuparse especialmente del mismo y así el Preámbulo expresamente lo considera:

«Cuando las partes deseen adoptar los principios como el derecho aplicable a su contrato, es aconsejable combinar la adopción de los principios con un acuerdo de arbitraje» (Preámbulo, comentario 4.a).[158]

---

157. Redfern Alan y Martin Hunter, *op. cit*, nota 18, pp. 117 a 123. En este sentido ver Faya Rodríguez, Alejandro, «La Nueva Lex Mercadoría Naturaleza y Alcances» en *Pauta,* México, Boletín informativo del Capítulo Mexicano de la Cámara Internacional de Comercio, A.C., año 2005, núm. 47.

158. *Principios UNIDROIT sobre los Contratos Comerciales Internacionales*, México, Instituto de Investigaciones Jurídicas, UNAM, Centro Mexicano de Derecho Uniforme, 2007, pág. 3. Ver los comentarios de Rodolfo Cruz Miramontes al respecto en «El arbitraje y su función en la aplicación de los principios sobre los contratos comerciales internacionales», en *Contratación internacional,* México, Universidad Panamericana, Instituto de Investigaciones Jurídicas, UNAM, 1998, reproducido también en el *Anuario del Instituto Hispano Luso Americano de Derecho Internacional*, Madrid, España, Vol. XIV, 1999.

La UNIDROIT sugiere que sus principios sobre los contratos de compra venta internacional de mercaderías que fueren aprobados en mayo de 1994, sean la *lexmercatoria*en la materia (*Preámbulo, comentario 4.b*).

Como sostiene Alejandro OGARRIO, la regla de oro en el procedimiento arbitral es en el sentido de que las partes «deberán de ser tratadas con igualdad, y se les deberá dar plena oportunidad de hacer valer sus derechos.» [159]

3.1. Los medios probatorios

El procedimiento arbitral pese a ser más sencillo y menos formal que el jurisdiccional, no deja de ser una confrontación de posiciones que deben demostrarse, por ello las partes deben ponerse de acuerdo en las reglas que han de ser aplicadas para su substanciación. Si no lo hicieren, los árbitros tendrán la capacidad de apoyarse en las que estimen pertinente para lo cual se acude a las de la *lexfori* o sean las del lugar de la sede del arbitraje, razón más para seleccionar la que sea pertinente al caso concreto. Se suele conceder a los árbitros una amplia facultad para el recibimiento, proposición, admisión y práctica de las pruebas; debiendo tener presente que la prueba en el arbitraje es lo mismo que la prueba en un proceso jurisdiccional, pues se busca formar una convicción en el juzgador.

Sostiene Ana María CHOCRÓN que «los principios de libre valoración de la prueba y la búsqueda de la verdad material o histórica constituyen la base probatoria del procedimiento arbitral.» [160]

Se aconseja en consecuencia que invocar para esta fase a las reglas de algún sistema internacional conocido, es de gran utilidad.

En principio se admiten todos los medios probatorios más comunes salvo que las partes convengan la exclusión de alguno de ellos.

En la práctica surge la duda de si la prueba confesional tal como la conocemos en México es procedente o no.

El C.Com. (Arts. 1439 a 1444) no la contempla expresamente ni las Reglas de la CCI (Arts. 25 párrafos 3°, 4° y 5°), por lo que si tampoco las partes la consignaron, puede no admitirse, como sucedió recientemente en un caso particular, en donde los árbitros estimamos que dada la particularidad que conforme al Derecho Mexicano presenta esta prueba, en donde hay que calificar posiciones, declarar confeso al deponente ante su silencio y demás, debería desecharse lo

---

159. OGARRIO, Alejandro, «El procedimiento arbitral», en Pereznieto Castro, Leonel (comp.), *Arbitraje comercial internacional,* México, Distribuciones Fontamara, 2000, Doctrina Jurídica Contemporánea, p. 75.

160. CHOCRÓN GIRÁLDEZ, Ana María, *op. cit.,* nota 115, pp. 153-154.

que se hizo de común acuerdo con las Partes mediante el desistimiento de la misma por el oferente pero sugerimos se convirtiese en una testimonial con el propósito de que el oferente no viera menoscabado su derecho de probar sus afirmaciones.

Para el desahogo de las periciales, deben ponerse de acuerdo las partes en su pago, salvo que los árbitros la determinen en cuyo caso será pagada del fondo que para gastos las mismas hayan constituido.

Su valoración se sujetará también al sistema acordado pero los árbitros tendrán siempre un margen de apreciación adecuado.

Ordinariamente se celebran audiencias tanto para el desahogo de la prueba pericial como para presentar alegatos orales, sin perjuicio de que se cierre la instrucción y se presenten por escrito. Estas audiencias no serán públicas.

La regulación de dichas audiencias en la práctica es muy importante pues de no hacerlo se pueden convertir en un pandemónium por lo que hay que evitarlo. En un caso concreto el tribunal arbitral en el que participamos, decidió elaborar una guía estableciendo términos para la exposición de los argumentos que tuviesen las partes en relación con el peritaje y así también para que el perito pudiese responderlos y añadir lo que estimase pertinente reservándose desde luego los árbitros el derecho a intervenir. El resultado pese a que había ciertas dudas de su fluidez fue todo un éxito y los interesados vieron confirmados sus derechos fundamentales.

Por otra parte cabe señalar que no hay obligación legal de celebrar las audiencias y que se llevarán a cabo solamente si las partes las solicitan o bien si el propio tribunal lo considera pertinente.

Con base en lo alegado y demostrado, se deberá dictar el laudo correspondiente.

4. El laudo

Como toda contienda, el procedimiento arbitral debe concluir con una decisión final. Esta decisión tiene la misma naturaleza que una sentencia judicial pero en la tradición latina se le denomina laudo.

El propósito del mismo será tal como se ha indicado anteriormente, poner fin a la contienda resolviendo de la mejor forma posible el problema y adjudicando a cada parte lo que en Derecho le corresponda, si para ello se consignó que sería un procedimiento en Derecho.

Si por lo contrario fue como amigable componedor, en equidad, *ex aequo et bono*, en conciencia, se podrán invocar otros argumentos. Empero en el caso de la amigable composición, la resolución también tendrá el carácter jurídico de laudo con toda la fuerza obligatoria.

Para tener solidez absoluta deberá ocuparse de lo que las partes consignaron, lo que en ocasiones no es fácil. De ahí la pertinencia del procedimiento conforme a las reglas de la CCI de emitir el Acta de Misión que fijará la *litis.* Dado que dicha Acta es autorizada y firmada por las partes, no habrá duda de cuales son las pretensiones y cuales las limitaciones, cuales las facultades y que derecho aplicar. Sujetándose al Acta, no se correrá el riesgo de tener problemas posteriores.[161]

Es aconsejable conforme nuestra propia experiencia que el tribunal arbitral al llegar a este momento, recuerde cuales son los principios procesales y de fondo que debe observar so pena de que el laudo que pronuncie sea ineficiente y abra las puertas a una nulidad.

Estos principios son denominados por algunos autores como «reguladores del proceso» son los siguientes:

1. El principio *auditur et altera pars* que se refiere a que no puede dictarse un laudo sobre una *litis* planteada si previamente no se escuchó a las partes.
2. El principio de *contradicción* que permite que las pruebas ofrecidas por las partes, sean conocidas y comentadas por la contraria.
3. El principio de *congruencia*, que exige que las pretenciones que se resuelvan en el laudo sean las mismas que fueron planteadas y debatidas durante el procedimiento arbitral. Por este principio, un laudo no puede resolver en torno a pretensiones diversas a las planteadas por las partes, pues si lo hace incurrirá en la *extra petita*, en la *ultra petita* o en la *minus* o *infra petita.*
4. El de la *exhaustividad* que obliga a que se resuelvan todas las pretensiones planteadas.
5. El de la *fundamentación y motivación* si se trata de laudos dictados en arbitrajes apegados a derecho pues en los *ex aequo et bono* no se requiere la motivación.

Nuestra legislación comercial sin embargo faculta a que las partes autoricen al tribunal para que no motive el laudo tal como aparece en el 1448.2 del Código de Comercio siguiendo algunas posturas académicas y corrientes pragmáticas que considera que es aconsejable otorgar dicha facultad a efectos de ahorrar tiempo y dinero tal como lo afirma mi respetado colega y amigo Ignacio Gómez-Palacio cuya experiencia en la materia es reconocida internacionalmente.[162]

---

161. Reglas CCI, art. 23.

162. Gómez-Palacio, Ignacio: «El laudo arbitral no Motivado. Vía de solución poco explorada en México», en Becerra Ramírez, Manuel, Cruz Barney, Oscar, González, Nuria y Ortíz Ahlf, Loretta, Tomo I, *op. cit.*, nota 3, pp 283 a 296.

El Reglamento de la CCI recién reformado consigna expresamente en su Artículo 31 párrafo 2° que "El laudo deberá ser motivado".

Tenemos así dos posiciones encontradas sobre las cuales nos pronunciamos en el sentido de que el laudo deberá expresar con la amplitud que sea necesaria la motivación que el tribunal tuvo para pronunciarse en la forma en que lo hizo.[163]

La razón es muy simple pues los afectados podrán entender y comprender mejor el laudo y con ello aceptarlo aunque no satisfaga con plenitud todos y cada uno de sus intereses, lo que se reflejará al final en que sea eficiente y con ello cumplir con el compromiso fundamental que tienen los árbitros de lograr el acatamiento, la eficiencia y observación de sus resoluciones.[164]

6. Principio de *libertad formal*, ya que el procedimiento arbitral se caracteriza por su flexibilidad y sencillez, derivadas de la autonomía de la libertad de las partes, respetando desde luego los principios de audiencia, contradicción e igualdad.[165]

Los elementos que como mínimo debe consignar un laudo son:

a. Ser por escrito respetando en su caso, el idioma oficial acordado.

b. Se harán constar los nombres de las partes, los de sus representantes legales y el domicilio de los mismos.

c. El lugar sede del arbitraje y la fecha de la emisión del laudo.

d. Los nombres de los árbitros.

e. Una relación de los hechos y de los datos de su presentación de la audiencia y sobre todo, de la presencia de las partes para que no haya duda que tuvieron oportunidad de defenderse.

f. La referencia al Acuerdo, cláusula o compromiso arbitral.

g. La fijación de la litis a través del Acta de Misión.

h. Las leyes aplicables al fondo y al procedimiento.

---

163. Afirmamos lo anterior pues a lo largo del ejercicio profesional que los autores han tenido y particularmente en el caso del doctor Rodolfo Cruz Miramontes quien ha sido juez y secretario del Tribunal Superior de Justicia en el estado de Chihuahua y abogado practicante durante más de sesenta años, así lo consideran aconsejable.

164. Respetados autores de estos temas que gozan de amplio reconocimiento y respeto insisten machaconamente en que el árbitro al aceptar un caso, debe guiar sus acciones con esa preocupación de tal manera que cada paso que dé en el proceso encuadre en el propósito de que al fin de la jornada el laudo sea ejecutable. Los maestros W. Laurence Craig, William W. Park y Jan Paulsson en su obra *International Chamber of Commerce Arbitration*, OceanaPublicationsInc, Paris, 1990 así lo dicen en repetidas ocasiones. Los autores confirman en su práctica arbitral la validez y pertinencia de dicha preocupación.

165. Chocrón Giráldez, Ana María, *op. cit.*, nota 115, p. 186.

i. Una relación detallada de cada una de las pretensiones, de las defensas y de la reconvención, ampliación de la demanda y de cualquier otro punto similar.

j. Una relación de los incidentes y de su resolución si se hubieren presentado.

k. Una relación de las pruebas desahogadas y de su valoración.

l. Una argumentación de su procedencia o no, con los hechos que se pretenden acreditar.

m. Una motivación suficiente y la fundamentación legal, salvo que se trate de un arbitraje que no sea apegado al derecho.

n. Los puntos resolutivos.

o. La condena en costas conforme a lo convenido o en su caso, acorde con la ley aplicable.

p. La firma de los árbitros y de los votos en contrario si fuere el caso.

Los sistemas de administración institucional de arbitraje, enfatizan y con razón, que deberá ser preocupación primordial de los árbitros, que el arbitraje sea sólido y ejecutable por los tribunales judiciales si se tuviere que acudir para que lo lleve a cabo pues como es sabido, los árbitros carecen de imperio. Así, el artículo 41 del Reglamento de Arbitraje de la CCI establece que «en todos los casos no previstos expresamente en el Reglamento, la Corte y el Tribunal Arbitral procederán según el espíritu de sus disposiciones y esforzándose siempre para que el laudo sea susceptible de ejecución legal.»

Pese a que un laudo dictado por mayoría es válido, los árbitros procuran que sea por unanimidad pues esto les dota de solidez y da confianza aún a la parte que fue condenada, para aceptarlo.

Es muy posible que durante la substanciación del procedimiento surjan problemas procesales que ameriten ser resueltos de manera incidental en cuyo caso se dictarán laudos parciales, interlocutorios o inclusive provisionales sobre puntos concretos.

Como un ejemplo práctico mencionaremos el desechamiento que hubo de hacerse en un caso que conocimos, de la prueba confesional ofrecida por las razones comentadas líneas arriba.

Si el objeto del arbitraje fue simplemente despejar una incertidumbre jurídica más que resolver una contienda, podemos decir que se trata de un laudo declarativo.

Hasta este momento actúa el Tribunal Arbitral salvo si en un término de 30 días posteriores a la notificación del laudo, las partes solicitasen aclaración, corrección o complemento del mismo (Artículos 1449 y 1450 del C.Com.).

Podrá observarse que la substanciación del procedimiento corre muy cercano al de un juicio ordinario, por lo que su vecindad con el Derecho es evidente de aquí la pertinencia que los juzgadores o "avenidores" como se les califica en la Ley I y en la Ley XXIII de la Partida III [166], se apeguen a la *litis* convenida en el Acta de Misión o en su equivalente.

Ya el profesor de la Facultad de Derecho de Toulouse Alexandre Merignhac, no lo demuestra en su visionaria obra plena de reflexiones y consideraciones al respecto. [167]

5. La homologación y ejecución de los laudos arbitrales

Se busca que una vez pronunciado un lado, se ejecute sin mayor dilación. De ahí que en el compromiso arbitral normalmente se hace constar la renuncia de las partes a la interposición de recursos.

En las Reglas de la CCI se presume tal renuncia por el sólo hecho de someter un caso a las mismas, tal como expresamente se consigna en el Art. 34.

Los laudos arbitrales, requieren para su ejecución cuando el obligado no lo acate, de la intervención del poder judicial, dado que quien detenta el *imperium* es la autoridad estatal y no el tribunal arbitral. [168]

En México se planteaba el problema de que un laudo al presentarse ante la autoridad judicial para que sea reconocido y ejecutado, tiene que observar los trámites del *exequatur* y de la homologación.

Por *exequator* se entiende el o los procedimientos tendientes a obtener el reconocimiento del laudo extranjero, para que una vez reconocido se ordene su ejecución. La ejecución consistirá en el o los procedimientos necesarios para hacer cumplir lo ordenado en el laudo.

La homologación es el reconocimiento mismo que se hace del laudo y sus efectos, resultado del procedimiento de *exequator*.

---

166. Véase Leyes I y XXIII, Part. III, *Las Siete Partidas, Glosadas por Alonso Díaz de Montalvo*, Lyon de Francia, en la imprenta de Mateo Bonhome, 1550, 2 tomos, estudio Introductorio de Oscar Cruz Barney, México, Tribunal Superior de Justicia, Ilustre y Nacional Colegio de Abogados de México, 2010.

167. Merignhac, Alexandre, *Traité théorique et pratique de l'arbitrage international: le rôle du droitdans le fonctionnementactuel de l'institution et dansses destinéesfutures*, Paris L'Larose, Editeur, 1895, págs. 282 a 284 y 287.

168. Castañón León, Wilfrido, «Intervención de los tribunales judiciales en el procedimiento y ejecución de laudos arbitrales», *Ars Iuris*, México, Revista del Instituto de Documentación e Información jurídicas de la Facultad de Derecho de la Universidad Panamericana, número 22, 1999, p. 27. González de Cossio, Francisco «El Arbitraje y la judicatura, ¿*Quis Custodiet Custodes*?» en González Martín, Nuria, Coord., *Arbitraje Comercial Internacional*, Instituto de Investigaciones Jurídicas, Universidad Autónoma de México, México, 2007.

En opinión de varios autores particularmente del Dr. Jorge Alberto Silva «con la voz *exequator se refleja al procedimiento*, en tanto que con la voz *homologación del laudo se atiende al reconocimiento*». [169]

En opinión del maestro José Luis Siqueiros no existe realmente diferencia alguna pues la ley no lo hace y según el Art. 1461 del C.Com., en principio hay la presunción de que el laudo dictado en el extranjero, es vinculante y el juez debe ordenar su ejecución.

Debemos destacar, como veremos más adelante, que para el reconocimiento y ejecución de los laudos a que se refieren los artículos 1461 a 1463 del Código de Comercio, no se requiere de homologación, es decir, los laudos arbitrales no se homologan, solamente se ejecutan, producto de la reforma de enero de 2011.

Corresponde a los tribunales de primera instancia el trámite del *exequator* y resolver sobre el reconocimiento del laudo extranjero.

Debemos distinguir entre laudos arbitrales en materia comercial respecto de los dictados en materias no mercantiles. Cuando se trata de un laudo en materia comercial, la competencia recae sobre los tribunales federales de primera instancia, o bien los locales por la concurrencia de competencias de acuerdo al artículo 1422 del Código de Comercio.

Una vez concluido el procedimiento de *exequator* y que el laudo ha sido homologado, se procede a su ejecución. En materia de ejecución de laudos arbitrales dictados en el extranjero, son aplicables las convenciones de Nueva York de 1958 [170] y de Panamá de 30 de enero de 1975 [171] en materia de arbitraje comercial internacional, dependiendo de si el país de donde proviene el laudo a ejecutar es miembro de una u otra convención. En principio, si el laudo proviene de un país miembro de ambas convenciones, se aplicará preferentemente la de Panamá por ser posterior tanto en fecha de elaboración como de ratificación a la de Nueva York. Además es una convención específica para la región, mientras que la otra es universal y se debe aplicar supletoriamente. A falta de disposiciones de ambas convenciones, se aplica el Código de Comercio. [172]

---

169. Silva, Jorge Alberto, *op. cit.*, nota 126, p. 232.

170. Publicada en el *Diario Oficial de la Federación* del 22 de junio de 1971.

171. Publicada en el *Diario Oficial de la Federación* de 20 de abril de 1976.

172. Loperena Ruiz, Carlos, «Ejecución de laudos arbitrales comerciales extranjeros en México», en Pereznieto Castro, Leonel (comp.), *Arbitraje comercial internacional,* México, Distribuciones Fontamara, 2000, Doctrina Jurídica Contemporánea, pp.108-109. Sobre el tema véase también Siqueiros, José Luis, «Reconocimiento y Ejecución de Laudos Extranjeros en la República Mexicana», *Revista de la Facultad de Derecho de México*, México, UNAM, Tomo XXVII, Julio-Diciembre de 1977, Nos. 107-108.

Para el reconocimiento y ejecución del laudo no se requiere la homologación si la materia es mercantil por así prevenirlo el Artículo 1471 del C.Com. Si por alguna razón se pretende sea reconocido deberá promoverse el Juicio Especial comprendido en los Artículos 1472 a 1476.

A este efecto consideramos que la solicitante deberá atender lo establecido en el párrafo segundo del Artículo 1461 con detalle, tal como describimos a continuación.

Se procederá a formular:

1. Presentación de la solicitud correspondiente por escrito ante el Juez de Primera Instancia, acompañada del laudo original debidamente autenticado o en su defecto una copia certificada del mismo.

2. Presentación original del acuerdo de arbitraje o copia certificada del mismo, con la debida traducción al español en su caso.

3. El juez podrá denegar la solicitud de reconocimiento y ejecución sí:

a. Se acredita por el interesado que alguna de las partes de acuerdo arbitral estaba incapacitada por enfermedad o que dicho acuerdo no es valido conforme a la ley aplicable.

b. No se notificó a la contraparte de manera fehaciente de las actuaciones arbitrales.

c. Se cometió por el tribunal arbitral alguna de las deficiencias graves conocidas como la *minuspetita, plus petita o extra petita* en la inteligencia que si se pueden separar unas de otras, el mandamiento legal sólo se aplicará a la parte afectada.

d. El Tribunal no se conformó de acuerdo a lo acordado por las partes ni el procedimiento se ajustó al mismo o a la ley local.

e. El laudo no es aún obligatorio conforme a derecho.

f. El objeto de la controversia no es susceptible de arbitraje.

g. El reconocimiento o la ejecución del laudo son contrarios al orden público.

Admitida la demanda se emplazará a la demandada otorgándole un término de 15 días para contestar.

Transcurrido el término, si las partes no ofrecieron pruebas ni el tribunal las estimó necesarias, debe citarse a una audiencia de alegatos dentro de los tres días siguientes, la que se celebrará con o sin la concurrencia de las partes.

En caso de ofrecerse pruebas o el tribunal estime necesaria alguna, debe abrirse una dilación probatoria de diez días.

Celebrada la audiencia de alegatos dentro de los cinco días siguientes debe dictarse la resolución correspondiente. Las "intermedias" no serán recurribles (Artículo 1476 del Coco).

El juez ordinario al examinar el laudo se abstendrá de conocer y opinar del fondo del asunto y solamente verificará que se ha tramitado un "juicio justo" que se han respetado las garantías procesales que permitan al demandado defender sus derechos acatando lo previsto en los Artículos 14 y 16 constitucionales.

El Primer Tribunal Colegiado del Décimo Quinto Circuito se pronunció con gran claridad en este sentido en el Amparo en revisión 138/2002 por Unanimidad de votos. Nos remitimos al mismo para la confirmación de la tesis mencionada.

En el resto de los laudos arbitrales dictados en el extranjero, el Código de Procedimientos Civiles del Distrito Federal equipara a la ejecución de un laudo arbitral extranjero con la de una sentencia judicial extranjera.

Al tratar de la cooperación procesal internacional establece en su artículo 605 que las sentencias y demás resoluciones extranjeras tendrán eficacia y serán reconocidas en México en todo lo que no sea contrario al orden público interno en términos del CPCDF y del CFPC. Los efectos de los laudos arbitrales extranjeros estarán regidos por el Código Civil, el CPCDF y el CFPC.

El artículo 606 señala que las sentencias, laudos y resoluciones dictadas en el extranjero podrán tener fuerza de ejecución si se cumplen las siguientes condiciones:

1. Que se hayan satisfecho las formalidades previstas en el CFPC en materia de exhortos provenientes del extranjero,

2. Que no hayan sido dictados como consecuencia de una acción real

3. Que el juez o el tribunal sentenciador haya tenido competencia para reconocer y juzgar del asunto de acuerdo con las reglas reconocidas en la esfera internacional que sean compatibles con las adoptadas por el CPCDF o el CFPC.

4. Que el demandado haya sido notificado o emplazado en forma personal a efecto de asegurarle la garantía de audiencia y el ejercicio de sus defensas.

5. Que tengan el carácter de cosa juzgada en el país donde fueron dictados, o que no exista recurso ordinario en su contra.

6. Que la acción que les dio origen no sea materia de juicio que esté pendiente entre las mismas partes ante tribunales mexicanos y en el que hubiere prevenido el tribunal mexicano o cuando menos que el exhorto o carta rogatoria para emplazar hubieren sido tramitados y entregados a la Secretaría de Relaciones Exteriores o a las autoridades del estado donde deba practicarse el emplazamiento. La misma regla se aplicará cuando se hubiere dictado sentencia definitiva.

7. Que la obligación para cuyo cumplimiento se haya procedido no sea contraria al orden público en México; y,

8. Que llenen los requisitos para ser considerados como auténticos. No obstante el cumplimiento de todo lo anterior, el juez podrá negar la ejecución

si se probara que en el país de origen no se ejecutan sentencias, resoluciones jurisdiccionales o laudos extranjeros en casos análogos, lo que se conoce como la reprocidad negativa.

El artículo 608 establece las reglas para la ejecución, siendo el tribunal del domicilio del ejecutado el competente para llevarla a cabo.

El incidente de homologación de laudo extranjero se deberá abrir con citación personal al ejecutante y al ejecutado, concediéndoles el término individual de nueve días hábiles para exponer defensas y ejercitar los derechos que les correspondieren.

Si se ofrecen pruebas se deberá fijar fecha para recibir las que fueren admitidas, dando siempre vista al Ministerio Público.

La resolución que se dicte es apelable en ambos efectos si se deniega la ejecución y en el devolutivo si se concede. Cabe destacar que ni el tribunal de primera instancia ni el de apelación podrán examinar ni decidir sobre la justicia o injusticia del fallo, ni sobre los fundamentos de hecho o de derecho en que se apoye, limitándose solamente al examen de su autenticidad y a la procedencia de su ejecución.

Si se diere el caso de que el laudo extranjero no pueda tener eficacia en su totalidad, el tribunal podrá admitir su eficacia parcial a petición de parte interesada.

En cuanto a los laudos dictados en México conforme al Título Octavo, establece en su artículo 632 que una vez notificado el laudo, se pasarán los autos al juez ordinario para su ejecución. Para ello, el juez deberá examinar que se hayan cumplido con las formalidades esenciales del procedimiento y que no se hubiese violado el orden público. No es necesario en este caso promover incidente alguno de ejecución.[173]

---

173. Octava Época
Instancia: Tribunales Colegiados de Circuito
Fuente: Semanario Judicial de la Federación
Tomo: VIII, Diciembre de 1991
Tesis: I.1o.C.11 C
Página: 239
LAUDOS ARBITRALES. SU EJECUCION NO REQUIERE INCIDENTE QUE SATISFAGA LA GARANTIA DE AUDIENCIA. En términos del artículo 632 del Código de Procedimientos Civiles para el Distrito Federal, cuando se trate de la ejecución de un laudo, una vez notificado, éste, deben pasarse los autos al Juez ordinario para su ejecución; ello es así, toda vez que las partes en el procedimiento arbitral pudieron hacer valer los derechos y medios de defensa que a su interés conviniera, de conformidad con el compromiso suscrito para someter a árbitros la decisión de las controversias que surgieran con motivo del vínculo que las une; luego, en la etapa de ejecución que corresponde al órgano jurisdiccional, solo debe tenerse en

Se considera inclusive que los laudos privados traen aparejada ejecución.[174]

Si el laudo es válido y se pretende ejecutar puede surgir aún otro problema que afloró en un caso derivado de un pánel del Capítulo XIX del TLCAN, consistente en que en opinión de un juez federal, cabe el juicio de amparo en

---

cuenta, para decretar la ejecución del laudo, el análisis que se realice respecto a los siguientes extremos: a) Que durante el procedimiento arbitral se haya respetado la garantía de audiencia a que se refiere el artículo 14 constitucional y lo previsto por el artículo 619 del Código de Procedimientos Civiles; b) Que el árbitro se haya sujetado a los términos del compromiso arbitral; y, c) Que el negocio sometido a su conocimiento no sea de los prohibidos en el artículo 615 del mismo ordenamiento; o bien que tratándose de los supuestos a que se refieren los artículos 612 (tutores), 613 (albaceas) y 614 (síndicos), todos del citado ordenamiento, se hayan dado los requisitos a que dichos preceptos se refieren. En tal virtud, no existe necesidad de que se abra incidente alguno para que se otorgue al ejecutado la garantía de audiencia por el Juez de la instancia en la ejecución del laudo arbitral.

PRIMER TRIBUNAL COLEGIADO EN MATERIA CIVIL DEL PRIMER CIRCUITO.

Amparo en revisión 1281/87. Padilla Graciano Luis, Amira Kuri de Padilla y Begoña Cortés de Miguel. 25 de enero de 1988. Unanimidad de votos. Ponente: Luz María Perdomo Juvera. Secretario: Rodolfo Ortiz Jiménez.

Amparo en revisión 1231/87. Laura Elena González Muñoz. 25 de enero de 1988. Unanimidad de votos. Ponente: Eduardo Lara Díaz. Secretario: Agustín García Silva.

174. Octava Época
Instancia: Tribunales Colegiados de Circuito
Fuente: Semanario Judicial de la Federación
Tomo: VII, Mayo de 1991
Página: 229

LAUDO ARBITRAL, TRAE APAREJADA EJECUCIÓN, AUN CUANDO SE DICTE POR UN ARBITRO PARTICULAR. Aun cuando de los artículos 443 y 444 del Código de Procedimientos Civiles, no se desprende que los laudos arbitrales privados traen aparejada ejecución, no puede determinarse que realmente no la traigan, en virtud de que si el artículo 633 de ese ordenamiento legal preceptúa que una vez notificado el laudo se pasarán los autos al juez ordinario para su ejecución, sin que precise ningún requisito para que el laudo sea ejecutable, es obvio que el mismo trae aparejada ejecución y no es necesario que se tramite algún incidente para tal efecto; viene a reforzar lo antes considerado el hecho de que el artículo 504 del Código de referencia establece que la ejecución de sentencias arbitrales, de convenios celebrados ante la Procuraduría Federal del Consumidor y de los laudos dictados por ,ésta, se hará por el juez competente, toda vez que se infiere que no solo los laudos dictados por esa Procuraduría traen aparejada ejecución sino que también los dictados por árbitros particulares.

TERCER TRIBUNAL COLEGIADO EN MATERIA CIVIL DEL PRIMER CIRCUITO.

Amparo en revisión 328/91. Ángela Canejo Ávila. 18 de abril de 1991. Unanimidad de votos. Ponente: José, Becerra Santiago. Secretario: Miguel Veles Martínez.

contra de los laudos pese a que nuestra máxima Corte ha establecido en jurisprudencia firme que no procede.

Cabe recordar que durante las conversaciones que entablaron los negociadores mexicanos con sus homólogos canadienses y estadounidenses a partir del mes de abril de 1992 sobre la inclusión de un Capítulo XIX en el TLCAN similar al propio del Acuerdo de Libre Comercio Canadá-Estados Unidos de 1988, surgió el tema de la definitividad de los laudos que pronunciarían los futuros paneles y por ende, la no procedencia del juicio de amparo.

La mesa de revisión de textos de la COECE integrada por un grupo de respetables abogados y coordinada por Rodolfo CRUZ MIRAMONTES, opinó en diversas ocasiones que los árbitros por no ser autoridades conforme al derecho mexicano, no encajaban en los presupuestos del control constitucional de sus actos que es el propósito del amparo,[175] por lo que el laudo sería definitivo satisfaciendo así las exigencias y preocupaciones de los negociadores extranjeros, incluso se nos pidió que lo expresásemos por escrito para mostrarlo directamente y así destrabar las negociaciones.

Lo hicimos de inmediato pero advertimos a nuestros negociadores que el juicio de amparo sí cabría en un caso dado en contra de la ejecución del laudo por la SECOFI, ahora la Secretaría de Economía (S de E) ya que ésta sí tenía el carácter de autoridad.

Satisfecho lo anterior se logró obtener un Capítulo XIX que constituye sin duda uno de los mayores logros del TLCAN pues da la opción al exportador mexicano de no quedar sujeto necesariamente a la jurisdicción norteamericana

---

175. Octava Época
Instancia: Tribunales Colegiados de Circuito
Fuente: Semanario Judicial de la Federación
Tomo: VIII, Diciembre de 1991
Página: 155

ARBITROS. SU RESOLUCIÓN NO ENTRAÑA UN ACTO DE AUTORIDAD. Es correcto el desechamiento de la demanda de garantías cuando el acto que se reclama lo constituye la resolución que dicta un árbitro designado a petición de las partes en conflicto, toda vez que su intervención no implica un acto de autoridad. Luego es claro que la determinación de un arbitro en las condiciones señaladas, implica un acto de particular que no puede ser materia del juicio de garantías; lo que se traduce en un motivo manifiesto de improcedencia de términos del artículo 73, fracción XVIII, en relación con el artículo primero, ambos de la Ley de Amparo.

PRIMER TRIBUNAL COLEGIADO EN MATERIA DE TRABAJO DEL PRIMER CIRCUITO.

Reclamación 1/91. Sección Número Uno del Sindicato de Trabajadores de la Industria Cinematográfica, Similares y Conexos de la República Mexicana, C.T.M. 20 de marzo de 1991. Unanimidad de votos. Ponente: Horacio Cardoso Ugarte. Secretaria: Teresa Sánchez Medellín.

o canadiense en un caso de dumping o de subsidios, sino que podrá invocar el establecimiento de un pánel arbitral binacional.[176]

Es fácil entender que esto no ha dejado satisfecha a la industria estadounidense y que en la primera evaluación que se hiciera por su gobierno en 1997, hubo fuertes voces en contra de la existencia de este mecanismo revisor.

Por ello al presentarse en México fisuras a la definitividad de los laudos en cuestión, se les está haciendo el juego a los intereses extranjeros.

Aparecen las primeras como ya advertimos, con motivo del juicio de amparo 574/96 promovido por las empresas norteamericanas USX Corporation e Inland Steel Company en contra del laudo dictado por el primer pánel del Capítulo XIX del TLCAN, el MEX-94-1904-01 que vino a ser cronológicamente el tercer laudo, pues por diversas razones se retrasó su pronunciamiento hasta el 27 de septiembre de 1996.

Su contenido es confirmatorio por unanimidad del fallo de SECOFI pero le devuelve el expediente para que corrija algunas deficiencias haciéndola compatible con la ley aplicable.

No contentas las empresas exportadoras mencionadas promovieron el 21 de octubre de 1996 el juicio de amparo en cuestión y el día 31 de marzo de 1997 se dictó la sentencia correspondiente.

El Juez Séptimo de Distrito en Materia Administrativa después de efectuar una revisión casi exhaustiva del amparo, del concepto de autoridad, del arbitraje, de las garantías constitucionales y de los tratados internacionales en cuanto a su validez legal y aplicación interna, llega a una grave conclusión declarando *que sí cabe el juicio de amparo* en contra de los laudos, pronunciados por los paneles del Capítulo XIX del TLCAN contradiciendo así la jurisprudencia existente, pero sobreseyendo la demanda de amparo por carecer el acto reclamado de definitividad, ya que tal como advertimos, la SECOFI tendría que dictar una nueva resolución parcial.

Las quejosas curiosamente recurrieron el fallo y la autoridad se adhirió a la misma, lo que apoyó la tercera perjudicada representada por los suscritos.

Dada la importancia del caso y por ser legalmente posible, la Suprema Corte de Justicia atrajo el asunto del Sexto tribunal Colegiado en Materia Administrativa que conocía del recurso y en el mes de agosto de 1999 resolvió confirmando la sentencia por unanimidad de cuatro votos a través de la Primera Sala.[177]

---

176. Tema que examinaremos más adelante.

177. Véase *Amparo en revisión No. 280/98, Suprema Corte de Justicia de la Nación. Ponente Ministro Juan N. Silva Meza, Secretario Juan Ramírez Díaz.*

Lamentablemente no se aprovechó la oportunidad de haber dejado en claro que no existe ninguna razón legal para que los laudos pierdan su carácter y solidez y se distorsione la función de los paneles del Capítulo XIX del TLCAN, dándoles un carácter de autoridades supranacionales lo que está muy lejos de su constitución y más aún de lo que pretendimos los que luchamos por su establecimiento.

Hacemos propios los argumentos y juicios que el investigador Sergio López Ayllón formula sobre el particular: «...los paneles son creados por un tratado internacional y en este sentido son verdaderos órganos internacionales cuya vida, procedimiento y facultades están limitadas a lo pactado expresamente por las partes del mismo. Como cualquier órgano internacional por definición carecen de imperio y no participan del poder público del Estado (afirmar lo contrario sería admitir que el Estado mexicano (sic) permite que otros Estados participen en la creación de "autoridades mexicanas" que, de acuerdo con la propia Constitución, derivan únicamente del pueblo mexicano).» [178]

Quedaría trunco este Capítulos si no nos refiriéramos de manera breve desde luego a ciertas dudas y críticas al arbitraje descartando desde luego el relativo a su naturaleza jurídica y a sus diferencias con los demás MASC y al procedimiento jurisdiccional pues de estos temas ya nos ocupamos de manera amplia con anterioridad.

Procedemos a continuación a enlistar y comentar los más frecuentes que se plantean en los foros universitarios y del Poder Judicial en la Ciudad de México así como en el interior del país.

6. La responsabilidad de los árbitros

El tema era poco debatido en años pasados pero ante el incremento de casos fundamentalmente en la materia comercial, ha provocado el cuestionamiento sobre el particular.

Anteriormente se consideraba que bastaba con sujetar al árbitro a las reglas generales aplicables a los profesionistas –especialmente a los abogados– por ser estos quienes mayoritariamente figuraban como árbitros. Dicho de otra manera sólo se les aplicaría el derecho común.

---

178. López Ayllón, Sergio, «Los paneles binacionales del Capítulo XIX del Tratado de Libre Comercio no son autoridad para efectos del amparo (amparo en revisión n° 280/98), *Cuestiones constitucionales,* México, Instituto de Investigaciones Jurídicas, UNAM, núm. 2, enero-junio, 2000, p.201.

En general se exime de responsabilidad a los árbitros por estimar que su tarea es muy respetable y que quienes la desempeñan son los mejores guardianes de la ética que debe prevalecer. Nuestra experiencia en la materia adquirida en más de cuarenta años así nos lo señala.

La CCI en su muy larga presencia en el arbitraje así lo ha estimado. El Artículo 34 del Reglamento presente hasta el 2011 y el Artículo 40 del Reglamento del 2012 señalan básicamente que «Ni los árbitros ni la Corte o sus miembros, ni la CCI o sus empleados, ni los Comités nacionales de la CCI serán responsables, frente a persona alguna, de hechos, actos u omisiones relacionados con el arbitraje». El Reglamento que entró en vigor en enero de 2012, modificó el texto del precepto correspondiente respondiendo a las inquietudes que señalamos al inicio del presente apartado. Veamos que contempla el Artículo 40 del mismo en materia de Limitación de Responsabilidad: «Los árbitros, cualquier persona nombrada por el Tribunal Arbitral, el árbitro de emergencia, la Corte y sus miembros, la CCI y sus empleados y los Comités Nacionales y Grupos de la CCI y sus empleados y representantes no serán responsables, frente a persona alguna, de hechos, actos u omisiones relacionados con el arbitraje, excepto en la medida en que dicha limitación de responsabilidad sea prohibida por la ley aplicable».

No podemos decir que el actual Reglamento abroga al anterior pues no es así. Sus normas subsisten ante la eventualidad que sea invocada su aplicación si las partes en un caso futuro así lo estiman. Si no se expresa cual Reglamento regulará un caso, se utilizará el último que se halle vigente.

De lo anterior podemos derivar dos causas generales de responsabilidad: las fundadas en el incumplimiento de sus deberes fundamentales propios del carácter particular con que se le inviste en un caso concreto como por ejemplo no informar las relaciones particulares existentes con alguna de las partes, y las que se puedan encontrar por no llevar a cabo su tarea correctamente o aun perversamente, durante el procedimiento arbitral.

Para algunos autores como Marc Henry mencionado con anterioridad, la esencia del arbitraje se ubica en la independencia del encargado de llevarlo a cabo y este deber es moral, más aún lo es deontológico por formar parte de los deberes morales del abogado árbitro y se manifiesta a través de tres expresiones particulares: de neutralidad, imparcialidad y objetividad.[179]

Su desconocimiento acarreará una responsabilidad individual seria con una sanción por su comportamiento indebido.[180]

---

179. HENRY Marc, *op. cit.*, nota 110, p. 288

180. *Ibidem*, p. 289

Ante un caso concreto ¿cuál será el fundamento legal para exigir su responsabilidad y las consecuencias derivadas de sus actos?

Generalmente como se indicó, se deberá acudir al derecho común y la razón básica estriba en que su función se deriva de un contrato que vincula a las partes con el árbitro y es la fuente de sus deberes como tal, es el "receptum arbitri" como bien dice David citado por Henry.

En efecto tengamos presente que las partes y el árbitro convienen en que se lleve a cabo un procedimiento particular acorde con la misión que se le confía tal como puntualizamos al referirnos al Acta de Misión así llamada por la CCI en su Artículo 23.

Los tribunales franceses han confirmado esta tesis en varios casos como Lóreal en 1995, Bompard en 1990, RaoulDuval en 1996 entre otros.

Entresacamos el caso S.N.F., S.A.S y la C.C.I. resuelto en definitiva por la Corte de Apelación de París el 22 de enero de 2009, No. 07/19492 pues entre los puntos a debatir se encuentra el relativo a la Clausula que exhonera de responsabilidad a los árbitros contenida en el Artículo 34 del Reglamento de la CCI, bajo el que se sustanció el procedimiento o sea el que estaba en vigor en 1998, el cual no fue puesto en duda pues se acreditó que el Tribunal había llevado el proceso debidamente, lo que vino a reforzar su existencia y sobre todo su legitimidad.[181]

Para concluir este punto deseamos consignar por su originalidad que el TLCAN en su Artículo 1904, párrafo 13 consigna las causas de responsabilidad de los panelistas cuya condición es la de árbitro, del Capítulo XIX pues se encuentra en la misma línea de lo dicho hasta ahora.

«Cuando en un plazo razonable posterior a que se haya emitido el fallo del pánel, alguna de las Partes implicadas afirma que:

(a) (i) un miembro del sistema revisionario, ha sido culpable de una falta grave, de parcialidad, o ha incurrido en grave conflicto de intereses, o de alguna otra manera ha violado materialmente las normas de conducta.

(ii) la decisión se ha apartado de manera grave de una norma fundamental de procedimiento, o

(iii) se ha excedido ostensiblemente en sus facultades, autoridad o jurisdicción establecidos en el artículo, por ejemplo por no haber aplicado el criterio de revisión adecuado, y

(b) cualquiera de las acciones señaladas en el inciso (a) haya afectado materialmente el fallo y amenace la integridad del proceso de revisión por el pánel

---

181. Agradecemos en todo lo que vale a nuestra colega la Lic Julieta Ovalle Piedra su diligencia para lograr la copia de la sentencia.

binacional; esa Parte podrá acudir al procedimiento de impugnación extraordinaria establecido en el Anexo 1904.13»

Nos ocuparemos ahora del siguiente tema:

7. ¿Las facultades de los árbitros no están acordes con la Constitución?

El problema surge del texto del Artículo 1435 del C.Com. particularmente del párrafo segundo pues se considera que es demasiado liberal convirtiendo a los árbitros en seres todopoderosos con facultades omnímodas.

Recordemos su contenido:

> «Artículo 1435. Con sujeción a las disposiciones del presente Título las partes tendrán libertad para convenir el procedimiento a que se haya de ajustar el tribunal arbitral en sus atribuciones.
> A falta de acuerdo el tribunal arbitral podrá con sujeción a lo dispuesto por el presente Título, dirigir el arbitraje del modo que considere apropiado. Esta facultad conferida al tribunal arbitral incluye la de determinar la admisibilidad, pertinente y valor de las pruebas».

Tal como se verá más adelante al desarrollar el tema del arbitraje en México, nuestra legislación es actual y sigue la Ley Modelo de la UNCITRAL.

Esto explica en cierta manera que no se halla estudiado este precepto con anterioridad en forma exhaustiva y de ahí que la Sentencia que dictara la Suprema Corte de Justicia de la Nación en fecha reciente en la que se ocupa de la constitucionalidad o de su carencia del Artículo 1435 mencionado, tiene gran relevancia para el arbitraje tanto nacional como internacional.

El caso que diera lugar a la actuación del Supremo Tribunal de nuestro país fue la revisión que se interpusiera por Teléfonos de México, S.A. de C.V. contra la Sentencia dictada por el Juez Décimo de Distrito en Materia Civil del Distrito Federal negando y rechazando los argumentos argüidos contra las susodichas facultades arbitrales y su contradicción al Artículo 14 Constitucional con base en la regulación del arbitraje comercial y particularmente el precepto combatido o sea el Artículo 1435 mencionado.

El caso siguió los trámites legales ordinarios en este tipo de juicios y acabó en la Primera Sala de la Corte cuyos Cuatro Ministros resolvieron por unanimidad el día 30 de junio del 2004, negar el amparo y protección al quejoso respecto a los actos de las Autoridades mencionadas en su Demanda despejando así cualquier duda sobre la legitimidad y constitucionalidad del Artículo 1435 del C.Com.

El amparo en revisión se registró bajo el número 759/2003 y el tercero perjudicado fue Megacable Comunicaciones de México, S.A. de C.V.

El maestro José Luis Siqueiros realizó un magnifico análisis sobre el asunto y nos da pormenores en su artículo «*Las facultades de los árbitros no son omnímodas ni inconstitucionales*» al que nos remitimos.[182]

7.1. ¿Los tribunales arbitrales son especiales por lo tanto violan la Constitución?

En contraste con la situación de las críticas anteriormente revisadas de la que ahora nos ocupamos, ha estado presente a lo largo de nuestra vida constitucional.

Sabido es que los tribunales arbitrales ordinariamente se crean para atender un caso concreto mas su condición ad hoc no forma parte de su esencia pues existen también tribunales generales como es el caso de la Corte Permanente de Arbitraje creada en el año de 1899 como resultado del Primer Tratado de Paz de La Haya.[183]

La prevención en contra surge del texto del Artículo 13 Constitucional cuyo inicio es tajante:

> «Artículo 13. Nadie puede ser juzgado por leyes privativas ni por tribunales especiales...»

Por lo tanto se sostiene que al no ser los tribunales arbitrales, Cortes ordinarias se les aplica este precepto a rajatabla y son por ende condenables.

Este simple razonamiento puede parecer precisamente por ello, irrebatible más no es así ya que el carácter de tribunales especiales no se les da el no ser ordinarios como se pretende.

De inicio debemos consignar conforme lo expuesto sobre las finalidades que persiguen los tribunales arbitrales, no son las mismas que las de los jurisdiccionales, esto es la justicia por lo que no cabe equipararlos y aplicarles esta reglas

---

182. Siqueiros, José Luis, «Las facultades de los árbitros no son omnímodas ni inconstitucionales», en *Pauta*, México, Boletín informativo del Capítulo Mexicano de la Cámara Internacional de Comercio, A.C., No. 47, abril 2005, pp. 3 a 9.

183. Para conocer el andamiaje legal de la Corte, ver *Permanent Court of Arbitration Basic Documents. Conventions, rules, model clauses and guidelines,* The Hague, Permanent Court of Arbitration, 1998.

públicas que prohíben «...ser juzgado por leyes privativas ni por tribunales especiales» y es la esencia del arbitraje que la voluntad de las partes y no el Estado es quien establece los tribunales pertinentes es pues la decisión de ambas partes someterse al tribunal arbitral ya establecido, lo que no sucede en los ordinarios.

Por especial según Guillermo CABANELLAS, se entenderá que sea singular, exclusivo, adecuado, propio, extraordinario, que requiere determinados conocimientos con misión asignada para el caso fuera del código o reglamentación ordinaria.[184]

Precisa definición de lo que no es ordinario al decirnos claramente lo que es extraordinario por lo que la confusión de los que sostienen que los arbitrales son especiales por no ser ordinarios, se equivocan.

Uno de los más connotados y respetados procesalistas mexicanos Don Cipriano GÓMEZ LARA querido y admirado amigo de grato recuerdo, lo señala con nitidez y elegancia al afirmar sobre el punto anterior que «La expresión usada por el Constituyente no es acertada porque lo que se quiso significar, es que se prohibían los tribunales que ejercen jurisdicción extraordinaria y que son los que deben entenderse prohibidos por nuestro sistema constitucional».[185]

A mayor abundamiento tenemos la tesis expuesta por la Primera Sala del Tribunal Superior de Justicia en 2005 titulada *Arbitraje Comercial*. Los Artículos 1415 a 1463 del Código de Comercio no violan el Artículo 13 de la Constitución.[186]

---

184. CABANELLAS, Guillermo, *Diccionario Enciclopédico de derecho usual*, Buenos Aires, Heliasta, 1981, T. III.

185. GÓMEZ LARA, Cipriano, *Teoría General del Proceso,* México, Harla, 1996, pp. 80 y 90.

186. »ARBITRAJE COMERCIAL. LOS ARTICULOS 1415 A 1463 DEL CODIGO DE COMERCIO, NO VIOLAN EL ARTÍCULO 13 DE LA CONSTITUCION FEDERAL. Si se parte de la base que el juicio arbitral es aquel que se tramita ante personas o instituciones que no son jueces del Estado, o que siéndolo, no actúan como tales, sino como personas de derecho privado, es inexacto que los preceptos reclamados, al arbitraje comercial, otorguen a los tribunales arbitrales la calidad de tribunales especiales, pues quienes emiten dichos laudos son personas o instituciones designadas para resolver controversias entre particulares, ya sea como amigables componedores o en conciencia, sólo si las partes las han autorizado expresamente para hacerlo en términos del artículo 1445, párrafo tercero, del citado código. Estos laudos deben ser reconocidos u homologados por órganos jurisdiccionales correspondientes, a fin de que adquieran la fuerza jurídica necesaria para su completa obligatoriedad, y a efectos de su ejecución de conformidad con los artículos 1461 a 1463 del ordenamiento mencionado. De ahí que el arbitraje comercial regulado en Código de Comercio no contraviene el artículo 13 de la Constitución, que como garantía de igualdad, en el aspecto jurisdiccional, prohíbe los tribunales especiales«.

Por si alguna duda hubiere tenemos que a partir de la Reforma del Artículo 17 Constitucional en junio del 2008 ya comentada, los MASC con el arbitraje a la cabeza quedaron incorporados plenamente a nuestro sistema legal.

Así ésta aparente crítica queda sin validez alguna.

Pasemos ahora al último punto y así concluir este capítulo.

8. El Orden Público en el Arbitraje

Entre las causas de nulidad de los laudos existe una inobjetable que recoge nuestro Código de Comercio en el numeral 1457 párrafo II y que también se considera como procedente para denegar el reconocimiento o ejecución de un laudo consistente en que sea contrario al orden público, según aparece en el Artículo 1462 párrafo II del mismo Ordenamiento.

Prevención semejante aparece en el Artículo 1347-A.VII referente a la ejecutoriedad de sentencias o "resoluciones" dictadas en el extranjero y la posibilidad de que no sean obsequiadas las peticiones si las obligaciones cuyo cumplimento se pide sean contrarias al orden público.

Generalmente se le contempla y aborda en las disposiciones regulatorias en materia civil tanto sustantivas como procesales y eventualmente los tribunales superiores lo perfilan y pulen.

Recientemente en el mes de abril del 2012 el Séptimo Tribunal Colegiado en Materia Civil del Primer Circuito dictó dos tesis sobre el particular dictaminando en una la obligación del juez ante quien se ha presentado una demanda de nulidad, para examinar de oficio su existencia así como también en el caso del Artículo 1462.II para actuar de manera semejante.[187]

LAUDO ARBITRAL. CIRCUNSTANCIAS QUE EL JUEZ DEBE ANALIZAR, CONFORME A LA FRACCIÓN II DEL ARTÍCULO 1457 DEL CÓDIGO DE COMERCIO, CUANDO SE DEMANDA SU NULIDAD

Cuando se demanda la nulidad de un laudo arbitral con un fundamento en la fracción II del artículo 1457 del Código de Comerció, ya sea porque el objeto de la controversia no es susceptible de solución por vía del arbitraje, o, porque el reconocimiento o la ejecución del laudo son contrarios al "orden público", el juez debe resolver atendiendo a las constancias del juicio y pruebas desahogadas, pero ello no significa que deba analizar y descartar todas y cada una de las hipótesis, sólo que advierta que se actualiza alguna, a pesar de que

187. Amparo Directo 6/2012 Bergesen Worlwide Ltd. 19 de abril del 2012- Unanimidad de votos, Ponente Julio César Vázquez Mellado García.

sea distinta a las invocadas por las partes, la pueda invocar de oficio. Esto es así, pues los motivos o causas de nulidad previstos en la fracción I del artículo 1457 del Código de Comercio, deben ser acreditados por quien los invoque, pero en caso de las dos hipótesis referidas en la fracción II de ese mismo precepto, el Juez debe pronunciarse respeto de las circunstancias hechas valer por las partes, y sólo si advierte que alguna de las hipótesis se actualiza, aun y cuando no haya sido invocada, puede de oficio invocarla para declarar nulo el laudo.

LAUDO ARBITRAL. ORDEN PÚBICO SERÁ DETERMINADO POR EL JUEZ CUANDO SE RECLAMA SU NULIDAD O RECONOCMIENTO Y EJECUCIÓN

Como el concepto de "orden público" no se encuentra definido en la Constitución ni en el Código de Comercio, ello deja claro que es preciso determinar su significado en cada caso concreto pues no basta con asimilarlo a las normas imperativas, sino que es necesario proteger nuestra cultura jurídica mexicana de intromisiones que la desvirtúen. Esto es así dado que una interpretación conjunta de la fracción II del artículo 1457, con la fracción II del artículo 1462 del Código de Comercio, incluso con el precepto V, inciso 2, de la Convención sobre el Reconocimiento y Ejecución de las Sentencias Arbitrales Extranjeras, lleva a la conclusión de que son dos las hipótesis que pueden ocasionar que el juzgador de oficio declare que un laudo arbitral es nulo o que no lo reconozca como una resolución acorde al sistema jurídico mexicano y por ende deniegue su ejecución, y es cuando: a) Según la legislación mexicana, el objeto de la controversia no sea susceptible de solución por vía del arbitraje; o, b) Cuando el laudo sea contrario al "orden público" mexicano. Así las cosas, la referencia a la legislación mexicana es para guiar al juzgador quien debe velar que el objeto de la controversia puede ser objeto de arbitraje, es decir, que no exista alguna disposición legal mexicana que lo impida; mientras que por otra parte, el concepto de "orden público" es más amplio, pues no basta con afirmar que en un laudo arbitral se está dejando de aplicar una disposición legal que se autodefine como de "orden público" para que se tenga necesariamente que concluir que se transgrede el mismo, sino que es necesario un estudio más profundo, caso por caso, que permita concluir que con su reconocimiento y ejecución es evidente que sí se transgrede nuestro orden jurídico. En conclusión, se reitera deberá ser el juzgador quien en cada caso concreto determine si se transgrede o no el "orden público".

El concepto y la esencia jurídica de dicha causal no es fácil de asir cuando aparece invocada ante un tribunal arbitral, constituyendo a nuestro entender un tema necesario a considerar.

Continuando por la senda del derecho positivo que hemos iniciado, nuestro Código de Comercio no se ocupa expresamente de definir o al menos perfilar lo que se entiende por orden público, por lo que debemos acudir a la ley supletoria que conforme al Artículo 2° del mismo será «...el derecho común entendiendo por tal al Código Civil aplicable en materia federal».

Por ello debemos revisar las disposiciones del Código Civil para el Distrito Federal en Materia Común y para toda la República en Materia Federal.

Encontramos que los primeros preceptos comprendidos en las disposiciones preliminares se ocupan del tema pero curiosamente se refieren a veces al "interés público" y en otras al "orden público".

Tenemos así que los Artículos 6°, 8° y 21° incluyen y concepto de "interés público" y el 15 párrafo II nos habla de "orden público".

En los precedentes judiciales encontramos en los Apéndices que comprenden de 1917 a 1988 en la Quinta Época cinco casos visibles en los tomos XXVI el primero y el resto en el tomo XXXI que se han ocupado del Orden Público y ninguno se ha referido al interés público. Cabe precisar que estos antecedentes se incluyen en el texto de dicho ordenamiento publicado por la UNAM.[188]

Sobra subrayar que en las tesis invocadas al inicio del presente, se mencionan las mismas referencias de Orden Público.

En cuanto a los ordenamientos adjetivos tenemos al Código Federal de Procedimientos Civiles cuyo dispositivo 571 expresamente advierte que los laudos *dictados en el extranjero serán ejecutados si se apegan a las condiciones que fije el precepto cuyo inciso VII nos señala que la obligación a cumplir no deberá ser contrario al orden público en México.

A su vez el Código de Procedimientos Civiles del Distrito Federal prácticamente repite en su Artículo 606 lo mismo que su similar arriba comentado, utilizando por ende la misma denominación de orden público.

En lo que se refiere a las decisiones de los tribunales superiores no ha sido prolija la Corte en referirse al tema más no ha dejado de hacerlo a través de algunas tesis que tal vez contradigan parcialmente nuestra crítica de la dificultad para asir la esencia del concepto.

Concretamente me refiero a la pronunciada en fecha cercana, el 2010, cuyo texto estimo útil reproducir:

---

188. Cruz Ponce, Lisandro y Leyva Gabriel, *Código Civil concordado*,México, IIJ-UNAM, 1996, p. 633.

* La redacción textual del artículo nos indica que se refieren a los «laudos arbitrales privados no comerciales», lo que provoca algunas reflexiones y comentarios que por ahora nos abstendremos de formular para no desviarnos del tema principal.

ORDEN PÚBLICO. SU CONTRARIEDAD ES CAUSA DE NULIDAD DEL LAUDO ARBITRAL. INTERPRETACION HISTÓRICO-DOCTRINAL

Hay un nexo indisoluble entre el orden público y los fines del Estado. Incluso como motivo de su justificación y existencia, ya que procura que sea la acción política la que defina, realice y garantice cierto orden entre los hombres para que realicen los propósitos que se impongan según su naturaleza y condición en el entendido de que sólo donde existe paz y orden pueden desplegarse sus potenciales y permitir se cumplan los cometidos del Estado. Entendido como finalidad última, bien común, orden de la comunidad u observancia de la función de policía o de las normas vigentes, la idea de orden público se asienta sobre la obligación del ciudadano de no perturbar con su actuación los fines que persigue la comunidad o la sociedad y de las facultades conferidas a los órganos del Estado para velar por su respeto. Es una obligación general de los ciudadanos el respeto a ese bien común o general que les permite vivir en el ejercicio de sus libertades o derechos el que fundamenta también la actuación del Estado, de modo que a la vez que es obligación del ciudadano para que permanezca o se desarrolle, es garantía y justificación del propio Estado, porque puede limitar las acciones individuales que vulneren o contraríen ese estado de equilibrio o de paz social en que los diversos intereses individuales confluyen. En ese aspecto, el orden público es lo externo a la acción y el interés individual, que se expresa en la forma en que los ciudadanos realizan sus intereses de modo tangible y material y que se encuentra regulado por una norma jurídica. Consecuentemente, se encuentran dos concepciones de orden público que son complementarias entre sí en cuanto a que, por un lado, se le identifica como un conjunto de reglas escritas y no escritas, de carácter jurídico o privado, que según una determinada concepción ético moral dominante se asume como la condición primigenia y básica para la vida social compuesta por una heterogeneidad de intereses individuales que no destruyen una situación de armonía o equilibrio social sino que, respetándolo, se realizan según la intención de su autor. Por otro lado, se entiende como un conjunto de principios éticos ideas o concepciones sociales que formarán la cultura jurídica de un país, para realizarse por los individuos atendiendo a lo previsto en la norma, como la Constitución o la ley, en que se contiene la garantía del respeto a bienes o valores necesarios para la existencia de la sociedad en un terminado momento histórico. Por su carácter esencial, la noción de orden público, comprende el conjunto de reglas que según una determinada visión histórica de la vida social y de las relaciones entre los individuos, resulta necesaria para la existencia del Estado y el desarrollo del individuo en equilibrio, armonía y paz, lo que atañe a la defensa de las libertades, derechos o bienes fundamentales del hombre y de los principios de la organización jurídica para realizarse como miembro de una sociedad.[189]

Nos detendremos por ahora en analizar dicha tesis pues comprende dos enfoques comunes que son tradicionales en el concepto siendo uno extenso, amplio y profundo que va a las raíces de una nación que hace que sea una y no otra por mucho que se le parezca y la concepción más restringida que sin desconocer la existencia de elementos normativos de la conducta humana tanto internos como externos, o sean sociales, se encierra o remite a lo que se entiende en un país como orden jurídico decantado en sus normas básicas comprendidas en la Constitución.

Ambas visiones son muy pertinentes siendo indudable que atienden a la existencia del Estado y de la Comunidad Internacional. Nos preguntamos si esto explica la presencia en un mismo ordenamiento jurídico, el Código Civil abordado al inicio de nuestro análisis, de los dos conceptos no definidos en el mismo de orden público y de interés público como si fueran lo mismo en opinión del legislador.

Asomémonos ahora a lo que se ha expresado en algunos foros internacionales en la medida en que aporten algunas diferencias o matices a lo antes dicho.

Estimando que la posibilidad de denegar la ejecución o bien declarar la nulidad del laudo, es tema de alta sensibilidad y que una de las causales aceptadas por todos los estados es precisamente que se atente contra del orden público, resulta conforme a la lógica jurídica, indispensable conocer su definición o al menos alguna aproximación aceptada.

Siguiendo a José Luis Siqueiros tenemos que en cuanto a la definición de dicho concepto que: «Han existido tentativamente para definir lo que constituye orden público» sin embargo, dicha noción es imprecisa y su connotación puede cambiar en el transcurso del tiempo y en el espacio (país) donde se le conceptúe por lo que tenemos que aceptar, añadimos que sigue siendo escurridiza.[190]

Diversos institutos y centros de derecho internacional han intentado elaborar una definición que satisfaga a todos los interesados que han aventurado opiniones sobre el tema.

En fechas cercanas la ILA (International Law Asociation) dedicó varias reuniones o Conferencias como las denominan a lograr una definición satisfac-

189. TERCER TRIBUNAL COLEGIADO EN MATERIA CIVIL DEL PRIMER CIRCUITO. Amparo en revisión 195/2010. Maquinaria Igsa, S.A. de C.V. y otra 7 de octubre de 2010. Unanimidad de votos. Ponente: Neófito López Ramos. Secretario: José Luis Evaristo Villegas. 9ª Época; T.C.C.; S.J.F. y su Gaceta XXXIII, Mayo de 2011; Pág. 1241.

190. Siqueiros, José Luis, *op cit.*, nota 182, p. 18

toria a partir de la Conferencia de Helsinki en 1996 y durante varias más como las de Taiwán, Londres, París y Nueva Delhi en los años de 1998, 2000, 2002 y 2004 respectivamente.

Nuestro apreciado maestro y amigo José Luis Siqueiros Prieto diseccionó cuidadosamente dichos trabajos y nos ha ofrecido un estudio magnifico que a su contenido une su dimensión para facilitar su comprensión, haciendo honor al viejo refrán castellano de "que lo bueno si breve dos veces bueno"[191]

Del mismo tomamos algunas notas que enriquecen el presente.

El pronunciamiento final de la ILA comprende varias Recomendaciones que se centran en la facultad del juez para impedir que el laudo cumpla su cometido lo que afecta a la eficacia del sistema arbitral y siendo como advertimos, el orden público una razón para ello, nos detendremos sólo en aquellas Recomendaciones sobre el particular.

Quedó en evidencia que la expresión de orden público es una noción imprecisa y su connotación cambia en el tiempo y el espacio como afirma Jose Luis, lo que es indiscutible.

Asimismo se puso de manifiesto que se daba por entendida la comprensión de los conceptos y los principios fundamentales de justicia pero al mismo tiempo que existen diferencias según los sistemas del common law y del derecho civil.

Prevaleció sin embargo la opinión de que siendo el origen del concepto la concepción jurídica francesa, se abarcaban tanto los de legislación, como los sustantivos y los procesales, preocupación presente en los seguidores del common law.

Es más se convino en que en caso de duda se observase el sistema de orden público internacional que aceptase el Estado en donde el laudo se fuese a ejecutar y no otro como se sugería fuese el de la sede del tribunal arbitral.

Esta posición es la misma que aparece en otras Convenciones que han comprendido estudios sobre el tema como las de Nueva York, Ginebra, Panamá, Riyadh y otras.[192]

Las opiniones relevantes de los estudiosos de alguna manera se han incorporado a los trabajos institucionales por lo que quedan reflejadas en dichos análisis.

Esto no significa empero que no existan otras que o no se habían externado al celebrarse las reuniones o bien, no fueron recogidas en su oportunidad.

---

191. Siqueiros, José Luis: «El orden Público, como motivo para denegar el reconocimiento y la ejecución de laudos arbitrales internacionales« Revista Pauta No. 40 – CCI.

192. Von Wobeser, Claus «La conquista de los particulares frente al Estado en la solución de controversias, la dilución del orden público», en *Pauta,* México, Boletín informativo del Capítulo Mexicano de la Cámara Internacional de Comercio, A.C., núm. 40, 2004.

Uno de nuestros reconocidos expertos no sólo a nivel nacional sino en el extranjero, de gran recorrido en el arbitraje Claus Von Woberser nos ha ofrecido definición sumamente original de lo que constituye el orden público de la manera siguiente:

«...como la esfera de jurisdicción en donde el poder público tiene todas las facultades y en consecuencia, la última palabra» [193]

Funda su aportación en la tesis de que el Estado todopoderoso ha ido cediendo parcelas de poder al particular sobre todo en tema de la solución de controversias fortaleciendo así a los MASC's y especialmente al arbitraje.

Esto es que el estado titular por definición de la facultad de impartir justicia como lo expresa nuestro Artículo 17 Constitucional párrafo primero, ha ido permitiendo otras formas de atender los conflictos y si bien los toleró de alguna forma, será a partir del 2008 cuando de manera expresa lo permita al modificar el párrafo cuarto como ya hemos dicho.

En cierta forma esta definición se da por exclusión y en verdad es muy pragmática pero quedará sujeta a que ante un caso concreto, nos quedemos con cierto vacío. Lo que resulta valido es la explicación de fondo que Claus nos proporciona.

No riñe desde luego que formulemos alguna consideración para entender el alcance temporal del concepto y así referirnos con exactitud al mismo, en un caso particular.

Se acepta que tal como señala R. Dorat des Monts «el orden público es una noción variable según las épocas, los países y los regímenes políticos de cada nación».

Siendo de nuestro conocimiento que en nuestros países de tradición romano-germánico se sigue el concepto francés del "Orden Público" nos referimos ahora brevemente al mismo.

La colega francesa Elise Parmentier, señala en relación con la mutabilidad del concepto que en el "siglo de las luces" las obras de tres brillantes pensadores como Votaire, D'Alambert y Rousseau sufrieron la ira real y sus obras se tuvieron que imprimir fuera de Francia ya que atentaban contra el orden público al promover conceptos como la democracia, la libertad y otras que mellaban el poder absoluto de la monarquía. [194] Con los años su pensamiento antaño contrario al orden público vino a constituir el fundamento del Estado actual. ¡Convirtiéndose así en parte del orden público vigente!

---

193. *Ibidem*, p. 19.

194. Parmentier, Elise, ¿Qué es el Orden Público? Monografía, Maestría en Derecho de la UIA, México 2010.

Esta explicación sigue de cerca aquellos preceptos de nuestro Código Civil mencionados que equiparan el orden con el interés público y a éste con el jurídico.

Esta postura concuerda con el punto de vista del doctor Herfried Wöss quien afirma que: «...el orden público está constituido por los principios e instituciones fundamentales del Derecho Mexicano».[195]

Actualmente Francia considera siguiendo esta postura que es deber del Estado a través de la policía municipal asegurar el orden, la seguridad, la higiene pública.[196]

Se complementa esta disposición con otra en donde derivamos que tienden a proteger tanto la calidad de vida del ciudadano como facilitar una vida apacible, así también sancionar a quienes provoquen escandalo nocturno (Artículo R1334-31 del Código de la Salud Pública).

Aquellos enunciados solemnes como el comprendido en el Artículo 11 de la Declaración de 1789, han nutrido lo que por ahora debe entenderse por orden público francés.

Los conceptos originales de la ley francesa de asegurar la seguridad, la salubridad y la tranquilidad públicas fueron adicionados en 1995 con otro muy valido como es el del respeto a la dignidad de la persona humana.[197]

Esta adición tiene como origen un caso singular presentado en un pueblo pequeño ubicado en la Commune de Morsang-Sur-Orge(Departamento de L'Esonne) en donde según entiendo un grupo de amigos reunidos frecuentemente al fin de la jornada a pasarla bien, compartían la tertulia con un enano, que eventualmente utilizaban de pelota para lanzarlo de uno a otro comensal y animar la reunión.

Al Regente le pareció impropio y lo prohibió pues en su opinión atentaba contra el orden público. Propósito plausible que el afectado no compartió y se opuso litigando el caso hasta llegar a la más alta Autoridad Administrativa o sea el Conseild'Etat quien el 27 de octubre de 1995 pronunciara una sentencia

---

195. Wöss, Herfried, «El Orden Público, Derecho Público, cosa juzgada e inarbitrabilidad en Contratos Públicos en México», *Revista del Club Español del Arbitraje*, 14/2012, p. 114.

196. Artículo 2212.2 del Código General de las Administraciones Territoriales en vigor, citado por Parmentier, Emille, op. cit., nota 194, p. 4

197. 27 de octubre 1995-Commune de Morsang–sur-Orge «...le Conseild'Etat a considéré que le respect de la dignité de la personnehumainedevaitetreregardécomme une composante de l'ordrepublic ... le Conseild'Etat a montré que l'ordrepublicnepouvait se définirconmmepurement "matériel et exterieur" maisrecouvrait une conception de l'homme que les pouvoirspublicsdoivent faire respecter».

estableciendo que «el respeto a la dignidad de la persona humana es uno de los componentes del orden público»

Nos preguntamos ¿porqué se opuso el protegido por la ley? Por la sencilla razón de que la diversión era una fuente de ingresos ya que los contertulios premiaban su buena disposición al aceptar ser "peloteado" con una propina habiendo caído en paro desde entonces al privársele de un ingreso hasta ese momento legítimo.

La ley elaborada a raíz de este caso coloquialmente se llama la Ley de los Enanos.[198]

El concepto de orden público es de añosas raíces por lo que su contenido es susceptible de irse modificando con el transcurso de los años obedeciendo a las exigencias de su entorno social, ético y jurídico tal como se acepta por los analistas más destacados.

Revisando algunos antecedentes nos resulta por demás pertinente e ilustrativo recurrir al Derecho Romano para confirmar lo anterior y detenernos en unos documentos cruciales que cambiaron el desarrollo de la historia de la comunidad internacional entonces prácticamente inexistente tal como la concebimos ahora dotándole al Derecho como ciencia normativa, de contenido ético, al admitir al Cristianismo como una Religión tan digna de respeto como la que más.

Me refiero concretamente al Edicto de Galerio firmado también por Maximino, siendo el primero único sobreviviente de la Tetrarquía fundada por Diocleciano. En lo conducente se expresa textualmente en los fundamentos o exposición de motivos lo siguiente:

«*Hemos creído oportuno extenderles también a ellos nuestra muy manifiesta indulgencia de modo que puedan ser nuevamente cristianos y puedan reconstruir sus lugares de culto, con la condición de que no hagan nada contrario al orden establecido*».[199]

Esto es que el cristianismo como "religión extranjera" sólo es tolerable a condición de no perturbar el orden público u ofender las buenas costumbres, como bien dice J. MOREAU.[200]

No habiéndose cumplido debidamente el Edicto mencionado hubo necesidad de ser complementado por otra disposición imperial a través de una

198. *Ibidem*, p. 5.

199. Texto tomado de LACTANCIO, *Sobre la muerte de los perseguidores,* Traducción y notas de Ramón Teja, Madrid, Editorial Gredos S.A., 2000, p. 166.

200. *Ibidem*, p. 167.

Circular o Lliteras dirigida al gobernador de Bitinia y a todos los gobernadores de las demás provincias bajo su jurisdicción en el que se afirma que:

«Habiéndonos reunido felizmente en Milán, tanto yo Constantino Augusto, como yo Licinio Augusto y habiendo tratado sobre todo lo relativo al bienestar y la seguridad pública, juzgamos oportuno regular

...lo relativo a la reverencia debida a la divinidad; a saber conceder a los cristianos y a todos los demás la facultad de practicar libremente la religión...

En todo lo referente a la susodicha comunidad cristiana, deberás mostrar tu eficaz mediación... para que nuestro decreto se cumpla con la mayor rapidez posible, a fin de que también en este asunto se muestre la preocupación de nuestra clemencia por la paz pública» [201]

De esta manera se conforma un solo texto legal producido en dos momentos: en los años de 311 y de 313 respectivamente equiparando y poniendo en igualdad de condiciones al cristianismo con el paganismo y recalcando que el "orden establecido", "la paz pública" y el "bienestar" eran los elementos que conformaban el orden público en esa época.

Desprendemos de los ejemplos dados, que conceptualmente el término sigue siendo difícil de precisar y que su perfil es variable reflejando las inquietudes y preocupaciones de una época en un espacio determinado.

Asimismo que hay una tendencia general a distinguir o graduar su contenido en cuanto a que existe un orden público amplio, general que se desprende de las raíces de una nación y otro más estrecho que equipara al orden público con el orden jurídico.

Se puede añadir o separar otra que abarca los elementos jurídicos coincidentes en varios estados conformando así el "orden público internacional" surgidos de la práctica arbitral general.

El juzgador tendrá siempre la última palabra ante el caso concreto.

Podríamos añadir otros puntos de controversias pero consideramos que los comentados son los más destacados, por lo que continuaremos con los temas que están presentes sobre el arbitraje y que enriquecen la visión de la institución señalada.

---

201. *Ibidem,* pp 201, 203, 204 y 206. La provincia de Bitinia comprendía la región noroeste de Asia Menor y la zona de los estrechos.

9. Procedimientos tradicionales de solución de controversias

Cerraremos este Capítulo refiriéndonos a ciertos mecanismos *sui generis* similares a los anteriores, particularmente al arbitraje que son utilizados en ciertos grupos sociales cuyas raíces generalmente se remontan a épocas lejanas, cuya utilidad es evidente ya que siguen operando.

Sabemos que los indígenas americanos practican algunas formas de solucionar sus querellas.[202]

Haremos alusión a dos sistemas únicos que están presentes y ambos de alguna forma, se conectan con dos de las religiones más importantes existentes a lo largo de la historia de la humanidad. Empecemos por la de mayor antigüedad.

9.1. El Arbitraje en Derecho Judío

El arbitraje en el Derecho Judío. Como se leerá a continuación la fórmula utilizada para resolver conflictos surgidos entre los miembros de la comunidad judía sin importar en qué país se encuentren, es exclusiva y está íntimamente ligada a la religión, de ahí su antigüedad[203] así como eventualmente en otras fuentes que mencionaremos al fin del apartado.

«La creación del Derecho Judío recae sobre la aceptación de la creencia que la Torá (léase el Pentateuco) la base primordial del Derecho Judío, representa la palabra de D'os».

Más adelante nos dice que el cuerpo de los ordenamientos jurídicos son el Derecho Sustantivo y que conociéndolo entenderemos al Derecho Sustantivo y por ende al Derecho Adjetivo[204].

En términos generales el proceso arbitral judío sigue el mecanismo común por lo que solamente señalaré algunas características particulares.

El acuerdo arbitral será por escrito y deberá repetirse pese a existir la cláusula arbitral para poder iniciar el proceso o eventualmente se podrá manifestar oralmente pero siempre deberá ser frente a dos testigos y una vez hecho, excluirá cualquier otro procedimiento contencioso[205].

---

202. Entre otros los Raramuris, ver Souza Bouch, Mª. Teresa «*Los juicios Raramuris como medios Alternativos de solución de controversias*«, Trabajo monográfico presentado en el curso de MASC dictado por el Dr. Rodolfo Cruz Miramontes.

203. Leizorek Stavinsky, Miriam, *El arbitraje en el Derecho Judío,* Tesis, Universidad Iberoamericana, México, 2001.

204. *Ibidem,* pp. 174 y 175.

205. *Ibidem,* pp. 205 y 206.

Si el tribunal arbitral es de tres personas la selección de rabinos como árbitros será cruzada.

El tribunal podrá resolver en "buena conciencia" o en equidad así como en derecho en cuyo caso será siempre el derecho judío [206].

El laudo será obligatorio y los árbitros deberán motivarlo con fundamento en el proceso substanciado debidamente.

Concluimos consignando que los árbitros deben ostentar los elementos generales para asegurar su imparcialidad pero además tener ciertas calificaciones o atributos como son:

1. Conocimiento de la Torá
2. Sabiduría
3. Temor de Dios
4. No tener intereses lucrativos
5. Amor por la verdad
6. Amor por la humanidad

Uno de los filósofos humanistas judíos más destacados por cierto nacido en Córdoba, España afirma que «El juez más justo es el que no conoce nada de ninguno de los litigantes» [207].

Su origen se remota hacia el año 60 y fue respetado por Don Jaime de Moros quien lo acogió al reconocer su utilidad.

La sede del Tribunal está como se dijo contigua a la Catedral pues como había usuarios de las aguas que profesaban la fe musulmana, no podían entrar a la misma.

La razón del día y la hora también es herencia musulmana pues el jueves equivale a nuestro sábado y la hora se debe a que pasar la religión citada, el día empieza hasta que el sol está en su punto más alto.

---

206. *Ibidem*, p. 207.

207. *Ibidem*,p. 209. Vése asimismo JACOBS, Louis, *A tree of life diversityflexibility and creativity in theJewishLaw*, Oxford University Press, 1984, RATTEY, Beatrice K, *Los Hebreos*, México,Fondo de Cultura Económica, 1981, pp. 162 y 163; Torroba Bernaldo de Quiróz, Felipe, *Los judíos españoles*, Suc. de Rivadeneyra, Madrid, 1967, pp. 221 y 222; y Comisión Intercomunitaria de Honor y Justicia, *Estructura, Normatividad y Reglamentos para procedimientos de Mediación y Arbitraje*, México, D.F., 2003.

9.2. El Tribunal de las Aguas de la Vega de Valencia

Pasemos ahora a considerar un mecanismo vecino al arbitraje utilizado en España, particularmente en Valencia, por los agricultores que aprovechan para irrigar sus campos las aguas que corren y las atraviesan en de las Vega de Valencia.

La tarea del tribunal es conocer y resolver "a verdad sabida y buena fe guardada" las desavenencias surgidas por el aprovechamiento de dichas corrientes.

Su fallo es inapelable y ante la rebeldía del condenado en juicio, se puede acudir ante el tribunal ordinario para su homologación y ejecución.

El proceso es sumario; se escucha a las partes y en el acto, se dicta el laudo.

El tribunal es presidido por una sola persona, un campesino mayor de edad, con gran experiencia y respeto de los agricultores.

La sede del Tribunal está frente a la puerta de los apóstoles de la Catedral e inicia sus tareas a las doce en punto del día jueves instalándose el Tribunal compuesto de ocho síndicos que vienen a ser magistrados populares.

El proceso debe observar diversos principios que conforme nos indica el profesor Victor FAIRÉN GUILLÉN [208] son:

1. Oralidad
2. Inmediación
3. Concertación
4. Apreciación de pruebas
5. Sentencia fundada
6. Plazos razonables
7. Instancia única
8. Publicidad

---

208. FAIREN GUILLÉN, Víctor, *El Tribunal de las Aguas de la Vega de Valencia y su proceso*, Valencia, Caja de Ahorros, 1988. Véase también GINER BOIRA, Vicente, *El Tribunal de las Aguas de la Vega de Valencia*, Tipografia Moderna, Valencia, 1960 y MASCARELL NAVARRO, Mª José, TARÍN LÓPEZ, Ramón y SALA GINER, Daniel, *El Tribunal de las Aguas de la Vega de Valencia*, Valencia, Javier Boronat, 2002. CRUZ MIRAMONTES, Rodolfo, *Divagaciones en torno a procedimientos a procedimientos sui generis en la solución de controversias.* Pauta n.° 32 CCI, México, 2004.

CAPÍTULO IV

El Arbitraje en México

1. EL ARBITRAJE EN MÉXICO: ANTECEDENTES HISTÓRICOS

El conocimiento de nuestro pasado histórico es fundamental para entender el desarrollo de la institución arbitral en nuestro país, en donde tiene amplias raíces que surgen de nuestra tradición hispánica.

No hay que perder de vista que es en Roma en donde el arbitraje privado nace y se desarrolla en mayor medida. Recordemos brevemente que el régimen procesal de la época clásica romana se caracteriza por la institución de un juzgador que carece del *imperium* de la magistratura, es decir, basada en el *officium* de particulares o árbitros. La figura es una reminiscencia de los tiempos precívicos, donde a falta de acción estatal, el arbitraje se constituye en el medio fundamental para la solución de controversias. El arbitraje da base al iudicium privatum de la época clásica «y se concreta en un contrato por virtud del cual las partes acuerdan someter la cuestión controvertida a la decisión de un particular o *arbiter,* que ellas mismas designan.» [209]

El contrato, cifrado en la litis contestatio es refrendado por el magistrado ante el cual se celebra y cuya función es la de encauzar y formalizar el proceso, concediendo o no la apertura del *iudicium.*

El procedimiento civil romano se puede dividir en tres épocas:

1. La época de las acciones de la ley o *legis actiones*, que corre desde los orígenes de la civitas hasta la mitad del siglo II a.C.

209. IGLESIAS, Juan, *Derecho romano. Historia e Instituciones,* 10a ed., Barcelona, España, Ed. Ariel, 1992, p. 193.

2. La época del procedimiento formulario o *per formulas* que va desde la mitad del siglo II a.C. hasta el siglo III d.C.

3. La época del procedimiento *extra ordinem*, *cognitio extra ordinem* o *extraordinaria cognitio*, que se establece en el siglo III d.C. con la desaparición del tradicional *ordo iudiciorum privatorum*, instaurándose un procedimiento que se desarrolla en una sola vía y ante un solo tribunal.[210]

Característica del procedimiento de las *legis actiones* y del *per formulas* es la bipartición del proceso en dos fases: la fase *in iure* y el procedimiento *apud iudicem*. En la primera las partes hacían la presentación de la controversia ante el magistrado, invocando la protección del derecho alegado y se proveía el nombramiento del *iudex*, con base en un contrato arbitral, que implicaba la aceptación del laudo por él emitido. En la segunda fase, cesa la actividad del magistrado, interviniendo el árbitro privado en la solución de la controversia.

Señala Gayo que «aquel que quiera un árbitro debe cuidar de reclamarlo inmediatamente, antes de que se salga de la etapa *in iure*, es decir antes de que el pretor instruya la fórmula...»[211] En el procedimiento formulario, ante el *iudex* o *iudices*, que son árbitros, se sustanciaba el *iudicium* que terminaba con la sentencia, es importante señalar que la función juzgadora no se basaba en el *imperium*, con el que no contaban, sino en el *officium*, que se fundamenta en el juramento hecho a la hora de su nombramiento y por el que prometen fallar de acuerdo con las normas del derecho prositivo.

El procedimiento ante el árbitro se rige por los principios de la oralidad y la inmediación y en materia de pruebas impera la libertad de criterio del juzgador.[212]

En derecho romano es posible un proceso exlcusivamente fundado en el acuerdo de voluntades de las partes, sin la intervención del magistrado. Este se lleva a cabo con base en un *compromissum* entre las partes y un *receptum arbitrii* por parte del árbitro. El Edicto Pretorio agrupa bajo la figura de *recepta* precisamente lo que se denomina el *receptum arbitrii*, en virtud del cual una persona elegida como *arbiter* en virtud del *compromissum*,[213] se obliga a dictar un fallo o

210. *Ibidem,* p. 194.

211. Gaius, *Institutas,* trad. de Alfredo di Pietro, La Plata, Argentina, Ediciones Librería Jurídica, 1967, IV, 164.

212. Kaser, Max, *Derecho romano privado,* trad. de José Santa Cruz Teijeiro, 2a ed., Ed. Reus, Madrid, 1982, p. 376.

213. El *compromissum* es un negocio formal constituído por recíprocas estipulaciones por las cuales las partes se obligan a pagar una suma, como pena, para el caso de no aceptar la decisión dada a una controversia por un particular de su confianza por ellos electo sin la interven-

laudo sobre la cuestión controvertida. Una vez aceptado el arbitraje, el *arbiter ex compromisso* debe dirimir la controversia.[214]

La resolución de la controversia por este árbitro se hace en justicia, sin apegarse a las formas del juicio ordinario. Su sentencia no podía dar lugar a una actio iudicati pero sí al pago de la penalidad por no acatar el laudo arbitral. «A su vez, el demandante que, a pesar del compromissum, acude a la acción ordinaria, puede ser demandado a causa de su promesa estipulatoria de atenerse al resultado del arbitraje...»[215]

Posteriormente, en la época tardía, surge la *episcopalis audientia* ya que el prestigio de los obispos hizo que muchas controversias se sometieran al arbitraje de estos y se desarrollara una jurisdicción episcopal, cuyos laudos eran ejecutables ante los tribunales oficiales. Esta jurisdicción se limitaba, desde fines del siglo IV a las causas sometidas al arbitraje por voluntad de las partes, a las referentes a asuntos de religión y a aquellas en que intervenían clérigos.[216]

En cuanto al arbitraje en el derecho hispano-indiano que pasó posteriormente con los movimientos de independencia a las leyes nacionales,[217] debemos dividir su estudio en tres grandes apartados: a. el del derecho castellano; b. el del derecho propiamente indiano, para finalmente abordar c. el del derecho nacional. Cabe distinguis asimismo entre arbitraje civil y arbitraje comercial.

1.1. Derecho Castellano

Señala Merchán Álvarez que en el estudio de la institución del arbitraje se aprecian de forma simultánea dos tendencias: una jurídico-privatista y una

---

ción de la autoridad. Señala Juan Iglesias que «en el derecho justinianeo el compromiso tiene la eficacia del pacto simple: siempre que las partes suscriban el laudo emitido, o no lo impugnen dentro de diez días, es conferida una *exceptio veluti pacti* o una *actio in factum*. Ver Iglesias, Juan, *op. cit.*, nota 208, p. 418.

214. Iglesias, Juan, *op.cit.*, nota 209, p. 426. Ver también Berger, Adolf, *Encyclopedic dictionary of roman law*, Philadelphia, EUA, The American Philosophical Society, 1991, Transactions of the American Philosophical Society, New Series, Volume 43, part. 2, *sub voce «arbiter ex compromisso»*.

215. D'Ors, Alvaro, *Derecho privado romano*, 7a ed., Pamplona, España, EUNSA, 1989, p. 171.

216. *Ibidem*, p. 172.

217. Para este tema es particularmente útil por las referencias que proporciona la obra de Don Lorenzo Arrazola *et al.*, *Enciclopedia española de derecho y administración, ó nuevo Teatro Universal de la Legislación de España é Indias*, Madrid, Imprenta de los señores Andrés y Díaz, 1850, tomo III, sub voce «Arbitrador, arbitraje, arbitramento, arbitro.»

jurisdiccionalista, dependiendo del tratamiento que los diversos ordenamientos castellanos hacen de la figura. [218]

Las funciones que cumplía la institución del arbitraje eran, según MERCHÁN ÁLVAREZ:[219]

1. Intentar alcanzar una solución de las controversias jurídicas más pacífica y amigable que el proceso oficial.

2. Sustituir el proceso oficial por otro privado a fin de eludir determinados efectos propios del mismo, como son el exceso de gastos, la lentitud en su desarrollo, las formalidades y la incompetencia técnica del juzgador.

3. Sustituir el proceso público a fin de evitar la aplicación del derecho oficial y reconducirlo a la aplicación del derecho que se consideraba más beneficioso por las comunidades nacionales, religiosas y locales.

4. Garantizar la participación directa de los ciudadanos en la configuración de la administración de justicia.

5. Constituir en ciertos casos la instancia judicial única posible, por inexistencia de un tribunal superior.

En el arbitraje civil, el 506 en España, el *Breviario de Alarico*, obra de Alarico II y de acuerdo con el derecho romano postclásico, los árbitros elegidos por las partes únicamente podían emitir un laudo que carecía de fuerza ejecutoria, sin que esto fuera un obstáculo para que las partes pactaran una pena contra el litigante que se negare a acatar la decisión y el ejercicio de una acción *ex stipulatu* para reclamar dicha pena, predominan aquí los razgos jurídico-privados sobre los jurisdiccionales. Será con el derecho contenido en el *Liber Iudiciorum* del año 654 y posteriormente en el *Fuero Juzgo* de Fernando III que se inicie una tradición judicialista en el arbitraje, frente a la tradición privatista del mismo.[220]

En el *Liber Iudiciorum* el arbitraje se constituía mediante un acto, *pactio electionis*, celebrado ante tres testigos por escrito, mientras que en el Fuero Juzgo se eliminaba el requisito de la escritura y se reducía el número de testigos a dos, debiendo ser hombres buenos.[221] El juez señalado por la voluntad de las partes podía, como los otros jueces, mandar y constreñir por sí o por sayón. Los jueces

218. MERCHÁN ÁLVAREZ, Antonio, *op. cit.*, nota 111, p. 38.

219. *Ibidem*, pp. 45-49.

220. *Ibidem*, pp. 38-39.

221. *Dirimere causa nulli licebit, nisi aut a principibus potestate concessa, aut ex consensu partium electo iudice trium testium fuerit electionis pactio signis, vel subscriptionibus roborata. Liber Iudiciorum*, Lib. II, Tít. I, L. 13; *Fuero Juzgo*, L.13, Tít. 1, Lib. 2. Utilizamos las versiones contenidas en *Los Códigos Españoles concordados y anotados*, 2a ed., Madrid, Imprenta de La Publicidad, 1847, tomo I.

que juzgan por la voluntad de las partes «deben haber nombre de juez, así como el pro ó daño que debe haber el juez, con arreglo á la ley.»[222]

Las *Siete Partidas* de Alfonso X el Sabio en 1256-1265[223] introdujeron la división entre árbitros iuris y arbitradores o amigables componedores. Se establecía que:

«Arbitros en latin, tanto quiere dezir en romance, como Juezes avenidores, que son escogidos, e puestos por las partes, para librar la contienda, que es entrellos. E estos son en dos maneras. La una es, quando los omes ponen sus pleytos, e sus contiendas, en mano dellos, que los oyan, e los libren, segund derecho...La otra manera de Juezes de avenencia es, a que llaman en latin Arbitradores, que quieren tanto dezir como alvedriadores, e comunales amigos, que son escogidos por avenencia de amas las partes, para avenir, e librar las contiendas, que ovieren entre si, en qualquier manera que ellos tovieren por bien...»[224]

Las partes debían prometer guardar y obedecer el mandato y juicios de los avenidores bajo cierta pena, no pactándose, las partes no estaban obligadas a obedecer la sentencia a menos que no la contradijeran en unos términos de diez días posteriores a la fecha en que fue dictada.

Los términos de *juezes avenidores*, *avenidores* o *juezes de aveniencia* se corresponden con el de árbitro en las Partidas. Como señalamos, se debe distinguir entre el árbitro de derecho que debe decidir conforme a las leyes y de igual manera que lo haría un juez ordinario, y los arbitradores, alvidriadores y comunales amigos, que pueden proceder conforme a su leal saber y entender, sin necesidad de sujetarse a las disposiciones y formas legales.

La categoría del arbitrador o amigable componedor surge de la necesidad de contar con soluciones arbitrales menos formales y más despegadas de las exigencias procedimentales del arbitraje en derecho.[225]

La distinción que se hace en las Partidas se habrá de mantener en adelante. El *Diccionario de Autoridades*, define árbitro como «el Juez que las partes eligen y

---

222. *Liber Iudiciorum*, Lib II, Tít. I, L. 16 y Lib. II, Tít. I, L. 25; *Fuero Juzgo*, L.16, Tít. 1, Lib. 2 y L.25, Tít. 1, Lib. 2

223. Vigentes en México hasta 1870.

224. *Las Siete Partidas*, Ley XXIII, Tít. IV, Part. III. Utilizamos la edición de *Las Siete Partidas, Glosadas por Alonso Díaz de Montalvo*, Lyon de Francia, en la imprenta de Mateo Bonhome, 1550, 2 tomos, estudio Introductorio de Oscar Cruz Barney, México, Tribunal Superior de Justicia, Ilustre y Nacional Colegio de Abogados de México, 2010. Ver también Ley VIII, Tít. X, Part. IV.

225. Merchán Álvarez, Antonio, *op. cit.*, nota 111, p. 71.

nombran, y en quien se comprométen para librar las contiendas, y diferéncias que tienen entre sí, ó fe efpéra que haya entre ellas. Puede fer de dos manéras. Arbitro que llaman juris, y Arbitro amigable componedor, ó arbitrador. El priméro guarda en fu conocimiento el orden judicial, y procéde como fi fueffe Juez Ordinário, hafta dár fu fenténcia fegun los méritos de la caufa. El fegundo do eftá obligado á tener ni guardar orden judicial, y puede librar la contienda, ó fegun derecho, ó por fu arbitrio.»[226]

Misma definición nos da Marcum Antonium Patavinum en su *Tractatus de compromissis faciendis inter coniunctus.*[227]

En las *Instituciones del derecho civil de Castilla* se define al árbitro como «los jueces avenidores, que son escogidos y puestos por las partes para librar la contienda que es entre ellos. Estos son de dos maneras: unos nombrados por las partes para que juzguen según derecho; y otros puestos por ellas como amigos para componer el asunto que se les fía.»[228]

Por compromiso, Elizondo, citando a Acevedo entiende «aquel recíproco convenio de las Partes, por el que se da potestad á los árbitros, ó arbitradores para determinar la controversia, que tratan suscitar.»[229]

El compromiso arbitral debía hacerse en escrito público mediante escribano o bien, en documento privado que lleve los sellos de las partes[230], señalando:

1. Nombre de las partes

---

226. Real Academia Española, *Diccionario de la lengua castellana, en que se explica el verdadero sentido de las voces, su naturaleza y calidad, con las phrases o modos de hablar, los proverbios o refranes, y otras cosas convenientes al uso de la lengua. Dedicado al Rey nuestro señor Don Phelipe V, (que Dios guarde) a cuyas reales expensas se hace efta obra,* Madrid, España, En la Imprenta de Francisco del Hierro, 1726, ed. facsímil, *Diccionario de Autoridades,* Madrid, España, Ed. Gredos, 1990, *sub voce* «Arbitro».

227. *In ftatuto noftro dicitur, antalis electus fit arbiter tantum, vel arbitrator, dico quod hic electus eft arbiter, eo quia per ftatutum noftrum datur certa forma in procedendo iuri confona, & eam electus fequitur: nam quoties elegitur quis in arbitrum, & arbitratorem, tunc fi talis electus eligit viam arbitri iudicialiter procedendo, ut iudex, eo cafu est arbiter, ut per Barto. Salyce. & Floren. in. l. focietatem. arbitrorum.ff.pro foc.&.not. per Innocen. in capit. quintuallis. de iureiuran. aut talis electus noni appregendidit viam ordinariam aliqua iudicii, fed procefdit amicabiliter inter partes, ommiffa omni folennitate juris, tuc dicitur arbitrator, ita no.«* Ver Patavinum, Marcum Antonium, *Tractatus de compromissis faciendis inter coniunctus. Et de Exceptionibus impedientibus litis ingreffum,* Lugduni, Apud haeredes Iacobi Giuntae, 1549, fol. 21.

228. Jordán de Asso y del Río, Ignacio y Manuel y Rodríguez, Miguel de, *Instituciones del derecho civil de Castilla,* Madrid, España, Imprenta de Francisco Xavier Garcia, 1771, p. CCLXVI.

229. Elizondo, Francisco Antonio de, *Práctica universal forense de los tribunales de España y de las Indias,* Sexta Impresión, Madrid, España, En la Oficina de la Viuda e Hijo de Marin, 1792, tomo II, p. 190.

230. Ley XXIII, Tít. IV, Part. III.

2. Nombre de o los árbitros
3. Pleito o asunto sobre el que se deberá resolver.
4. La promesa por las partes de acatar el laudo que se dicte por el árbitro.
5. El otorgamiento del poder necesario al árbitro para: juzgar, mandar una o más veces, por escrito u oralmente, en día feriado o no, apegado a derecho o no, en cualquier lugar, en cierto tiempo, interpretar su propio laudo y sobre todo poder para juzgar ya sea como juez o bien como avenidor o comunal amigo.
6. Una pena convencional para aquel que no cumpla con lo pactado.
7. La renuncia a todo fuero o ley que les correspondiere.[231]

No podían ser objeto de arbitraje aquellos asuntos susceptibles de sentencia de muerte, pérdida de un miembro y destierro, tampoco los de servidumbre o libertad y los de matrimonio.[232]

Según Merchán Álvarez, en la ley única del título XVI del *Ordenamiento de Alcalá* de 1348 se atenuaron las formalidades del compromiso arbitral de las Partidas al disponer que sería válida toda obligación en cualquiera manera que aparezca que uno quiso obligarse a otro, ya que en esencia el arbitraje es una forma de obligarse o prometer a otro.[233]

Si bien las Partidas no son particularmente prolijas en cuanto a las capacidades para ser árbitro, podían serlo los capaces, mayores de veinte años[234] y en lo particular podían ser árbitros los clérigos y religiosos[235], no pudiendo actuar los mudos y los ciegos como árbitros, los primeros por no poder preguntar a las partes ni responder a ellas, ni dictar sentencia oralmente y el segundo porque no vería a lo hombres ni los conocería, tampoco los desentendidos podían ser árbitros.[236] Se aplican a los árbitros los mismos impedimentos de derecho que tienen los jueces para juzgar.

---

231. Ley CVI, Tít. XVIII, Part. III.

232. Ley XXIV, Tít. IV, Part. III.

233. Merchan Alvarez, Antonio, *op. cit.,* nota 111, p. 153. Véase el título XVI «de las obligaciones« en Jordán de Asso y del Río, Ignacio y Manuel y Rodríguez, Miguel de, *El Ordenamiento de leyes que D. Alfonso XI hizo en las Cortes de Alcalá de Henares el año de mil trescientos y cuarenta y ocho,* Madrid, España, Ed, Facsimilar, Joachin Ibarra, Impresor, 1774, p. 26.

234. Aunque si un árbitro menor de dieciocho años y mayor de catorce era puesto por acuerdo de las partes, su laudo era válido. Ley V, Tít. IV, Part. III. Esta disposición se repite en el *Ordenamiento de Alcalá,* Tít. XXXII, Ley XLIV y posteriormente en la *Novísima Recopilación,* Ley 3, Tít. 1, Ley 11.

235. Ley IV, Tít. XVII, Part. III y Ley XLVIII, Tít. VI, Part. I.

236. Ley IV, Tít. IV, Part. III.

No se podía ser árbitro del pleito propio, salvo en el caso de que aquel que hizo la ofensa le pidiese al ofendido que actuase como avenidor.[237]

La decisión del pleito debía darse dentro del término señalado por las partes, de no hacerlo así, requerían de un poder especial otorgado por las partes para ello. Cuando no se señalaba plazo alguno para dictar el laudo, debían dictarlo dentro del término de tres años contados a partir de la aceptación del cargo.[238] Esta disposición aparece también en las *Leyes de Estilo*, ley 233.

En cuando al lugar del arbitraje, este sería el señalado por las partes, o bien en el lugar en donde se celebró el compromiso, debiendo de emplazar ahí a las partes, de no ser que éstas les hubieren relevado de esta formalidad. Los árbitros están obligados a fallar los asuntos una vez que los han aceptado[239], en los tribunales arbitrales, si uno de los avenidores fallece, los otros no pueden decidir el pleito, y si es una de las partes, deberá emplazarse a los herederos antes de continuar con el procedimiento, salvo pacto en contrario.[240]

La sentencia para ser dictada requería de la reunión de todos los árbitros, salvo disposición en contrario de las partes, la sentencia se dictaba por mayoría o por común acuerdo de los árbitros. La sentencia debía dictarse en día no prohibido y estar limitada precisamente al pleito.[241]

Los árbitros podían excusarse de sentenciar los pleitos que han sido puestos en sus manos cuando:[242]

1. Las partes después de haberles concedido el poder de sentenciar en su pleito, lo iniciasen ante el juez ordinario u otros árbitros.
2. Si una de las partes iniciase en contra de la voluntad de la otra un juicio ante el juez ordinario.
3. Cuando alguna de las partes los injuriase.
4. Cuando tuviesen que ir en romería, en servicio del Rey o en su consejo.
5. Por enfermedad u otros obstáculos de igual naturaleza.

La sentencia debía redactarse de la siguiente manera: «Sepan quantos esta carta vieren, como yo Fernand Matheos, escogido por arbitro, e por avenidor, e por comunal amigo de Garci Fernandez de la una parte, e de Gil Perez de la otra, sobre tal pleyto, o contienda que era entre ellos, assi como parece por la

237. Ley XXIV, Tít. IV, Part. III.
238. Ley XXVII, Tít. IV, Part. III.
239. Ley XXIX, Tít. IV, Part. III.
240. Ley XXVIII, Tít. IV, Part. III.
241. Ley XXXII, Tít. IV, Part. III.
242. Ley XXX, Tít. IV, Part. III.

carta que era fecha por mano de tal Escrivano publico; oyda la querella, e la demanda que avia Garci Fernandez contra Gil Perez, e la respuesta que Gil Perez fizo a ella; e otrosi seyendo comencado el pleyto ante mi; e aviendo rescebido la jura de ambas las partes, assi como es derecho; e vistos los testigos, e las cartas, e las razones de la una parte, e de la otra; e aviendo consejo con omes sabidores sobre este pleyto; judgo, e mando, que Gil Perez peche a Garci Fernandez tantos maravedis, e que Garci Fernandez quite la querella, e la demanda que avia contra el sobre esta razon: todas estas cosas mando que sean guardadas de amas las partes, so la pena que es dicha en la carta del compromisso, que fue escrita por mano del tal Escrivano publico.» [243]

En lo que se refiere a la posibilidad de recusar a los árbitros, esta se podía dar cuando alguno de ellos resultare enemigo de alguna de las partes, había recibido regalos de la otra parte o un precio, después de haber sido nombrado. En ese caso, las Partidas establecen los pasos a seguir: se le debía requerir ante hombres buenos para que dejase de conocer del asunto, si no lo hiciere, se le manifestaría al juez ordinario para que este, después de investigarlo, le prohibiese seguir conociendo, y si aún así seguía en el asunto, su sentencia no sería válida y podía ser desobedecida. [244]

Cuando una de las partes se negaba a cumplir lo ordenado por los árbitros quedaba obligada a pagar la pena establecida en el compromiso arbitral por incumplimiento de lo pactado. En el caso del laudo, si los árbitros no fijaban plazo para su cumplimiento, se debía cumplir dentro de los cuatro meses siguientes, caso contrario quedaba la parte que incumplía obligada al pago de la pena [245], salvo que no pudiere cumplir lo sentenciado por enfermedad grave, por tener que acudir en servicio del Rey o su consejo o alguna otra causa justa. Una vez superado el obstáculo, la parte debía cumplir o bien recibir la pena. Establecían las Partidas que «si el mandamiento, o el juyzio de los avenidores fuesse contra nuestra Ley, o contra natura, o contra buenas costumbres; o fuesse tan desaguisado, que non se pudiesse cumnplir; o si fuesse dado por engaño, o por falsas pruevas, o por dineros; o sobre cosa que las partes non oviessen metido en mano de los avenidores; por qualquier destas razones, que fuesse averiguada, non valdria lo que assi mandassen, nin la parte que assi non lo quisiesse obedecer, non caeria porende en pena.» [246]

Cabe destacar que las Partidas establecían que del juicio arbitral no cabe la apelación, sin embargo, la parte que no estaba conforme con el laudo podía

---

243. Ley CVII, Tít. XVIII, Part. III.
244. Ley XXXI, Tít. IV, Part. III.
245. Ley XXXIII, Tít. IV, Part. III
246. Ley XXXIV, Tít. IV, Part. III.

pactar la pena convencional y con ello no estar obligada a obedecerlo. Asimismo, si no se había pactado pena alguna, una de las partes podía negarse a obedecer el laudo y no ser obligado a obedecerlo si así lo expresaba inmediatamente, pero si ninguna de las partes se inconformaba con la resolución y la acataban ya sea de palabra, por escrito o tácitamente dentro de un término de diez días, el juez ordinario del lugar lo podía hacer cumplir a instancia de una de las partes.[247]

En las *Leyes de Toro* de 1505 no encontramos disposición alguna tocante al arbitraje. En la *Nueva Recopilación* de 1567 [248] se establece en relación con el compromiso arbitral que este se podía validar con juramento de las partes y pasarse después ante escribano o notario.[249]

Se confirmó la edad de veinte años como mínima para juzgar en las condiciones señaladas en las Partidas para los mayores de catorce y menores de dieciocho.[250] Asimismo, se confirmaron los impedimentos para ser árbitro o juez por ser desentendido, mudo o ciego.[251] Según Francisco de la Pradilla Barnuevo, podían ser árbitros los infames [252] (aunque estos no podían ser elegidos ni nombrados para desempeñar cargos de dignidad y honra) ya que «no gozan dignidad, ni tienen jurisdicción alguna.» [253]

---

247. Ley XXXV, Tít. IV, Part. III.

248. No olvidemos que en virtud del orden de supletoriedad, para lo no previsto en la Nueva Recopilación se debía acudir a las Leyes de Toro, de ahí al Ordenamiento de Alcalá, de ahí a los Fueros Municipales y de ahí a las Siete Partidas. Si bien en los fueros municipales hay múltiples referencias al arbitraje, no nos ocuparemos de ellos debido a que no se aplicaron en las Indias. En 1805 al aparecer la Novísima Recopilación, esta se colocó al inicio del sistema de supletoriedad, por encima de la Nueva Recopilación.

249. *Nva Rec.*, Ley XII, Tít. I, Lib. IV. Utilizamos las *Leyes de Recopilación,* Madrid, en la Imprenta de Pedro Marín, 1772, t. I., t. II, Madrid, en la Imprenta Real de la Gazeta, 1772. *Tomo tercero de Autos Acordados, que contiene nueve libros, por el orden de títulos de las Leyes de Recopilación,* Madrid, por D. Joachin Ibarra, Impresor de Cámara de S.M., 1772.

250. *Nva Rec.*, Ley III, Tít. IX, Lib. III.

251. *Nva Rec.*, Ley VII, Tít. IX, Lib. III.

252. La infamia es la pérdida y disminución del estado y buena opinión de la persona, derivada de hechos o actos indebidos del declarado infame. Puede haber infamia de hecho e infamia de derecho, la primera deriva de la opinión de los hombres serios y graves de la comunidad, la segunda deriva de sentencia judicial, en aquellos casos en que el derecho dispone que alguno sea infame por sus acciones o bien se incurre en infamia sin sentencia, *ipso iure.*

253. Pradilla Barnuevo, Francisco de la, *Suma de todas las leyes penales, canonicas, civiles, y deſtos Reynos, de mucha utilidad, y provecho, no ſolo para los naturales dellos, pero para todos en general. Primera y segunda parte. Autor..., Doctor en leyes y abogado. Y el licenciado D. Franciſco de la Barreda Alcalde de Alcadas de la ciudad de Toledo adicionó las nuevas Prematicas, Leyes, y Penas Militares. Diſpuesto todo por Andres de Carraſquilla,* Madrid, España, Por la Viuda de Luis Sánchez, 1628, pp. 81-83.

Se distingue entre árbitros iuris o jueces árbitros y árbitros arbitradores, decidiendo los primeros conforme a derecho y los segundos a verdad sabida y buena fe guardada.[254]

La *Nueva Recopilación* establece detalladamente los pasos a seguir para proceder a la ejecución de las sentencias arbitrales. Se debía presentar el compromiso y el laudo signados por escribano público para que el juez ordinario verificase que el laudo se dictó dentro del tiempo fijado en el compromiso y sobre el o los asuntos sometidos al arbitraje.

La parte que estuviere conforme con la sentencia y busque su ejecución, debía presentar fianzas suficientes que garanticen todo lo que reciba en virtud de la sentencia con sus frutos y rentas, para el caso de que la sentencia sea declarada nula. La revocación de la sentencia se debía solicitar ante la Real Audiencia, la cual podía confirmarla o revocarla, si la confirmaba no cabía la suplicación ni la nulidad.

Cuando el laudo arbitral era revocado por la Real Audiencia, se podía suplicar ante la misma Audiencia, manteniendo las cosas en el estado en que se encuentran hasta su resolución definitiva.[255]

Se prohíbe finalmente, que los presidentes y los oidores de las audiencias manden a las partes a resolver mediante arbitraje los asuntos que ellos debían conocer, sino que en todos los negocios determinen lo que sea justicia, lo mismo en todos los negocios que ya estén comprometidos en árbitros. En caso de pleitos dudosos e intrincados en donde parezca que no se puede bien determinar la justicia, y que se debe mandar comprometer en árbitros, antes de hacerlo, el Presidente y Oidores debían consultar con el Rey.[256]

La *Novísima Recopilación* de 1805 confirma la disposición relativa a la edad del árbitro[257] y la obligación de que las partes hagan juramento al celebrar los compromisos arbitrales.[258]

Se prohíbe a los oidores y alcaldes de las audiencias ser árbitros de aquellas causas que como jueces pudieren conocer o bien pudiese llegar el asunto a la Audiencia a la que pertenecen. Tampoco podían intervenir en un arbitraje res-

---

254. *Nva Rec.*, Ley IV, Tít. XXI, Lib. IV.

255. *Nva Rec.*, Ley IV, Tít. XXI, Lib. IV. Sobre el recurso de suplicación véase Cruz Barney, Oscar, *Historia del derecho en México,* México, Oxford University Press, 2ª ed., 2011.

256. *Nva Rec.*, Ley XIII, Tít. V, Lib. II.

257. *Nov. Rec.* Ley III, Tít. I, Lib. XI. Utilizamos la edición contenida en *Los Códigos Españoles concordados y anotados.*

258. *Nov. Rec.* Ley VII, Tít. I, Lib. X.

pecto de un pleito ya iniciado judicialmente ante ellos, salvo en el caso de contar con la licencia real o que el asunto se comprometiere en todos los oidores.[259]

Se prohibe a los asistentes, gobernadores, corregidores y sus oficiales recibir compormisos de pleitos que ante ellos estuvieren pendientes o bien de los cuales pudieren conocer, so pena de devolver lo que recibieren en pago más otro tanto.[260]

En materia de ejecución, se repite lo establecido en la *Nueva Recopilación.*[261]

Se prohibe finalmente, al igual que en la *Nueva Recopilación*, que los presidentes y los oidores de las audiencias manden a las partes a resolver mediante arbitraje los asuntos que ellos debían conocer.[262]

En resumen, Ignacio JORDÁN DE ASSO Y DEL RÍO y Miguel DE MANUEL Y RODRÍGUEZ derivan de la institución del arbitraje los siguientes principios referidos a los árbitros iuris:[263]

I. Que el árbitro está en lugar del juez, aunque no lo es propiamente, de ahí que:

a. los mismos impedimentos de derecho que afectan a los jueces afectan a los árbitros.

b. ninguno puede ser árbitro en pleito propio, salvo en los llamados de agravio.[264]

c. la sentencia dada por un árbitro no puede revocarse por su minoría de edad

d. el Juez Ordinario no puede ser árbitro, pero sí aprobar el compromiso de las partes.

II. Para ser árbitro se requiere compromiso de las partes y aceptación de parte del mismo, de ahí que:

a. pueden comprometer en árbitros todos los que pueden obligarse y enagenar.

---

259. *Nov. Rec.* Ley XI, Tít. XI, Lib. V.

260. *Nov. Rec.* Ley XII, Tít. XXV, Lib. XI.

261. *Nov. Rec.* Ley IV, Tít. XVII, Lib. XI.

262. *Nov. Rec.* Ley XVII, Tít. I, Lib. V.

263. JORDÁN DE ASSO Y DEL RÍO, Ignacio y Manuel y RODRÍGUEZ, Miguel de, *op. cit.*, nota 232, pp. CCLXVI-CCLXIX.

264. Véase en este punto VILLADIEGO, Alonso de, *Instrucción política, y práctica judicial, conforme al estilo de los Confejos, Audiencias, y Tribunales de Corte, y otros ordinarios del Reyno,* Madrid, España, En la Imprenta de Juan de Ariztia, 1720, p.173.

b. el compromiso arbitral ha de ir acompañado de cierta pena convencional.

c. el compromiso debe ir autorizado por escribano público que haga constar el pleito que dió causa a la transacción, los nombres de los árbitros, el modo con que han de proceder y lo demás necesario para dicho fin.

d. solamente es válido el compromiso sobre causa dudosa.

e. no es válido el compromiso sobre delitos públicos ni sobre causas de matrimonio.

f. solo pueden comprometer en árbitros aquellos que pueden comparecer en juicio, los menores necesitan la autoridad del curador.

g. el procurador a pleitos requiere de poder especial para comprometer en árbitros, a menos que lo tengan *lleno y absoluto para facer cumplidamente todas las cosas en el pleyto.*

h. nadie puede ser obligado por el Juez Ordinario a aceptar el nombramiento del árbitro.

i. que cualquiera puede alegar las siguientes excusas para no aceptar el encargo de árbitro:

1. El que las partes hayan promovido ya el pleito ante el Juez Ordinario.
2. El cambiar las partes de árbitros.
3. Por poder recibir algún perjuicio derivado de la aceptación.
4. Por estar ocupado en oficio, cargo público o en el cuidado de su propia hacienda.
5. Por enfermedad.

III. Que es obligación del árbitro conocer y pronunciar sobre la causa, de ahí que:

a. El juez árbitro ha de proceder según el orden del derecho, arreglado a las facultades que las partes le dieren. A lo que añaden Pareja y Domínguez: «si ha empefado á proceder, como Arbitro, en forma de juicio, y continúa fin orden, vale fu fentencia como Arbitrador.» [265]

b. Debe dar sentencia sobre la causa de avenencia y no otra que no sea accesoria, dentro del lugar y término señalado, si las partes no lo prorrogasen. No habiendo tiempo convenido, se entiende el de tres años según derecho.

265. Ver Domínguez Vicente, Joseph Manuel, *Ilustracion y continuacion a la Curia Philipica y correccion de las citas que en ella se hallan erradas: dividido en las mismas cinco partes*, Madrid, España, En la Oficina de los Herederos de Juan García Infanzón, 1736, fol. 35; Pareja y Quezada, Gabriel de, *Praxis edendi. Sive de univerfa Inftrumentorum Editione tan á Praelatis quam a Iudicibus Ecclefiafticis, & Secularibus litigatoribus que in judicio paeftanda tractatus*, Madridii, España, Ex Tipographia Francisci Maroto, 1643, Tít.2, Resolut.6, Species Prima, núm. 170, fol. 219, tomo I.

c. Que ausentándose alguno de los árbitros no pueden los otros librar el pleito sin nuevo consentimiento de las partes.

d. Que habiendo discordia entre los árbitros, se elija un tercero por las mismas partes, por los árbitros si cuentan con poder para ello [266] o por el Juez Ordinario.

e. Que no vale el laudo pronunciado por los árbitros en día feriado, a no ser que fuesen árbitradores o árbitros amigables componedores.

f. Que siendo muchas las causas puedan sentenciar cada una en particular, salvo si las partes hubiesen convenido lo contrario.

IV. Las partes deben obedecer la sentencia, de ahí que:

a. Las partes deben obedecer el laudo arbitral dentro del término que se les prescriba por el árbitro, y no prescribiéndolo, dentro de cuatro meses, bajo la pena que se hubiese establecido.

b. Que excusarán las partes el pechar esta pena, no pudiendo cumplir la sentencia por impedimento legítimo de enfermedad, real servicio, etc.

c. No obliga la sentencia arbitral contraria a la ley, buenas costumbres, maliciosa, imposible de cumplir, pronunciada por soborno o enemistad y fuera de los límitesdel pleito de avenencia.

d. No hay apelación de la sentencia arbitral, pues quien no la quiere seguir, se dispensa de ello pagando la pena convencional, y no estando convenida, significándolo a la parte contraria dentro de diez días después de pronunciada.

e. Fuera de estos casos, el Juez Ordinario puede hacer cumplir la sentencia arbitral a instancia de parte.

De lo anterior de infiere, según los citados autores, que el oficio de árbitro se termina:

1. Por muerte de alguna de las partes, a no ser que se comprometa en nombre de los herederos, pues entonces se puede seguir el juicio arbitral con citación de ellos.
2. Por muerte civil o natural de los árbitros.
3. Por perderse o destruirse la cosa objeto del pleito.
4. Por haber transcurrido el término del compromiso.

Con la *Constitución de Cádiz* de 1812 se estableció en su artículo 280 que no se podría privar a ningún español del derecho de resolver sus diferencias por medio del arbitraje, cuyo laudo se ejecutaría, de acuerdo con el artículo 281, si

---

266. Elizondo, Francisco Antonio de, *op. cit.*, nota 229, Quarta Impresión, tomo IV, p.22.

las partes al hacer el compromiso arbitral no se hubiesen resevrado el derecho a apelar.[267]

En Derecho Canónico[268], las Decretales de Gregorio IX, Libro I, Título 43 *De Arbitris*[269] establecen los siguientes puntos:

1. Los árbitros deben ser elegidos en número desigual, y discordando, se deberá decidir por mayoría.[270]
2. La sentencia que contenga pecado es nula y no puede remitirse por las partes.[271]
3. El árbitro en causa patrimonial de clérigo, no puede adjudicar a la Iglesia los réditos de la cosa litigiosa; aunque fuese solamente por la vida de dicho clérigo.[272]
4. No pueden las mujeres ser elegidas por arbitradoras a menos que tengan jurisdicción ordinaria; y teniéndola, podrán serlo aunque sea sobre cosas temporales de la Iglesia.[273]
5. La Iglesia en perjuicio de sus exenciones no puede comprometerse.[274]
6. El árbitro no tiene mas facultades que las dadas en el compromiso, sin que pueda admitirse reconvención alguna.[275]

---

267. Utilizamos el texto de la Constitución de Cádiz contenido en la obra de Tena Ramíez, Felipe, *Leyes Fundamentales de México,* 15 a ed., México, Ed. Porrúa, 1989.

268. Tomamos las referencias y la traducción de Pérez y López, Antonio Xavier, *Teatro de la Legislación Universal de España e Indias,* Madrid, en la Oficina de Don Gerónimo Ortega y Herederos de Ibarra, 1792, t.IV, pp. 102-104.

269. Utilizamos la edición contenida en el tomo segundo del *Corpus Iuris Canonici, Decretales Gregorii Papae IX, una cum Libro Sexto, Clementinis, et Extravagantibus a Petro, et Francisco Pithoeo jurisconsultis,* Augustae Taurinorum, Ex Typographia Regia, 1746, *Lib. I, De Arbitris, Titulus XLIII,* fols. 74-76.

270. *Arbitri sunt in dispari numero assumendi, & eis discordantibus statar sententiae majoris partis. Cap.I, Ex Concilio Africano, an. 402.*

271. *Nullum est arbitrium, seu arbitramentum continens peccatum per partes non remissibile. Cap. II, Alexander III, an. 1160.*

272. *Arbiter assumptus in patrimoniali causa Clerici, non potest adjudicare rem Ecclesiae possidendam, etiam ad vitam Clerici. Cap. III, Alexander III, an. 1160.*

273. *In mulierem singularem tanquam in Arbitraticer compromit, ti non potest, secus, si mulier habet alias jurisdictionem de jure communi, vel consuetudine: nam tunc etiam super rebus temporalibus Ecclesiae potest in eam valide compromitti. Cap. IV, Innocent. III, an. 1210.*

274. *Ecclesia exempta non potest in praejudicium exemptionis compromittere. Cap. V, Innocent. III, an. 1209.* Aquí la edición que consultamos señala como fecha 1298.

275. *Arbiter non habet potestatem judicandi ultra comprehensa in compromisso: ideo coram eo non fit reconventio. Cap. VI, Innocent. III, an. 1202.* Aquí la edición que consultamos señala como fecha 1208.

7. El que en virtud de sentencia arbitraria debe hacer la elección de algún empleo, tomando antes consejo de otros está obligado a pedir este consejo, pero no a seguirlo.[276]

8. No puede comprometerse en lego la decisión de cosas espirituales.[277]

9. Si el Papa delegase alguna causa al Arzobispo, y con autoridad de éste, por los Procuradores de las partes, se comprometiese en tres árbitros, de los cuales dos son seculares y uno clérigo, vale semejante ırbitrio; aunque aquella sea espiritual y uno de los Procuradores comprometiéndose en los árbitros, excediese de los límites de su mandato.[278]

10. La potestad del árbitro para decidir la elección litigiosa entre dos, se acaba por muerte de uno; y el otro se tiene por electo sin nueva elección.[279]

11. El árbitro, después de juzgada la cosa no puede mudar la sentencia, sobre las discordias nuevas, aunque hubiese recibido facultad del Papa para transigir el negocio entre las partes.[280]

12. No vale el compromiso hecho a dos o más árbitros con condición de que discordando se elija un tercero por los mismos o por otros. No vale el compromiso hecho en cierta persona.[281]

13. Vale el compromiso para que uno o más o los que eligieren estos decidan la causa.[282]

14. La potestad del árbitro expira por la muerte de uno de los compromitentes y no pasa a sus herederos, salvo que se hubiese expresado en el compromiso.[283]

---

276. *Qui per arbitrium tenetur eligere cum aliquorum consilio, tenetur illorum consilium in tractatu electionis requirere, sed fequi non adstringitur. Cap. VII, Innocent. III, an. 1209.*

277. *De rebus spiritualibus in Laicum compromitti non potest. Cap. VIII, Innocent. III, an. 1215.*

278. *Auctoritate Judicis etiam delegati potest de causa spirituali in Clericum, & Laicum conrpromitti: & si arbitrium est a partibus receptum, debet a partibus executioni mandare, licet per generalem Procuratorem factum fuerit compromissum. Si autem non fuit arbitrium approbatum, & poena fuit apposita, agitur ad poenam, alias ad interesse. Cap. IX, Innocent. III, an. 1214.*

279. *Si per duos electos ad eandem praelaturam in discordia compromittitur in ordinarium, morte alterius compromittentium expirat compromissum: ordinarius tamen ex potestate ordinaria procedit super jure superstitis, antequam fiat transitus ad aliam electionem. Cap. X, Honorius III, an. 1220.*

280. *Arbiter post rem judicatam super discordiis novem assumptus, non potest per suum arbitrium sententiam immutare, ettiamsi de componendo inter partes mandatum acceperit a Papa. Cap. XI, Honorius III, an. 1220.*

281. *Non valet compromissum factum in duos, sive plures, hoc adjecto, ut in caso discordiae eligatur tertius per eosdem, vel alios. Cap. XII, Gregorius IX, an. 1230.*

282. *Valet compromissum factum in unum, vel in plures, ut ipsi per se causam definiant vel per alios, quos ipsi elegerint. Cap. XIII, Gregorius IX, an. 1230.*

283. *Compromissum ante sententiam latam finitum morte alterius compromittentium, unde non transit in haeredes compromittentium, nisi de eis sit cautum in compromisso. Cap. XIV, Gregorius IX, an. 1230.*

En el *Liber Sextus* de Bonifacio VIII, Libro I, Título XXII *De Arbitris* encontramos:

1. Si de tres árbitros, dos se conforman en la suma, vale la sentencia de estos; pero discordando todos, la de la suma menor.[284]

2. Si de tres árbitros uno no quisiese o no pudiese intervenir a examinar y definir el negocio, pueden proceder en él los dos restantes; como si aquel estuviese presente, debiéndose guardar en cuanto a los jueces, los derechos antiguos.[285]

En materia de arbitraje comercial, este se desarrolla en las asociaciones de comerciantes para promoción del comercio y defensa de sus agremiados o consulados integrados por los mercaderes residentes que llenaban los requisitos de edad, propiedades y ocupación.[286] Los Consulados actuaban como tribunales especiales para resolver los litigios mercantiles surgidos entre sus integrantes. Los jueces o cónsules y el Prior se elegían de dos o tres de sus miembros de manera anual. El arbitraje va a adquirir una especial relevancia en la solución de las controversias mercantiles, dada la necesidad de contar con resoluciones expeditas.[287] No intervenían juristas ni jueces profesionales, sino mercaderes conocedores del tráfico mercantil y sus problemas y costumbres. Los litigios se resolvían en base al *usus mercatorum* y a las normas escritas privativas de cada Consulado.[288]

El primer Consulado en Castilla es el de Burgos, creado por *pragmática* de los Reyes Católicos dada en Medina de Campo el 21 de julio de 1494 a petición de los mercaderes locales, incluyéndose en la *Nueva Recopilación* como ley 1ª, título 13, libro 3º. Después de unas primeras ordenanzas sobre fletamentos, y previa autorización otorgada por el Emperador en 1520, el *Consulado de Burgos* vio sus primeras ordenanzas confirmadas en Valladolid el 18 de septiembre de

---

284. *Si ex tribus arbitris duo concordant in summa, tenet illorum sententia: si omnes discordant, tenet sententia de summa minori. Cap. I, Bonifacius VIII, an. 1299.*

285. *Si ex tribus arbitris unus nolit examinando, vel definiendo negotio interesse, duo procedere poterunt ac si ille praesens esset. Circa Judices autem antiqua jura serventur. Cap. I, Bonifacius VIII, an. 1299.*

286. Smith, Robert, «Los consulados de comerciantes en Nueva España«, *Los consulados de comerciantes en Nueva España,* México, Instituto Mexicano de Comercio Exterior, 1976, p. 15.

287. Vas Mingo, Marta Milagros del, «Los Consulados en el tráfico indiano«, en Andrés-Gallego, José Andrés (cord.), *Colección Proyectos Históricos Tavera (I), Nuevas Aportaciones a la Historia Jurídica de Iberoamerica* (Cd Rom), Madrid, Fundación Histórica Tavera, 2000, p. 11.

288. Tomás y Valiente, Francisco, *Manual de historia del derecho español*, Madrid, Tecnos, 1987, pp. 352-353; Coronas González, Santos M., *Manual de historia del derecho español,* Valencia, Tirant lo Blanch, 1996, pp. 353-354.

1538.[289] El Consulado recibió sus segundas ordenanzas en 1572, perfeccionando las anteriores, particularmente en lo relativo a los seguros marítimos, insertando tres formularios para su elaboración.

Finalmente en el siglo XVIII se promulgaron las últimas ordenanzas del consulado. Es importante destacar que en septiembre de 1511, la Corona expidió una *Pragmática* general sobre la jurisdicción de la *Casa de Contratación de Sevilla* en donde se estableció que todos los procesos relativos a contratos y compañías del comercio americano, seguros y fletes se regirían por las reglas y costumbres del Consulado de Burgos.[290]

Según Gil Blanco, la importancia que fue adquiriendo el comercio de Indias, la elevación de los costos de su mantenimiento y de los litigios mercantiles resultantes de la apertura comercial fueron las principales causas para la autorización de la erección del *Consulado de Cargadores a Indias* de Sevilla.[291] Fue creado por Real Provisión de 23 de agosto de 1543 para el comercio indiano, aprobándose sus ordenanzas por *Real Provisión* de 14 de julio de 1556, teniendo presente la organización y funcionamiento del *Consulado de Burgos*.[292] En ellas se establecía que el Consulado contaría con un prior y dos cónsules electos de entre los mismos comerciantes, que conocerían sobre cualquier diferencia relativa al tráfico de mercancías de o para las Indias, incluyendo fletes, seguros, sociedades, contratos y comisiones.[293] Las actividades del Consulado de Sevilla las divide García Fuentes en tres: judiciales, mercantiles y financieras,[294] en donde conocía de los pleitos surgidos a raíz del ejercicio del comercio, la financiación

---

289. Basas Fernández, Manuel, *El Consulado de Burgos en el siglo XVI,* Madrid, CSIC, 1963, ed. facs. de la Excma. Diputación Provincial de Burgos, V Centenario de la Fundación del Consulado, 1994, p. 41.

290. Haring, Clarence H., *Comercio y navegación entre España y las Indias, en la época de los Habsburgos,* trad. Emma Salinas, México, FCE, 1984, pp. 51-52.

291. Gil Blanco, Emiliano, «La realidad del tráfico veracruzano y su contraste con las políticas de los consulados de Sevilla y México», *Novahispania,* México, UNAM, CONACYT, Seminario de Cultura Novohispana, núm. 2, 1996, p. 163.

292. Si bien José Luis COMELLAS señala que las Ordenanzas definitivas datan de 1522. Véase Comellas, José Luis, *Sevilla, Cádiz y América. El trasiego y el tráfico,* Málaga, ed. Arguval, MAPFRE, 1992, p. 63.

293. Smith, Robert Sidney, *Historia de los Consulados de Mar (1250-1700),* trad. E. Riambau, Barcelona, ed. Península, 1978, p. 121. El Consulado muy pronto entró en conflictos jurisdiccionales con la Casa de Contratación, que habría de ventilarse ante el Consejo de Indias. Sobre el tema véase Trueba, Eduardo y Llavador, José, *Jurisdicción marítima y la práctica jurídica en Sevilla (siglo XVI),* Valencia, Studio Puig, 1993, p. 53.

294. García Fuentes, Lutgardo, *El comercio español con América 1650-1700,* Sevilla, Excma. Diputación Provincial de Sevilla, Escuela de Estudios Hispanoamericanos de Sevilla, 1980, pp. 23-25.

a través de préstamos y donativos al comercio indiano y por delegación de la Casa de Contratación funciones relativas al control del tráfico con las Indias, controlando los seguros marítimos, tonelajes, despacho de flotas, etc. Por otra parte, el Consulado cobraba los derechos de infantes, lonja, avería y toneladas.[295] Junto con el Consulado existía otra institución que era la *Universidad de los Maestres e Pilotos de las Naos de la Navegación de las Indias*, que agrupaba a los propietarios de los navíos y a sus capitanes que participaban en la Carrera de Indias, con fines devocionales, capilla, fiestas religiosas y tareas asistenciales.[296]

El Consulado mantuvo estrecha relación con la Casa de Contratación de Sevilla, que se encargaba de conocer las apelaciones respecto de las sentencias consulares, su ejecución y la rendición de cuentas del cuerpo en el cobro de impuestos En la segunda mitad del siglo XVII la Casa de Contratación perderá la iniciativa en los asuntos relativos al tráfico mercantil con las Indias, «la Casa queda relegada a un segundo lugar, va a remolque del Consulado de Comercio de Sevilla, verdadero órgano rector del comercio con Indias.»[297]

En 1511 se creó el *Consulado Casa de la Contratación, Juzgado de los hombres de negocios de mar y tierra y Universidad de Bilbao*,[298] regido por las mismas disposiciones que el de Burgos y que participo del comercio con las Indias desde sus inicios a través de los puertos de Cádiz, Sevilla, Canarias y Lisboa hasta la sublevación de Portugal[299]. Su antecedente más próximo constituye aparentemente la separación en 1455 de la nación vizcaína respecto de la castellana, con la concesión a los vizcaínos y guipuzcoanos de la facultad de nombrar cuatro personas para despachar los pleitos surgidos entre ellos.[300]

Sus primeras ordenanzas generales se redactaron en 1531 y en 1554 se modificaron y ampliaron en materia de elecciones, jueces, juntas generales, seguros, baratería de patrón, vituallas y avería gruesa entre otros temas, cambios que fueron aprobados en 1560.[301]

La creciente presencia e importancia del Consulado de Bilbao se hace manifiesta en sus Ordenanzas de 1737, influenciadas por las francesas de Marina de 1681 y que recogen conjuntamente al derecho mercantil marítimo y al terrestre, convirtiéndose estas en la base para las Reales Cédulas de creación de los Consulados indianos de la segunda mitad del siglo XVIII.

---

295. *Ibidem*, p. 27.
296. Comellas, José Luis, *op. cit.*, nota 292, p. 64.
297. García Fuentes, Lutgardo, *op. cit.*, nota 294, p. 29.
298. Vas Mingo, Marta Milagros del, *op. cit.*, nota 287, p. 43.
299. García Fuentes, Lutgardo, *op. cit.*, nota 294, p. 87.
300. Vas Mingo Marta Milagros del, *op. cit.*, nota 287, p. 43
301. *Ibidem*, p. 47.

1.2. Derecho indiano

Recordemos que el derecho indiano surge en el marco del *ius commune*, como especialidad del derecho castellano, ya que conforme al principio de extensión del derecho del conquistador en las tierras conquistadas, el derecho castellano se extendió al Nuevo Mundo.

De ahí que el derecho indiano abarca no sólo al conjunto de leyes y disposiciones de gobierno promulgadas por los Reyes y por las autoridades a ellos subordinadas para el establecimiento de un régimen jurídico particular en las Indias, sino también el derecho castellano, las bulas papales, algunas capitulaciones y las costumbres y disposiciones desarrolladas en los municipios de españoles y las costumbres y disposiciones indígenas, siempre que no fueren contrarias a la religión católica o al Rey.[302]

Así, las disposiciones sobre arbitraje civil que vimos anteriormente son de aplicación supletoria a las disposiciones dictadas especialmente para las Indias.

En el *Cedulario Indiano* de Diego de Encinas de 1596 se contiene una disposición de 1532 sobre los requisitos que se deben cumplir para la ejecución en las Indias de las sentencias arbitrales, confirmando la que se encuentra en la Nueva Recopilación sobre este tema.[303]

En cuanto al arbitraje comercial, la *Recopilación de Leyes de los Reynos de las Indias* de 1680[304] al tratar del Consulado de Comerciantes de la Nueva España aborda el tema de la jurisdicción consular, esta se origina en la falta de especialización de los órganos judiciales para la resolución de problemas concernientes al comercio, fundamentalmente el marítimo. Los comerciantes deciden confiar la resolución de sus controversias a un compañero de oficio que hiciera las veces de árbitro, actuando como perito en la materia objeto de conflicto.[305] Se trata de arbitraje comercial o bien reservado a comerciantes únicamente.

Característica fundamental de un Consulado es precisamente la existencia de un tribunal propio e independiente, capacitado para decidir las cuestiones

---

302. Véase, Cruz Barney, Oscar, *op. cit.*, nota 255.

303. *Proviſſion que manda que ſe executen las ſentencias arbitrarias dadas deſpues de la ley en ella inſerta y conforme a ella, Dada en la villa de Madrid a diez dias del mes de Deziembre de mil y quinientos y treynta y dos años*, en Diego de Encinas, *Cedulario indiano*, ed. facsimilar de la única de 1596, Madrid, Ediciones de Cultura Hispánica, 1945, tomo segundo.

304. Utilizamos la *Recopilación de leyes de los Reynos de las Indias*, Madrid, España, Por Iulian de Paredes, 1681, ed. facsimilar, México, Escuela Libre de Derecho, Miguel Angel Porrúa, 1987.

305. Gacto Fernández, Enrique, *Historia de la jurisdicción mercantil en España,* Sevilla, Anales de la Universidad Hispalense, Universidad de Sevilla, 1971, Serie Derecho núm. 11, p.11. Ver asimismo Cruz Barney, Oscar, *Historia de la Jurisdicción Mercantil en México,* México, IIJ-UNAM, Porrúa, 2006.

planteadas ante él por los miembros de la comunidad mercantil [306], se afirma: «Entre los grandes privilegios que las Repúblicas bien gobernadas franquean á los Comerciantes, es particularísimo el concederles Jueces propios y privativos, para la substanciacion y determinacion de sus pleytos.» [307]

El *Consulado de Nueva España* se rigió por las Ordenanzas de Burgos y Sevilla [308] durante sus dos primeros años de vida hasta la elaboración de sus propias ordenanzas en 1603, confirmadas por el Rey en 1604, impresas por vez primera en 1636, la segunda en 1772 y la tercera y última en 1816.[309] Las *Ordenanzas del Consulado de la Nueva España* estaban dirigidas a la elección de Prior, cónsules y organización del Consulado, así como a los procedimientos a seguir ante el mismo, aplicándose de manera supletoria las disposiciones de las *Ordenanzas del Consulado de Sevilla* y de *Burgos*, de acuerdo a lo establecido por la *Recopilación de leyes de los Reynos de las Indias de 1680.* [310] En este sentido, tal como señala Robert Smith, «el único propósito expreso de las cédulas que crearon los consulados de México y Lima era el de proporcionar una corte mercantil, pero la estructura del *tribunal del consulado* presuponía la organización de una *universidad de los mercaderes*, o gremio» [311].

Cabe destacar que en materia de supletoriedad, el 3 de noviembre de 1785 en un informe rendido al Virrey de la Nueva España por el Consulado sobre la aplicación de las *Ordenanzas de Bilbao* en sus negocios se señalaba que «este consulado observa, á falta de ordenanza particular suya, lo establecido por las

---

306. *Idem,* pág. 29. Sobre los privilegios del Consulado ver en el caso del sevillano a Solórzano y Pereyra, Juan de, *Política indiana*, Madrid, Compañía Ibero-Americana de Publicaciones, 1930, Lib.VI, Cap. XIV, núm. 18. Ver también Valle Pavón, Guillermina del, «Los privilegios corporativos del Consulado de comerciantes de la ciudad de México«, *Historia y grafía,* México, Universidad Iberoamericana, Departamento de Historia, núm. 13, año 7, 1999.

307. Heros Fernández, Juan Antonio, *Discursos sobre el comercio. Las utilidades, beneficios, y opulencias que produce, y los dignos objetos que ofrece para bien de la Patria. El que exercitan los Cinco Gremios Mayores de Madrid, participando todo el Reyno de sus ventajas: y que es compatible el comercio con la primera nobleza. Representaciones y dictámenes por...,* en Valladares de Sotomayor, Antonio, *Semanario Erudito, que comprehende varias obras ineditas, criticas, morales, instructivas, politicas, historicas, satiricas, y jocosas de nuestros mejores autores antiguos y modernos*, Madrid, por Don Blas Roman, 1790, ed. facs. Madrid, prólogo de Barrenechea, José Manuel, Banco Bilbao Vizcaya, Espasa-Calpe, S.A., 1989, p. 127. (se citará por la numeración de la edición facsimil).

308. *Ordenanzas del Consulado de la Nueva España, Auto de el Acuerdo de la Real Audiencia de México, a veinte de junio de mil quinientos noventa y cinco,* p. 10.

309. Rodríguez de San Miguel, Juan N., *Pandectas hispano-megicanas*, Nueva Edición, Méjico, Librería de J.F. Rosa, 1852, t. 3, p. 353.

310. *Rec. Ind.,* Lib.IX, Tít.XXXXVI, Ley. 75.

311. SMITH, Robert, RAMÍREZ FLORES, José y PASQUEL, Leonardo, *Los consulados de comerciantes en Nueva España,* México, Instituto Mexicano de Comercio Exterior, 1976, p. 21.

de Bilbao en todo lo que son adaptables á las circunstancias del país y estilos de este comercio; lo cual es muy conforme á lo que asientan los autores del reino, que esponen la ley 1ª de Toro, pues dicen uniformemente, que á falta de ley, estatuto o costumbre debe determinarse por la comun opinion de los autores: con mucha mayor razon deberá resolverse por lo que el soberano tiene aprobado en casos semejantes y respecto de una misma línea, cual es el comercio»[312].

Rodríguez de San Miguel menciona a este respecto que las ordenanzas de Bilbao «se hicieron notables y de más respeto en la península que las de Burgos y Sevilla, y se fué introduciendo su uso insensiblemente, y su preferencia se extendió a América»,[313] preferencia que como veremos se consolidó en las ordenanzas de la nueva generación de consulados indianos.

El Prior y cónsules del Consulado de México podían resolver los litigios y diferencias entre mercaderes en materia de compras, ventas, cambios, trueques, quiebras, seguros, cuentas, compañías, factorías, fletamentos de recuas y navíos, fletes, «y de todo lo demás que pueden, y deben conocer los Confulados de Burgos, y Sevilla...»[314].

En el procedimiento se debía escuchar por el Prior y dos cónsules, la demanda hecha por el actor y la defensa por el demandado «para que el dicho Prior, y Consules entiendan el caso, y colijan parte de la razón que cada uno tiene.» Inmediatamente después se debía buscar llegar a un arreglo o conciliación entre las partes, no lográndolo, se procedía nuevamente a escuchar a las partes ya sea en forma oral o por escrito sin la participación de abogados. Si presentaban algún escrito hecho por abogado, se les debía rechazar y otorgar el plazo de un día para la presentación de uno nuevo.[315]

Se debía llevar el pleito con la mayor brevedad posible pudiéndose sentenciar ya sea por unanimidad o por mayoría, debiendo firmar la sentencia los tres, asentando sus votos en el libro, que para este efecto estaba en poder del Secretario del respectivo Consulado.

El Prior y los cónsules debían resolver los pleitos a verdad sabida y buena fe guardada, con la mayor celeridad posible.[316] Las apelaciones se hacían ante un Oidor de la Real Audiencia nombrado anualmente por el Virrey. Debía resolver la apelación acompañado de dos mercaderes por el seleccionado.[317] Ante la resolución del juez de alzada que confirme la sentencia del Prior y cónsules no

---

312. Juan N. Rodríguez de San Miguel, *op. cit.*, nota 309, p. 353-354.
313. *Idem.*
314. *Rec.Ind.*, Lib. IX, Tít. XXXXVI, Ley 28.
315. Véase *Ordenanzas del Consulado de la Nueva España*, fol. 23.
316. *Rec.Ind.*, Lib. IX, Tít. XXXXVI, Ley 30.
317. *Rec.Ind.*, Lib. IX, Tít. XXXXVI, Ley 37.

cabe apelación o recurso alguno. En caso de que la decisión sea de revocar la sentencia de primera instancia, cabía la suplicación ante el mismo Oidor pero con dos mercaderes distintos a los primeros. Ante el resultado de la suplicación no cabía recurso alguno.[318]

Se prevé la recusación de Prior y cónsules. En el Consulado de México cuando eran recusados Prior y cónsules debían serlo con justas causas y conforme a derecho.[319]

En cuanto a los conflictos de jurisdicción entre los consulados y las justicias ordinarias, en el caso del Consulado de México, tocaba al Virrey su resolución por Real Cédula de 18 de junio de 1597.

En el siglo XVIII con el surgimiento de la nueva generación de consulados de comercio, se crean en México los consulados de Veracruz y Guadalajara en 1795.

Función fundamental de los consulados era la administración de la justicia mercantil que estaba a cargo del Tribunal del Consulado, compuesto por el Prior y los cónsules, quienes, junto con sus diputados debían ser mirados por todos como jueces puestos por el Rey para administrar justicia. En caso de que recibieran alguna falta de respeto, se debía proceder conforme lo dispuesto por la ley 47. tít. 46. lib. 9. de la Recopilación de Indias,[320] que establece que el Prior y los cónsules podían proceder civilmente y condenar según la ofensa, hasta en doscientos pesos. Del asunto conocerían dos de tres Prior y cónsules, si eran dos los ofendidos, conocía el restante junto con dos de los Prior y cónsules antecesores, su eran los tres los ofendidos conocerían los cónsules y el Prior anteriores. De su decisión se podía apelar ante el Juez de Apelaciones. Si la ofensa iba más allá que simples palabras, se debía remitir la causa a los alcaldes del crimen de la Real Audiencia.

La jurisdicción del consulado abarcaba, por materia, todos los pleitos y diferencias ocurridas entre comerciantes o mercaderes, sus compañeros y factores, sobre sus negociaciones de comercios, compras, ventas, cambios, seguros, cuentas de compañía, fletamentos de naos y factorías, «y demás de que conoce y debe conocer el Consulado de Bilbao conforme á sus Ordenanzas: las cuales

---

318. *Rec.Ind.*, Lib. IX, Tít. XXXXVI, Ley 38.

319. *Rec.Ind.*, Lib. IX, Tít. XXXXVI, Leyes 31 y 32.

320. *Real Cédula de S.M. para la ereccion del Consulado de la M.N. y M.L. Ciudad de Veracruz, de Orden de su Junta de Gobierno*, Veracruz, Oficina de D. Manuel López Bueno, Impresor del Consulado, 1795, AGN, Bandos, Exp. 18, Vol. 4, Fol. 5-31 (de ahora en adelante RC.Veracruz), arts. 2 y 19 y *Real Cédula de ereccion del Consulado de Guadalaxara, expedida en Aranjuez a VI de Junio de MDCCXCV*, Madrid, en la Oficina de Don Benito Cano, MDCCXCV, AGN, Bandos, Vol. 18, Exp. 18, Fs. 53-80v., (de ahora en adelante RC. Guadalajara), arts. 2 y 19.

han de servir de regla á este nuevo Tribunal por ahora para la sustanciación y determinación de los pleitos en todo lo que no vaya prevenido por esta Cédula: y lo que ni en ella ni en dichas Ordenanzas esté prevenido, se decidirá por las Leyes de Indias, ó en su defecto por las de Castilla; no habiendo pragmáticas, reales cédulas, órdenes ó reglamentos expedidos posteriormente que deban gobernar en las respectivas materias,» [321] es odiosa por quitar de la ordinaria e improrrogable.[322]

Para mayor comodidad de los litigantes el Tribunal podía tener diputados en los puertos y lugares de mayor actividad comercial y conocían con igual jurisdicción de los pleitos mercantiles en dichos puertos y lugares. Cabe destacar que ningún Diputado podía conocer y resolver los asuntos por sí solo, sino que debía hacerlo acompañado de dos Colegas, que él mismo escogía de los que en número de dos cada parte le proponía al efecto, con la asistencia del Escribano de Cabildo del Pueblo u otro acreditado.

La designación de los puertos y lugares en donde se consideraba conveniente nombrar diputados correspondía al Intendente (Veracruz), o al Comandante General (Guadalajara) a propuesta del Consulado correspondiente.[323] Una vez establecidos se debía dar cuenta al Rey para su aprobación.[324]

En aquellos pueblos en donde no se hubieran nombrado diputados, suplían sus funciones los jueces ordinarios a quienes ocurrieran los demandantes, si así les convenía. Tanto los jueces ordinarios como los diputados se debían ajustar en su actuación a lo dispuesto en las respectivas cédulas de erección, otorgando las apelaciones para el Tribunal de Alzadas.

El Tribunal debía celebrar audiencias los días martes, jueves y sábados de cada semana, transfiriéndose al siguiente cuando cayesen en día festivo. El ho-

---

321. Con la consecuente difusión de las ordenanzas bilbaínas en Indias, como base del derecho mercantil y que estarían vigentes en los países iberoamericanos hasta bien entrado el siglo XIX: en Chile hasta 1867, Guatemala 1877, México 1884, Paraguay 1870 y Uruguay hasta 1865. Ver Vas Mingo, Marta Milagros del, «Los Consulados en el tráfico indiano», en Andrés-Gallego, José Andrés (cord.), *Colección Proyectos Históricos Tavera (I), Nuevas Aportaciones a la Historia Jurídica de Iberoamerica* (Cd Rom), Madrid, Fundación Histórica Tavera, 2000., p. 14.

322. Hevia Bolaños, Juan de, *Curia Philipica,* Madrid, por D. Josef Doblado, 1783. Lib. II, Cap. XV, núm. 11.

323. R.C. Veracruz, art. 10 y R.C. Guadalajara, art. 10.

324. En el caso del Consulado de Guadalajara, contaba en 1796 con diputaciones en Zacatecas, Durango, Sombrerete, Chihuahua, Villa de Aguascalientes, Real de Colima, Pueblos de Sayula y Tepic, para 1821 las tenía en Aguascalientes, Arispe, Colima, Chihuahua, Saltillo, Santiago Papasquiaro, Sayula, Sombrerete, San Juan de los Lagos, Tepic, El Pitic y Zacatecas. Ver Varela Vázquez, Enrique, «Pórtico», *Tribunal del Consulado en Guadalajara: Real Cédula,* Guadalajara, UNED, 1989, pp. 12-13.

rario era de las ocho a las diez de la mañana, o hasta mas tarde si era necesario. Había en ellas un Escribano que autorizaba los juicios y dos Porteros Alguaciles para cuidar los estrados y para hacer las citaciones y diligencias que fueren ocurriendo. Cuando el Prior o un cónsul no podían asistir se debían excusar, de no hacerlo o de no tener una excusa debían pagar una multa de cuatro pesos por cada falta.

El parentesco, la sociedad o el tener intereses en el asunto por parte de los jueces con alguno de los litigantes, era impedimento para asistir y votar en su resolución. En estos casos, así como en el de indisposición o ausencia casual, bastaba la asistencia de los otros dos para hacer audiencia. En el caso de ausencias prolongadas entraba en lugar del ausente su Teniente.

Podían ser recusados con causa legítima y probada el Prior, los cónsules, los diputados y sus colegas, así como los miembros del Tribunal de Alzadas. En esos caso sus cargos se suplían sus Tenientes o cualquiera de ellos. En el caso de los Colegas, suplirían los que a propuesta de las partes se nombraren de nuevo.

En los juicios se debía proceder brevemente y siempre a estilo llano, verdad sabida y buena fe guardada, ya que «el verdadero Comerciante debe detestar todos los litigios. Su costo es el menor daño. El mayor consiste en robarle el tiempo, que puede emplearse en beneficio del público y suyo.»[325]

El orden era el siguiente: una vez presentado el litigante en audiencia pública, exponía breve y sencillamente su demanda indicando la parte contra quien la intentaba. Luego se hacía comparecer a la demandada por medio de un Portero y oídas ambas verbalmente con sus testigos y con los documentos que presentaren.

Si los documentos eran de fácil inspección, se procuraba componer a las partes buenamente, proponiéndoles ya sea la transacción voluntaria, o bien el compromiso en arbitradores o en amigables componedores. Si las partes solucionaban su controversia por cualquiera de estos medios quedaba el pleito concluido. Si no se avenían se debía extender en ese mismo acto la diligencia de comparecencia y juicio verbal, que firmaban ambas partes, posteriormente se les hacía salir para la votación de los Jueces, empezando siempre el más reciente. Dos votos conformes hacían sentencia, la cual firmada por los Jueces con su Escribano y una vez notificada a las partes, se podía ejecutar si su cuantía no superaba los mil pesos fuertes.

Si el asunto era de difícil prueba y alguna de las partes pedía audiencia por escrito, se le admitía en memorial firmado junto con los documentos que presentare, sin permitirse la intervención de abogado[326] y con sólo la respuesta a

325. Heros Fernández, Juan Antonio, *op. cit.*, nota 307, p. 128.

326. Se ordenaba además que cuando en los Tribunales de primera o de segunda instan-

la demanda en los mismos términos por la otra parte. Estos asuntos se debían resolver dentro de los ocho días siguientes.

Los jueces del Tribunal del Consulado podrían acudir al dictamen de un abogado en aquellos casos que por su complejidad técnico-jurídica así lo ameritasen. Para ello contaban con un Asesor titular, que debía asistir a las audiencias al llamado del Tribunal y rendir su dictamen ya sea de oralmente o por escrito, según fuera requerido. Podían también solicitar el dictamen de los consiliarios más expertos en aquellos asuntos relativos a cuentas, comisiones y demás que fueren particularmente complejos o graves y que ameriten un examen especial. En estos casos se debía convocar a los consiliarios a las audiencias y en ellas exponer su dictamen. Ya con el dictamen se pasaba a la votación de los jueces, sin la presencia de los consiliarios.

En los consulados no se admitían las excepciones tocantes al orden de proceder en la causa «por ser sutilezas del Derecho», admitiéndose sí las relativas a la decisión y determinación de ella, en sus méritos, verdad en el negocio y defensión de la parte. Se admitían las excepciones de *litis pendencia*, cosa juzgada, *litis finita*, transacción, prescripción y de la *innumerata pecunia*.[327]

En cuanto a los recursos contra las sentencias del Tribunal del Consulado, procedía el recurso de apelación en los asuntos cuya cuantía fuera superior a los mil pesos, solamente de autos definitivos o que tuvieren fuerza de tales. La apelación se tramitaba en el Tribunal de Alzadas, compuesto por el Decano de la Audiencia (en el caso del consulado de Guadalajara) o Intendente (en el caso del consulado de Veracruz) y dos colegas.

Los colegas se nombraban por el mismo Decano, Gobernador o Intendente en las apelaciones presentadas, eligiendo uno de los dos que le proponían cada una de las partes. Los candidatos a colega debían ser hombres de caudal conocido, prácticos e inteligentes en las materias de comercio y de buena opinión y fama.

Las apelaciones se debían sustanciar y resolver con un solo traslado, sin alegatos ni informes de abogados en un término de quince días, haciendo sentencia dos votos conformes.

Si la sentencia recurrida se confirmaba por el Tribunal de Alzadas, se procedía a su ejecución sin posibilidad de interponer nuevo recurso; pero si se revocaba en todo o en parte, se podía suplicar de ella. La suplicación se debía

---

cia se presentaban escritos, que aunque estuvieran firmados solo por las partes, pareciera a los jueces que habían sido elaborados por abogados, no se podían admitir a menos que las partes afirmaran bajo juramento que no había intervenido en ellos letrado alguno. Aun en ese caso se debía desechar todo lo que oliera a sutilezas y formalidades de derecho, atendiéndose solo a la verdad y buena fe.

327. Hevia Bolaños, Juan de, *op. cit.*, nota 322, Lib. II, Cap. XV, núm. 41, p. 447.

resolver por el mismo Tribunal de Alzadas dentro de los nueve días siguientes, cuya resolución pasaría inmediatamente a su ejecución.

Respecto de los negocios ejecutoriados sólo podía interponerse el recurso de nulidad o injusticia notoria al Consejo de Indias, donde se resolverían conforme a derecho.

La ejecución de las sentencias definitivas y de las demás que pasaban en autoridad de cosa juzgada, se hacía por medio del Portero Alguacil y de los otros Ministros que al efecto nombraban el Prior y los cónsules, despachando para ello los mandamientos que se requiriesen, y los exhortos a los demás Jueces y Justicias que fuere necesario.

En los casos de conflicto de jurisdicción entre el Tribunal del Consulado y cualquier otro tribunal o juez sobre el conocimiento de alguna causa, se debía procurar terminar el problema amigablemente en una o dos conferencias, o por medio de mutuos oficios dictados siempre con la debida urbanidad y moderación, y suspendiéndose entre tanto todo procedimiento por una y otra jurisdicción. Si no se podía terminar el conflicto dentro de tres o cuatro días, los autos de ambas jurisdicciones se remitían entonces al Regente de la Audiencia (en el caso de Guadalajara) o al Virrey (en el caso de Veracruz) en ese mismo día cuarto, o en el siguiente a más tardar, para que con vista de ellos y de los fundamentos que cada jurisdicción expusiera, declare dentro de los tres días siguientes la jurisdicción que debía conocer y ser tenida por competente, con absoluta inhibición de la otra.

Si el tribunal o juez con quien ocurría el conflicto estaban fuera de la ciudad, y a distancia tal que fuera imposible terminarla en los cuatro días fijados, se tenía por término improrrogable el necesario para dirigirse mutuamente cuatro oficios, dos de cada parte, de manera tal que la jurisdicción que ponía el cuarto oficio, remitía con la misma fecha sus autos al Regente de la Audiencia o al Virrey en su caso, avisándolo así a la otra jurisdicción para que remitiera los suyos, y resolver la disputa dentro de los tres días ya señalados.[328]

En el siglo XIX con la *Constitución de Cádiz* de 1812 se estableció, al tratar de la administración de justicia en lo civil, en su artículo 280 que no se podría privar a ningún español del derecho de resolver sus diferencias por medio del arbitraje, cuyo laudo se ejecutaría, de acuerdo con el artículo 281, si las partes al hacer el compromiso arbitral no se hubiesen reservado el derecho a apelar.[329]

---

328. R.C. VERACRUZ, arts. 3-18 y R.C. Guadalajara, arts. 3-18; R.C. Ver sobre el tema a VEYTIA LINAJE, Joseph de, *Norte de la contratación de las Indias Occidentales*, Sevilla, por Juan Francisco de Blas, 1672, Lib. I, Cap. XVII, núm. I.

329. Utilizamos el texto de la Constitución de Cádiz contenido en la obra de TENA RAMÍEZ, Felipe, *Leyes Fundamentales de México,* 15 a ed., México, Ed. Porrúa, 1989.

1.3. Derecho Nacional

En el siglo XIX, México no solamente ha sido proclive a la institución del arbitraje y lo ha recogido en diversos ordenamientos internos, sino que forma parte de diversas convenciones internacionales tanto multilaterales como bilaterales de carácter público, y ha recurrido a él para dilucidar problemas que se le han venido presentado a través de su vida como país independiente a partir de 1821.

Para el estudio del arbitraje en el siglo XIX debemos dividirlo en arbitraje civil, arbitraje comercial y arbitraje internacional.[330]

1. Arbitraje civil

La *Constitución de Cádiz* de 19 de marzo de 1812 continuó vigente en el México independiente, hasta la elaboración del *Reglamento Político Provisional del Imperio Mexicano* de 18 de diciembre de 1822, aprobado en el mes de febrero de 1823, quedando en vigor las leyes, órdenes y decretos promulgados anteriormente hasta el 24 de febrero de 1821 en cuanto no pugnasen con el propio Reglamento.

En su artículo 55 estableció que la facultad de aplicar las leyes a los casos particulares que se controvierten en juicio, corresponde exclusivamente a los tribunales erigidos por ley. En todo lo relativo al orden, sustanciación y trámites del juicio, desde la conciliación en adelante, se arreglarían los alcaldes, jueces de letras y tribunales de segunda instancia al *Reglamento de las audiencias y juzgados de primera instancia* de 9 de octubre de 1812, con algunas reservas en cuanto al examen de testigos y audiencias de nulidades.

En el citado Reglamento de 1812 se consigna el oficio de conciliadores de los alcaldes constitucionales de los pueblos, asociados con dos hombres buenos nombrados uno por cada parte. La providencia de conciliación se debía asentar en un libro con el título de *determinaciones de conciliación*. De no conciliarse las partes, se asentaría en el libro.[331]

En la *Constitución Federal de los Estados Unidos Mexicanos* del 4 de octubre de 1824 se rescata en su artículo 156 la disposición de la *Constitución de Cádiz* en el sentido de que «a nadie podrá privarse del derecho de terminar sus diferen-

---

330. El arbitraje internacional en el siglo XIX lo abordaremos en sección aparte, bajo el punto 1.4 del presente capítulo.

331. *Reglamento de las audiencias y juzgados de primera instancia* de 9 de octubre de 1812, en DUBLÁN, Manuel, y LOZANO, José María, *Legislación mexicana o colección completa de las disposiciones legislativas expedidas desde la independencia de la república,* México, Edición Oficial, Imprenta del Comercio, 1876, tomo I, núm. 102, Capítulo III, art. 1.

cias por medio de jueces árbitros, nombrados por ambas partes, sea cual fuere el estado del juicio.»

Con las *Bases Constitucionales* del 23 de octubre de 1835 no contiene disposición alguna al respecto, las *Siete Leyes Constitucionales* del 30 de diciembre de 1836 establecieron en la Quinta Ley Constitucional, artículo 39 que todos los litigantes tienen derecho para terminar, en cualquier tiempo, sus pleitos civiles o criminales, sobre injurias puramente personales, por medio de jueces árbitros, cuya sentencia sería ejecutada conforme a las leyes. Para entablar cualquier pleito civil o criminal sobre injurias puramente personales debía intentarse previamente la conciliación.

En las *Bases para la Organización Política de la República Mexicana* del 12 de junio de 1843 se repite la disposición de la Quinta Ley Constitucional en sus términos.[332]

Con el *Acta Constitutiva y de Reformas* del 21 de mayo de 1847 y el restablecimiento de la *Constitución Federal de los Estados Unidos Mexicanos* de 1824 volvió a estar en vigor el artículo 156 ya mencionado, hasta la expedición de las *Bases para la administración de la República hasta la promulgación de la Constitución*, de 22 de abril de 1853 que terminaron con el sistema federal.

En 1856 Ignacio Comonfort expidió el Estatuto Orgánico Provisional de la República Mexicana que estuvo vigente hasta la Constitución de 1857 y que se basaba en la Constitución de 1824 y en las Bases Orgánicas de 1843. No contiene disposición alguna respecto al arbitraje.

El 5 de febrero de 1857 se juró la *Constitución Política de la República Mexicana*, en ella no aparece disposición alguna relativa al arbitraje. Misma situación en la Constitución de 1917.

Tampoco encontramos referencia alguna en el *Estatuto Provisional del Imperio Mexicano* de 10 de abril de 1865.

Previa a la codificación y como ya señalamos, las disposiciones del derecho castellano e indiano en materia de arbitraje se mantuvieron vigentes en México. Así, en obras como el *Nuevo Febrero Mexicano*[333] y el *Novísimo Sala Mexicano*,[334]

---

332. Arts. 185-186.

333. *Nuevo Febrero Mexicano. Obra completa de jurisprudencia teórico-práctica, dividida en cuatro tomos: en el primero y segundo se trata de la parte teórica; en el tercero de las sustanciaciones de todos los juicios y de todos los tribunales establecidos en la República; y en el cuarto del derecho administrativo*, México, Publicada por Mariano Galván Rivera, Impreso por Santiago Pérez, Tomo Tercero, 1851, pp. 34-39.

334. *Novisimo Sala Mexicano, o ilustracion al Derecho real de España, con las notas del Sr. Lic. D.J.M. Lacunza. Edición corregida y considerablemente aumentada con nuevas anotaciones y refundiciones, relativas a las reformas que ha tenido la legislación de México hasta el año de 1870, por los señores Don Manuel Dublan y Don Luis Mendez, abogados de los Tribunales de la República*, México, Imprenta del Comercio, 1870, tomo I, pp. 265-275.

se trata el tema del arbitraje. Con base en las *Leyes de Estilo, Siete Partidas*, la *Nueva*, la *Novísima Recopilación* y la *Curia Philipica* se define al compromiso, como «un convenio en que los litigantes dan facultad á una ó más personas para que decidan sus controversias y pretensiones», pudiendo comprometer en árbitros todos aquellos que pueden contratar y parecer en juicio. Asimismo, quienes tienen prohibido comparecer en juicio, están impedidos para comprometer en árbitros.

El menor de catorce años que tiene curador si se compromete en árbitros sin su autorización y después no quiere cumplir la sentencia arbitral, aunque hubiere dado fiadores y se imponga una pena, no está obligado a cumplir el laudo, pagar la fianza o a cumplir la pena.

El Compromiso arbitral se puede hacer antes de la controversia o una vez surgida esta y estando presente ante los jueces superiores o inferiores, habiendo o no sentencia y aunque estuviere pasada en autoridad de cosa juzgada, sabiéndolo los interesados.

Respecto de los árbitros se mantiene la división tradicional de las Partidas señala que pueden ser árbitros de derecho o arbitradores y que no resultando del compromiso si se han nombrado unos u otros, se presume que son arbitradores.

Los árbitros deben determinar el negocio con arreglo a las leyes, del mismo modo que si fuesen jueces ordinarios, oyendo y recibiendo pruebas, razones y defensas. Los arbitradores son amigos comunes o unos amigables componedores con facultad para oír las razones de los interesados, avenirlos y componerlos, según les parezca, sin observar el orden judicial.

Puede ser árbitro y arbitrador el menor de 25 años, sabiendo los litigantes que no los tiene. La mujer, señora de vasallos puede ser árbitra en su territorio y arbitradora aunque no lo sea, pero estando casada requiere licencia de su marido. El clérigo puede ser árbitro y arbitrador, pero no el mudo, sordo, ciego, fatuo, religioso, esclavo e infame. No pueden ser árbitros ni el Presidente de la Suprema Corte, ni los Ministros, ni el fiscal.[335]

Los árbitros no están obligados a determinar el negocio cuando, habiendo aceptado el encargo, los interesados inician juicio aparte o comprometen el pleito con otro u otros árbitros o los maltratan, o bien cuando alguno de ellos tiene que ir a alguna comisión de Estado o de su consejo, onecesidad de cuidar de su hacienda sin poderlo excusar, o cuando por enfermedad se haya imposi-

---

335. *Bases para el Reglamento de la Suprema Corte de Justicia de 14 de febrero de 1826*, en Dublán, Manuel, y Lozano, José María, *Legislación mexicana o colección completa de las disposiciones legislativas expedidas desde la independencia de la república,* México, Edición Oficial, Imprenta del Comercio, 1876, tomo I, núm. 466.

bilitado de conocer de él. Cuando los árbitros no estén acordes en la resolución de la controversia, pueden las partes nombrar un tercero, valiendo lo que dos de tres resuelvan

Cabe la recusación de o de los árbitros si después de nombrado alguno de los interesados se enemisto con él o ellos o sabe y puede probar que la contraparte lo sobornó. En estos casos puede la parte afectada solicitar al juez ordinario les prohiba conocer del negocio. No pueden ser recusados ni los árbitros ni el tercero sino por causa justa, originada y sabida después del nombramiento, probada ante el juez ordinario y declarada por tal.

El laudo debe dictarse en el lugar señalado por las partes y en su defecto en aquel en que se comprometieron en árbitros. En cuanto al plazo, el laudo debe dictarse en el tiempo fijado por las partes, no haciéndolo se entiende el de tres años desde el día de su aceptación.

De la sentencia de los árbitros cabe solicitar la apelación del agraviado. De la sentencia de los arbitradores cabe solicitar la reducción de sus términos a albedrío de buen varón o bien la nulidad.

La sentencia consentida por las partes por no haber apelado o pedido reducción de ella en tiempo hábil, trae aparejada ejecución. Lo mismo si el compromiso se contrajo por instrumento público y se dictó en término.

A partir de la codificación, la materia arbitral civil se regula en los *Códigos de Procedimientos Civiles* de 1872,[336] 1880 y 1884[337].

Pablo Zayas, comentando al Código de 1872 entendía por arbitraje «la facultad que dos ó más personas confieren á particulares sin autoridad judicial, para que conozcan y decidan sus controversias. Por eso la discusión del negocio ante estas personas sin jurisdicción pública, se llama juicio arbitral»[338]

El arbitraje es abordado en dichos códigos prácticamente de la misma manera, aunque con algunas diferencias que señalaremos en cada caso, tomando como base el Código de 1872.[339] En el *Código de Procedimientos Civiles para el Distrito Federal y el Territorio de la Baja California* de 1872 trata del tema el Título

---

336. *Código de Procedimientos Civiles para el Distrito Federal y el Territorio de la Baja California,* México, Imprenta del Gobierno, en Palacio, 1872.

337. *Código de Procedimientos Civiles del Distrito Federal y Territorio de la Baja California,* México, Imprenta de Francisco Díaz de León, 1884.

338. Zayas, Pablo, *Tratado elemental de procedimientos en el ramo civil conforme al Código puesto en vigor en el Distrito Federal el 15 de Setiembre de 1872,* México, Neve Hermano Impresores, 1872, tomo II, p. 3.

339. Es importante consultar para este punto el *Proyecto de Reformas del Código de Procedimientos Civiles del Distrito Federal y Territorio de la Baja California formado por la Comisión nombrada al efecto por el Supremo Gobierno, en cumplimiento del decreto de 9 de abril de 1875,* México, Imprenta del Comercio, 1876.

XII "Del Juicio Arbitral", dividido en siete capítulos y abarcando de los artículos 1273 a 1379; en el *Código de Procedimientos Civiles* de 1880 [340] se aborda en el Título XII "Del Juicio Arbitral", dividido en siete capítulos, de los artículos 1237 a, mientras que en el *Código de Procedimientos Civiles del Distrito Federal y Territorio de la Baja California* de 1884 trata el Capítulo V, "Del Juicio Arbitral", dividido en siete secciones que van de los artículos 1240 al 1343.

Los tres códigos dividen el tema en los siguientes Capítulos o Secciones:

I. De la constitución del Compromiso;
II. De los que pueden nombrar y ser árbitros;
III. De los negocios que pueden sujetarse al juicio arbitral;
IV. De la sustanciación del juicio arbitral;
V. De la sentencia arbitral;
VI. De los recursos en el juicio de árbitros;
VII. De los arbitradores.

I. De la constitución del Compromiso

Sostiene Zayas que «como toda la fuerza del arbitraje viene de la voluntad de los contendientes, ya para obligarse mutua y recíprocamente entre sí, ya con relación á los árbitros, para determinar su facultad, era preciso que esta voluntad estuviese eficazmente expresada con la solemnidad de un verdadero contrato, que evitara otra nueva cuestión sobre el compromiso...» [341], de ahí que en cuanto a la constitución del compromiso arbitral, se establezca que las partes tienen derecho a sujetar sus diferencias al juicio arbitral, antes, durante [342] y después de que haya sido sentenciado el juicio, pudiendo celebrar el compromiso, que deberá hacerse en escritura pública siempre que el interés pase de 500 pesos, si es menor se deberá hacer ante tres testigos.

La escritura de compromiso debe contener:

1. Los nombres de los que la otorgan
2. Su capacidad para obligarse

---

340. *Código de Procedimientos Civiles, 15 de septiembre de 1880,* en Dublán, Manuel, y Lozano, José María, *Legislación mexicana o colección completa de las disposiciones legislativas expedidas desde la independencia de la república,* México, Edición Oficial, Imprenta del Comercio, tomo XV, pp. 77-230.

341. Zayas, Pablo, *op. cit.*, nota 338, pp. 5-6.

342. El Código de 1872 no preveía la celebración del compromiso durante el juicio, posibilidad incluida por el Proyecto de Reformas, p. 321 y reflejado en los Códigos de 1880, arts. 1238 y 1333; y de 1884. arts. 1274 y 1241 respectivamente.

3. El carácter con que contraen
4. Su domicilio
5. Los nombres y domicilio de los árbitros
6. El nombre y domicilio del tercero, o de la persona que haya de nombrarle y la manera de hacer el nombramiento.
7. La manera de suplir las faltas de los árbitros y del tercero, y la persona que haya de nombrar a éste en caso necesario.
8. El negocio o negocios que se sujetan al juicio arbitral.
9. El plazo en que los árbitros y el tercero deben dar su fallo.
10. El carácter que se dé a los árbitros.
11. La forma a que deben sujetarse en la sustanciación.
12. La manifestación de si se renuncian los recursos legales, expresando terminantemente cuáles sean los renunciados.
13. El lugar donde se ha de seguir el juicio y ejecutarse la sentencia.
14. La fecha del otorgamiento.

El compromiso legalmente contraído no puede revocarse sino de común acuerdo y las obligaciones impuestas por él, son transmisibles a los herederos, quienes aunque fueren menores deben sujetarse a la decisión arbitral. La falta de cualquiera de las anteriores condiciones anula el compromiso, pudiendo reclamarse dicha nulidad ante los árbitros, previamente a la contestación de la demanda. Una vez presentada la reclamación, los árbitros deberán remitir los autos al juez ordinario designado para la ejecución de la sentencia, a fin de que sustanciado el incidente respectivo, dicte la resolución correspondiente.[343]

El compromiso produce las excepciones de incompetencia y litispendencia, si durante él es promovido el mismo negocio ante un tribunal ordinario. Por otra parte, la prescripción se interrumpe desde la firma del compromiso arbitral, pero si el arbitraje no se concluye por causas independientes de la voluntad del prescribiente, el tiempo transcurrido desde la fecha del compromiso hasta la suspensión se debe computar en el periodo legal.

La confesión y demás pruebas rendidas ante el o los árbitros tienen el mismo valor que las hechas ante el juez competente, siempre que se trate del mismo negocio y ante las mismas partes. Los árbitros deben recibir personalmente todas las pruebas. En el caso de la expedición de exhortos y la compulsa de documentos de los protocolos y archivos, ésta se debe hacer por el juez ordinario, a quién los árbitros solicitarán de oficio la práctica de esas diligencias.

343. Este último párrafo corresponde al artículo 1242 del Código de 1880 y 1245 del Código de 1884, cabe señalar que en proyecto de reformas, únicamente se añadía la frase «cuya nulidad no puede pedirse después de sentenciado el negocio.«

En cuanto al número de árbitros, este podía ser único o bien «uno o más por cada parte.» En caso de que se encargara a los árbitros la designación del tercero, debían designarlo en la primera sesión de trabajo, mientras que si se comete el nombramiento a otra u otras personas o si las partes se reservan el mismo, debe hacerse antes de la primera sesión de los árbitros. Tanto los árbitros como el tercero deben aceptar su nombramiento ante notario, y no habiéndolo, ante dos testigos, dentro de los seis días siguientes a aquél en que se hizo saber el nombramiento al último árbitro, mismo caso tratándose del tercero. Si pasados los seis días los árbitros no han manifestado su aceptación, el nombramiento se considera aceptado.

Cuando las personas que deben hacer el nombramiento de los árbitros no se ponen de acuerdo, corresponde al juez (de primera instancia, menor o de paz, añaden los Códigos de 1880 y 1884, según la cuantía del negocio, dentro de tres días), no debiendo nombrar a ninguno de los que hayan sido ya propuestos.

Cuando se deba remplazar al tercero, el plazo para su nombramiento es de seis días contados a partir de que las partes hayan sido notificadas de la necesidad de su nombramiento.

En el caso de que un árbitro no acepte el nombramiento, la parte que lo nombró tiene seis días para hacer una nueva designación, en su defecto le corresponde al juez respectivo. Si ninguno de los árbitros acepta y las partes no hacen nuevos nombramientos dentro del término ya señalado, caduca el compromiso.

Una vez aceptado el compromiso, los árbitros y en su caso el tercero, quedan obligados a desempeñar el encargo y las partes y el juez, a instancia de éstas, pueden compelerlos a cumplido con su tarea conforma al compromiso arbitral. Si a pesar del apremio judicial los árbitros se niegan a cumplir con el encargo, se les debe imponer una multa equivalente al cinco por ciento del interés del pleito, siendo además responsables de los daños y perjuicios. Lo anterior constituye una causa de caducidad del compromiso arbitral.

Cuando solamente uno de los árbitros o el tercero se niega a desempeñar el encargo, deberá ser sustituido conforme al compromiso, si la parte que deba nombrarlo no lo hace, corresponde al juez el nombramiento. Cuando el nombramiento corresponda a ambas partes y se nieguen a hacerlo, caducará el compromiso.

En cuanto al término para dictar el laudo arbitral, este será el fijado por las partes, pudiendo prorrogarlo de común acuerdo y por escrito. El término se cuenta para los árbitros desde el día siguiente a aquél en que el último de ellos aceptó el encargo, para el tercero, desde el siguiente aquel en que se le entregaron los autos con los respectivos fallos. Establecen los ordenamientos procesales que respecto de los términos del juicio arbitral, se deben observar las reglas comunes establecidas para los términos judiciales.

II. De los que pueden nombrar y ser árbitros

Pueden comprometer en árbitros un asunto todos aquellos que estén en pleno ejercicio de sus derechos civiles, en el caso de la mujer casada, ésta requiere del permiso de su marido o del juez para hacerlo. En el caso de los tutores, requieren de aprobación judicial tanto para comprometer en árbitros, como para nombrar a los mismos en los negocios de los menores.

Los apoderados requieren de cláusula especial para poder comprometer en árbitros los negocios de sus poderdantes. Los ayuntamientos y directores o administradores de establecimientos públicos requieren de la autorización del Gobierno general en el Distrito y del Jefe Político en el caso de California para sujetar a juicio arbitral los negocios de su cargo.

Los síndicos de los concursos requieren por su parte del acuerdo unánime de los acreedores para comprometer en árbitros. Los albaceas requieren el correspondiente de los herederos para comprometer los negocios de la testamentaría o del intestado.

Se mantiene la distinción de las Siete Partidas en cuanto a los árbitros de derecho y a los arbitradores o amigables componedores. Los árbitros de derecho son aquellos que se sujetan estrictamente a la ley en la decisión de los negocios que se les someten. Los arbitradores son los que deciden conforme a su conciencia y a la equidad, sin sujetarse a las prescripciones y formalidades de la ley.

Respecto de quiénes pueden ser árbitros, en principio pueden ser árbitros todos aquellos que se hallen en pleno ejercicio de sus derechos civiles, a excepción de los magistrados, jueces, representantes del Ministerio Público y secretarios de tribunales y juzgados, a lo que añadirán los Códigos de 1880 y 1884 «los magistrados, fiscales y jueces propietarios en ejercicio, y los interinos y suplentes cuando lo sean por más de tres meses...lo mismo se entenderá de cualesquiera otros empleados de la administración de justicia.» [344] En el caso de que durante la vigencia del encargo uno de los árbitros obtuviese alguno de los empleos señalados, cesará inmediatamente en su encargo y deberá ser reemplazado. También se deberá reemplazar al árbitro que fallezca durante el procedimiento arbitral.

En caso de presentarse la necesidad de reemplazar a un árbitro, se suspenderán los términos durante el tiempo que transcurra hasta el nuevo nombramiento. Asimismo, si fallece uno de los interesados se suspenderán los términos mientras la testamentaría o el intestado tienen representante legítimo.

344. Art. 1315 del Código de 1872 y 139 y 1282 del Código de 1884.

III. De los negocios que pueden sujetarse al juicio arbitral:

Pueden comprometerse en árbitros todos los negocios civiles, sea cual fuere la acción en que se funden, en caso de ser dos o más negocios, deberán especificarse exactamente en el compromiso.

No pueden comprometerse en árbitros:

1. El derecho de recibir alimentos, pero no los alimentos vencidos.
2. Los negocios de divorcio, salvo en cuanto a la separación de bienes y las diferencias puramente pecuniarias.
3. Los negocios de nulidad del matrimonio.
4. Los concernientes al estado civil de las personas, salvo los derechos pecuniarios que de la filiación, legalmente declarada pudieren deducirse.[345]
5. La responsabilidad criminal, pero sí la civil que resulte del delito.
6. Los demás casos en que lo prohiba expresamente la ley.

A este respecto comenta Zayas que como la base fundamental del arbitraje es la libertad del individuo para disponer libremente de sus bienes y derechos, y el sujetarse al parecer u opinión de personas que carecen de jurisdicción pública equivale a una renuncia de los recursos ordinarios, motivo por el que se equipara al arbitraje a una especie de transacción, la ley prohíbe sacar del conocimiento de los jueces ordinarios todos aquellos asuntos en que no cabe precisamente la transacción, de ahí la prohibición de someter al arbitraje el derecho a recibir alimentos y otros más.[346]

IV. De la sustanciación del juicio arbitral

De inicio se establece que las partes no pueden dejar a la voluntad de los árbitros la sustanciación del juicio. En el compromiso arbitral al señalar la forma en que debe sustanciarse el juicio las partes lo deben hacer de manera pormenorizada y en caso de duda los árbitros deben sujetarse a las reglas del juicio común (*ordinario*, señalará el Código de 1884). En este sentido, los jueces ordinarios están obligados a impartir el auxilio de su jurisdicción a los árbitros o al tercero, cuando lo soliciten de conformidad con las facultades que les conceden el compromiso arbitral y las disposiciones legales aplicables. Cabe señalar que es competente para todos los actos relativos al juicio arbitral y para la ejecución de la sentencia el juez designado en el compromiso.

Los árbitros deben proceder siempre unidos en toda la sustanciación del procedimiento y en caso de discordia se deberá llamar al tercero, sujetándo-

---

345. Arts. 331 del *Código Civil* de 1870 y 307 del *Código Civil* de 1884.
346. Zayas, Pablo, *op. cit.*, nota 338, p. 12.

se además a las disposiciones del juicio ordinario en lo que no hubiese sido modificado por las partes. Los árbitros deben actuar con escribano (secretario que ha de ser abogado o notario, señalar el Código de 1884) y en su falta con testigos de asistencia. Añade el Código de 1884 que secretario y testigos deben ser nombrados por los árbitros si en el compromiso arbitral no se dispone otra cosa, aclarando que en ningún caso podrá intervenir persona empleada en algún juzgado.[347]

Las actuaciones deben hacerse en el papel sellado o timbrado correspondiente[348] y pueden hacerse en cualquier día y a cualquier hora, a no ser que en el compromiso arbitral se les hubiere impuesto el deber de sujetarse estrictamente a la forma de los juicios ordinarios. En cuanto a los términos, las partes pueden señalarlos para dictar el laudo, las excepciones, las pruebas, las tachas, los alegatos y sentencias. En caso de que el término no fuese bastante, los árbitros podrán dictar un auto notificando a las partes la necesidad de contar con la prórroga en cuestión, a fin de que manifiesten lo que su consentimiento, siendo los árbitros responsables de los daños y perjuicios si la petición se hiciere después de la citación para sentencia. En caso de negativa de cualquiera de las partes y no siendo moralmente posible obrar dentro del término se debe dar por concluido el compromiso.

Los árbitros solamente pueden conocer de los incidentes sin cuya resolución no fuere posible decidir el negocio principal. El resto de incidentes solamente pueden conocerse con autorización de las partes.

Los árbitros pueden decidir si la controversia sometida a su juicio es arbitrable o no de acuerdo con la ley, más no pueden decidir sobre la validez o nulidad del compromiso o de su nombramiento. Cabe destacar que pueden conocer de las excepciones perentorias, pero no de la reconvención, sino en el caso en que se oponga como compensación hasta la cantidad que importe la demanda.

Pueden asimismo condenar en costas, daños y perjuicios a las partes, sin embargo no están posibilitados para imponer multas y en general deben ocurrir al juez ordinario para toda clase de apremio.

Los árbitros están facultados, para mejor proveer en el juicio y dentro del término fijado en el compromiso arbitral para fallar a:

1. Decretar que se traiga a la vista cualquier documento que crean conveniente para esclarecer el derecho de las partes;

---

347. Código de 1872, art. 1324, Código de 1884, art. 1290.

348. Sellado en el Código de 1872 y en el Código de 1880, y Timbrado en el de 1884.

2. Exigir la confesión judicial a cualquiera de los litigantes sobre los hechos que estimen de influencia en la cuestión y no resulten probados esta facultad no se concede en el Código de 1884, art. 129);

3. Decretar la práctica de cualquier reconocimiento o avalúo que consideren necesario;

4. Traer a la vista cualesquiera autos que tengan relación con el juicio

5. Nunca concluye el término para el árbitro, quien aun después de la citación para sentencia o de la vista, puede recibir todas las pruebas que considere necesarias para la aclaración de los hechos.

Si durante la sustanciación del procedimiento arbitral ocurriese un incidente criminal, los árbitros deberán dar conocimiento al juez competente con testimonio autorizado de las constancias respectivas.

Tanto los árbitros como el tercero son recusables por las mismas causas que los demás jueces, siempre que fueren posteriores al compromiso arbitral. Cabe señalar que los árbitros son responsables conforme al *Código Penal* en los casos en que lo son los demás jueces.

Los árbitros pueden, una vez aceptado el encargo, excusarse:

1. por enfermedad comprobada que les impida desempeñar su oficio en el término fijado por las partes;

2. por ausencia justificada y necesaria; y

3. cuando por causas imprevistas tengan indeclinable necesidad de atender a sus negocios y esto les impida desempeñar el encargo.

Tanto de las recusaciones como de las excusas de los árbitros es competente para conocer el juez ordinario, conforme a derecho y sin ulterior recurso.

En cuanto a la remuneración de los árbitros, éstos podrán cobrar los derechos que el arancel les señale.

V. De la sentencia arbitral

El compromiso arbitral podrá declararse por terminado por los árbitros:

1. cuando las partes así lo hayan convenido, exponiéndolo por escrito.

2. cuando haya legal confusión de derechos, mas no cuando haya subrogación.

La sentencia debe pronunciarse dentro del término fijado en el compromiso, pues al hacerlo fuera de dicho término la sentencia dictada es nula. Si pasa el término sin que se dicte la sentencia, el compromiso queda sin efecto, siendo responsables los árbitros por los daños y perjuicios resultantes y añaden el Proyecto de Reformas y los Códigos de 1880 y 1884 «si ellos tuvieron culpa en la demora.»[349] Además, los árbitros están obligados a dictar el laudo conforme a derecho y en caso de estar conformes, su decisión tiene el carácter de sentencia definitiva. En caso de discordia, corresponde al tercero pronunciar su sentencia sin obligación de sujetarse a alguno de los votos de los árbitros.

El laudo arbitral se debe notificar por el secretario o por los testigos de asistencia a las partes dentro de las cuarenta y ocho horas siguientes a haber sido dictado, lo mismo se debe hacer en caso de discordia con los votos de los árbitros, pasándose los autos al tercero.

Para la ejecución del fallo se deberán pasar la sentencia y los autos al juez ordinario, lo mismo en el caso de autos y decretos. Si las partes estuviesen conformes o bien si existe la renuncia a todos los recursos, el juez deberá mandar ejecutar la sentencia. En caso de existir algún recurso conforme a derecho lo debe admitir y remitir los autos al tribunal superior, sujetándose en todos sus procedimientos a lo dispuesto para los juicios ordinarios, *comunes* señalara el Proyecto de Reformas y los Códigos de 1880 y 1884.[350]

VI. De los recursos en el juicio de árbitros

Los recursos son tramitados conforme a las reglas establecidas para los que se entablan en los tribunales ordinarios[351] y en caso de haberse establecido una pena convencional por su interposición, la misma deberá ejecutarse sin excusa antes de la admisión del recurso. Conocerán de los mismos los tribunales ordinarios, salvo, señala el Código de 1884 en su artículo 1333 que las partes hubieren nombrado árbitros para la segunda instancia y en el caso del recurso de casación del que siempre deberá conocer el tribunal ordinario.

Cuando exista la renuncia expresa a todos los recursos legales, ninguno podrá ser admitido, si solamente se renunció a algunos o bien a ninguno, se pueden admitir cuando, atendido el interés del pleito, deban admitirse en los tribunales ordinarios conforme a derecho.

En todo caso, aun cuando se hubiere renunciado a todo recurso cabrá el de casación, por infracción a las reglas de sustanciación fijadas por las partes o por la ley. Tanto en el Proyecto de Reformas como en los Códigos de 1880 y 1884 se establece «Aun cuando se haya renunciado todo recurso, no se tendrá por excluido el de casación, siempre que la sentencia no se haya arreglado á

---

349. Código de 1872, art. 1354, Código de 1884, art. 1320.

350. Código de 1872, art. 1359, Proyecto de Reformas, p. 323, Código de 1880, art. 1322 y Código de 1884, art. 1325.

351. Los recursos en el Código de 1872 son los de aclaración, revocación, apelación, denegada apelación, súplica, denegada súplica y casación. En el Código de 1884 son los de aclaración, revocación, apelación, denegada apelación y casación.

los términos del compromiso, ó que se haya negado á las partes la audiencia, la prueba ó las defensas que pretendieren hacer, establecidas por el compromiso ó por la ley, en defecto de estipulación expresa.» [352]

El Código de 1870 establecía en su artículo 1365 que también habría siempre lugar a la aclaración de la sentencia, recurso que se debía entablar ante el juez ordinario quien devolvería los autos a los árbitros para los efectos legales. El Proyecto de Reformas no toca el citado artículo. En el artículo 1328 del Código de 1880 y 1330 del Código de 1884 se modifica lo relativo a la procedencia de dicho recurso, señalándose únicamente que deberá entablarse ante los mismos árbitros.

VII. De los arbitradores

Los Códigos procesales dedican la última parte del espacio dedicado al arbitraje al tema de los arbitradores. De inicio se establece que las reglas establecidas para los árbitros son aplicables a los arbitradores con las siguientes excepciones:

1. Si el interés del pleito no pasa de quinientos pesos, el compromiso puede otorgarse por escrito privado ante tres testigos;[353]

2. Los concursos, testamentarías, intestados y demás negocios en que se interesen menores o establecimientos públicos no pueden sujetarse al juicio de arbitradores;

3. Los arbitradores no están obligados a sujetarse a los preceptos legales para la sustanciación del juicio, pero, añade el artículo 1336 del Código de 1880 y 1337 del Código de 1884 «llevarán sus actuaciones en el papel timbrado correspondiente»;

4. No obstante lo anterior, los arbitradores deberán recibir las pruebas, oír los alegatos y citar para sentencia, y añaden tanto el Proyecto de Reformas como el artículo 1337 del Código de 1880 y 1338 del Código de 1884 «salvo lo estipulado por las partes en el compromiso.»

5. Los arbitradores solamente son responsables en los casos en que no se sujeten a lo prevenido en materia de admisión de pruebas, alegatos y citación para sentencia.

6. Los arbitradores no tiene obligación de fallar conforme a las leyes, pudiendo hacerlo según los principios de equidad.

7. De los laudos de los arbitradores no caben más recursos que los que las leyes conceden respecto de las demás sentencias y añaden tanto el Proyecto de

352. Código de 1872, art. 1364, Proyecto de Reformas, pp. 323-324, Código de 1880, art. 1327, Código de 1884, art. 1329.

353. Esta disposición no se encuentra en el Código de 1884 dentro de la sección de los arbitradores, sino en el artículo 1243 al tratar del compromiso arbitra.

Reformas como el artículo 1340 del Código de 1880 y 1341 del Código de 1884.

8. Si el interés del pleito pasare de quinientos pesos, pero no de mil, se observará respecto de los recursos que no se hubieren renunciado lo dispuesto para los juicios verbales;[354] y

9. La sentencia de los arbitradores produce los mismos efectos que la de los árbitros y en su ejecución se deberá proceder de la misma forma.

Posteriormente y ya en el siglo XX y con la expedición del *Código Civil para el Distrito y Territorios Federales en Materia Común y para Toda la República en Materia Federal* de 1928 se formuló un nuevo *Código de Procedimientos Civiles para el Distrito Federal* que se publicó en el *Diario Oficial de la Federación* del primero al veintiuno de septiembre de 1932, iniciando su vigencia el primero de octubre de ese mismo año.

2. Arbitraje comercial

En materia de arbitraje comercial, debemos tener presente que una vez consumada la independencia de México, las Ordenanzas de Bilbao se constituyeron en el cuerpo de leyes de comercio que rigió al país, con excepción de lo relacionado con la organización de los consulados, pues éstos fueron suprimidos por decreto del 16 de octubre de 1824.

De dispuso en 1824 que los pleitos que se suscitaren en territorios federales en materia mercantil se determinarían por los alcaldes o jueces de letras en sus respectivos casos, asociados con dos colegas que escogerían entre cuatro propuestos por las partes, arreglándose según las leyes vigentes en la materia.

El *Reglamento Político Provisional del Imperio Mexicano* de 18 de diciembre de 1822 en su artículo 58 estableció que mientras subsistieran los consulados, únicamente podrían ejercer el oficio de jueces conciliadores en asuntos mercantiles, pudiendo ejercer el de árbitros por convenio de las partes. Esa fue la práctica observada hasta el 15 de noviembre de 1841 en que el Poder Ejecutivo, en uso de facultades extraordinarias introdujo el *Decreto de Organización de las Juntas de Fomento y Tribunales Mercantiles*[355] que fue complementado por el *Decreto de 20 de enero de 1842* relativo al régimen interior de los Tribunales y por el *Decreto de Primero de Julio de 1842* que reformó la organización de los Tribunales Mercantiles para facilitar el despacho de los asuntos.

---

354. De los juicios verbales trata el Código de 1872 en los artículos 1079 a 1145, el Código de 1884 lo hace de los artículos 1071 a 1130.

355. Ver *Nuevo Febrero Mexicano, op. cit.*, nota 331, p. 506.

Los Tribunales Mercantiles se erigieron en las capitales de los departamentos, en los puertos habilitados para el comercio extranjero y en las plazas interiores designadas por los gobernadores y juntas departamentales respectivas. Se integraban de un presidente y dos colegas. Les correspondía conocer en el lugar de su residencia de todos los pleitos que en él se suscitaren sobre negocios mercantiles, siempre que el interés del mismo fuera superior a los cien pesos, de los pleitos que no excedieran dicha cantidad seguirían conociendo los alcaldes y jueces de paz.

Los Tribunales Mercantiles se arreglaban en la decisión de los negocios de su competencia a las *Ordenanzas de Bilbao* en lo que no estuviesen derogadas, mientras se formaba el *Código de Comercio* de la República.[356]

Si bien existía un procedimiento especializado para los asuntos mercantiles, el procedimiento ante este tribunal no puede considerarse arbitral dado que:

1. Es un Tribunal Estatal, a diferencia de los Tribunales Consulares que eran de particulares; y
2. No existe la libertad de las partes para elegir a los árbitros.

A lo anterior podemos añadir que no existía ninguna otra opción para solucionar las controversias mercantiles y que al expedirse el *Código de Comercio* de 1854 se trata no solamente de los Tribunales de Comercio sino del arbitraje comercial, diferenciando claramente uno del otro.

No será sino durante el gobierno de Santa Anna con el *Código de Comercio de México* de 1854 que se restablece al arbitraje comercial, esta vez como método alternativo de solución de controversias mercantiles. El llamado Código Lares se inspiró en el Código de Comercio francés y en el español de 30 de mayo de 1829, de Sainz de Andino. Tuvo una pretendida vigencia general, aunque bastante corta dado que, por la Revolución de Ayutla, el régimen de Santa Anna fue derrotado el 4 de octubre de 1855 cuando, habiendo renunciado a la presidencia, el nuevo Presidente fue Juan Álvarez quien quedó como interino.

---

356. Disposición que se fue confirmada por los artículos 45 y 77 de la llamada Ley Juárez o *Ley de Administración de Justicia y Orgánica de los Tribunales de la Federación* de 22 de noviembre de 1855. Véase Mercado, Florentino, *Libro de los Códigos, ó prenociones sintéticas de codificacion romana, canónica, española y mexicana, por...*, México, Imprenta de Vicente G. Torres, 1857, p. 567. (De esta obra existe una edición facsímil del Tribunal Superior de Justicia del Distrito Federal). Se puede consultar en Fairén Guillén, Víctor y Soberanes Fernández, José Luis, *La administración de justicia en México en el siglo XIX, México*, Tribunal Superior de Justicia del Distrito Federal, 1993, pp. 251-255.

Con el triunfo de la Revolución de Ayutla los liberales desconocieron la legislación expedida durante el periodo, a excepción del Código Lares. Cabe destacar que sí tuvo vigencia general durante el Segundo Imperio Mexicano (1863-1867), por decreto de 15 de julio de 1863. Con el triunfo de la República, el Código se mantuvo vigente solamente en algunos estados como Puebla y México, aplicándose nuevamente las *Siete Partidas* y las *Ordenanzas de Bilbao.*

Como ya señalamos, en el Código Lares se mantienen los Tribunales de Comercio, del que tratan los primeros cuatro Títulos del Libro Quinto.

El Código Lares trata brevemente el tema del arbitraje en el Título V, del Libro Quinto, titulado «Del Juicio Arbitral» y que abarcaba de los artículos 1011 al 1021.[357] Establecía que toda contienda sobre negocios mercantiles podía ser comprometida en juicio de árbitros, hubiera o no pleito iniciado sobre ella, o en cualquier estado que éste tuviere hasta su conclusión.

El compromiso celebrado para tal efecto se debía hacer constar ya sea:

a. en escritura pública.

b. por escrito presentado en los autos, si hubiere ya pleito comenzado.

c. por convenio ante el tribunal.

d. por contrato privado entre las partes que conste por escrito y se firme por éstas.

En el compromiso se debían expresar:

1. Los nombres de los interesados, su domicilio y vecindad.
2. El negocio sobre el que versa la contienda.
3. Los nombres del árbitro o árbitros nombrados por las partes. En caso de no haber sido ya electos, se deberá expresar el término dentro del cual han de elegirse, y si han de ser comerciantes o de cualquiera otra profesión.
4. Si los mismos árbitros han de nombrar el tercero para el caso de discordia, o si el tribunal lo ha de nombrar en su caso.
5. El plazo dentro del cual deban pronunciar su laudo los árbitros y en el que deba dirimir la discordia el tercero. Si bien, el término del compromiso podía prorrogarse con el consentimiento unánime de las partes.
6. Si las partes renuncian a los recursos de apelación, albedrío de buen varón o cualquier otro.
7. Si las partes se imponen alguna multa en que haya de incurrir el que no cumpla con alguna de las cláusulas estipuladas o que no se sujete a la sentencia que haya de pronunciarse.

---

357. *Código de Comercio de México*, México, Imprenta de José Mariano Lara, 1854.

Los árbitros al aceptar el cargo, debían examinar si el compromiso cumple con los requisitos señalados. Faltando alguno de ellos, debían solicitar a las partes que llenasen la laguna en cuestión, de no hacerlo se tendría por nulo el compromiso.

Una vez aceptado el encargo, los árbitros no podían dejar de cumplirlo y tocaba al Tribunal de Comercio apremiarles a ello, con la posibilidad en caso extremo de imponerles alguna pena pecuniaria, según el interés del negocio y condenarles al resarcimiento de daños y perjuicios que se hayan podido ocasionar a las partes.

En cuanto a la recusación de los árbitros, se estableció que éstos no son recusables sino con expresión y prueba de causa que haya nacido, o llegado á noticia del recusante después del compromiso, y que tocaba calificar al Tribunal de Comercio.

El recusante en el mismo día en que hubiere interpuesto la recusación ante el árbitro, se debía presentar ante el Tribunal a denunciarla, exponiendo en el las razones y constancias en que funde su solicitud. El Tribunal debía hacer depositar al recusante cierta cantidad como pena para el caso de no probar la recusación y dar traslado de esta a la parte contraria, concediendo el término improrrogable y fatal de tres días para probar la causa.

Al mismo tiempo emplazaría a los interesados a su presencia para que ocurran a conocer su fallo. En caso de admitirse la recusación, el recusante debía nombrar a un nuevo árbitro en el término breve que el juez señale y en su defecto lo efectuará el Tribunal, en caso contrario, seguirá el juicio arbitral según su estado, teniéndose como suspenso durante estas diligencias.

En caso de muerte de alguno de los árbitros, la parte a quien corresponda deberá proceder a nombrar persona que le reemplace. No haciéndolo, el Tribunal lo hará de oficio.

Como señalamos, una vez aceptado por los árbitros su encargo, procederán en vista de la calidad del negocio y del plazo que se les ha otorgado a fijar los términos siguientes:

1. Al actor para que entable su demanda acompañada de los documentos que juzgue convenientes.
2. Al demandado para que conteste.
3. El necesario para la rendición de pruebas.
4. El indispensable para que se impongan de éstas, después de publicadas, los litigantes.
5. El que se reserven para examinar el negocio y sentenciar.

Los términos fijados por los árbitros pueden ser ampliados o restringidos a petición motivada de parte, o bien de oficio si la prudencia así lo dictare.

Contra las sentencias arbitrales caben el recurso de apelación y el de albedrío de buen varón, siempre y cuando no hayan sido renunciados. De ellos conoce el Tribunal de Comercio, donde se substanciará y determinará en segunda instancia el recurso, o se reducirá el laudo pronunciado. Del recurso de súplica que corresponda en este caso, conoce la sala del Tribunal que conozca en tercera instancia de los negocios mercantiles.

En 1869 se elaboró un proyecto de Código Mercantil para el Distrito Federal, otro proyecto se preparó en 1880.

Hasta entonces la materia mercantil era de carácter local. El 14 de diciembre de 1883 se reformó la Constitución en el sentido de reservar a la Federación la facultad legislativa en materia de comercio, para expedirse el 20 de abril de 1884 el *Código de Comercio de los Estados Unidos Mexicanos* que entró en vigor el 20 de julio de ese mismo año, con base en los dos proyectos mencionados.[358]

El Código de Comercio de 1884 no contempla al arbitraje como medio de solución de controversias mercantiles, si bien en el Libro Sexto que trata de los juicios mercantiles se trata del procedimiento convencional[359] consistente en la posibilidad de que los jueces se sujeten al procedimiento pactado por las partes siempre y cuando se cumplan ciertas condiciones como son su otorgamiento mediante instrumento público o ante el juez que deba conocer o conozca de la demanda, que se conserven las partes sustanciales del juicio que son demanda contestación y prueba y que no se alteren la gradación establecida en los tribunales ni su jurisdicción.

Como puede apreciarse, el procedimiento convencional si bien se acerca enormemente al arbitraje no es tal, ya que quien conoce del asunto es el juez quien conserva su carácter de autoridad frente a las partes.

El *Código de Comercio* de 1884 fue sustituido por el actual *Código de Comercio de los Estados Unidos Mexicanos* promulgado el 15 de septiembre de 1889 y que entró en vigor el primero de enero de 1890. Su fuente principal fue el *Código de Comercio* Español de 1885.[360]

El actual *Código de Comercio* sí contemplaba al arbitraje como medio de solución de controversias al tratar del procedimiento convencional en el Libro Quinto, Título I.

---

358. *Código de Comercio de los Estados Unidos Mexicanos*, México, Tipografía de Clarke y Macías, 1884.

359. Arts. 1503-1506.

360. *Código de Comercio de los Estados Unidos Mexicanos,* México, Tip. El Gran Libro de F. Parres y Comp. Sucs., 1889.

El artículo 1051 disponía que «El procedimiento mercantil preferente á todos es el convencional. A falta de convenio expreso de las partes interesadas, se observarán las disposiciones de este Libro, y en defecto de éstas ó de convenio, se aplicará la ley de procedimientos local respectiva.» Asimismo, el artículo 1052 señalaba que los jueces se sujetarían al procedimiento convencional pactado por las partes si:

1. Fue otorgado mediante instrumento público o póliza ante corredor o bien ante el juez que conozca de la demanda en cualquier estado del juicio.
2. Se conservan las partes sustanciales del juicio, que son la demanda, la contestación y la prueba cuando proceda.
3. Que no se señalen como pruebas admisibles las que no lo son conforme a las leyes.
4. Que no se alteren la gradación establecida en los tribunales ni su jurisdicción.
5. Que no se disminuyan los términos que las leyes conceden a los jueces y tribunales para pronunciar sus resoluciones.
6. Que no se convenga en que el negocio tenga más recursos o diferentes de los que las leyes determinan, conforme a su naturaleza y cuantía.

El artículo 1053 establecía por su parte los requisitos de la escritura pública, póliza o convenio judicial, que debía contener:

1. Los nombres de los otorgantes.
2. Su capacidad para obligarse.
3. El carácter con el que contraen.
4. Su domicilio.
5. El negocio o negocios en que se ha de observar el procedimiento convenido.
6. La sustanciación que debe observarse.
7. Los medios de prueba que renuncien los interesados, cuando convengan en excluir alguno de los que la ley permite.
8. Los recursos legales que renuncien, cuando convengan en que no sea admisible alguno de los que concede la ley; y
9. El juez o *árbitro* que debe conocer del litigio para el cual se conviene el procedimiento.

En este caso, el Código abría nuevamente las puertas al arbitraje comercial, esta vez incluyendo la figura del árbitro en el procedimiento convencional.[361]

---

361. Cabe mencionar que en el *Índice alfabético de las disposiciones contenidas en el Código de Comercio de los Estados Unidos Mexicanos que comenzará á regir el 1 de Enero de 1890*, preparado por Manuel Covarrubias Acevedo y que se publicó en 1889, no existen las voces árbitro, arbitraje, arbitral, etc.

El artículo 1051 se modificaría posteriormente para incluir en su texto al árbitro quedando como sigue:

> «El procedimiento mercantil preferente a todos es el que libremente convengan las partes con las limitaciones que se señalan en este libro, pudiendo ser un procedimiento convencional ante Tribunales o un procedimiento arbitral.»

Esta situación de la regulación del arbitraje comercial en el Código de Comercio cambiaría radicalmente con la publicación del *Decreto por el que se reforma, adiciona y deroga diversas disposiciones del Código de Comercio*, publicado en el *Diario Oficial de la Federación* del 4 de enero de 1989. Originalmente, adoptando en parte la *Ley Modelo de Arbitraje* elaborada por la Comisión de Naciones Unidas para el Derecho Mercantil (CNUDMI o UNCITRAL por sus siglas en inglés), además de algunas disposiciones del Código de Procedimientos Civiles para el Distrito Federal.

Sin embargo, y debido a que las reformas no tuvieron los resultados esperados, el 22 de julio de 1993 se sustituyeron por una nueva reforma con la rúbrica *Del Arbitraje Comercial*. Con ella se incorporó sustancialmente la *Ley Modelo* más algunas disposiciones del *Reglamento de Arbitraje de CNUDMI de 1976*, en lo referente a costas y otras reglas de procedimiento, que veremos más adelante.

La más reciente reforma al Código de Comercio de 1889 en materia de arbitraje se publicaron en el *Diario Oficial de la Federación* del 27 de enero del 2011 en materia de ejecución de acuerdos arbitrales, cooperación judicial, juicio especial sumario y medidas precautorias.[362]

1.4. Experiencia de México en el Arbitraje Internacional

Entre las convenciones multilaterales de las que México forma parte, destacan el *Tratado de Arbitraje Obligatorio* del 29 de enero de 1902 publicado en el *Diario Oficial del Supremo Gobierno de los Estados Unidos Mexicanos* del 25 de abril de 1903 y el *Tratado General de Arbitraje Interamericano y Protocolo de Arbitraje Progresivo* del 5 de enero de 1929 que fue aceptado con reservas y declaraciones, publicado en el *Diario Oficial. Órgano del Gobierno Constitucional de los Estados Unidos Mexicanos* del 11 de abril de 1930.

362. Un comentario sobre las reformas en GONZÁLEZ DE COSSÍO, Francisco, «La modificación al derecho arbitral mexicano. Un comentario«, en *Revista de derecho privado,* México, IIJ, UNAM, Número 1, Enero-Junio, 2012.

En cuanto a los bilaterales destacan entre otros a los firmados con Brasil[363]; con Colombia[364] y con el Reino de Italia[365].

Le ha tocado a México participar en varios conflictos internacionales cuyos resultados en gran parte, le han sido negativos. Las materias tratadas han sido muy diversas, integrándose una parte considerable por reclamaciones particulares de extranjeros, apoyadas por sus gobiernos contra el gobierno mexicano, y otra por conflictos territoriales.[366]

1.4.1. Las Comisiones Mixtas de Reclamaciones

A lo largo de casi todo el siglo XIX y parte del actual, trabajaron con gran actividad las llamadas «Comisiones Mixtas de Reclamaciones», desde 1839 hasta 1935, las que fueron como asienta Don Antonio GÓMEZ ROBLEDO: «Verdaderos tribunales de arbitraje... ya que se integraron por jueces elegidos por las partes interesadas, y la norma fundamental de sus decisiones fue el derecho positivo vigente; que son, en suma, los dos requisitos cuya concurrencia configura la institución del arbitraje desde los tiempos más remotos, así en derecho interno como en derecho internacional».[367]

La Actividad desplegada por las Comisiones fue importante, constituyéndose en las siguientes:

1. Comisión General con los Estados Unidos de América
2. Comisión especial con Francia
3. Comisión especial con Gran Bretaña
4. Comisión especial con España
5. Comisión especial con Alemania
6. Comisión especial con Italia
7. Comisión especial con Bélgica.
8. Comisión especial con Estados Unidos de América.

---

363. Publicado en el *Diario Oficial de la Federación* del 15 de enero de 1912.

364. Publicado en el *Diario Oficial de la Federación* del 6 de octubre de 1937.

365. Publicado en el *Diario Oficial de la Federación* del 9 de junio de 1908.

366. Sobre la experiencia de México en el arbitraje internacional véase CRUZ MIRAMONTES, Rodolfo, «El arbitraje en México», *The Arbitration,* Milán, Inchieste di Diritto Comparato M. Rotondi, Giuffre Editore, 1991, pp. 95-100.

367. GÓMEZ ROBLEDO, Antonio, *México y el Derecho Internacional*, México, Editorial Porrúa, S. A., 1965, p. IX.

Cabe señalar que ante la Comisión Mixta México-Norteamericana cuyas labores se iniciaron el 19 de enero de 1870, se presentaron 1,017 quejas norteamericanas y 998 mexicanas y en la Comisión General entre los mismos países de 1923, se conocieron 2,781 reclamaciones norteamericanas y 836 mexicanas que fueron incrementadas.

Fueron diversos los resultados obtenidos, pero sin duda que varios principios jurídicos aplicables en estos casos fueron puestos a prueba y la experiencia conforma un acervo muy importante en la especie. En opinión de diversos especialistas la decantación de la "Cláusula Calvo" aplicable en la protección diplomática a los intereses de sus ciudadanos en perjuicio la soberanía e independencia de los estados en donde se hallan domiciliados, recibió aquí su confirmación como principio legítimo en Derecho Internacional.[368]

Comentarios aparte merecen tres casos de arbitraje internacional conocidos como *El Fondo Piadoso de las Californias*, el de *El Chamizal* y el de *La Isla de la Pasión* o *Cliperton*.

1.4.2. El Fondo Piadoso de las Californias

El Primero de los mencionados tiene su origen durante el virreinato, cuando la Corona Española en 1685 consideró materialmente imposible evangelizar California, lo que llevó a los Padres Kino, Ugarte y Salvatierra a integrar, con donativos de particulares, un fondo común que los financiase en tal propósito, sin afectar a la Real Hacienda y cuyo beneficiario fuese la Compañía de Jesús.

A consecuencia de la guerra de Independencia y del Tratado definitivo de paz y amistad entre México y Espala del 29 de diciembre de 1836, mediante el que le fue reconocida[369], México se subrogó en todos los derechos y obligaciones de España y entre otras, estaba el administrar el Fondo y entregar los frutos en la forma dicha.

Con posterioridad a la guerra México-norteamericana de 1847, se firmó el Tratado de Paz de Guadalupe Hidalgo[370], en el que México cedió la Alta California lo que dio fin al Obispado mexicano de las dos Californias.

---

368. Para conocer en detalle los casos ventilados y las resoluciones emitidas por las Comisiones, se sugiere consultar entre otros: ABRAHAM J. Feller, *The Mexican Claims Commissions*, New York, 1935 y Luis Miguel DÍAZ, *México y las Comisiones Internacionales de Reclamación*, México, Instituto de Investigaciones Jurídicas, UNAM, 1983, 2 tomos.

369. Véase CRUZ BARNEY, Oscar, *op. cit,* nota 255.

370. Sobre este tratado véase José Luis SOBERANES FERNÁNDEZ y Juan Manuel VEGA GÓMEZ, *El Tratado Guadalupe Hidalgo en su sesquicentenario,* México, Cuadernos Constitucionales México-Centroamérica 28, Instituto de Investigaciones Jurídicas, UNAM, 1998.

Tiempo después en 1870 el Arzobispo de San Francisco, los obispos de Monterrey y de Grass Valley respectivamente, demandaron del Gobierno de México el pago de los réditos pendientes adeudados desde el día 2 de febrero de 1848 (fecha en que se firmó el Tratado de Paz mencionado) estimándolos en la suma de $1,870,292.00 dólares norteamericanos.

La Comisión Mixta de Reclamaciones ante quien se presentó la demanda, desechó la excepción de incompetencia y designó como árbitro a Sir Edward Thronton, Ministro Plenipotenciario de la Gran Bretaña en Washington, quien el día 11 de noviembre de 1875 pronunció su laudo, haciendo a un lado los bien fundados argumentos de la defensa que lo llevó a pronunciar un fallo evidentemente injusto e ilegítimo al condenar a México al pago de $940,070.79 en oro del curso legal.

Pese a la violación al derecho, fueron pagados debidamente los réditos en cuestión, pero el problema no terminó ahí, sino que diez y seis años después, en 1886, las mismas jerarquías eclesiásticas por conducto del embajador norteamericano en México, Thomas Ryan, demandaron exactamente la misma suma, por la misma causa legal, por el lapso transcurrido en ese plazo.

En mayo de 1902 se firmó por ambos países el Protocolo de Compromiso y se eligió al recién creado *Tribunal Arbitral de la Haya*, para que conociera el caso. En el mismo año, en fecha 14 de octubre de 1902 se pronunció el fallo declarando procedente la demanda, desechando las excepciones y condenando a México a pagar la suma de $1.420,682.27 dólares adeudados hasta el 2 de febrero de 1902 y de ahí en adelante, a perpetuidad, ¡la cantidad de $43,050.99 dólares anuales!

Por razones económicas México dejó de cubrir varias anualidades y se negoció un finiquito definitivo que concluyó con esta obligación, el 1o. de agosto de 1967, habiéndose cubierto como pago único y último, la suma de $71,546.00 dólares, «De esta manera México reitera su política de respeto a las decisiones de los Tribunales Internacionales y, de manera más general, su convicción de que las controversias internacionales se deben resolver invariablemente por los medios que regula el Derecho Internacional».[371]

---

371. Boletín de Prensa de la Secretaría de Relaciones Exteriores de México, 1o. de agosto de 1967. Para profundizar en el conocimiento del asunto ver: Antonio Gómez Robledo *op. cit.* nota 367, pp. 1 a 101; Luis G. Zorrilla, *Historia de las Relaciones entre México y los Estados Unidos de América.* Editorial Porrúa, S. A., México 1966 a pp. 155 a 163; Velázquez, Ma. del Carmen, *El Fondo Piadoso de las Californias*, México, Secretaría de Relaciones Exteriores, 1985; Cortina González, Aurora, «El Fondo Piadoso de las Californias», *Memoria del IV Congreso de Historia del Derecho Mexicano*, México, UNAM, Instituto de Investigaciones Jurídicas, 1988, pp. 225 a 244.

1.4.3. *El caso de "El Chamizal"*

El problema se originó por la modificación brusca del cauce del Río Bravo o Grande que servía de frontera entre México y los Estados Unidos de Norteamérica en un tramo comprendido entre El Paso, Texas y Ciudad Juárez, Chihuahua, antes Paso del Norte, en 1864.

Por la complejidad del problema fracasaron las negociaciones diplomáticas y no pudo tampoco ser ventilado ante la Comisión de Límites de 1889.

Se elevó el asunto años después al conocimiento de un Tribunal Ad-Hoc de Arbitraje en mayo de 1911 habiéndose pronunciado el laudo poco después el 15 de junio de 1911, dividiendo la superficie en disputa, de 243 hectáreas entre las partes. No satisfizo plenamente a ninguna y el Gobierno Norteamericano se negó a acatarla, por lo que el problema quedó subsistente.

Diversas gestiones se fueron celebrando por ambos países, pero tanto por una falta de voluntad real de resolverlo, como por cuestiones ajenas tales como el período revolucionario mexicano, las dos guerras mundiales y otros, prolongaron este foco de conflicto hasta el 29 de agosto de 1963 en que se elaboró un Acuerdo en el que se plantea una solución definitiva siguiendo los lineamientos generales del laudo y se observan las recomendaciones técnicas de la Comisión Internacional de Límites y Aguas que tan útil y eficiente ha sido, enderezándose el cauce del río y resolviendo de paso otras cuestiones.[372]

---

372. Ver entre otros documentos y estudios: Dr. Antonio GÓMEZ ROBLEDO, *op. cit.*, nota 367, pp. 161 a 286; Luis G. ZORRILLA, *op. cit*, nota 371, pp. 165 a 174; Cesar SEPULVEDA, «El Chamizal y algunas cuestiones diplomáticas pendientes entre México y los Estados Unidos», en *Revista de la Facultad de Derecho de México.* Tomo XII, 1962, No. 47, UNAM, pp. 487 a 491, y en su *Derecho Internacional*, Decimoquinta Edición, México, Ed. Porrúa, S. A., 1986, pp. 227 a 232; Gladys GREGORY, *The Chamizal Settlement, a View from El Paso*, EUA, Texas Western College Press, Vol. I, No. 2, 1963; Rodolfo CRUZ MIRAMONTES, «Análisis de la Solución dada al problema de «El Chamizal«, *Lecturas Jurídicas*, México, Universidad de Chihuahua, No. 18, 1964, pp. 45 a 67, publicado también en *La Frontera del Norte*, México, El Colegio de México, 1978, REYES RETANA TELLO, Ismael, «México frente al arbitraje internacional: el caso de El Chamizal«, *Revista mexicana de política exterior,* México, Secretaría de Relaciones Exteriores, Instituto Matías Romero de Estudios Diplomáticos, Nueva Época, núm. 43, abril-junio, 1994, entre otros muchos y desde luego de indispensable lectura: CASASÚS, Joaquín D., *El Chamizal. Demanda, réplica, alegato e informes presentados por el Licenciado Joaquín D. Casasús ante el Tribunal de Arbitraje y sentencia pronunciada por el mismo tribunal*, México, Eusebio GÓMEZ DE LA PUENTE, Editor, 1911; y SIERRA, Carlos J., *El Chamizal, monumento a la justicia internacional*, México, Secretaría de Hacienda y Crédito Público, Dirección General de Prensa, Memoria, Bibliotecas y Publicaciones, 1964.

1.4.4. La Isla de la Pasión o Cliperton

Constituye el tercero de los casos que México sometió al arbitraje y en esta ocasión el Rey de Italia, Víctor Manuel III fue quien resolvió el problema.

Dicha porción territorial es propiamente un atolón de origen volcánico y formación coralina con una laguna central que mide cerca de tres millas y media de largo por dos y media de ancho, ubicándose a los 10° 17' de latitud norte y a una distancia de 1000 kilómetros de las costas mexicanas.

Desde 1527 fue mencionada por un oficial del conquistador español de México, Don Hernán Cortés, llamado Alvaro de Saavedra y Cerón y en 1820 aparece en el plano geográfico de la América Septentrional.

Francia pretendió reivindicarla por ser en su opinión «es nullius» y haber tomado posesión virtual de la misma en 1858 y en otros más, pero sin haber realmente tomado posesión de ella.

Pese a ello formuló el 15 de junio de 1889 una nota diplomática de reserva de derechos a la que se opuso México por ser causahabiente de España, a cuyo territorio perteneció la isla y por otras razones entre las que mencionó que en 1897, marinos mexicanos habían izado el pabellón nacional al atracar en la misma el cañonero *Demócrata* el 15 de diciembre de ese año.

Al no llegar a un entendimiento, convinieron ambos países el 2 de marzo de 1909, acudir al arbitraje. El día 31 de enero de 1931 el árbitro pronunció su fallo descartando el alegato mexicano y considerando por ende que la isla era «es nullius» en 1858, lo que validaba la reclamación francesa y en 1934, México notificó a Francia su acatamiento al laudo.[373]

De la experiencia sufrida parcialmente relatada anteriormente, deriva el Maestro César Sepúlveda la opinión siguiente:

«La conclusión inescapable es que respecto a México, el arbitraje no ha constituido un método útil o convincente para solucionar controversias con otras naciones, más bien ha constituido una carga incómoda».[374]

---

373. Ver Antonio Gómez Robledo, *op. cit.*, nota 367, pp. 105 a 147; ver asimismo la colaboración del Dr. Rodolfo Cruz Miramontes, *Manual de Derecho Internacional para Oficiales de la Armada de México*, Secretaría de Relaciones Exteriores, Secretaría de Marina, México, 1981, pp. 96 y 97. Existe una segunda edición bajo el título de *Compendio de derecho internacional para oficiales de la Armada de México*, México, Secretaría de Relaciones Exteriores, Instituto Matías Romero de Estudios Diplomáticos, 1993. También Sepúlveda, César, «Historia y problemas de los límites de México: I. La Frontera Norte», *Historia Mexicana*, México, El Colegio de México, núm. 29, 1958.

374. Sepúlveda, César, *op. cit.*, nota 372, p. 396.

2. El Arbitraje Comercial: su regulación jurídica y ejercicio profesional

¿Se podría considerar que lo dicho contiene toda la normatividad del Arbitraje en México y que no existen otros preceptos que incidan en su regulación? La respuesta es negativa, toda vez que adicionalmente a las susodichas y a otras más aún no comentadas, se ubican varias que han sido aceptadas al aprobar y ratificar en la forma debida, varios tratados internacionales que se ocupan de diversas áreas del arbitraje comercial y que se convierten en Derecho Nacional, pero además con rango constitucional por así consignarlo el artículo 133 de la Constitución en vigor.[375]

De conformidad con dicho precepto, no se requiere incorporar a las diversas leyes las obligaciones así contraídas, por lo que automáticamente se consideran como obligatorias dándose el caso en la materia que nos ocupa, de que existen disposiciones sobre el arbitraje comercial que están en vigor al haber suscrito México varios tratados que se ocupan del arbitraje comercial.

Estos tratados requieren solamente para ser incorporados a la legislación interna, de ser promulgados y publicados mediante decretos administrativos emitidos por el propio Poder Ejecutivo; son muy parecidos a los "*self executing*" y las diferencias entre ambos son mínimas «...y más bien de carácter técnico que político».[376]

Actualmente se han aprobado y ratificado el Convenio de Nueva York de 1958[377], que se ocupa del «Reconocimiento y Ejecución de las Sentencias Arbitrales Extranjeras». Asimismo la Convención Interamericana sobre Arbitraje Comercial Internacional de Panamá del 29 de enero de 1975[378] y otras Convenciones que se ocupan a grandes rasgos, de la cooperación internacional en materia procesal y que inciden necesariamente en el procedimiento arbitral. A

---

375. Para conocer el tema, ver entre otros, los trabajos presentados en las *Jornadas de Homenaje a la Constitución, en su sexagésimo aniversario*, Instituto Matías Romero de Estudios Diplomáticos, Secretaría de Relaciones Exteriores, México, 1977; Dr. Luis Miguel Díaz, «Los Tratados Internacionales y la Constitución», en *Anuario Jurídico.* núm. X. UNAM, México, 1983. Ver desde luego la Tesis P.LXXVII/99 de la Suprema Corte de Justicia publicada en el *Semanario Judicial de la Federación*, tomo X, noviembre de 1999, p. 46.

376. Sepúlveda, César, *op. cit.*, nota 372, p. 75.

377. Fue aprobada el 15 de octubre de 1970 y promulgada por el Ejecutivo el día 1° de junio de 1971. Ver *Diario Oficial de la Federación* del día 22 del mismo mes y año.

378. Promulgada según Decreto publicado en el *Diario Oficial de la Federación* del 27 de abril de 1978.

efectos de precisar a cuales nos referimos, paso a enlistarlas a continuación en la forma en que lo hiciera el Dr. Cipriano Gómez Lara en un estudio.[379]

Nos advierte el Maestro que gran parte de dichos convenios surgieron en las Tres Conferencias Interamericanas de Derecho Internacional celebradas en Panamá en 1975, en Montevideo en 1979 y en La Paz en 1984, que no sólo son derecho vigente y positivo por disposición constitucional conforme ya se dijo, sino por haberse incorporado en gran parte a los Códigos de Procedimientos Civiles Federales y del Distrito Federal a principios de 1988.[380] Dichos convenios son en materia de: Exhortos y cartas rogatorias del 25-IV-1978; Poderes para ser utilizados en el extranjero del 19-VIII-1987; Recepción de pruebas en el extranjero del 2-V-1978; Arbitraje internacional del 9-II-1978; Eficacia extraterritorial de las sentencias y los laudos extranjeros del 20-VIII-1987; Domicilio de las personas físicas en el derecho internacional privado del 19-VIII-1987; Normas generales de derecho internacional privado del 21-IX-1984; Prueba e información acerca del derecho extranjero del 29-IV-1983; Adicional sobre exhortos y cartas rogatorias del 28-IV-1983; Conflictos de leyes en materia de adopción de menores del 21-VIII-1987; Adicional sobre recepción de pruebas en el extranjero del 7-IX-1987; Personalidad y capacidad de personas jurídicas en el derecho internacional privado del 19-VIII-1987; Competencia en la esfera internacional para la eficacia extraterritorial de las sentencias extranjeras del 28-VIII-1987.

Habida cuenta de lo anterior y con el propósito de armonizar al Derecho Procesal Nacional con las numerosas convenciones internacionales aceptadas y ya vigentes, en el mes de enero de 1988 se reformaron tanto los *Códigos de Procedimientos Civiles para el Distrito Federal* y el *Código Federal de Procedimientos Civiles*, como al *Código Civil para el Distrito Federal en materia común y para toda la República en materia federal*[381], de tal manera que tanto litigantes como juzgadores, tuviesen certeza en los instrumentos jurídicos que manejasen al ocuparse de juicios y arbitrajes nacionales y extranjeros.

Por ello tenemos que al reglamentarse instituciones tales como la relativa a la personalidad de las partes; al domicilio; a la competencia; al trámite de los exhortos y cartas rogatorias; al desahogo de pruebas; a las notificaciones y emplazamientos y otros más que sin ser materia propiamente dicha del arbitraje internacional, sí le afectan en lo conducente, por lo que será necesario tenerlos

---

379. «Medios procesales para resolver controversias con elementos internacionales», p. 26, Original.

380. Ver Diarios Oficiales de la Federación, de los días 7 y 12 de enero de 1988, pp. 4 a 11 inclusive.

381. *Diario Oficial de la Federación* del día 7 de enero de 1988, pp. 2 a 3.

en cuenta, lo que explica que se haga enseguida una breve mención de las susodichas reformas.

Las modificaciones a los códigos tanto substantivos como adjetivos en cuestión, concuerdan entre sí y se ocupan, como es lógico, de las materias reglamentadas en las multicitadas convenciones internacionales y así tenemos que se refieren a la competencia exclusiva del *Código Federal de Procedimientos Civiles* en el caso de los exhortos; a la necesidad de probar los hechos más no al Derecho; a la eficacia de sentencias y laudos extranjeros y a su ejecutoriedad; a la aplicación el derecho extranjero; a la preparación del juicio; al desahogo de algunas pruebas tales como la testimonial y la documental y otras más.

Siendo aplicables genérica y eventualmente las disposiciones aludidas anteriormente que sufrieron la modificación citada [382], existen otras del propio CFPC que se refieren de manera expresa al arbitraje al ocuparse por ejemplo, de la ejecución de las sentencias, laudos arbitrales privados y demás resoluciones jurisdiccionales extranjeras en los artículos 569, 570, 571, 573 y 574 que reconociendo su eficacia fijan diversas condiciones que deberán observarse.

Así se establece que sus efectos estarán regidos por las por el propio Código Federal de Procedimientos Civiles, el Código Civil Federal y las demás leyes aplicables.[383]

Su cumplimiento coactivo exigirá la homologación en los términos establecidos por dicho Código salvo acuerdo en contrario, de carácter convencional internacional suscrito por México.

Su fuerza ejecutiva deberá observar varias condiciones tales como el acatamiento a las formalidades propias de los exhortos provenientes del extranjero; que no se hayan pronunciado a consecuencia del ejercicio de una acción real; que el juez o tribunal que conoció del caso haya sido competente; que se le hayan respetado al demandado la garantía de audiencia necesaria para su defensa; que tenga el carácter de cosa juzgada conforme a la ley nacional del país en donde se dictó la resolución; que la acción de que se trate no sea materia de juicio entre las mismas partes en tribunales mexicanos; que la obligación que

---

382. Los artículos que fueron objeto de modificaciones del *Código Federal de Procedimientos Civiles* son los 86, el 72 y el 86 bis y el Libro Cuarto con un título único sobre cooperación procesal internacional, integrado por seis Capítulos que contienen los artículos del 543 al 577 y se derogaron los artículos 131, 302 y 428.

Por lo que toca al *Código de Procedimientos Civiles para el Distrito Federal*, se reformaron los artículos 40 fracciones II y III, 108, 198 y 284. Se adicionó asimismo el Capítulo VI del Título Séptimo integrado por los artículos 604 a 608. Además fueron adicionados los artículos 193, fracc. 17,284 bis, 337 bis, 362 bis y 893.

383. Art. 569 CFPC.

se imponga no sea contraria al orden público en México y que el laudo sea auténtico.

Sin embargo y pese a cumplir con todos los requisitos señalados, se podrá negar su ejecución por el tribunal mexicano si se acredita la existencia de la reciprocidad negativa.[384]

Para determinar la competencia del Tribunal ejecutor, se atiene al domicilio del ejecutado o en su defecto al de la ubicación de sus bienes en el territorio nacional.[385]

Por último en el artículo 574 del Código Federal de Procedimientos Civiles, se establece la forma en que debe substanciarse el incidente de la homologación del laudo y el recurso que cabe en contra de la resolución que se pronuncie, siendo este la apelación en ambos efectos si se denegare la ejecución y en el efecto devolutivo si se concediere.

De esta forma la institución arbitral adquiere una mayor presencia y fuerza, lo que deberá reflejarse en un incremento de asuntos tanto en los tribunales ordinarios como en los especializados y en los *ad hoc.*

2.1. El arbitraje de la Comisión para la Protección del Comercio Exterior (COMPROMEX): El Banco Nacional de Comercio Exterior y el Instituto Mexicano de Comercio Exterior (IMCE)

Tal como se ha dicho, no habiendo existido hasta hace pocos años un reglamento específico y detallado del arbitraje comercial, la práctica del mismo fue escasa en ese lapso.

La mayor actividad comercial de carácter internacional de los industriales mexicanos, provocó un surgimiento importante tanto del arbitraje como de los procedimientos conciliatorios y MASC no jurisdiccionales que propiciaron la creación de un organismo específico encargado de velar por los intereses del comercio exterior nacional y conociese de conflictos en los que una de las partes fuese mexicana.

En el año de 1956 se promulgó la Ley que crea a la *Comisión para la Protección del Comercio Exterior*[386] que pone a disposición de los interesados cuatro instrumentos específicos para resolver sus diferencias, y que son:

a) La Conciliación

b) El Arbitraje

---

384. Art. 571 CFPC.

385. Art. 573 CFPC.

386. *Diario Oficial de la Federación* del 31 de diciembre de 1956.

c) El Dictamen
d) El Análisis y la Recomendación

El Banco Nacional de Comercio Exterior le brindó en su época inicial, apoyo institucional habiéndose reformado su estatuto jurídico en 1959 [387]. A la creación del Instituto Mexicano de Comercio Exterior (IMCE) se le adscribió la Secretaría General de la COMPROMEX y de nueva cuenta volvió al seno original en 1985, cuando desapareció el IMCE. Su tarea ha sido fructífera sin alcanzar aún -tal vez- su mejor momento.[388] La Comisión Interamericana de Arbitraje Comercial (CIAC) creada en 1933, ha sido un motor eficiente en la promoción de la institución y al modificar sus Estatutos en 1969 durante la celebración de la Segunda Conferencia Interamericana sobre el tema, le inyectó nuevos bríos, habiéndose propiciado la creación de un Departamento de Arbitraje en la Cámara de Comercio de la Ciudad de México (CANACO) para ocuparse de controversias arbitrales.

Asimismo la CIAC a través de la Sección Nacional integrada en 1968 con distinguidos comerciantes y miembros de la Barra Mexicana de Abogados, crearon en unión del IMCE en el año de 1973 la Academia de Arbitraje Comercial Internacional, convertida posteriormente en Academia de Arbitraje y Comercio Internacional en 1981 (ADACI), con la finalidad de promover y divulgar al arbitraje, formar árbitros y técnicos especializados y compilar resoluciones y disposiciones jurídicas en la materia.

Su labor fue muy positiva y la llevó a cabo hasta el año de 1985 mientras recibió el apoyo del IMCE, nueve seminarios especializados que se ocuparon de los siguientes temas: I. 1) El arbitraje como auxiliar en el comercio exterior; 2) Inversión extranjera; 3) Registro de transferencia de Tecnología; 4) Empresas transnacionales; 5) Reglas y usos uniformes relativos a créditos documentados; II. Panorama actual del arbitraje comercial internacional; III. Comercio internacional, su problemática y el papel del arbitraje comercial; IV. 1) Creación de una organización internacional de arbitraje comercial; 2) El procedimiento arbitral; 3) El fideicomiso y el arbitraje; 4) Inversiones extranjeras y el arbitraje; 5) El arbitraje y el conocimiento de embarque marítimo; 6) Propiedad industrial y arbitraje; 7) El arbitraje en los contratos binacionales y las inversiones extranjeras; 8) Reconocimiento y ejecución de laudos extranjeros en la Repú-

---

387. *Diario Oficial de la Federación* del 31 de diciembre de 1959.

388. Para un cabal conocimiento de la Institución, ver: Cuadernos 1 y 2 Compromex-IMCE, 1983 y los informes de la Dirección de Asesoría Jurídica del IMCE, Sección C, Volumen 7, Tomos I y II, 1985. Ver también de Campos Nieto, Arturo, *Comisión para la Protección del Comercio Exterior de México*, México, Facultad de Derecho, UNAM, 1982.

blica Mexicana; 9) Análisis comparativo de tribunales arbitrales permanentes; V. El arbitraje comercial internacional y el derecho marítimo; VI. El Arbitraje Comercial Internacional y la Conferencia de las Naciones Unidas sobre los contratos de compraventa internacional de mercaderías; VII. La contratación internacional y el arbitraje comercial; y VIII. La Ley Modelo de Arbitraje de la UNCITRAL de 1984.

De cada uno de los Seminarios se publicaron las Memorias correspondientes, salvo del último por razones fácilmente comprensibles, lo que ha constituido ya un acervo bibliográfico importante.[389]

Adicionalmente a dichas publicaciones, promovió en 1983 junto con el IMCE y la Universidad Nacional Autónoma de México, un volumen intitulado *Panorama del Arbitraje Comercial Internacional* que ha servido para difundir y promover su conocimiento.[390] Esta tarea de difusión y fomento se ha visto respaldada por la creación de la Comisión Permanente de Arbitraje auspiciada por la CANACO y por la aparición en 1984[391], del Centro Mexicano de Arbitraje Comercial Internacional (CEMAC). A estos esfuerzos se une la creación del Centro de Arbitraje de México, CAM en 1997 y la publicación de sus *Reglas de Arbitraje*. Sin olvidar desde luego, aunque en el campo de la mediación, al Instituto Mexicano de la Mediación, A.C. Debemos sumar a estos esfuerzos los que lleva a cabo el Capítulo Mexicano de la Cámara Internacional de Comercio (CAMECIC) al constituir una Comisión de Arbitraje y promover la designación de especialistas mexicanos en su cuerpo directivo, lo que ha propiciado que intervengan como árbitros en casos concretos.[392]

---

389. Al desaparecer el IMCE, la ADACI corrió suerte similar ocupando en ese momento, los cargos de Presidente Don Miguel Estrada Sámano y de Vicepresidente Don Rodolfo Cruz Miramontes.

390. Para conocer la historia de la ADACI, ver entre otros, de Cruz Miramontes, Rodolfo, «La ADACI, Objetivos y Funciones» en *Revista Jurídica de Comercio Internacional y Arbitraje Comercial Internacional*, México, No. 3, Enero-Marzo de 1984, pp. 29 a 40; Asimismo del Dr. Humberto Briseño Sierra, «La Creación de la ADACI», *Revista Jurídica de Comercio Internacional y Arbitraje Comercial Internacional*, México, No. 5, Octubre-Diciembre de 1985, pp. 2 a 5.

391. Sus reglas de funcionamiento en *CEMAC Centro mexicano de Arbitraje Comercial*, México, Imprenta Richi, 1984.

392. Entre ellos destacan los abogados Fernando Estavillo Castro, Rodolfo Cruz Miramontes, Claus Von Wobeser, José Luis Siqueiros, José María Abascal Zamora, Humberto Briseño Sierra, Miguel Estrada Sámano, Raúl Medina Mora, Emilio González de Castilla, Alejandro Ogarrio, Leonel Pereznieto, Eduardo Siqueiros y Julio César Treviño q.e.p.d.

3. Los acuerdos internacionales en los que México forma parte: los mecanismos de solución de controversias en el TLCAN

El TLCAN contiene mecanismos de solución de controversias tanto generales como particulares o especiales (aplicables solamente a cierto tipo de actividades), así como disposiciones que pretenden prevenirlas y, en su caso, enmarcarlas en un contexto jurídico general que asegure los derechos fundamentales de los afectados.[393] Además, se estableció la obligación de que en la medida de lo posible, cada Parte del Tratado promueva y facilite el recurso al arbitraje y a otros medios alternativos de solución de controversias comerciales internacionales entre particulares en la zona de libre comercio.[394] En este sentido, cada Parte deberá disponer de los procedimientos adecuados para asegurar la observancia de los convenios de arbitraje así como el reconocimiento y ejecución de los laudos arbitrales que fueren pronunciados en tales controversias, «...en este sentido, el TLC es un tratado que confía en la voluntad de las partes para establecer el medio más eficaz a sus intereses para resolver las diferencias surgidas a raíz de sus relaciones mercantiles internacionales.»[395]

En el TLCAN se considera cumplida la obligación señalada con ser miembro y cumplir con las disposiciones de la *Convención de Naciones Unidas sobre el Reconocimiento y Ejecución de Sentencias Arbitrales Extranjeras* de 1958 o de la *Convención Interamericana sobre Arbitraje Comercial Internacional* de 1975.

Los mecanismos de solución de controversias establecidos en el TLCAN son:

a) Generales:

1. Disposiciones administrativas. Andamiaje legal (cap. XVIII).

2. Disposiciones aplicables para la solución de los conflictos entre las partes (cap. XX).

---

393. Sobre este tema ver Cruz Miramontes, Rodolfo, *op. cit.,* nota 104.

394. Lo cual no es de extrañar, dadas las ventajas del arbitraje como medio alternativo de solución de controversias. En este sentido véase Talpis, Jeffrey A., «Dispute prevention and dispute resolution post NAFTA: choice of law and forum selection clauses», *Revue Générale de Droit*, Ottawa, Canadá, Université D'Ottawa, Faculté De Droit, Section de Droit Civil, Vol. 26, núm. 1, 1995, pp. 59-62.

395. Nieves-Morillo, Luis, «TLC: Mecanismo de resolución de controversias y el arbitraje comercial internacional», *Revista de derecho puertorriqueño,* Ponce, Vol. 35, núm. 1, enero-abril, 1996, p. 48.

3. Disposiciones relativas a la revisión de las decisiones sobre las prácticas desleales (cap. XIX):

- Pánel comprendido en el artículo 1903.
- Pánel sobre la revisión de las resoluciones nacionales en prácticas desleales (art. 1904).
- Comité de impugnación extraordinaria (art. 1904, párrafo 13).
- Comité especial para salvaguardar la operación de los paneles (art. 1905).
- El secretariado.
- Definiciones de términos (art. 1911).

4. El que conoce de problemas derivados del comercio leal y de los daños que eventualmente ocasione (cap. VIII).

b) Especiales para:

1. El sector agropecuario (cap. VII).
2. Las inversiones (cap. XI).
3. Los servicios financieros y la inversión en servicios financieros (cap. XIV).
4. La entrada temporal de hombres de negocios (cap. XVI).
5. La propiedad intelectual (cap. XVII).
6. Otras opciones para la solución de controversias comerciales (cap. XX).

c) Acuerdos paralelos:

1. El sector laboral
2. La ecología y el ambiente.

El número considerable de mecanismos (que suman 10 en su enunciado pero que en realidad son 14 y dos capítulos de disposiciones generales) presenta una complejidad técnica que requiere un análisis profundo, detallado y reflexivo.

3.1. Medidas Generales en la solución de conflictos: Capítulos VIII, XVIII y XX

a) Capítulo VIII

El Capítulo VIII del TLCAN se refiere a las "Medidas de Emergencia." Conforme a la doctrina del libre mercado, el comercio internacional de bienes debe observar ciertas normas derivadas de la congruencia entre los distintos eslabones de la cadena productiva y del mercado. Precio, servicio y calidad son los elementos definitivos que dan pie a que el producto acuda y permanezca con éxito en un mercado extranjero.

Cuando el precio de un bien es distorsionado vía subsidios o castigo al mismo y por ello se desplaza a un producto igual o similar se está cometiendo una práctica desleal de comercio. Si no se da tal distorsión y aún así se gana un lugar en el mercado, entonces no hay problema, pues se considera que la práctica es leal.

Cuando la práctica desleal se debe a que el Estado afectado otorgó preferencias arancelarias recientes y esto precipitó las importaciones, está permitido que el afectado tome una medida de protección que será temporal. Tal medida podrá consistir en una medida de salvaguarda, en una cláusula de escape o bien de alivio.

Las Medidas de *salvaguarda* son aquellos instrumentos de regulación y control cuyo objeto es a juicio del Ejecutivo restringir o en su caso prohibir la importación, exportación, circulación o tránsito de mercancías.

Su objetivo fundamental es la protección de la industria nacional y la regulación de la economía del país en beneficio de la Nación.

Las medidas de *salvaguarda* sólo se impondrán cuando se haya constatado que las importaciones han aumentado en tal cantidad y en condiciones tales que causan o amenazan causar un daño serio a la producción nacional.

Las medidas de *salvaguarda* podrán consistir en:

a) Aranceles específicos o *ad-valorem*;
b) permisos previos; o
c) cupos máximos

El Capítulo VIII del TLCAN considera dos tipos de salvaguardas: las bilaterales, de carácter temporal por un periodo de transición y las globales. La vigencia de las bilaterales será de tres años y como norma general serán aplicables sólo por una vez y siempre serán arancelarias.[396] Se podrá admitir que después del periodo de transición se aplique una salvaguarda bilateral en caso de daño serio o de su amenaza,[397] si el afectado lo admite.[398]

b) Capítulo XVIII

Si bien este capítulo no contiene mecanismo alguno de solución de controversias, sí se compone de disposiciones generales que ratifican los extremos de legalidad, formalidad y publicidad necesarios para que cualquier interesado

---

396. TLCAN, Art. 801.

397. Por *daño serio* se entiende el daño general significativo a la producción nacional. *Amenaza de daño serio* es el peligro inminente y claramente previsto de *daño serio* a la producción nacional, cuya determinación se deberá basar en hechos y no simplemente en alegatos, conjeturas o posibilidades remotas. Sobre este particular, se apegaron a las definiciones del GATT y de la OMC sobre la materia.

398. TLCAN, Art. 801.3

pueda acceder y conocer oportunamente las normas legales tanto generales como particulares que se refieran a cuestiones de comercio internacional o a temas comprendidos en el TLCAN, con el fin de asegurar las garantías fundamentales otorgadas por las disposiciones constitucionales de los tres socios comerciales.

El artículo 1803 se refiere a la obligación que tienen los tres países de hacer público cualquier proyecto legislativo que pueda afectar de manera substancial los intereses de alguno de ellos, proporcionando toda la información sobre el particular y respondiendo con prontitud a cualquier cuestionamiento que formulen las contrapartes acerca de dichos proyectos.

El Capítulo XVIII constituye un marco legal cuyo respeto podría evitar el surgimiento de controversias en el marco del tratado.

c) Capítulo XX

El Capítulo XX del TLCAN se divide en tres secciones, la sección A se refiere a las instituciones encargadas de la vigilancia y cumplimiento de las disposiciones del Tratado, la sección B se ocupa del mecanismo general de solución de controversias entre los tres países y la sección C se refiere a los procedimientos para la interpretación del TLCAN ante instancias judiciales y administrativas internas, haciendo además referencia a los medios alternativos de solución de controversias en controversias comerciales privadas. La estructura de este "bien articulado"[399] mecanismo de solución de controversias tiene como antecedente inmediato el Acuerdo de Libre Comercio celebrado entre Canadá y Estados Unidos[400] y los artículos XXII y XXIII del GATT.

El mecanismo del Capítulo XX[401] se limita únicamente a los casos en que se considera que el TLCAN no esta siendo aplicado debidamente, o que una acción de una de las partes firmantes del tratado contraviene lo pactado o bien anula o menoscaba sus disposiciones.[402] Es importante dejar en claro que cual-

---

399. Reisman, Michael, «Contextual imperatives of dispute resolution mechanisms. Some hypotheses and their applications in the Uruguay Round and NAFTA», *Journal of World Trade,* Ginebra, Suiza, vol. 29, núm. 3, junio, 1995, p. 21.

400. Como en su momento sugiriera José Luis Siqueiros en su estudio «La resolución de controversias en el Tratado Trilateral de Libre Comercio entre México, Estados Unidos y Canadá», *Revista de derecho privado,* México, Instituto de Investigaciones Jurídicas, UNAM, año 2, núm. 6, septiembre-diciembre, 1991, p. 655.

401. La naturaleza de este mecanismo no es exactamente arbitral, sin embargo tiene elementos que ciertamente lo acercan a tal naturaleza.

402. Al mes de noviembre de 2000 se han ventilado cuatro casos que son:

CDA-95-2008-01 «Aranceles aplicados por Canadá a determinados productos agrícolas originarios de los Estados Unidos», el informe final se dictó el 2 de diciembre de 1996.

USA-97-2008-01 «Salvaguardia impuesta por los Estados Unidos de América a escobas de quier otra controversia será en su caso objeto de otro foro, salvo que existiese remisión expresa a este mecanismo y que los particulares no pueden intervenir en este procedimiento.[403]

La regla general es que las partes procuren de buena fe resolver sus diferencias a través de los buenos oficios, las consultas y la negociación. De no obtener éxito en sus gestiones, se acudirá a la *Comisión de Libre Comercio*, que entre sus funciones tiene la de resolver las controversias [404] que surjan entre las partes firmantes «...relativas a la aplicación o a la interpretación de este Tratado, o en toda circunstancia en que una Parte considere que una medida vigente o en proyecto de otra Parte, es o podría ser incompatible con las obligaciones de este Tratado, o pudiera causar anulación o menoscabo...».

Siendo las partes del Tratado miembros del GATT/OMC, el artículo 2005 establece que las mismas deberán acudir a uno u otro foro para resolver el conflicto, a elección de la parte reclamante. Una vez iniciado un procedimiento de solución de controversias conforme al TLCAN o bien conforme al GATT/OMC, el foro seleccionado será excluyente del otro.[405] La misma disposición

---

mijo mexicanas», el informe final se dictó el 30 de enero de 1998.

USA-98-2008-01 «Servicios de transporte transfronterizo de carga de y hacia los Estados fronterizos», el 29 de noviembre de 2000 se dió a conocer el informe previo, emitido por votación unánime a favor de México USA-98-2008-02 «Servicios de transporte transfronterizo de autobuses», pendiente de resolverse.

México solicitó un panel del Capítulo XX en el tema de las exportaciones de azúcar a los Estados Unidos, por la negativa de dicho país a respetar su compromiso contraído conforme al TLCAN, alegando la existencia de las llamadas «cartas paralelas». Sobre el tema véase Cruz Miramontes, Rodolfo, «El Tratado de Libre Comercio de América del Norte y las denominadas «Cartas Paralelas«, en *Anuario Mexicano de Derecho Internacional,* México, Instituto de Investigaciones Jurídicas, UNAM, Vol. I, 2001.

403. Así, el artículo 2004 del TLCAN establece lo siguiente:

«Salvo por los asuntos que comprende el Capítulo XIX, «Revisión y solución de controversias en materia de cuotas antidumping y compensatorias», y que se disponga otra cosa en este Tratado, las disposiciones para la solución de controversias de este capítulo, se aplicarán a la prevención o a la solución de todas las controversias entre las Partes relativas a la aplicación o a la interpretación de este Tratado, o en toda circunstancia en que una Parte considere que una medida vigente o en proyecto de otra Parte, es o podría ser incompatible con las obligaciones de este Tratado, o pudiera causar anulación o menoscabo, según el sentido del Anexo 2004.«

404. TLCAN, Art. 2001.

405. Véase Nieves-Morillo, Luis, *op. cit.,* nota 395, p. 41. Para una comparación entre ambos mecanismos, hecha previa a la entrada en vigor del TLCAN véase Sohn, Louis B., «An abundance of riches: GATT and NAFTA provisions for the settlement of disputes», *United States-Mexico Law Journal,* Albuquerque, EUA, University of New Mexico School of Law, vol. 1, Symposium 1993, núm. 1, 1993. Ver también el estudio citado de Reisman, Michael, *op. cit.,* nota 397, pp. 18-28.

de prevalencia existe cuando el problema esté vinculado a convenios en materia ambiental o de conservación, o bien se refiera a temas agropecuarios, medidas sanitarias, fitosanitarias o de normalización, una vez elegido el mecanismo del TLCAN, este prevalecerá en lo sucesivo.[406]

La Comisión de Libre Comercio se integra por representantes de cada Parte a nivel de Secretaría de Estado, y dentro de sus facultades con relación al tratado, la Comisión deberá:

a) supervisar su puesta en práctica

b) vigilar su ulterior desarrollo

c) *resolver las controversias que pudiesen surgir respecto a su interpretación o aplicación*

d) supervisar la labor de todos los comités y grupos de trabajo establecidos conforme al TLCAN, incluidos en el Anexo 2001.2; y

e) conocer de cualquier otro asunto que pudiese afectar el funcionamiento del tratado.

La Comisión goza de plena libertad de acción en el ejercicio de sus funciones, con capacidad para solicitar la asesoría de personas o grupos sin vinculación gubernamental, establecer y delegar responsabilidades en comités *ad hoc* o permanentes, grupos de trabajo y de expertos; asimismo, podrá recurrir a los buenos oficios, la conciliación, la mediación u otros procedimientos de solución de controversias.

Cualquiera de las partes del tratado puede solicitar por escrito a las otras la realización de consultas respecto de cualquier medida adoptada o en proyecto o respecto de cualquier otro asunto que considere puede afectar el funcionamiento del TLCAN, dicha solicitud deberá ser entregada al *Secretariado del TLCAN*[407] y a las otras partes, se establece que la tercera parte estará legitimada

---

406. TLCAN, Art. 2005, párrafos 3 y 4.

407. El Secretariado del TLCAN se creó y es supervisado por la Comisión y está integrado por secciones nacionales. Cada parte del tratado tiene una oficina permanente de su sección. El Secretariado se encarga de:

a) proporcionar asistencia a la Comisión

b) brindar apoyo administrativo a los paneles y comités instituídos conforme al Capítulo XIX y a los creados de conformidad con el Capítulo XX

c) apoyar la labor de los comités y grupos establecidos conforme al Tratado; y

d) en general, facilitar el funcionamiento del Tratado.

Tal como señala Serrano Migallón, tanto la Comisión de Libre Comercio como el Secretariado son organismos administrativos no supranacionales. Véase Serrano Migallón, Fernando, para participar en las consultas mediante la entrega de notificación por escrito a su sección del Secretariado y a las otras Partes. Mediante las consultas, las Partes deberán hacer todo lo posible por alcanzar una solución mutuamente satisfactoria del problema, aportando para ello la información suficiente que permita un examen completo de la manera en que la medida adoptada o en proyecto, o cualquier otro asunto podría afectar el funcionamiento del TLCAN. Asimismo, se obligan a otorgar el trato adecuado a la información confidencial aportada en las conversaciones y evitarán cualquier solución que afecte desfavorablemente los intereses de cualquier otra Parte conforme al Tratado.

De fracasar las consultas, cualquiera de las Partes puede solicitar por escrito la reunión de la Comisión, respetando los siguientes plazos [408]:

a) 30 días después de la entrega de la solicitud para las consultas

b) 45 días después de la entrega de dicha solicitud, cuando cualquier otra de las Partes haya solicitado consultas subsecuentemente o participado en las relativas al mismo asunto

c) 15 días después de la entrega de una solicitud en asuntos relativos a bienes agropecuarios perecederos; u

e) otro que acuerden las Partes.

En la solicitud mencionada, la Parte deberá señalar la medida u asunto objeto de la reclamación, indicando las disposiciones aplicables del Tratado, entregándola al Secretariado y a las otras Partes.

La Comisión, una vez recibida la solicitud se reunirá en los diez días siguientes y se avocará a resolver la controversia, para lo cual podrá ya sea convocar a asesores técnicos o crear los grupos de trabajo o de expertos que considere necesarios o bien recurrir a los buenos oficios, la conciliación, la mediación o otros mecanismos alternativos de solución de controversias y formular recomendaciones.

Si la Comisión no logra su objetivo dentro de los 30 días posteriores a la reunión, cualquiera de las Partes podrá solicitar la integración de un tribunal

---

«Solución de controversias en el Tratado de Libre Comercio para América del Norte«, *PEMEX LEX, Revista jurídica de Petróleos Mexicanos,* México, núm. 73-74, julio-agosto, 1994, p. 25. Véase también Stinson Ortíz, Yvonne, «Solución de controversias en el marco del T.L.C.A.N.», *Revista de la Facultad de Derecho y Ciencias Sociales,* Nuevo León, México, Universidad Autónoma de Nuevo León, Facultad de Derecho y Ciencias Sociales, Quinta Época, núm. 2, enero-abril, 1997, p. 97.

408. TLCAN, Art. 2007.

arbitral *ad hoc*, mal llamado "pánel arbitral"[409], entregando su solicitud al Secretariado y a las otras Partes.[410] Dentro de un plazo razonable anterior a la entrega de su escrito inicial, las Partes involucradas deberán indicar por escrito a su sección del Secretariado el idioma en que serán presentados sus escritos y el idioma en que desea recibir los escritos de las otras Partes involucradas.

Si el conflicto es entre dos Partes y la tercera estima que debe participar por tener un interés sustancial en el asunto, podrá hacerlo como Parte reclamante mediante entrega de su escrito de intención de intervenir a su sección del Secretariado y a las otras Partes, dentro de los siete días siguientes a la solicitud de integración del pánel.[411] Su participación se regula por el artículo 2013.

El tribunal arbitral estará compuesto por cinco miembros preferentemente seleccionados de una lista de hasta treinta individuos que cuenten con las aptitudes y disposición necesarias para actuar como tales, designados por consenso y por periodos de tres años renovables. Los requisitos para ser miembro de la lista son:

a) tener conocimientos especializados o experiencia en derecho, comercio internacional, asuntos del TLCAN ysolución de controversias derivadas de acuerdos comerciales internacionales.

b) ser independientes respecto de las Partes y no recibir instrucciones de las mismas

c) satisfacer el Código de Conducta para los procedimientos de solución de controversias de los capítulos XIX y XX del TLCAN.[412]

Se hace hincapié en que su elección obedecerá estrictamente a su objetividad, confiabilidad y buen juicio. Desde luego, los miembros de la lista que hubieren intervenido en algún momento de la controversia en cuestión, no podrán actuar como árbitros.

En cuanto a la selección del pánel arbitral, ésta se hace de forma cruzada. En primer lugar se deberá designar al presidente del pánel por las Partes dentro de

---

409. Por «panel» se entiende en castellano cada uno de los compartimentos en que se dividen los lienzos de pared, las hojas de puertas, etc. o bien los tableros de madera.

410. La Parte que afirme que una medida de otra parte es incompatible con las disposiciones del Tratado, tendrá la carga de probar esa incompatibilidad. La Parte que afirme que una medida está sujeta a una excepción conforme al Tratado, tendrá la carga de probar que la excepción es aplicable.

411. TLCAN, Art. 2008.

412. TLCAN, Art. 2009. Se puede consultar el texto del Código de conducta como anexo del trabajo de Cruz Miramontes, Rodolfo, *op. cit.*, nota 104, pp. 139-144.

los 15 días siguientes a la entrega de la solicitud para la integración del mismo. Si no lo hicieren, una de ellas seleccionada por sorteo, nombrará al presidente en un plazo de 5 días a un individuo que no sea ciudadano de quien lo designa.

Dentro de los 15 días siguientes a la elección del presidente del pánel arbitral, cada Parte contendiente seleccionará dos árbitros de manera cruzada, es decir, que sean ciudadanos de la otra Parte contendiente. Si una Parte no selecciona a sus árbitros dentro del plazo, la elección se hará por sorteo de entre los miembros de la lista ciudadanos de la contraparte.

Ahora bien, en el caso de que haya más de dos Partes contendientes, el pánel arbitral se integrará por 5 miembros y dentro de los 15 días siguientes a la entrega de la solicitud de integración, las Partes procurarán acordar la designación del presidente. De no lograrlo, la Parte o Partes del lado de la controversia escogido por sorteo, seleccionarán en el plazo de 10 días un presidente, que no sea ciudadano de dicha Parte o Partes.

Dentro de los 15 días posteriores a la designación del presidente, la Parte demandada seleccionará dos árbitros, cada uno de los cuales deberá ser nacional de una de las Partes reclamantes. Estas a su vez seleccionarán dos árbitros nacionales de la Parte demandada. Si alguna de las Partes contendientes no hace su selección en el plazo establecido, este será electo por sorteo respetando los criterios de nacionalidad establecidos.

Los árbitros se escogerán por lo regular de la lista, pudiendo no ser parte de ella. Son recusables si expresión de causa aquellos que no figuren en la lista dentro de los 15 días siguientes a que se haga la propuesta. Cuando una Parte considere que un árbitro ha violado el Código de conducta, se realizarán consultas y podrán de común acuerdo destituir a ese arbitro y designar a uno nuevo.[413]

El procedimiento ante el pánel arbitral se rige por las *Reglas modelo de procedimiento del Capítulo XX del Tratado de Libre Comercio de América del Norte*[414], preparadas por la Comisión de Libre Comercio conforme los principios establecidos en el artículo 2012, consistentes en:

1. Garantizar cono mínimo el derecho a una audiencia ante el pánel, la oportunidad de presentar alegatos y réplicas por escrito; y

2. Las audiencias, deliberaciones, informe preliminar y todas las actuaciones ante el pánel tendrán el carácter de confidenciales.

---

413. TLCAN, Art. 2011.

414. Se integran por 61 reglas y un anexo. Pueden consultarse tanto en español como en inglés en la página web del Secretariado del TLCAN. Las citaremos como *Reglas del Capítulo XX*.

En todo lo no previsto por las Reglas, el pánel puede aplicar las reglas procesales que estime apropiadas, siempre que no sean incompatibles con el TLCAN.[415]

La estructura del procedimiento se rige además por seis principios que son:[416]

a) Unicidad: el mecanismo fomenta la unicidad de procedimientos sobre el mismo asunto.[417] El procedimiento es el mismo para toda materia cubierta por el tratado, salvo por lo dispuesto en los mecanismos especiales.

b) Trilateralidad: el tercer país tiene derecho a sumarse con el carácter de Parte actora en los procedimientos de inicio bilaterales.

c) Neutralidad: en virtud de la existencia de la lista de 30 árbitros y el sistema de selección cruzada.

d) Prontitud: se pretende que el procedimiento sea rápido dada la simplificación en materia procesal.

e) Efectividad: gracias a la obligación que se establece para las Partes en materia de cooperación para resolver la controversia. La efectividad se asegura además con un mecanismo, para de la Parte actora, de suspensión de beneficios.

f) Igualdad: está en materia de derechos procesales.

Dentro de los 20 días siguientes a la fecha de entrega de la solicitud de establecimiento del pánel, se deberá redactar un Acta de Misión, la cual consistirá en «examinar, a la luz de las disposiciones aplicables del Tratado, el asunto sometido a la Comisión (en los términos de la solicitud para la reunión de la Comisión) y emitir las conclusiones, determinaciones y recomendaciones a que se refiere el Artículo 2016(2),» indicando además:

a) si el asunto ha sido causa de anulación o menoscabo de beneficios, si así ha sido alegado por una Parte reclamante.

b) si se desea que el pánel arbitral formule conclusiones sobre el grado de los efectos comerciales adversos que se hayan generado para alguna Parte por la

---

415. *Reglas del Capítulo XX*, regla 17.

416. Ver Serrano Migallón, Fernando, *op. cit.*, nota 407, p. 29 y Carmona Lara, María del Cármen, «Integración económica y Acuerdo de Libre Comercio de la América del Norte. Mecanismo de solución de controversias», *Boletín mexicano de derecho comparado,* México, UNAM, Instituto de Investigaciones Jurídicas, nueva serie, año XXVIII, núm. 82, enero-abril, 1995, pp. 97-98.

417. Díaz, Luis Miguel y Garza, Antonio, «Los mecanismos de solución de controversias del Tratado de Libre Comercio de América del Norte», *Revista de Investigaciones Jurídicas*, México, Escuela Libre de Derecho, año 17, núm. 17, 1993, p. 89.

medida que se juzgue incompatible con las obligaciones del TLCAN o se haya causado anulación o menoscabo en el sentido del Anexo 2004.[418]

Para este efecto, las Partes contendientes deberán entregar sin demora el Acta de Misión convenida a la sección responsable del Secretariado. La sección responsable del Secretariado deberá disponer su entrega de la manera más expedita posible a la tercera Parte, a las otras secciones del Secretariado y, una vez designado el último de los panelistas, al pánel.

Si las Partes contendientes no se ponen de acuerdo en el acta de misión después de los 20 días siguientes a la fecha de entrega de la solicitud de establecimiento del pánel, la Parte reclamante podrá notificar esta circunstancia a la sección responsable del Secretariado. Cuando reciba dicha notificación, esta sección tiene la obligación de preparar y entregar de la manera más expedita posible un acta de misión en los términos del Artículo 2012(3) a las Partes involucradas, a las otra secciones del Secretariado y, una vez designado el último de los panelistas, al pánel.[419]

Las reuniones del pánel son presididas por su presidente quien, por delegación de los miembros del pánel; tiene facultades para tomar decisiones administrativas y procesales. Salvo disposición particular, el pánel puede desempeñar sus funciones utilizando cualquier medio de comunicación, incluyendo el teléfono, la transmisión por facsímil o los enlaces por computadora. Solo los páanelistas pueden participar en las deliberaciones del pánel, aunque se puede permitir la presencia durante dichas deliberaciones de asistentes, funcionarios, personal del Secretariado, intérpretes o traductores. El pánel no puede reunirse con una Parte involucrada ni de establecer contacto con ella en ausencia de las otras Partes involucradas, y ningún pánelista podrá discutir con una o más de las Partes involucradas asunto alguno relacionado con el procedimiento en ausencia de los otros panelistas.[420]

Previa consulta con las Partes contendientes, el pánel puede modificar los plazos procesales y realizar cualquier otro ajuste procesal o administrativo que

---

418. El panel arbitral podrá, a instancia de Parte contendiente o de oficio, recabar la información y asesoría técnica de personas o grupos que estime pertinente, siempre que las Partes contendientes así lo acuerden y conforme a los términos y condiciones por ellas convenidos. Asimismo, de oficio o a instancia de Parte, el panel podrá solicitar un informe escrito a un comité de revisión científica sobre cualesquiera cuestiones de hecho relativas a aspectos relacionados con el medio ambiente, la salud, la seguridad u otros asuntos científicos planteados en el procedimiento. TLCAN, Arts. 2014 y 2015.

419. *Reglas del Capítulo XX*, reglas 4 y 5.

420. *Reglas del Capítulo XX*, reglas 36-37.

sea necesario en el procedimiento, como sería por causa de sustitución de un panelista o cuando las Partes deban responder por escrito a las preguntas que el pánel les formule.[421]

En cuanto a las audiencias, el presidente del pánel deberá fijar la fecha y hora de la misma en consulta con las Partes involucradas, los demás miembros del pánel (que deberán estar presentes en las audiencias) y la sección responsable del Secretariado, que será la encargada de notificar por escrito la fecha, hora y lugar[422] para la celebración de la misma a las Partes involucradas. Se podrán celebrar audiencias adicionales con el consentimiento de las Partes contendientes.

Previamente a la celebración de la audiencia, las Partes involucradas deberán señalar por escrito a su sección del Secretariado el idioma en el que presentarán sus alegatos orales o presentaciones en la audiencia y en el cual desean escuchar los alegatos orales y presentaciones. Cuando los escritos o los alegatos orales y presentaciones se realicen en más de un idioma, la sección responsable del Secretariado dispondrá la traducción de los escritos y de los informes del pánel o la interpretación de los alegatos orales y presentaciones en las audiencias, según corresponda. Los plazos procesales se suspenderán durante el tiempo necesario para completar las traducciones de los escritos, cuyo costo correrá a cargo de la Parte que los presente. El costo de las traducciones de los informes finales será dividido por partes iguales entre las secciones del Secretariado. El costo de cualquier otra traducción o interpretación será a cargo de las Partes involucradas en el procedimiento ante un pánel por partes iguales.[423]

Pueden estar presentes en la audiencia:[424]

a) los representantes de las Partes involucradas;

b) los asesores de las Partes involucradas, siempre que éstos no se dirijan al pánel y que ni ellos ni sus patrones, socios, asociados o miembros de su familia tengan algún interés financiero o personal en el procedimiento;

c) el personal del Secretariado, intérpretes, traductores y estenógrafos; y

421. En caso de fallecimiento, renuncia o destitución de un panelista, se deberá nombrar un sustituto siguiendo el procedimiento ya establecido. En ese caso, los plazos procesales serán suspendidos desde la fecha en que el panelista muera, renuncie o sea destituido, hasta la fecha en que sea designado el sustituto. *Reglas del Capítulo XX*, reglas 14-20.

422. Que deberá ser la capital de la Parte demandada.

423. *Reglas del Capítulo XX*, reglas 50, 52, 54 y 55.

424. La regla 26 establece respecto a la participación en la audiencia que «A más tardar 5 días antes de la fecha de la audiencia, cada Parte involucrada entregará a las otras Partes involucradas y a la sección responsable del Secretariado, una lista de las personas que, en su representación, alegarán oralmente en la audiencia, así como de los demás representantes o asesores que estarán presentes en la audiencia.»

d) los asistentes de los panelistas.

El desarrollo de la audiencia se debe llevar a cabo en el siguiente orden:

a) Presentación de Alegatos Orales
   i) Alegato de la Parte o Partes reclamantes.
   ii) Alegato de la Parte demandada.
   iii) Presentación de la tercera Parte.

b) Réplicas y contrarréplicas
   iv) Réplica de la Parte o Partes reclamantes.
   v) Contrarréplica de la Parte demandada.

En cualquier momento de la audiencia, el pánel puede formular preguntas a las Partes involucradas. Se debe hacer constar por escrito y tan pronto como sea posible, la Sección responsable del Secretariado deberá entregar a las Partes involucradas, a las otras secciones del Secretariado y al pánel, copia de la transcripción de la audiencia. Las Partes involucradas podrán entregar, dentro de los 10 días siguientes a la fecha de la audiencia, un escrito complementario sobre cualquier asunto que haya surgido durante la audiencia. Este deberá hacerse llegar a su sección del Secretariado. [425]

El pánel puede formular preguntas escritas a una o más de las Partes involucradas en cualquier momento del procedimiento. Para ello, el pánel deberá entregar las preguntas escritas a la Parte o Partes a quienes estén dirigidas a través de la sección responsable del Secretariado, que de la manera más expedita posible, dispondrá la entrega de las copias de las preguntas a las otras secciones del Secretariado y a cualquier otra Parte involucrada.

La respuesta de la(s) Parte(s) involucrada(s) a la(s) que el pánel formule preguntas escritas deberá entregar una copia de su respuesta escrita a su sección del Secretariado, que la hará llegar a la sección responsable, quien también de la manera más expedita posible, se encargará de la entrega de las copias de la respuesta a las otras secciones del Secretariado y a las otras Partes involucradas. Durante los 5 días siguientes a la fecha de su entrega, cada Parte involucrada tiene la oportunidad de formular observaciones escritas al documento de respuesta. [426]

El pánel arbitral deberá rendir dos informes en el procedimiento: un *Informe Preliminar* y un *Informe Final.*

Dentro de los 90 días siguientes al nombramiento del último pánelista [427], rendirá el *Informe Preliminar*, con base en los argumentos y comunicaciones

---

425. *Reglas del Capítulo XX,* reglas 21-29 y 32.

426. *Reglas del Capítulo XX,* reglas 30-31.

427. Salvo que las Partes acuerden otra cosa.

presentados por las Partes, así como en la información, informes o asesorías que hubiese recabado. El informe preliminar deberá contener las conclusiones de hecho, la determinación sobre si la medida en cuestión es o puede ser incompatible con las obligaciones derivadas del TLCAN o es causa de anulación o menoscabo en el sentido del Anexo 2004 y sus recomendaciones para la solución de la controversia, cuando las haya. Se podrán formular desde luego votos particulares sobre aquellas cuestiones sobre las que no exista un acuerdo unánime.

Una vez rendido el informe preliminar, las Partes podrán formular observaciones por escrito al mismo dentro de los 14 días siguientes a su presentación. El pánel arbitral por su parte podrá de oficio o a petición de Parte solicitar las observaciones de cualquier Parte involucrada, reconsiderar su informe o bien llevar a cabo cualquier examen ulterior que considere pertinente.[428]

A menos de que las Partes contendientes convengan otra cosa, dentro de los 30 días siguientes a la presentación del *Informe Preliminar*, el pánel deberá rendir su *Informe Final*, y en su caso los votos particulares generados, manteniendo la confidencialidad de respecto de la identidad de los panelistas que hayan votado con la mayoría o emitido voto particular.

Dentro de un plazo razonable a partir de que se haya presentado el Informe Final, las Partes contendientes deberán comunicarlo confidencialmente a la Comisión de Libre Comercio, junto con cualquier otro informe que se hubiere presentado en su caso por un comité de revisión científica establecido de conformidad con el artículo 2015.[429]

El Informe Final se deberá publicar 15 días después de haber sido comunicado a la Comisión de Libre Comercio, salvo que esta decida otra cosa.

En cuanto a su cumplimiento, las Partes contendientes deberán convenir en la solución de la controversia, «la cual, por lo regular, se ajustará a las determinaciones y recomendaciones de dicho pánel...»[430], en los treinta días siguientes a la recepción del Informe Final, notificando a sus secciones nacionales del Secretariado la resolución que se haya acordado. En lo posible, la resolución deberá consistir en la no ejecución o en la derogación de la medida en discordia

---

428. TLCAN, Art. 2016.

429. De estos comités se ocupan las reglas 38 a 48 de las *Reglas del Capítulo XX.*

430. TLCAN, Art. 2018. Dada la naturaleza jurídica que presenta la llamada «Determinación del Panel», en opinión nuestra, el mecanismo de referencia no es realmente arbitral pues no dicta laudos que son obligatorios, sino que solamente emite recomendaciones. Véase Cruz Barney, Oscar y Cruz Miramontes, Rodolfo, «Diez años del capítulo XX: solución de controversias entre las partes del Tratado de Libre Comercio de América del Norte», en Witker, Jorge (Coord.), *El Tratado de Libre Comercio de América del Norte. Evaluación Jurídica: diez años después,* México, Instituto de Investigaciones Jurídicas, UNAM, 2005.

con el TLCAN o causante de anulación o menoscabo en el sentido del Anexo 2004. De no llegarse a una resolución, podrá otorgarse una compensación.

Si no se alcanza un acuerdo satisfactorio para las Partes contendientes, la Parte actora podrá suspender la aplicación de beneficios de efecto equivalente a la Parte demandada, hasta el momento en que alcancen un acuerdo sobre la resolución de la controversia.[431] En este supuesto, la Parte reclamante deberá procurar suspender primero los beneficios dentro del mismo sector o sectores que hayan sido afectados por la medida reclamada o por cualquier otro asunto que el pánel haya considerado incompatible con las obligaciones del TLCAN; si la Parte reclamante considera que la suspensión así planteada no es eficaz, podrá hacerlo en otros sectores.

Puede darse el caso de que la suspensión de beneficios se considere excesiva por cualquiera de las Partes contendientes, caso en el cual podrá solicitar por escrito a la Comisión la instalación de un pánel para determinar si efectivamente las medidas de suspensión son manifiestamente excesivas, actuando conforme a las Reglas Modelo de Procedimiento y, salvo acuerdo en contrario, deberán presentar su informe dentro de los 60 días siguientes a la elección del último pánelista.

En estos casos, los «Paneles de suspensión de beneficios» se sujetarán a las Reglas Modelo de Procedimiento, con las salvedades establecidas en la regla 59 que son:

a) la Parte que solicite el establecimiento del pánel deberá entregar su escrito inicial a su sección del Secretariado dentro de los 10 días siguientes a aquél en que el último pánelista haya sido designado;

b) la Parte que deba contestar habrá de entregar su escrito a su sección del Secretariado dentro de los 15 días siguientes a la fecha de entrega del escrito inicial;

c) con sujeción a los plazos establecidos en el Tratado y en las Reglas, el pánel fijará el plazo para la entrega de cualquier escrito adicional, incluyendo réplicas escritas, de manera tal que cada Parte contendiente tenga la oportunidad de presentar igual número de escritos; y

d) salvo pacto en contrario de las Partes contendientes, el pánel podrá decidir no celebrar audiencias.

Este sistema de control «parece trascendental porque sujeta la discrecionalidad de la Parte que suspenda beneficios a ciertos criterios. Esto contribuirá a

---

431. Ver PEREZNIETO CASTRO, Leonel y SILVA SILVA, Jorge Alberto, *Derecho internacional privado. Parte especial,* México, Oxford University Press, 2000, p. 483.

que la suspensión de beneficios tenga el efecto de una compensación, y no el de una represalia.»[432]

3.2. Los mecanismos de solución de controversias del Capítulo XIX

El Capítulo XIX del TLCAN se refiere genéricamente a la revisión de las decisiones sobre prácticas desleales de comercio. Su antecedente directo es el Capítulo 19 del Acuerdo de Libre Comercio entre Canadá y Estados Unidos, que se negoció en su momento con la esperanza de limitar el proteccionismo estadounidense. Las mismas motivaciones básicas inspiraron al correspondiente del TLCAN, al tiempo que se mantenía la operación de las leyes nacionales en materia de cuotas compensatorias y antidumping.[433]

En él se prevén dos tribunales arbitrales *ad-hoc* y dos comités que son:

1. Tribunal arbitral para conocer si una reforma legislativa en materia antidumping es congruente con el TLCAN, específicamente con el capítulo XIX (arts. 1902.2 y 1903)
2. Tribunal arbitral para revisar las resoluciones dictadas en dichos temas por los órganos nacionales (art.1904).
3. Comite especial para proteger el sistema de revisión (art.1905).
4. Comité de impugnación extraordinaria (art. 1904, párrafo 12 y anexo 1904.13).

Nos concretaremos a tocar el mecanismo de solución de controversias contenido en el citado artículo 1904[434], es decir, el relativo a la revisión de las reso-

432. DÍAZ, Luis Miguel y GARZA, Antonio, *op. cit.,* nota 417, p. 93.

433. García Moreno, Víctor Carlos, «El Capítulo 19 del Tratado de Libre Comercio de América del Norte», *Alegatos*, México, Universidad Autónoma Metropolitana, Órgano de difusión del Departamento de Derecho, División de Ciencias Sociales y Humanidades, núm. 32, enero-abril, 1996, p. 36-37. Sobre el sistema mexicano de defensa contra prácticas desleales de comercio véase CRUZ BARNEY, Oscar, *Antidumping*, Barcelona, Editorial BOSCH-Wolters Kluwer España, 2013.

434. Sobre el tema véase Cruz Barney, Oscar, «Notas sobre los mecanismos de solución de controversias del Capítulo XIX del TLCAN: la revisión de las resoluciones antidumping», *Revista de la Facultad de Derecho de México,* UNAM, tomo XLIX, núms. 225-226, mayo-agosto, México, 1999. Asimismo Cruz Barney, Oscar, *Solución de controversias y Antidumping en el Tratado de Libre Comercio de América del Norte*, 2ª ed., México, IIJ-UNAM, Porrúa, 2007; CRUZ BARNEY, Oscar, «Las Reglas de Procedimiento del Artículo 1904 del TLCAN. Últimas Reformas«, en *Jurídica. Anuario del Departamento de Derecho de la Universidad Iberoamericana,* México, UIA, No. 39, 2009; y Cruz Barney, Oscar, «El control constitucional de las resoluciones antidumping y

luciones nacionales sobre prácticas desleales, cuyo propósito consiste en «buscar un acceso seguro al mercado estadounidense mediante el establecimiento de mecanismos objetivos, claros y justos para dirimir conflictos» [435]

Cabe recordar brevemente en qué consisten los mecanismos mexicanos contra prácticas desleales de comercio internacional, particularmente contra la práctica de *dumping* en perjuicio de los productores nacionales.

Existe actualmente en la Ley de Comercio Exterior un procedimiento que regula las acciones en contra de las prácticas comerciales desleales, calificativo que siempre hemos criticado por estimar que la lealtad es una cualidad calificativa solamente de la conducta humana. Sin embargo la utilizamos por ser ya parte de la jerga común en el medio, derivada del término inglés "unfair practices."

Hecha la puntualización anterior, diremos que se consideran prácticas desleales de comercio internacional la importación de mercancías al territorio nacional a un precio inferior a su valor normal o precio de mercado en condiciones normales en el país de origen, u objeto de subvenciones en su país de origen o procedencia que causen o amenacen causar daño a la producción nacional del mismo producto o bien del producto similar, debiendo existir una relación causal entre la práctica desleal y el daño causado,[436] tal como la doctrina y el derecho positivo vigente en el GATT y la OMC las definen.

En 1985 México por vez primera reguló expresamente dichas prácticas comerciales. En 1993 se publicó la actual Ley de Comercio Exterior,[437] que junto con su Reglamento conforman el marco legal en vigor.[438]

Debemos añadir asimismo al marco en cuestión, las disposiciones contenidas en el *Acuerdo Relativo a la Aplicación del Artículo VI del GATT* de 1994, el *Acuerdo sobre Subvenciones y Medidas Compensatorias* y *el Acuerdo sobre Salvaguardas*. En lo conducente, debemos considerar también el *Entendimiento relativo a las Normas y Procedimientos por los que se Rige la Solución de Controversias* en la

---

los paneles del artículo 1904 del Tratado de Libre Comercio de América del Norte», en *Anuario Mexicano de Derecho Internacional,* México, Instituto de Investigaciones Jurídicas, UNAM, Vol. IX, 2009.

435. Cruz Miramontes, Rodolfo, *op. cit.*, nota 104, p.11.

436. Véase Art. 28 de la *Ley de Comercio Exterior.* Ver Cruz Miramontes, Rodolfo, «Análisis de la Ley de Comercio Exterior de 1986, Reglamentaria del Artículo 131 Constitucional», en Barra mexicana, Colegio de Abogados, *La nueva Ley sobre Comercio Exterior*, México, Barra mexicana, Colegio de Abogados, Porrúa, 1987. Véase también Witker, Jorge y Jaramillo, Gerardo, *Comercio exterior de México, marco jurídico y operativo,* México, Mc Graw Hill, 1996, p. 89.

437. *Diario Oficial de la Federación* del 27 de julio de 1993.

438. *Diario Oficial de la Federación* del 30 de diciembre de 1993

OMC; el propio Capítulo XIX del TLCAN y las *Reglas de Procedimiento* del Artículo 1904 del citado tratado.

Por ende, el productor mexicano afectado por esta práctica desleal puede acudir ante la Unidad de Prácticas Comerciales Internacionales (UPCI) de la Secretaría de Comercio y Fomento Industrial o ante quien la suceda, para que con base en lo dispuesto por los Títulos V a VII de la *Ley de Comercio Exterior* (LCE) y su *Reglamento* (RLCE) se inicie una investigación contra prácticas desleales de discriminación de precios o *antidumping*.

Los solicitantes deberán ser representativos de la producción nacional del producto idéntico o similar, abarcando cuando ménos un 25% de la misma, o bien ser organizaciones legalmente constituídas que puedan representar legítimamente los intereses de sus agremiados, como es el caso de las Cámaras industriales y de comercio.

La Resolución Final del procedimiento deberá notificarse personalmente a las partes y publicarse en el *Diario Oficial de la Federación*.

Contra la Resolución Final se tienen las siguientes opciones:

a) Promover en términos de lo dispuesto por el artículo 94 de la LCE el *Recurso de Revocación* ante la misma UPCI, mismo que se tramitará de acuerdo a lo establecido en el CFF y de ahí al juicio de nulidad ante el TFF y de ahí al juicio de amparo.

b) Promover el juicio de amparo indirecto en caso de existir violaciones en materia constitucional.

c) Solicitar la integración de un Pánel Binacional de acuerdo al Capítulo XIX del TLCAN (Art. 97 LCE).

Cabe señalar que, como ya mencionamos, de acuerdo a los artículos 1904.1, 11 c), 12 b), anexo 1904 del TLCAN, 97, fracción I de la LCE y 117 del RLCE, estos tres mecanismos son excluyentes entre sí.

La parte afectada deberá solicitar la integración del Pánel dentro de los 30 días hábiles siguientes a la notificación de la Resolución Definitiva ante el Secretariado del TLCAN, órgano administrativo de los paneles.

El pánel se compondrá de cinco árbitros designados por las partes en número de dos cada una, nombrando éstos al quinto de común acuerdo. Los árbitros serán seleccionados de una lista de 25 individuos por cada país, pudiendo escoger a otros especialistas fuera de la lista. Se tienen 30 días para designar a los cuatro primeros a partir de la solicitud de integración y de 55 para designar al quinto.

Para poder se árbitro se requiere:

a) Ser nacional de las partes

b) Ser Probo

c) Gozar de gran prestigio
d) Confiable, objetivo y de buen juicio
e) Estar familiarizado con el derecho comercial internacional
f) Ser preferentemente jurista y de buena reputación
g) Que en lo posible hayan sido o sean jueces
h) No fungir como asesor jurídico en otro caso mientras dure el encargo

Cada árbitro deberá comprometerse por escrito a mantener un compromiso de confidencialidad de la información que recibe y deberá sujetarse al *Código de Conducta* y a las *Reglas de Procedimiento.*[439]

Los laudos pronunciados por el Tribunal Arbitral son obligatorios para las partes y dictados por mayoría, tomando en cuenta los criterios de revisión [440] que para el caso de México son los establecidos en el anexo 1911 y que consisten únicamente en el artículo 238 del *Código Fiscal de la Federación,* que a la letra dice:

«Artículo 238.-Se declarará que una resolución administrativa es ilegal cuando se demuestre alguna de las siguientes causales:

I. Incompetencia del funcionario que la haya dictado u ordenado o tramitado el procedimiento del que deriva dicha resolución.

II. Omisión de los requisitos formales exigidos por las leyes, que afecte las defensas del particular y trascienda al sentido de la resolución impugnada, inclusive la ausencia de fundamentación o motivación, en su caso.

III. Vicios del procedimiento que afecten las defensas del particular y trasciendan al sentido de la resolución impugnada.

IV. Si los hechos que la motivaron no se realizaron, fueron distintos o se apreciaron en forma equivocada, o bien si se dictó en contravención de las disposiciones aplicadas o dejo de aplicar las debidas.

---

439. Ambos textos se pueden consultar en CRUZ MIRAMONTES, Rodolfo, *op. cit.,* nota 104, pp. 91-144.

440. Sobre el tema de los criterios de revisión en México, Canadá y Estados Unidos vease entre otros: ENDSLEY, Harry B., «United States standard of review», *Ars Iuris*, México, Revista del Instituto de Documentación e Información jurídicas de la Facultad de Derecho de la Universidad Panamericana, número 21, 1999; Endsley, Harry B., Irish, Maureen, VEYTIA PALOMINO, Hernany, «Standard of review under the NAFTA«, *Ars Iuris*, México, Revista del Instituto de Documentación e Información jurídicas de la Facultad de Derecho de la Universidad Panamericana, número 21, 1999; IRISH, Maureen, «NAFTA chapter 19 and the law of judicial review in Canada», *Ars Iuris*, México, Revista del Instituto de Documentación e Información jurídicas de la Facultad de Derecho de la Universidad Panamericana, número 22, 1999; y VEYTIA PALOMINO, Hernany, «El criterio de revisión para México», *Ars Iuris*, México, Revista del Instituto de Documentación e Información jurídicas de la Facultad de Derecho de la Universidad Panamericana, número 21, 1999.

V. Cuando la resolución administrativa dictada en ejercicio de facultades discrecionales no corresponda a los fines para los cuales la ley confiera dichas facultades...»

...»

La utilización del citado criterio de revisión no ha dejado de provocar algunos problemas, en el sentido de que el artículo 238 se refiere a resoluciones de naturaleza fiscal y no de comercio exterior como es el caso.

La duración del procedimiento arbitral será de 315 días, al término de los cuáles el Pánel deberá emitir su resolución.

Una vez dictada la resolución, el Pánel la remitirá a la autoridad investigadora para que adopte las medidas necesarias compatibles con su decisión.

En cuanto al derecho aplicable, en el TLCAN se considera que cada país conserva sus propias leyes nacionales en esta materia como lo dice el párrafo 1 del artículo 1902 y de más ampliamente el art. 1903.

Además, el artículo 1904.2 y 3 del Tratado y las Reglas de Procedimiento nos indican que las disposiciones jurídicas a estimar serán:

1. Las disposiciones jurídicas en materia de cuotas compensatorias y antidumping de la parte importadora, o sea de México.
2. Antecedentes legislativos mexicanos.
3. Reglamentos y prácticas administrativas que serán desde luego, la *Ley de Comercio Exterior* y su *Reglamento* y los *Códigos de Comercio* y *Civil Federal*, el *Código Fiscal de la Federación.*
4. Precedentes judiciales pertinentes que serían tanto del Tribunal Fiscal de la Federación como de los tribunales federales competentes.
5. Los principios generales del derecho, que de otro modo un tribunal de la Parte importadora aplicaría para revisar una resolución de la autoridad investigadora competente.
6. El artículo 238 del Código Fiscal de la Federación, como criterio de revisión.

Cabe destacar que para poder comparecer ante un Pánel constituido en México como representante, es necesario contar con título y cédula profesional para ejercer la profesión de abogado en México, tal como lo requiere el artículo 1904.7 del TLCAN.[441]

---

441. Véase CRUZ BARNEY, Oscar, «El ejercicio de la abogacía por extranjeros y el Tratado de Libre Comercio de América del Norte», *El Foro, Órgano de la Barra Mexicana, Colegio de Abogados, A.C.,* México, Décima Época, Tomo XI, núm. 1, Primer Semestre, 1998.

El artículo citado establece en la parte conducente que:

«La autoridad investigadora competente que haya dictado la resolución definitiva en cuestión tendrá el derecho de comparecer y ser representada por *abogados* ante el pánel. Cada una de las Partes dispondrá que las personas que por otro lado, de conformidad con el derecho de la Parte importadora, estarían legitimadas para comparecer y ser representadas en un procedimiento interno de revisión judicial de la resolución de la autoridad investigadora competente, tengan el derecho de comparecer y *ser representadas por abogados ante el pánel.*»

Es claro el texto del artículo 1904.7 TLCAN y a nuestro parecer no cabe interpretación alguna al mismo.

Respecto a la naturaleza jurídica de los Paneles del Capítulo XIX del TLCAN, y partiendo del hecho de que existiendo un conflicto de intereses, las partes buscan su solución fuera de los tribunales ordinarios y caen en los llamados "medios alternativos de solución de controversias".

El sistema comprendido en el Pánel del capítulo XIX del TLCAN es precisamente el arbitral, ya que en éste intervienen al menos tres partes y en los mecanismos del capítulo XIX sucede lo mismo, pues tenemos como sujetos de la relación jurídica que se establece a los siguientes:

a) el quejoso

b) su contraparte

c) la autoridad investigadora, que en el caso de México es la Unidad de Prácticas Comerciales Internacionales de la Secretaría de Economía, antes Secretaría de Comercio y Fomento Industrial.[442]

d) el Pánel.

Por otra parte los afectados han convenido en esta relación al someterse al Pánel y renunciar al remedio interno o nacional, y como consecuencia el Estado renuncia a intervenir tal como ya se dijo.

Al instalarse el Pánel se inicia la actividad de una maquinaria que deberá funcionar conforme a unas normas contenidas en dos fuentes: el TLCAN en su capítulo XIX y las *Reglas de Procedimiento* que cada país Parte promulgó en cumplimiento al artículo 1904.14.[443]

---

442. La SECOFI cambió de denominación en virtud del *Decreto por el que se reforman, adicionan y derogan diversas disposiciones de la Ley Orgánica de la Administración Pública Federal, de la Ley de Radio y Televisión, de la Ley General que establece las bases de Coordinación del Sistema nacional de Seguridad Pública, de la Ley de la Policía Federal Preventiva y de la Ley de Pesca*, publicado en el *Diario Oficial de la Federación* del jueves 30 de noviembre de 2000.

443. Véase el *Diario Oficial de la Federación* del 20 de junio de 1994. Nos ocupamos del

La resolución que dicte será obligatoria y definitiva por lo que no admitirá recurso alguno.

Por lo dicho su cercanía con la figura del arbitraje es mayúscula.

Algunos autores estiman que no es un mecanismo arbitral pues han incorporado algunas instituciones propias a los sistemas jurisdiccionales y llegan a decir que comparativamente con el sistema del GATT, el del TLCAN es más judicial.

Diversos autores mexicanos que se han ocupado del tema sostienen que se trata de paneles arbitrales [444] como son los colegas Luis Manuel PÉREZ DE ACHA [445], Sergio LÓPEZ AYLLON [446], Víctor BLANCO FORNIELLES, Víctor Carlos GARCÍA MORENO, Jorge SÁNCHEZ CORDERO [447], Lucía REYNA ANTUÑA, Rodolfo TERRAZAS SALGADO [448], José Leonel ANDRADE ALARCÓN [449], Loreta ORTIZ

---

tema desde 1997 a propósito del primer caso conocido del TLCAN. Ver CRUZ MIRAMONTES, Rodolfo, «Alegato presentado en la segunda audiencia celebrada en el Panel Mex-94-1904-01», *Revista de derecho privado*, México, Instituto de Investigaciones Jurídicas, UNAM, año 8, núm. 22, enero-abril, 1997.

444. Rodolfo CRUZ MIRAMONTES por vez primera expuso esta tesis en la audiencia pública correspondiente. Véase CRUZ MIRAMONTES, Rodolfo, «Alegato presentado en la segunda audiencia celebrada en el Panel Mex-94-1904-01», *Revista de derecho privado*. Instituto de Investigaciones Jurídicas, UNAM, México, año 8, núm. 22, enero-abril, 1997. En este mismo sentido CRUZ BARNEY, Oscar, *Solución de controversias y Antidumping en el Tratado de Libre Comercio de América del Norte*, 2ª ed., México, IIJ-UNAM, Porrúa, 2007.

445. PÉREZ DE ACHA, Luis Manuel, «Paneles Binacionales: ¿conflicto de idiosincracias?», Revista *Lex*, abril, 1996.

446. LÓPEZ AYLLON, Sergio, «Comentario a la resolución del panel binacional sobre las importaciones de productos de placa de acero en hoja originarios y procedentes de los Estados Unidos de Norteamérica» *Revista de derecho privado,* México, Instituto de Investigaciones Jurídicas de la UNAM, McGrawHill, año 6, núm. 18, 1995; del mismo autor «Los paneles binacionales del capítulo XIX del Tratado de Libre Comercio no son autoridad para efectos del amparo (amparo en revisión número 280/98)», *Cuestiones constitucionales. Revista Mexicana de Derecho Constitucional*, México, Instituto de Investigaciones Jurídicas, UNAM, núm. 2, enero-junio, 2000; y también en *El criterio de revisión de los paneles binacionales del capítulo XIX del Tratado de Libre Comercio de América del Norte en el sistema jurídico mexicano*, pp. 13, 14 y 15, (inédito).

447. Todos ellos en la resolución dictada por el Panel del caso *MEX-96-1904-03* sobre la Resolución que impuso cuotas compensatorias a las importaciones de lámina rolada en caliente originarias y procedentes de Canadá.

448. Opinión concurrente expresada respecto al criterio de revisión, facultades del panel y aplicación de los principios generales del derecho correspondiente a la parte tres de la decisión final, publicada con motivo de la decisión final del panel de revisión de la resolución definitiva de la investigación antidumping sobre las importaciones de placa en rollo originarias y procedentes de Canadá, identificado como caso MEX-96-1904-02, publicada en el *Diario Oficial de la Federación* del día viernes 6 de febrero de 1998.

449. ANDRADE ALARCÓN, José Leonel, «Sentido de las decisiones de los Pánales binacionales

Ahlf [450], Guillermo Aguilar Alvarez [451], Jorge Adame Godard [452], y Luis Miguel Díaz [453]. Sin embargo la posición más contundente nos la da el propio artículo 1904 en su párrafo 14 al consignar que las partes adoptarán en las *Reglas de Procedimiento* ciertos principios similares al de apelación judicial y se ocuparán entre otros de las: «limitaciones a la revisión arbitral.»

Se ha cuestionado la consideración que se hace de los paneles del Capítulo XIX como tribunales arbitrales, ya que no aparece el elemento básico del arbitraje que como es la manifestación de voluntad para someterse a los mismos, ni tampoco el Acta de Misión. Consideramos que estrictamente no sucede así, pues ambos elementos se dan de una forma distinta a la tradicional, pero están presentes.

En efecto, quien acepta someterse a un procedimiento antidumping o de subsidios indebidos conforme a la Ley de Comercio Exterior, sabe que la eventual resolución que se pronuncie podría someterse a revisión vía los mecanismos nacionales propios (Recurso de Revocación, de acuerdo con el art. 94, F. IV de la LCE) o bien a los existentes en los acuerdos internacionales vigentes (art. 97 LCE).

Por ende, ya está aceptando su sometimiento eventual y conoce que si se presenta uno de ellos, el otro quedará excluido.

En cuanto a los temas a ser conocidos por el tribunal arbitral ad hoc, que eso son los "paneles", serán fijados en el Memorial y en su contestación que se planteen oportunamente conforme las Reglas de Procedimiento que rigen la función de los mismos.

---

establecidos entre los Estados Unidos Mexicanos y los Estados Unidos de América, en el marco del Artículo 1904 del Tratado de Libre Comercio de América del Norte» (Estudio Inédito).

450. Ortiz Ahlf, Loreta, *Discurso de ingreso como Miembro de Número que presenta la Lic. Loretta Ortíz Ahlf bajo el título: Casos en el Marco de los capítulos XIX y XX del Tratado de Libre Comercio de América del Norte,* México, Academia Mexicana de Derecho Internacional Privado y Comparado, 12 de junio de 1998, p. 23.

451. Beatriz Leycegui, W. Robson y D. Stein, *Comercio a golpes. Las prácticas de comercio internacional bajo el TLC*, ITAM-Miguel Angel Porrúa, México, 1998.

452. Adame Godard, Jorge, «Las controversias en el Tratado de Libre Comercio de América del Norte», *Revista de derecho privado,* México, Instituto de Investigaciones Jurídicas de la UNAM, Año 6, núm. 18, 1995, pp. 8 y 36; y «¿Debe un panel binacional, que examina una resolución en materia de cuotas antidumping o compensatorias, revisar la competencia de la autoridad que la dictó?», en *Revista de derecho privado.* Instituto de Investigaciones Jurídicas de la UNAM, Año 7, núm. 20, México, 1996, pp. 87-101.

453. Díaz, Luis Miguel y Garza, Antonio, *op. cit.*, nota 417.

Por esto consignamos y afirmamos que son tribunales arbitrales sui generis, con una tendencia marcada hacia lo jurisdiccional y constituyen una modalidad en el concepto tradicional de los mismos.

Así, tenemos que los integrantes del Pánel solamente deberán actuar con un respeto absoluto a las normas que fijan su competencia y les marcan el camino para alcanzar las finalidades que expresamente se les consignan.

Como señalamos, las leyes que les son propias a los Paneles en su campo de acción son:

a) Los arts. 1901.1, 1902.1, 1904, 1909, anexos 1901.2, 1904.13 y 1911 del TLCAN.

b) Las Reglas de Procedimiento del artículo 1904 del TLCAN en vigor.

c) Los cuerpos legales y tratados internacionales a que se haga remisión por estas disposiciones anteriores.

Debemos entonces aceptar que cualquier acción realizada fuera de este marco será ilegítima.

Es propio de los procedimientos arbitrales que solamente se ocupen de los temas que expresamente se les asigna y por ende, los especialistas enfatizan la importancia que tiene precisar en un documento elaborado a propósito conocido como "acta de misión", o "términos de referencia", "compromiso", etc.

Alejarse de tal acuerdo producirá deficiencias en el laudo que pueden llevar hasta su anulación por exceso de poder siendo las más comunes las llamadas de *plus petitia* y de *ultra petitia.*

El Pánel del capítulo XIX del TLCAN no tendrá más objeto que el establecido en el párrafo 2 del artículo 1904 y este no es más que revisar si una resolución definitiva dictada por una autoridad investigadora de una de las partes que en el caso tenga el carácter de importador, se apegó a su propio derecho.

Para ello solamente tomará en cuenta lo existente en el expediente insistiéndose en este punto en varias ocasiones como es en el texto de este párrafo y en el Anexo 1911 al fijar el criterio de revisión.

Cualquier otra decisión que tome el Pánel estará fuera de su marco legal y por ello el párrafo 8 del artículo 1904 claramente señala que el Pánel sólo podrá confirmar o devolver a la instancia anterior el fallo analizado con el fin de que se adopten medidas no incompatibles con su decisión, por lo tanto *no* está facultado para anular la decisión tomada por la UPCI, ni mucho menos para conocer sobre la legitimidad de la Autoridad investigadora.

Los puntos fundamentales que deben guiar la tarea de los panelistas.

1. Criterio de revisión.
2. Competencia.

En cuanto al primero de los puntos ha surgido la duda y se insiste todavía sorprendentemente, que el artículo 238 del *Código Fiscal de la Federación* debe ser interpretado conjuntamente con los artículos 237 y 239 del mismo ordenamiento. Sostenemos que no debe ser objeto de interpretación y menos de distorsión el texto expreso del Anexo 1911 del TLCAN que lo fija con toda claridad.

Siguiendo las disposiciones del derecho mexicano que es el aplicable exclusivamente, tenemos que existen reglas muy claras en el Código Civil que nos guían para este propósito como es el artículo 1851 de este ordenamiento que establece que «...si los términos de un contrato son claros y no dejan duda sobre la intención de los contratantes se estará al sentido literal de sus cláusulas.»

Suponiendo sin conceder que hubiere necesidad de interpretar lo que establece el Anexo 1911 en cuanto a que «c) en el caso de México el criterio establecido en el artículo 238 del Código Fiscal de la federación o cualquier otro que lo substituya...» y por ello que acudir a la interpretación jurídica, lo que nunca debe hacerse es considerar como precedente y menos teniendo en las manos al primer caso mexicano del TLCAN, la experiencia de los Paneles norteamericano-canadienses.[454]

Al hacerlo así llevó al pánel constituido con motivo del caso 94-1904-02 a consultar leyes extranjeras como son la *Federal Court Act* y la *Special Import Measures Act* (SIMA) para ¡estar en posibilidades de estudiar al artículo 238 del Código Fiscal de la Federación Mexicano!

Después de este razonamiento se llegó a la conclusión de que:

«... resulta obvio concluir que los negociadores del TLCAN, al referirse al art. 238 del Código Fiscal de la Federación no excluyeron la referencia a los arts. 237 y 239 de tal ley».

De lo anterior se pasó a sostener equivocadamente a nuestro parecer, que los negociadores del TLCAN al formular el texto del artículo 1911 no buscaron la limitación de los criterios de revisión, lo que constituye un grave error, pues en primer término no fueron los mismos negociadores ya que México no participó en el primero de los tratados y en segundo término en ningún momento se demostró que los negociadores canadienses y norteamericanos hubiesen sido los mismos que en la negociación del TLCAN.

A mayor abundamiento si hubieren sido y fuese cierta la afirmación de que su espíritu era abrir el criterio de revisión, lo hubiesen lógicamente dicho y no lo hicieron *porque no era su intención abrirlo.*

---

454. Laudo sobre el caso MEX-94-1904-02, pp. 32 a 34.

De las notas de trabajo del Dr. Rodolfo Cruz Miramontes y demás participantes del cuarto de punto durante las negociaciones del TLCAN no se desprende por ningún lado que la intención hubiese sido la que sostuvieron los árbitros del Pánel 02, lo cual confirma la afirmación señalada de la interpretación estricta al texto del anexo 1911.

Por otra parte la teoría de que existe la necesidad de un criterio de revisión uniforme no aparece en ninguna parte del TLCAN y es más, cuando se llegó a pretender, durante las negociaciones del tratado, crear un tribunal permanente internacional para lograr, entre otras cosas, ir integrando una especie de jurisprudencia que facilitara establecer criterios uniformes, tal idea fue rechazada enérgicamente por los norteamericanos según los negociadores de la Secretaría de Economía informaron al sector privado.[455]

Es por lo tanto falsa tal afirmación y pretender de ahí una interpretación forzada e ilegítima del anexo 1911, es inaceptable.

Igualmente se ha planteado ante los Paneles estudiados el tema de la competencia de la autoridad investigadora (Secretaría de Economía), siendo que está fuera de las atribuciones de un Pánel arbitral resolver sobre la legitimidad de la misma.

Este aspecto que sí corresponde a un tribunal jurisdiccional nacional de jerarquía superior a la autoridad que dictó un fallo, está totalmente fuera de contexto y va contra las reglas elementales del arbitraje.[456]

Es ajeno a la consideración de los Paneles si una Dirección de la Secretaría de Economía es o no competente, sino a la capacidad del tribunal arbitral para analizar este elemento. La única competencia de la que un tribunal arbitral puede ocuparse es de la propia, es decir, la competencia de la competencia.

El objetivo buscado en la negociación del Capítulo XIX fue contar con mecanismos claros, transparentes, objetivos y justos que permitiesen al exportador mexicano poder acceder de manera segura y firme a los mercados extranjeros.

La enseñanza que nos brinda la experiencia de los Paneles del Capítulo XIX del TLCAN es enorme pues, aunque se han cometido errores, su utilidad es evidente y la industria nacional cuenta ahora respecto de los Estados Unidos y Canadá, con un mecanismo objetivo de revisión y en el caso de México, con un medio alternativo más de solución de conflictos, además de los tradicionales.

---

455. En la prensa nacional aparecieron diversas notas en ese sentido. Véase Cruz Miramontes, Rodolfo, *op. cit.,* nota 104,.pp. 11-19.

456. Ver Cruz Miramontes, Rodolfo, «Comentarios en torno a la resolución pronunciada por el panel establecido al amparo del capítulo XIX del TLCAN, en el expediente MEX-94-1904-02», *Revista de derecho privado*, México, Instituto de Investigaciones Jurídicas, UNAM, año 7, núm. 19, enero-abril, 1996.

Inclusive, el Capítulo XIX ha servido como modelo para otros tratados comerciales internacionales, como los doce acuerdos de consenso en materia de acero entre Estados Unidos y la entonces Comunidad Económica Europea, así como en las últimas reformas sugeridas al mecanismo de solución de controversias del GATT/OMC.[457]

3.3. Medidas especiales en la solución de conflictos: Capítulos XI y XIV

a) Capítulo XI

La Sección B del Capítulo XI del TLCAN responde a la búsqueda por parte de los inversionistas de las mejores condiciones de seguridad, certeza jurídica y rendimientos. Se buscó con el Capítulo XI ofrecer un clima más atractivo a las inversiones extranjeras en México, de ahí la creación de un mecanismo arbitral especial para prevenir y resolver las controversias que pudieren surgir cuando un inversionista considere que se le está vulnerando algún derecho. Dicho mecanismo se encuentra en la Sección B del Capítulo XI.

El mecanismo busca asegurar un trato igual entre inversionistas de las partes del tratado, de acuerdo con el principio de reciprocidad internacional y de debido proceso legal ante un tribunal imparcial.[458]

El sistema que se utilizará para resolver las controversias es, como señalamos, el arbitraje, pero primero deberá acudirse a las consultas y a la negociación.[459]

El artículo 1116 establece que el inversionista de un Estado parte podrá someter al arbitraje una reclamación en el sentido de que otro Estado parte ha violado una obligación relativa a:

1. La Sección A del Capítulo XI relativa al concepto de inversión, trato nacional, nivel de trato, requisitos de desempeño, transferencias, expropiación e indemnización, apertura sectorial, altos ejecutivos y consejos de administración, y denegación de beneficios.[460]

2. El artículo 1503(2) relativo a la obligación de los Estados parte de que las empresas de Estado actúen en conformidad con los Capítulos XI y XIV del Tratado.

---

457. García Moreno, Víctor Carlos, *op. cit.*, nota 433, p. 41.
458. TLCAN, Art. 1115.
459. TLCAN, Art. 1118.
460. TLCAN, Arts. 1101 a 1114.

3. El párrafo 3(a) del artículo 1502 relativo a monopolios y empresas de Estado, cuando el monopolio ha actuado de manera incompatible con las obligaciones de la parte de conformidad con la Sección A del Capítulo XI.

4. Que el inversionista haya sufrido pérdidas o daños en virtud de la violación o a consecuencia de ella.

Cabe destacar que el inversionista pierde su derecho a presentar una reclamación si han transcurrido más de tres años a partir de la fecha en la cual tuvo conocimiento por primera vez o debió haber tenido conocimiento de la presunta violación, así como conocimiento de que sufrió pérdidas o daños.

De acuerdo con el artículo 1120 del tratado, para que un inversionista pueda someter una reclamación al arbitraje, deben haber transcurrido seis meses desde que tuvieron lugar los actos que la motivaron.[461]

El arbitraje del Capítulo XI del TLCAN se puede llevar a cabo conforme a alguno de los siguientes reglamentos de arbitraje:

1. El convenio del Centro Internacional para el Arreglo de las Diferencias Relativas a Inversiones (CIADI) [462], siempre y cuando tanto la parte contendiente como la parte del inversionista sean Estados parte del mismo;
2. Las Reglas del Mecanismo Complementario del CIADI, cuando la parte contendiente o la parte del inversionista, pero no ambas, sean parte del CIADI;
3. Las Reglas de Arbitraje de la CNUDMI o UNCITRAL.

Como señala Claus Von Wobeser, a la fecha solo los Estados Unidos de América son parte del CIADI, no siéndolo ni México ni Canadá. «Por tanto, mientras Canadá y México no se adhieran a ese Convenio, los arbitrajes del Capítulo XI del TLCAN se regularán siempre por las Reglas del Mecanismo Complementario del CIADI o por las Reglas de UNCITRAL. En cambio se regularán por el Mecanismo Complementario cuando el inversionista sea de los Estados Unidos de América o el demandado sea éste país y por las Reglas de UNCITRAL en todos los demás casos. Por tanto los conflictos entre inver-

---

461. México hizo una importante reserva a este artículo al señalar que no se le podrá demandar invocando violaciones al TLCAN tanto en un procedimiento arbitral conforme al Capítulo XI como en un tribunal judicial o administrativo mexicano, siendo jurisdicciones excluyentes entre sí. Ver Anexo 1120.1.

462. Sobre el CIADI véase Vives Chillida, Julio A., *El Centro Internacional de Arreglo de Diferencias Relativas a Inversiones (CIADI)*, Madrid, McGraw-Hill, 1998. Asímismo Rodríguez Jiménez, Sonia, *El sistema arbitral del CIADI,* Editorial Porrúa, coordinación de la UNAM y la Universidad Iberoamericana, México, 2006.

sionistas canadienses y México o entre inversionistas mexicanos y Canadá se regularán por las Reglas de UNCITRAL.» [463]

Cada una de los Estados parte consintió en someter reclamaciones al arbitraje con apego a los procedimientos establecidos en el TLCAN. El consentimiento y el sometimiento de una reclamación al arbitraje por parte de un inversionista contendiente deberá hacerse por escrito y cumplir con los requisitos establecidos en el capítulo II del CIADI y las Reglas del Mecanismo Complementario; el artículo II del la Convención de Nueva York o el artículo I de la Convención Interamericana que requiere un acuerdo. [464]

El Tribunal Arbitral se integrará por tres árbitros, cada parte contendiente podrá nombrar uno y el tercero, presidente del Tribunal, será designado por común acuerdo de las partes.

En caso de que una de las partes no designen al árbitro que les corresponde o cuando las partes contendientes no se pongan de acuerdo en el nombramiento del presidente corresponde al Secretario General del CIADI su nombramiento. [465]

Salvo que las partes acuerden otra cosa, el procedimiento arbitral se lleva a cabo en el territorio de un Estado parte que sea parte de la Convención de Nueva York, determinado de conformidad con las reglas que rijan el arbitraje en particular. [466]

En cuanto al derecho aplicable a la controversia, el tribunal arbitral decidirá la controversia de acuerdo con el texto del TLCAN y con las disposiciones aplicables del Derecho Internacional.

En lo que se refiere al laudo arbitral, este será obligatorio y podrá considerar el pago de daños pecuniarios más los intereses correspondientes, inclusive en el caso de la restitución de la propiedad.

El Capítulo XI del TLCAN constituye así un novedoso instrumento de solución de controversias, con plena vigencia práctica, que se refleja en casos

---

463. Von Wobeser, Claus, «Arbitraje entre Estados e inversionistas de acuerdo al TLCAN y a los APPRIS suscritos por México», *El Foro, Órgano de la Barra Mexicana, Colegio de Abogados, A.C.,* México, Undécima Época, Tomo XII, núm. 2, Segundo Semestre, 1999, p. 25. Sobre este capítulo véase también a Pérez Miranda, Rafael, «La protección de la inversión extranjera y la solución de controversias en la materia», *Alegatos,* México, Universidad Autónoma Metropolitana, Órgano de difusión del Departamento de Derecho, División de Ciencias Sociales y Humanidades, núm. 32, enero-abril, 1996. Asimismo Cruz Barney, Oscar, «Protección al medio ambiente y solución de controversias en materia de inversiones en el TLCAN», *Revista de derecho privado,* México, Instituto de Investigaciones Jurídicas-UNAM, núm. 16, enero-abril, 2003.

464. TLCAN, Art. 1122.

465. Von Wobeser, Claus, *op. cit.,* nota 463, p. 26. TLCAN, Art. 1124.

466. TLCAN, Art. 1130.

importantes como el "Caso Azinian"[467] cuyo laudo se dictó el primero de noviembre de 1999, favorable a México.[468]

Este mecanismo no deja de ser inequitativo y discriminatorio en perjuicio de los inversionistas nacionales quienes no podrán acudir a los paneles en cuestión si el problema posible lo causa una decisión de autoridad mexicana. Durante las negociaciones del TLCAN manifestamos públicamente nuestro rechazo a tal tratamiento y a la posible afectación de la Cláusula Calvo (publicada en el periódico *El Nacional* de 3 de junio de 1992). Algunos estudiosos en la materia lo explican como una medida más política que jurídica ya que el TLCAN «...significa en sí mismo, un paso demasiado audaz en la posición tradicional de México.»[469]

b) Capítulo XIV

El Capítulo XIV del TLCAN se desarrolla en cuatro grandes temas: 1. Derecho de establecimiento de instituciones financieras; 2. El comercio transfronterizo; 3. Trato Nacional y 4. Trato de nación más favorecida.

La prevención de conflictos se da mediante consultas que hagan las partes cuando consideren que una medida tomada por una de ellas puede afectar los servicios financieros.[470] Las controversias se resuelven conforme a la Sección B del Capítulo XX, Sin embargo, se establecen ciertas modalidades para estos casos.

Se debe establecer una lista de 15 individuos designados por consenso, misma que será revisada cada tres años. Deberán contar con las aptitudes y disposición necesarias para actuar como panelistas en materia de servicios financieros. Los Estados parte deben comunicar a cada sección del Secretariado la integración de las listas y notificar sin demora a cada sección del Secretariado cualquier modificación a las mismas.

---

467. Caso núm. ARB (AF)/97/2 de 24 de marzo de 1997, entre Robert Azinian y otros vs. el Estados Unidos Mexicanos.

468. Sobre este caso véase los trabajos de ESTAVILLO CASTRO, Fernando, «Azinian V. México: first final award rendered under chapter eleven of NAFTA», *News ans Notes from The Institute for Transnational Arbitration*, EUA, Southern Methodist University School of Law, vol. 14, núm. 1, 2000 y «Solución de controversias en materia de inversión, conforme al Capítulo XI del Tratado de Libre Comercio de América del Norte», *Pauta,* México, Boletín informativo del Capítulo Mexicano de la Cámara Internacional de Comercio, A.C., año 99, núm. 29, 2000.

469. PEREZNIETO CASTRO, Leonel, «Algunos aspectos del sistema de solución de controversias en el tratado norteamericano de libre comercio», *Jurídica, Anuario del Departamento de Derecho de la Universidad Iberoamericana,* México, UIA, núm. 23, 1994.

470. TLCAN, Art. 1413.

En caso de que el pánel falle en el sentido de que existen medidas incompatibles con el TLCAN, el Estado afectado podrá suspender beneficios pero solamente en el sector financiero. Cuando el problema se refiera a inversiones en materia de servicios financieros contempladas en el Capítulo XI y el afectado estime que puede tratarse de una excepción tal como lo establece el artículo 1410, podrá solicitarla, lo que producirá la suspensión del conocimiento del caso y el tribunal arbitral deberá remitir el expediente al Comité de Servicios Financieros.[471]

Dicho Comité deberá pronunciarse en un plazo de 60 días y su resolución es de carácter obligatorio, de no hacerlo, se resolverá conforme al artículo 2008 del Capítulo XX, a solicitud de parte interesada.

3.4. Los Acuerdos Paralelos en materia ambiental y laboral

Junto con el TLCAN, México, Estados Unidos y Canadá firmaron dos acuerdos paralelos: el Acuerdo de Cooperación Ambiental y el Acuerdo de Cooperación Laboral de América del Norte.[472]

En el Acuerdo Ambiental se acordó promover el desarrollo sustentable, conservar, proteger y mejorar el medio ambiente en los tres países, apoyar los objetivos ambientales en el tratado, evitar las medidas que distorsionen el comercio, evitar las medidas proteccionistas y promover la aplicación efectiva de las leyes ambientales en los tres países.

Se crea una Comisión para la Cooperación Ambiental (formado por representantes de las partes a nivel de Secretaría de Estado o su equivalente), integrada por un Consejo, un Secretariado y un Comité Consultivo Conjunto.[473]

Se establece un mecanismo especial de consultas y solución de controversias entre los Estados parte, en caso de que uno de ellos mantenga una pauta persistente de omisiones en la aplicación efectiva de su legislación ambiental. La parte solicitante deberá entregar a las otras partes y al Secretariado la solicitud de consultas.[474] La partes consultantes tienen la obligación de llevar a cabo su

---

471. TLCAN, Art. 1412.

472. Sobre estos acuerdos véase entre otros GARCIA FLORES, Jacinto, *Acuerdo de Cooperación Laboral de América del Norte; Critica Jurídica*, México, Editorial Porrúa, 2007 y KARAM QUIÑONES, Carlos, *El impacto legislativo del Acuerdo de Cooperación Ambiental de América del Norte*, Culiacán, Sin., México, Universidad Autónoma de Sinaloa, Universidad Autónoma de Guerrero y Fundación Académica Guerrerense, 2008.

473. Art. 8.

474. Art. 22. Para la materia ambiental se considera particularmente adecuada la utilización de los MASC. Sobre el tema véase JIMÉNEZ PEÑA, Adolfo, «Corte Internacional de Arbitraje y Conciliación Ambiental», *LEX, difusión y análisis,* México, suplemento-ecologia, abril, 1997

mayor esfuerzo para alcanzar una solución mutuamente satisfactoria del conflicto a través de las consultas.

Cuando las consultas no tengan éxito para resolver el asunto en los sesenta días posteriores a la entrega de la solicitud de consultas o dentro del plazo que se acuerde para tal efecto, cualquiera de las partes podrá solicitar por escrito una sesión extraordinaria del Consejo, indicando en la misma el asunto motivo de la queja y enviando copia a las otras partes y al Secretariado.

El Consejo deberá reunirse dentro de los 20 días siguientes para abocarse a la solución del conflicto, pudiendo:

1. Convocar a los asesores técnicos a crear los grupos de trabajo o de expertos que considere necesarios;
2. Recurrir a los Buenos Oficios, la conciliación, la mediación o a otros procedimientos de solución de controversias; o
3. Formular recomendaciones, para ayudar a las partes a alcanzar una solución mutuamente satisfactoria de loa controversia. Las recomendaciones de la Comisión se podrán hacer públicas si así lo decide el Consejo mediante el voto de las dos terceras partes de sus miembros.[475]

Cuando un asunto no se resuelva en un plazo de sesenta días posteriores a la reunión del Consejo, cualquiera de las partes podría solicitar por escrito que el Consejo decida por el voto de dos terceras partes de sus miembros, convocar un tribunal arbitral para examinar el asunto cuando se alegue la existencia de una pauta persistente de omisiones de la parte demandada en la aplicación efectiva de su legislación ambiental relativa a los lugares de trabajo, las empresas, las compañías o los sectores que produzcan bienes o proporciones servicios, que:

1. Sean objeto de comercio entre los territorios de las partes;
2. Compitan en territorio de la parte demandada con bienes producidos o con servicios proporcionados por personas de otra parte.

Se establece además la posibilidad de que una tercera parte participe en el arbitraje como parte reclamante cuando considere tener un interés sustancial en el asunto.

Los árbitros se seleccionarán de una lista de hasta 45 individuos con la aptitud y disposición para actuar como tales, contando desde luego con conoci-

---

y Rodríguez Brizuela, Martín, «Los conflictos ambientales y la mediación como modo de dirimirlos», *Cuaderno de Federalismo,* Córdoba, Argentina, Instituto de Federalismo, Academia Nacional de Derecho y Ciencias Sociales de Córdoba, núm. XI, 1997.

475. Art. 23.

mientos y experiencia en materia ambiental o en la solución de controversias derivadas de acuerdos internacionales.[476]

El tribunal arbitral, cuando sean dos las partes contendientes, se integra por cinco miembros, seleccionados de la siguiente manera:

1. El presidente se designará por las partes contendientes en los 15 días siguientes a la votación del Consejo para la integración del mismo. De no ponerse de acuerdo, una de ellas, seleccionada por sorteo designará al presidente, que no será ciudadano de dicha parte.
2. Dentro de los 15 días siguientes a la elección del presidente, cada parte contendiente seleccionará a dos árbitros que sean ciudadanos de la otra parte contendiente.
3. En caso de que una parte contendiente no seleccione a sus árbitros en el tiempo establecido, éstos se seleccionarán por sorteo de entre los miembros de la lista que sean ciudadanos de la otra parte contendiente.

Ahora bien, en el caso de que haya más de dos Partes contendientes, el pánel arbitral se integrará por 5 miembros y dentro de los 15 días siguientes a la entrega a la votación del Consejo para su integración, las Partes procurarán acordar la designación del presidente. De no lograrlo, la Parte o Partes del lado de la controversia escogido por sorteo, seleccionarán en el plazo de 10 días un presidente, que no sea ciudadano de dicha Parte o Partes.

Dentro de los 30 días posteriores a la designación del presidente, la Parte demandada seleccionará dos árbitros, cada uno de los cuales deberá ser nacional de una de las Partes reclamantes. Estas a su vez seleccionarán dos árbitros nacionales de la Parte demandada. Si alguna de las Partes contendientes no hace su selección en el plazo establecido, este será electo por sorteo respetando los criterios de nacionalidad establecidos.[477]

Los procedimientos arbitrales del Acuerdo Ambiental deben garantizar:[478]

1. El derecho de audiencia ante el Tribunal Arbitral.
2. Oportunidad de presentar alegatos y pruebas por escrito.
3. Confidencialidad respecto de las posiciones sostenidas por los árbitros respecto de la controversia.

---

476. Art. 25.

477. Art. 27.

478. Se deberán redactar una Reglas de Procedimiento para los paneles del Acuerdo Ambiental.

El Acta de Misión del Tribunal Arbitral deberá ser, de acuerdo con el testo del Acuerdo: «Examinar, a la luz de las disposiciones aplicables del Acuerdo, incluidas las dispuestas en la Quinta Parte, si ha habido una pauta persistente de omisiones de la Parte demandada en la aplicación efectiva de su legislación ambiental, y emitir las conclusiones, determinaciones y recomendaciones a que se refiere el artículo 31(2).»

El artículo 31(2) se refiere al informe preliminar que el Tribunal deberá rendir dentro de los 180 días siguientes a la designación del último árbitro, con el contenido siguiente:

1. Las conclusiones de hecho.
2. La determinación sobre si ha habido una pauta persistente de omisiones de la parte demandada en la aplicación efectiva de su legislación ambiental, o cualquier otra determinación solicitada en el Acta de Misión.
3. En caso de que el Tribunal Arbitral emita una determinación afirmativa, incluirá sus determinaciones, cuando las haya, para la solución de la controversia. Las determinaciones serán normalmente que la parte demandada adopte y aplique un plan de acción suficiente para corregir la pauta de no aplicación.

Se permite además la formulación de votos particulares.

Dentro de los 30 días siguientes, las partes contendientes podrán formular observaciones por escrito al Tribunal sobre el informe preliminar. El Tribunal podrá de oficio o a petición de parte solicitar observaciones de cualquier parte involucrada, reconsiderar su informe y llevar a cabo cualquier examen que considere pertinente.

Dentro de los 60 días siguientes a la presentación del informe preliminar, el Tribunal deberá rendir su Informe Final, junto con los votos particulares en las cuestiones en donde no hubo acuerdo unánime, a menos de que las partes convinieren otra cosa.

Las partes contendientes deberán, en los quince días siguientes a que le sea notificado, comunicar el informe final al Consejo, así como todas las opiniones escritas que cualquiera de las partes contendientes desee anexar con carácter confidencial.

Para el cumplimiento del informe final, dentro de los sesenta días siguientes a la fecha del informe final, las partes contendientes podrán acordar un plan de acción mutuamente satisfactorio ajustado a las recomendaciones del Tribunal Arbitral y deberán notificar sin demora al Secretariado y al Consejo cualquier resolución que hubieren acordado sobre la controversia.

En caso de que las partes no se pongan de acuerdo o bien que se incumpla en la ejecución del mismo, de nueva cuenta se convocará al Tribunal Arbitral por el Consejo. La tarea del Tribunal será la de definir un plan de acción, para lo cual contará con 120 días de término y si a su juicio procediere, estará facultado para sancionar con una multa de hasta 20 millones de dólares.

En el caso de que tampoco se consiga que el obligado cumpla, se buscarán nuevas acciones que en definitiva aseguren el cumplimiento del informe, pudiendo suspenderse temporalmente en el caso de México, los beneficios alcanzados en el TLCAN.

En el Acuerdo laboral, se crean diversas instituciones que son la Comisión de Cooperación Laboral, formada por un Consejo y una Secretaría con la responsabilidad de implementarlo. Cada parte tiene una Oficina Administrativa Nacional y se puede convocar al Comité de Evaluación de Expertos.

Cuando por algún motivo surjan controversias se deberán llevar a cabo consultas ministeriales y en caso de no llegar a un acuerdo, se podrá establecer el Comité de Evaluación de Expertos, que se ocupará del asunto solamente si considera que:

1. Involucra derechos colectivos.
2. Está relacionado con el comercio.
3. Estas regido por leyes internas laborales.
4. Involucra una falta persistente, sistemática o injustificada de la aplicación efectiva de la ley laboral.

Dicho Comité deberá opinar de manera definitiva en un plazo de 180 días recomendando la solución al problema. Ante la eventualidad de que esto no suceda, en un plazo máximo de 60 días el consejo ministerial podrá conocer del mismo a petición de parte y resolver el conflicto en un término de 80 días.

Si permanece la controversia, entonces se podrá integrar un Tribunal Arbitral que operará bajo los mismos principios que el ambiental.[479]

Se han presentado diversas peticiones para revisión en el tema laboral.[480]

4. Otros acuerdos internacionales

El mecanismo de solución de controversias en materia antidumping contemplado en el capítulo XIX del TLCAN ha servido de modelo en la cele-

---

479. Artículos 27 a 41 del Acuerdo Laboral. Ver Cruz Miramontes, Rodolfo, *op. cit.*, nota 104, pp. 45-50.

480. Sobre el tema véase García, Victoria M., «¿Cuál es la realidad sobre el Acuerdo Lateral en Materia Laboral del TLC», *Revista de la Facultad de Derecho y Ciencias Sociales,* Nuevo León, México, Universidad Autónoma de Nuevo León, Facultad de Derecho y Ciencias Sociales, Quinta Época, núm. 2, enero abril, 1997.

bración de los subsecuentes tratados comerciales internacionales suscritos por México. En el caso del Tratado de Libre Comercio con la Unión Europea, la situación fue distinta como veremos a continuación, pese a que se consideró al arbitraje como el medio idóneo para solucionar las diferencias.

4.1. El Tratado de Libre Comercio entre México y la Unión Europea (TLCUE)

Los textos de los Acuerdos comprendidos en las Decisiones del Consejo Conjunto establecido conforme al Acuerdo de Asociación Económica, Concertación Política y Cooperación, así como el Acuerdo Interino sobre Comercio y cuestiones relacionadas con el Comercio entre los Estados Unidos Mexicanos por una parte y la Comunidad Europea y sus Estados Miembros por la otra se publicaron en el *Diario Oficial de la Federación* del 6 de junio de 2000.[481]

Ambas decisiones se desprenden del Acuerdo denominado "Global" y que fue firmado en la Ciudad de Bruselas el día 8 de Diciembre de 1997, aprobado por el Parlamento Europeo el día 6 de mayo de 1999 y que ha tenido que ser aprobado a su vez por los Órganos Legislativos de los quince países que tienen el carácter de Miembros.

Dicho Acuerdo de Asociación Económica, Concertación Política y Cooperación Comercial y las Decisiones de referencia fueron conjuntamente aprobadas por el H. Senado de la República el día 20 de marzo de 2000 y publicada la aceptación de cuenta en el *Diario Oficial de la Federación* del 6 de junio del mismo año.[482]

En la misma fecha se llevó a cabo la denominada "Declaración Conjunta" que contiene el citado Acuerdo "Interino" que a su vez fue aprobado por el Senado de la República, el día 23 de abril de 1998 y por el Parlamento Europeo el día 13 de mayo del mismo año.

---

481. Publicado en el *Diario Oficial de la Federación*, 6 de junio de 2000. El Consejo de Ministros de la UE lo aprobó el lunes 14 de febrero de 2000, el Parlamento Europeo hizo lo propio el día 16 de marzo de 2000, luego de que la eurodiputada española Concepción Ferrer presentara un informe sobre los beneficios del acuerdo comercial. El documento fue suscrito por el Presidente de México Ernesto Zedillo Ponce de León y por el Primer Ministro de Portugal Antonio Guterres el jueves 23 de marzo de 2000, en presencia de Romano Prodi, Presidente del Consejo Europeo.

482. Véase el *Tratado de Libre Comercio México Unión Europea*, México, Secretaría de Comercio y Fomento Industrial, Talleres Gráficos de México, 2000, 2 tomos.

Dicho Acuerdo fue promulgado el día 20 de julio de 1998 y publicado en el *Diario Oficial de la Federación* el 31 de agosto y entró en vigor el 1° de septiembre de ese mismo año.[483]

El denominado Acuerdo Global se enmarca en el Artículo 133 del Tratado de Amsterdam en cuanto al manejo del Acuerdo Comercial por ser materia comunitaria.

En consecuencia, el Comercio de Bienes es de competencia exclusiva de la Comisión Europea y requiere solamente del conocimiento y aprobación del Consejo Europeo.

En cambio por lo que toca a la reglamentación de los Servicios, Inversión o Movimientos del Capital y Ejecución de los Derechos de Propiedad Intelectual, están reservados a los Estados Miembros y su negociación debe llevarse a cabo de manera conjunta entre ambas entidades, conforme al mandato que los Miembros otorguen al Órgano Ejecutivo de la Comunidad o sea el Consejo y además contar con la opinión del Parlamento Europeo.

A efectos de precisar la aparente complejidad del *corpus iuris* que conforma el TLCUE, señalaremos que existen los siguientes instrumentos legales:

1. El "Acuerdo Global" como se le llama al Acuerdo de Asociación Económica, Concertación Política y Cooperación Comercial.
2. El "Acuerdo Interino" o sea el Acuerdo sobre comercio y cuestiones relacionadas con el comercio.
3. Dos decisiones adoptadas por el Consejo Conjunto derivadas directamente de ambos Acuerdos.
4. En cierta forma podemos también incluir la Declaración Conjunta que facilitó iniciar las negociaciones sobre los temas de competencia mixta en materia comercial.

Dichos documentos se firmaron el primero y el último en la ciudad de Bruselas el día 8 de diciembre de 1997 y obran en el Acta Final y los segundos en Bruselas y en Lisboa los días 22 y 24 de febrero del año 2000.

El Acuerdo Global por su competencia compleja requiere de la aprobación de los órganos legislativos de los quince Estados Miembros de la Unión Europea y del Parlamento Europeo quien se pronunció favorablemente desde el 6 de mayo de 1999.

---

483. Sobre el proceso de negociación véase Cruz Miramontes Rodolfo, *Las relaciones comerciales multilaterales de México y el Tratado de Libre Comercio con la Unión Europea*, México, Universidad Iberoamericana, Instituto de Investigaciones Jurídicas, UNAM, 2003, segunda reimpresión 2013.

Las aprobaciones de los Miembros se han venido realizando en diversas fechas y en algunos casos, no han faltado cuestionamientos sobre todo por razones políticas y de los derechos humanos pero sin llegar a causar mayores problemas. Se han debido más a cuestiones de política interna que por deficiencias del Tratado.

El Acuerdo Interino recibió la aprobación del Parlamento Europeo el 13 de mayo de 1998 y del Senado Mexicano el 23 de abril del mismo año, habiéndose publicado el día 31 de agosto siguiente entrando en vigor el 1° de septiembre de 1998.

Debido al proceso aprobatorio de suyo dilatado, se utilizó el sistema del Acuerdo Interino para trabajar de inmediato aprovechando los antecedentes que regulan las relaciones entre México y la Comunidad Económica Europea actualizadas mediante la Declaración del día 2 de mayo de 1995.

En consecuencia tenemos que en ambos Acuerdos mencionados se regulan todos los temas propios y que fueron objeto de la negociación intensa llevada a cabo alternativamente entre las Ciudades de México y Bruselas.

Dichas negociaciones se iniciaron en la Ciudad de México, D. F. en el mes de noviembre de 1998 y le siguieron Rondas en ambas ciudades que sumaron nueve en total, habiendo concluído formalmente el día 23 de noviembre de 1999.

Aunque pudieren parecer precipitadas, en realidad no lo fueron tanto, pues los temas se fueron ajustando como ya se dijo en 1995, 1996 y se formalizaron en diciembre de 1997, habiendo pesado sin duda alguna en el ánimo de los negociadores, la anunciada Ronda del Milenio de la OMC que estaba programada precisamente para llevarse a cabo durante tres años a partir del presente año 2000.

Este marco jurídico actual será modificado al entrar en vigor el Acuerdo Global pues en el Artículo 16 del Interino, se previene que al suceder este supuesto, dejará de ser aplicable.

Sin embargo todas las decisiones que se hubieren adoptado permanecerán vigentes como si hubiesen sido adoptadas por el Consejo Conjunto del Global (Artículo 60, p. 5).

La vinculación entre la OMC y el Acuerdo Interino es absoluta y podemos prevenir desde ahora, que los cambios y modificaciones que se acuerden en el Marco Multilateral de Comercio, repercutirán en el Bilateral comentado.

Veremos cómo nuestro tema de Solución de Controversias está no sólo considerado dentro del Anexo 2 de la OMC sino que guardan una íntima relación.

A continuación revisaremos primeramente el mecanismo contemplado en el Acuerdo Interino cuyo corte y disposiciones prácticamente están copiadas en el Acuerdo de Colaboración que hemos mencionado, por tanto, lo que digamos del uno es aplicable para el otro.

El Artículo 7 del Acuerdo Interino establece un Consejo Conjunto integrado por representantes de México, del Consejo de la Unión Europea y de la Comisión Europea.

La realización de sus tareas estarán apoyadas en el denominado Comité Conjunto a que se refiere el Artículo 10 y su composición estará también integrada por Representantes de México y de la Comunidad Europea.

De manera específica se previene en el Artículo 12 que el Consejo Conjunto deberá establecer un procedimiento específico para la Resolución de Controversias Comerciales y relacionadas con el Comercio que será compatible con las disposiciones de la Organización Mundial de Comercio.

En consecuencia la Decisión desprendida del Acuerdo Interino que hemos mencionado con anterioridad, contiene el Título VI en cuyos Artículos 41 al 47, se regula todo lo propio de la Solución de Conflictos que aparezcan por la puesta en marcha del mismo, así como con los temas específicos mencionados en los Artículos 2° al 5° del citado Acuerdo Interino a los que se le denomina "instrumentos jurídicos abarcados".

Esto significa lo siguiente:

1. La decisión presente abarca los temas siguientes entre otros:

1°. Libre circulación de bienes:

A) Eliminación de Aranceles

a) productos industriales (Arts. 4, 5 y 6)

b) productos agrícolas y pesqueros (7 a 9).

B) Medidas no arancelarias.

a) licencias y cupos (se prohiben) Art. 12.

b) trato nacional (Art. 13).

c) medidas AD y compensatorias (Art. 14)*

d) salvaguardas (Art. 15).

e) procedimientos de evalución de la conformidad (Art. 19.2 del Acuerdo OTC)*

f) medidas sanitarias y fitosanitarias (Art. 20.1).*

g) balanza de pagos (Art. 21).*

h) zonas de Libre Comercio y Uniones Aduaneras conforme el Art. XXIV (párrafos 3, 4 y 5).*

2°. Compras del Sector Público (Arts. 25 al 38).

---

* Se exceptúan del procedimiento arbitral.

3°. Competencia (Art. 39).

4°. Consultas en Asuntos de Propiedad Intelectual (Art. 40).

5°. Obligaciones del Comité Conjunto en lo relativo al comercio y cuestiones relativas (Art. 48).

2. Los "instrumentos jurídicos abarcados" del Acuerdo Interino contemplados en los Artículos 2 al 5, comprenden:

1°. El Artículo 2° se ocupa del Objetivo consistente en establecer un marco para el intercambio de bienes mediante la «liberalización bilateral y preferencial, progresiva y recíproca del comercio» conforme a las normas de la OMC.

2°. El Artículo 3° previene el establecimiento del calendario para la desgravación y para la eliminación de las barreras no arancelarias y demás temas conexos.

3°. El tema del Artículo 4° es referente a la Contratación Pública.

4°. El correspondiente al Artículo 5° es el de las normas de competencia y formas de cooperación inter-partes.

La presente decisión se compone además de Anexos entre los que está el de Solución de Controversias (XVI) que encierra las Reglas Modelo de Procedimiento.

Por último se establecen excepciones al ámbito de aplicación del Mecanismo de Solución de Controversias en los temas de los Artículos:

14. Medidas Antidumping y subvenciones conforme al Artículo VI del GATT y de la OMC.

19 (2). Normas y procedimientos de evaluación de la conformidad del Acuerdo OTC (Obstáculos técnicos al Comercio).

20 (1). Medidas sanitarias y fitosanitarias conforme a la OMC.

21. Problemas de balanza de pagos.

23. Zonas de Libre Comercio y Uniones Aduaneras.

40. Mecanismo de Consulta para asuntos de Propiedad Intelectual.

3. *Modus Operandi* del Mecanismo de Solución de Controversias.

1°. Se previene la pertinencia de buscar la solución del diferendo mediante las consultas.

El Comité Conjunto será ante quien se lleven las consultas, el que se reunirá dentro de los 30 días posteriores a la presentación de la solicitud y en los siguientes 15 días dictará su decisión.

Pasados 45 días sin terminar el diferendo, el quejoso podrá someterlo al arbitraje. (Art. 43).

2°. En su petición del arbitraje el quejoso designará un árbitro y propondrá 3 candidatos para Presidente del Tribunal Arbitral Ad-Hoc.

El escrito lo entregará al Comité Conjunto y una copia a su contra-parte.

Esta deberá en los 15 días siguientes, designar su árbitro y sugerir al Presidente en una lista de 3 candidatos.

3°. Ambas Partes deberán concertar la designación del Presidente en los 15 días posteriores y a su aceptación se considerará que el Pánel queda establecido.

Vale la pena llamar la atención en el sentido de que contra lo habitual, no serán los árbitros quienes designarán a su Presidente sino serán las Partes.

¿Qué pasa si no se nombra al 2° árbitro, o no se nombra Presidente?

En el primer caso se seleccionará de la lista de tres, propuesta por la Parte solicitante.

En el segundo, será seleccionado en la semana siguiente, de las listas propuestas.

En ambos casos las selecciones serán por sorteo.

4°. El Tribunal presentará un Informe Provisional, en un término de 3 a 5 meses a partir de la fecha de establecimiento y las Partes dispondrán de un término de 15 días para observarlo.

5°. El Informe Final se dictará 30 días después del Preliminar.

Estimando una situación ordinaria en la que el Presidente sea designado por sorteo, calculamos un término bajo el supuesto de aplicar la suma corrida de plazos previstos, que no se tomarán más de 263 días.

Sin embargo prácticamente se presentarán dilaciones no provocadas, por lo que pudiéramos hablar de un promedio conservador de 315 días pues habrá que descontar los inhábiles.

6°. La resolución contenida en el Informe Final, será obligatoria y deberá acatarse y cumplirse por las Partes. (Art. 46, 1, 3, 4).

La adopción de las medidas pertinentes deberá ser a la brevedad y en caso de no poder cumplirla, deberán las Partes acordar un plazo "razonable" (p.4) para ello.

Cualquier incidente que surja en esta fase de ejecución podrá ser conocida por el mismo Tribunal Arbitral e inclusive se prevén las sanciones por el incumplimiento total o parcial, consistente en una compensación.

De no obtenerse se podrán retirar beneficios procurando que sean de efectos equivalentes y dentro del mismo sector afectado.

Dicha suspensión será temporal sólo por el término necesario para alcanzar su eliminación.

7°. Existen ciertas disposiciones de carácter general que merecen comentarios específicos.

1. Debemos destacar que en el Artículo 45, párrafo 5 se establece una facultad *sui generis* a favor de las Partes que por su originalidad, citamos textualmente:

«La Parte reclamante puede retirar su reclamación en cualquier momento antes de la presentación del Informe Final. El retiro será sin perjuicio del derecho a presentar una nueva reclamación en relación con el mismo asunto en una fecha posterior.»

Esto es que si la reclamante se percata mediante el Informe Provisional que su pretensión no va por buen camino, podrá desistirse, corregir las fallas de su petición, mejorar las pruebas de sus argumentos y volver a promover el caso.

Esta disposición tan original atenta contra los principios elementales de certeza y fundamentalmente de seguridad jurídicas.

Revisando la práctica en los foros internacionales especializados en temas de comercio, podemos encontrar que hay casos en los que habiéndose presentado deficiencias reales o aparentes a juicio de los árbitros, en los escritos iniciales del proceso, se ha rechazado el caso y vuelto a presentar considerando las razones del juzgador más nunca ha estado en manos del afectado retirar su demanda por no convenirle el previsible resultado.

Si esta facultad se diera para ejercerse hasta antes de conocer el Informe Provisional, cabría admitirla pero en la forma actual, se atenta frontalmente contra los valores jurídicos que los procedimientos legales pretenden alcanzar.

En efecto sobre la justicia está la seguridad jurídica como asentamos anteriormente, pues este valor es social y es lo que permite el orden en una sociedad cualquiera.

Al revisar los borradores del texto en la mesa correspondiente de COECE, como coordinador de la mesa de revisión de textos, nos permitimos manifestar por escrito, nuestro rechazo a tal pretensión pero no obtuvimos éxito.[484]

Esperamos que esta distorsión de la técnica jurídica no anide problemas futuros que se conviertan en interminables y obliguen así a la Parte débil, a concertar resoluciones inequitativas en su contra.

2. El Artículo 47 contiene otras disposiciones que condicionarán al mecanismo de solución de controversias comentado.

Estas son:

A) El párrafo 3° excluye del mismo a «...los asuntos relacionados con los derechos y obligaciones de las Partes adquiridos en el marco del Acuerdo de Marrakesh, en el que se estableció la OMC».

Si por "marco del Acuerdo" nos atenemos a la definición contenida en el Artículo II que define el ámbito de la Organización señalando que:

---

484. Comunicación dirigida al C. Secretario de Comercio y Fomento Industrial, fechada el día 2 de diciembre de 1999.

«La OMC constituirá el marco constitucional común para el desarrollo de las relaciones comerciales entre sus Miembros en los asuntos relacionados con los acuerdos e instrumentos jurídicos conexos incluidos en los Anexos del presente Acuerdo.»

Tendremos así que más allá de los 16 artículos que regulan a la OMC, están los Anexos 1A, 1B, 1C, 2 y 3 que a su vez contienen diez y siete Acuerdos, un Entendimiento y un Mecanismo. En consecuencia poco o nada queda como propio del sistema del Artículo 43 (1) del Acuerdo Interino México-Unión Europea.

Confirma lo anterior el siguiente párrafo del Artículo 47 comentado cuya parte inicial consigna que:

«4. El recurso a las disposiciones del procedimiento de solución de controversias establecidos en este título será sin perjuicio de cualquier acción posible en el marco de la OMC incluyendo la solicitud de un procedimiento de Solución de Controversias....».

B) Sin embargo de presentarse esta situación, no se podrá iniciar el otro o cualesquier otro mientras no concluya el primero.

Aparentemente al inicio de las negociaciones, los europeos pretendían la concurrencia y concomitancia de foros, pero prevaleció la razón alegada por los nuestros y quedó ordenada así la disputa.

Habiendo estado conforme el Sector Privado con lo anterior, nunca se nos informó sin embargo, que se excluiría del Artículo 43 (1) a los temas del Acuerdo OMC pues esto carece ya de todo sentido.

¿Qué asunto podrá prosperar en el foro del mecanismo de Solución de Controversias del TLCUE?

Habrá que hacer una cuidadosa disección para encontrar, por eliminación temática, alguno que no esté ya comprendido en el índice OMC.

Si reparamos además que aparte del Entendimiento de Solución de Diferencias comprendido en el Anexo 2, existen otros mecanismos específicos a problemas de telecomunicaciones, de servicios, de inversiones, obstáculos técnicos al comercio y otros, el asunto se vuelve muy complejo y por ello puede resultar nugatorio.

C) Por último podemos señalar que la voluntad de las Partes conserva su primacía sobre la letra de la norma en lo tocante a reglas de procedimiento, términos, etc.

No obstante que existe todo un sistema procedimental referido en el Anexo XVI, se prevé en el párrafo 2° del citado Artículo 47 que las Partes lo podrán modificar y convenir otra cosa.

Situación similar se da en cuanto a los plazos formalmente estipulados según se previene en el párrafo 1° del comentado precepto legal.

Forman parte y complementan esta decisión del Acuerdo Interino diversos Anexos y Declaraciones Conjuntas entre las que encontramos el Anexo III que contiene las "Reglas Modelo de Procedimiento" que mencionamos al referirnos al Art. 43 y la Declaración Conjunta XIV que se refiere a medios alternativos para la solución de controversias, consignando la obligación de las partes de promoverlas y subrayan la importancia de la Convención de la ONU de 1958, todo ello para facilitar la resolución de diferencias comerciales privadas.

Sin lugar a dudas que la influencia del Art. 2022 del TLCAN se proyectó en este precepto.

Sin pretender haber analizado todos los detalles y consumido el análisis del sistema que será utilizado en el arreglo de los conflictos que surjan y que sean atribuibles al mecanismo en cuestión, cabe mencionar lo que no se logró en el tema genérico de los conflictos comerciales.

Teniendo presente que en el TLCAN se acordó un Capítulo XIX similar al existente en el Acuerdo de Libre Comercio Estados Unidos y Canadá, que se ocupa de revisar si las decisiones en casos de controversias por prácticas desleales de comercio (dumping y subsidios punibles), se ajustaron a derecho, el sector privado mexicano pretendió algo similar y se incluyó originalmente en los doce temas iniciales.

La mesa de COECE tocó coordinarla, como ya advertimos, a Rodolfo Cruz Miramontes, y desde un principio los europeos se mostraron renuentes a tocar el tema.

Plantearon múltiples argumentos en contra y pese a las salidas y sugerencias que les formulamos no se obtuvo éxito (contenidas en el documento *Propuestas diversas que se han formulado a la mesa de negociaciones de SECOFI, por parte de la mesa de COECE sobre prácticas desleales a negociarse con la UE*, 14 de abril de 1999), por lo que sólo aparece un artículo, el 14 en el que la Partes "confirman" sus derechos y obligaciones regulados en el Acuerdo relativo a la aplicación del Art.VI del GATT sobre estos temas de prácticas desleales.[485]

Es preocupante esta ausencia, pues el sector exportador no tendrá más remedio, al sufrir una decisión contraria en un procedimiento antidumping o de

485. Sobre el tema véase Cruz Miramontes, Rodolfo, «Las negociaciones de México con la Unión Europea relacionadas con los mecanismos de revisión de resoluciones sobre prácticas desleales y de solución de controversias», *El Foro, Órgano de la Barra Mexicana, Colegio de Abogados, A.C.,* México, Undécima Época, Tomo XII, núm. 2, Segundo Semestre, 1999. Asimismo, en la ponencia presentada ante el Congreso de la Academia Mexicana de Derecho Internacional Privado celebrado en Colima el mes de noviembre de 2000 titulada «Los mecanismos de solución de diferencias en los acuerdos celebrados entre México y la Unión Europea.»

subsidios, que interponer algún recurso en el caso, ante las Autoridades europeas en Bruselas, o pedirle al gobierno que lo lleve a Ginebra ante la OMC.

Sin duda que constituye una limitante y un problema futuro al sector exportador. Asimismo significa un retroceso ante los logros obtenidos en la materia en el TLCAN, lo que debemos aceptar y no soslayar, menos aún considerar que fue un éxito.

En cuanto al mecanismo arbitral que se contempla en el Acuerdo Global que hemos mencionado con anterioridad, encontramos disposiciones iguales como ya se había advertido, a las que rigen la Solución de Controversias en el Acuerdo Interino.

Así podemos decir que los Artículos del 37 al 43 del citado Acuerdo desarrollan un mecanismo en los mismos plazos y condiciones ya señaladas. Por lo tanto nuestras observaciones y comentarios son iguales.

De cualquier manera, como afirma José Luis Siqueiros, es reconfortante advertir que las dos Partes hayan incorporado en Declaraciones Conjuntas la promoción del recurso al arbitraje y a otros medios alternativos de solución de controversias comerciales privadas.[486]

4.2. El Mecanismo de Solución de Controversias del GATT-Organización Mundial de Comercio (OMC)

Ante la remisión que el TLCUE anteriormente comentado, hace a la OMC y al hecho de que México es miembro de la OMC y usuario importante del Entendimiento de Solución de Diferencias (ESD), debemos ahora hacer referencia al mismo, por ser un mecanismo arbitral.

Al finalizar la Octava Ronda de Negociaciones del GATT, conocida como la Ronda Uruguay, surgió la OMC.[487]

---

486. Véase Siqueiros, José Luis, «La solución de las controversias comerciales en los acuerdos celebrados entre México y la Comunidad Europea», *Ars Iuris*, Revista del Instituto de Documentación e Información jurídicas de la Facultad de Derecho de la Universidad Panamericana, número 22, México, 1999, p. 222.

487. Sobre su nacimiento y antecedentes véase entre otros a Álvarez Soberanis, Jaime, «El GATT: antecedentes y propósitos», *Jurídica, Anuario del Departamento de Derecho de la Universidad Iberoamericana,* México, UIA, núm. 11, 1979; Labariega V., Pedro Alfonso, «El devenir del GATT a la OMC: elocuente y encomiable transición», en *Revista de derecho privado*, México, Instituto de Investigaciones Jurídicas, UNAM, año 8, núm. 23, mayo-agosto, 1997; Patiño Manfer, Ruperto, «Creación de la Organización Multilateral de Comercio (OMC)», *Boletín mexicano de derecho comparado,* México, UNAM, Instituto de Investigaciones Jurídicas, nueva serie, año XXVII, núm. 81, septiembre-diciembre, 1994; Veytia, Hernany, «Del GATT a la OMC», *Ars Iuris*, México,

Se logró al fin lo que se pretendió en La Habana en 1947, cuando pese a la firma del Acta Constitutiva de la Organización Internacional del Comercio (OIT), no fue aprobada por los poderes legislativos de varios países, entre ellos los Estados Unidos de América, sin cuyo concurso era imposible suponer su subsistencia.

Empero se tuvo éxito en la creación de un Acuerdo General de Aranceles y Comercio (GATT) suscrito originalmente por sólo ocho países [488] que a partir del 1° de enero de 1948, empezó a funcionar reuniéndose plenamente en las llamadas Rondas, cuya penúltima la de Uruguay, fue la culminación del Acuerdo y de ahí en adelante, las Rondas serán de la OMC.

De inicio debemos prevenir que el resultado de la Octava Ronda del GATT no fue uno solo, fueron muchos.

Nos limitaremos a formular una mera descripción del nuevo organismo y a formular unos cuantos apuntes deteniéndonos en el tema de la solución de diferencias, pues su estudio cabal es digno de una obra específica y no es nuestro propósito hacerlo en esta ocasión.[489]

La primera razón consiste en que no se trata de un documento único sino son varios: unos nuevos y otros ya existentes como veremos a continuación, que se compone de 26 000 páginas.[490]

El documento se titula «Acta Final de la Ronda Uruguay de Negociaciones Comerciales Multilaterales» y comprende numerosos documentos como veremos enseguida y desde luego el acuerdo por el que se establece la Organización Mundial de Comercio firmada como ya se ha dicho en la ciudad de Marrakesh, Marruecos el día 14 de abril de 1994.

Revista del Instituto de Documentación e Información jurídicas de la Facultad de Derecho de la Universidad Panamericana, número 13, 1995.

488. Ellos fueron Australia, Bélgica, Canadá, Francia, Luxemburgo, los Países Bajos, el Reino Unido y los Estados Unidos de América.

489. Sobre el tema véase Cruz Miramontes, Rodolfo, «La Organización Mundial de Comercio: introducción, antecedentes, elementos fundamentales de su constitución y su aportación a la solución de controversias», *Ars Iuris*, Revista del Instituto de Documentación e Información jurídicas de la Facultad de Derecho de la Universidad Panamericana, número 21, México, 1999.Ver también López González, Francisco, «Evolución del mecanismo de solución de controversias de comercio internacional: del GATT a la Organización Mundial de Comercio», *LEX, difusión y análisis,* México, 3era época, año III, núm. 21, marzo, 1997, asimismo Verlmust, Edwin y Driessen, Bart, «An overview of the WTO Dispute Settlement System and its relationship with the Uruguay Round Agreements. Nice on paper but too much stress for the system?», *Journal of World Trade,* Ginebra, Suiza, vol. 29, núm. 2, abril, 1995.

490. Jeffrey S.Thomas y Michael A. Meyer, *The New Rules of Global Trade*, Ontario, Canadá, Carswell Ed., 1997, p. 25.

Los múltiples documentos se encierran en dos grandes grupos: Los textos de 200 tratados, apéndices, notas, protocolos, interpretaciones, rectificaciones, concesiones, enmiendas, y demás así como dispensas (waivers) y decisiones.

El segundo grupo lo componen el Texto de la Carta Fundatoria y sus cuatro anexos, con mayúscula, en donde se regulan diversos temas que pudiesen considerarse capítulos extensos de la misma.

La razón aparente para haber contemplado esta estructura del acuerdo (que no la "arquitectura" como la califican quienes no son abogados),[491] estriba que es más práctico y fácil enmendar y cambiar los anexos que los estatutos de la organización.

Esto nos explica que dicho documento estatutario solo se componga de 16 artículos del que forman parte como ya adelantamos, los anexos siguientes:

ANEXO I-IA = Acuerdos Multilaterales sobre el Comercio de Mercancías.

ANEXO IB = Acuerdo General sobre el Comercio de Servicios y Anexos. (GATS).

ANEXO IC = Acuerdo sobre los Aspectos de los Derechos de Propiedad Intelectual relacionados con el Comercio. (Trips).

Formularemos enseguida algunos breves comentarios sobre estos documentos.

El ANEXO IA. Nos presente algunas particularidades que consignaré a continuación:

Se compone de quince acuerdos empezando con el Acuerdo General sobre Aranceles Aduaneros y Comercio de 1994 conocido en los medio como el "GATT 94".

Su contenido parte del texto del 30 de octubre de 1947; de todas las disposiciones vigentes hasta el momento de la entrada en vigor de la OMC cualquiera que fuese su denominación; de seis entendimientos; del Protocolo de Marrakesh y de varias notas explicativas.

Entre los quince acuerdos está el relativo a la aplicación del artículo VI del GATT y el de las Salvaguardas.

Los ANEXOS IB Y IC cuyos títulos ya mencionamos, se conocen por sus siglas respectivamente de "GATS" y "TRIPS".

---

491. John Ruskin a propósito nos dice: «La Arquitectura es el Arte que dispone y adorna los edificios levantados por el hombre para cualquier uso, para que su vista pueda contribuir a su salud mental, vigor y deleite». *Las Siete Lámparas de la Arquitectura*, Pamplona, Aguilar, 1963, p.35.

ANEXO 2.

En este documento se comprende una de las grandes diferencias con el antiguo GATT, pues se crea un llamado «Entendimiento para la Solución de Controversias» (o conflictos) que tiene el carácter de obligatorio para todos los miembros.

Anteriormente los artículos XXII y XXIII se ocupaban de manera muy modesta del tema y las decisiones que dictaban no pasaban de ser meras recomendaciones que fácilmente podían ser bloqueadas por una parte contratante que no tuviese interés en que prosperase.

ANEXO 3.

El cuerpo del documento lo constituye el mecanismo de revisión de la política comercial ("TPRM") que existiendo ya desde 1988, ha resultado de gran utilidad para conocer la política comercial que cada país aplica.

El propósito es facilitar que los acuerdos y disposiciones multilaterales sean respetados por los miembros y que los incorporen con transparencia, en sus acciones mercantiles.

ANEXO 4.

Hay cuatro documentos que componen este anexo y su aceptación o suscripción es opcional, ellos son:

1. Acuerdo sobre el Comercio de la Aviación Civil.
2. Acuerdo en Compras de Gobierno.
3. Acuerdo sobre Productos Lácteos.
4. Acuerdo sobre Carne de Bovino.

Debemos hacer notar que esta posibilidad de la aceptación opcional, rompe el principio que rige a la OMC consistente en "tómelo o déjelo" que contrasta radicalmente con el anterior principio del "GATT a la medida".

La razón es que los temas solamente preocupan o interesan a un número reducido de miembros; así por ejemplo México no suscribió el anexo.

Pese a la amplitud de los acuerdos no se cubrieron todos los temas y hay diversos de gran interés que sin duda integrarán la lista de futuras negociaciones.

La OMC por ser una institución jurídica, presenta un andamiaje burocrático original que habiendo recogido la experiencia del GATT, pretende ser útil y eficiente (Art.VIII).

La máxima autoridad descansa en la "Conferencia Ministerial" que se reúne en pleno cada dos años y que se compone por Representantes de todos los miembros. (Art. IV, 1).

Le siguen en orden de importancia cuatro Consejos:
1. El Consejo General.
2. El Consejo de Comercio de Bienes (GATT 1994).
3. El Consejo para el Comercio de Servicios (GATS).
4. El Consejo para asuntos relacionados con ciertos aspectos de los derechos de Propiedad Intelectual (Trips).

Se previene que el Consejo General actúe también como el llamado "Órgano de Solución de Diferencias" (OSD en español y DSU por sus siglas en inglés).

Se podrá observar que cada uno de los anexos está cubierto por un Consejo.

El Consejo General hará las veces de la Conferencia Ministerial en sesión bianual del mismo y se reunirá cuando sea preciso, estimándose que al menos será cada dos meses.

Se han establecido también diversos Comités como son:
A. El de Comercio y Desarrollo.
B. El de Restricciones por balanza de pagos.
C. El de Asuntos Presupuestarios, Financieros y Administrativos.

Se afianzó a la Secretaría bajo la responsabilidad de un Director General (Art.VI).

En cuanto a las decisiones se buscará que se tomen por consenso como sucedía en el GATT, con la aclaración de que se entenderá por tal cuando en una votación concreta, no se opongan expresamente a la decisión objeto del voto algún miembro presente.

Se le otorga gran relevancia al acervo histórico ya que expresamente se consigna que la OMC se regirá por «....Las decisiones, procedimientos y prácticas consuetudinarias de las partes contratantes del GATT de 1947 y los órganos establecidos en el marco del mismo». (Art. XVI). Esto es lo que llaman "acquis"

Originalmente no se estableció ningún mecanismo específico que se ocupase del tema y sólo dos Artículos el XXII y el XXIII, se refieren al asunto.

Pronto hubo problemas (los Países Bajos contra Cuba, en elVerano de 1948), lo que llevó que a lo largo de la actuación del GATT se buscasen fórmulas más jurídicas que negociadoras pues en su inicio, se privilegiaron éstas dadas sus "raíces diplomáticas" como bien sostiene David Palmeter.[492]

---

492. Ver Palmeter, David y Petros C. Marroidis, *Dispute Settlement in the World Trade Organization*, La Haya, Países Bajos, Kluwer Law International, 1999, p. 6.

El esfuerzo más completo se intentó durante la celebración de la Ronda Tokyo y así se produjeron los documentos denominados «Understanding regarding notification, consultation, dispute». Settlement and Survellance "y su anexo". "Agreed description of Customary Practice", sin desconocer que algunos de los Códigos negociados, establecieron sistemas adecuados a la materia (26th. Supp. BISD 210, 1980)

Posteriormente se acordaron otros cambios en 1982 (GATT BISD295/13, y en 1984 ("Dispute Settlement Procedures, GATT BISD315/9)

Asimismo en 1989: "Improvements to the GATT Dispute Settlement Rules and Procedures, 36th SUPP. BISD61(1190).

Sin duda que todo este bagaje facilitó la revisión cabal de todo el sistema y los cambios de fondo y forma que se negociarían en la Ronda Uruguay.

Es opinión compartida que el tema pese a que el GATT le dio su lugar, no logró contar con un sistema realmente efectivo que facilitase la conclusión de los conflictos.

Ello explica que la preocupación se trasladase en el GATT a la "Ronda Uruguay". Los Ministros aceptaron el reto y así lo consignaron en la declaración pertinente, al decir que:

«Con el propósito de asegurar una resolución pronta y efectiva a los conflictos en beneficio de todas las partes contratantes, los negociadores deberán lograr una mejoría para fortalecer las reglas y los procedimientos de los sistemas de Solución de Conflictos sin dejar de admitir la contribución que puedan conseguir dando en forma más efectiva y ejecutable, las disciplinas y reglas del GATT.» [493]

En obsequio al mandato ministerial se creó un "Cuerpo Negociador de Solución de Diferencias" que inmediatamente se puso a trabajar.

La tarea no era fácil ni cómoda, pues había una lista de pendientes que iban desde asuntos meramente procedimentales hasta de fondo o inclusive de propósitos del mecanismo, delineándose grupos bien definidos que sostenían una posición u otra, tal como estaban los Estados Unidos y Canadá en un extremo y la CEE con Japón en el otro.

A mayor complicación se debía tener presente que en forma expresa la OMC deseaba conservar y mantener como faro que guiase con su luz, al acervo histórico del GATT y lo que pudiere considerarse de alguna manera, como "jurisprudencia".

---

493. *Ministerial Declaration on the Uruguay Round* (GATT, BISD 338/19025).

Se mencionan por algunos estudiosos varios temas de los que entresacamos algunos como son:

1. La obligación o bien la opción de los miembros, de someter sus diferencias al mecanismo de la OMC.

2. Ante la existencia de normas de Derecho Internacional Público que eventualmente regulasen temas en disputa ¿Cómo se podía establecer la relación con el sistema de la OMC?

3. La naturaleza obligatoria o no de la decisión de los Tribunales de la OMC.

Durante los últimos años en los que el GATT conoció de problemas de esta naturaleza, se presentó con claridad aunque no hubo un número considerable de casos, una distinción entre dos tipos diversos que llaman la atención.

El primero es cuando se presenta una acusación por una violación franca a una disposición expresa del GATT (Art. XXIII, a).

El segundo en donde no existiendo dicha violación, se alega una "nulificación o menoscabo" (Art. XXIII, b y c).

Este concepto ha venido apareciendo en diversas negociaciones comerciales y concretamente en el TLCAN lo podemos encontrar.

Un caso muy connotado se ocupó del problema y sus argumentos disciernen entre las posturas antagónicas ya conocidas en el que México fue parte apoyando a la CEE y Canadá en contra de los Estados Unidos por la imposición de un impuesto a la importación del petróleo contemplado en la "US 1986 Tax Legislation", lo que constituye una violación *prima facie*.

En contrario sólo tres han sido los casos en que ha prosperado la demanda que postula la nulidad o menoscabo sin que exista violación a disposición expresa de un precepto.

En ellos aparece la imposición de aranceles contra ciertos productos que dañan y no satisfacen las legítimas expectativas de los proveedores. Ellos son:

A. El establecimiento de incentivos y subsidios por parte de la CEE, para producir y procesar semillas de oleaginosas.

B. El caso de los fertilizantes planteado por la República de Chile contra Australia.

C. El de Noruega contra Alemania por el cambio que ésta hizo en el tratamiento arancelario de ciertos tipos de sardinas cuyo resultado fue negativo para Noruega en ventaja de sus competidores.

La relevancia del tema es manifiesta y esto explica que el Artículo XXIII del GATT-1947 lo haya recogido.

Oportunamente consignamos que la OMC se compone de una Carta Constitutiva y de un grupo de anexos que conforman su cuerpo legal.

Entre ellos está el llamado «Entendimiento relativo a la normas y procedimientos por las que se rige la solución de diferencias». (ESD). (Anexo 2).

Será útil referirnos a su esquema para conocer los requisitos y los supuestos que se previenen para someter al órgano competente los problemas derivados de las relaciones entre los miembros de la OMC.[494]

De inicio el Artículo 1 nos delimita su ámbito de aplicación, que será el concerniente a todas las divergencias y consultas relativas a los acuerdos contenidos en el apéndice 1 del propio anexo 2 denominados "Acuerdos Abarcados".

Dichos "Acuerdos Abarcados" son precisamente los que componen íntegramente a la OMC a los que nos referimos en su oportunidad.

Se amplía también a los procedimientos y normas especiales o adicionales referidas en el apéndice 2, así como a las consultas y diferencias emanadas de sus derechos y deberes por la constitución de la OMC.

Para la aplicación y administración del ESD se crea un *Órgano de Solución de Diferencias* (OSD) que operará a través de una Secretaría, los Grupos Especiales y el Órgano de Apelación (Art. 2°).

Expresamente se declaran algunas posiciones de principios para especificar el marco de referencia del ESD, partiendo como ya lo mencionamos anteriormente, de su acatamiento y respeto a los principios de solución de diferencias del GATT, contenidos en los Artículos XXII y XXIII, así como en sus posteriores cambios incluyendo desde luego al presente acuerdo.

El objetivo básico del sistema es «...preservar los derechos y obligaciones de los miembros en el marco de los acuerdos abarcados y para aclararlas disposiciones vigentes de dichos acuerdos de conformidad con las normas usuales de interpretación del Derecho Internacional Público...» (Art. 3.3).

Se recalca el espíritu original del GATT de encontrar salidas consensadas a los conflictos, por lo que se invita a los afectados, a intentar la solución del caso concreto antes de presentar una reclamación. (Art. 3.4).

De acudirse al Grupo Especial, se entenderá que el primer objetivo será restablecer el orden perturbado mediante la supresión de la medida que ha provocado la diferencia siempre y cuando se demuestre que atenta contra los acuerdos abarcados.

Se previene la compensación pero se enfatiza que solamente procederá en caso de que no sea posible eliminar inmediatamente la causa del problema.

---

494. Este mecanismo también se aplicará en otros conflictos derivados de la aplicación de otros acuerdos, como son los del GATS (Art. XXIII), Acuerdo sobre Obstáculos Técnicos al Comercio (Arts. 13 y 14); Acuerdo sobre las Medidas en Materia de Inversiones Relacionadas con el Comercio (MIC, Art. 8°).

Por último y como recurso final, se acepta la retaliación por parte del afectado siempre y cuando la OSD autorice la toma de la medida en cuestión. (Art. 3.7)

Hay dos supuestos importantes que deben de estar presentes en esta situación:

A. Que la medida tomada por el demandado desconozca alguna obligación presente en los acuerdos abarcados. (Art. 3.8)

B. Que la decisión que tome el OSD en cualquier caso, sea por "consenso". (Art. 2.4)

El concepto que determina la decisión es necesario precisarlo pues existirá el consenso si no hay oposición formal de todos los miembros presentes en la reunión de la OSD en la que se tome el acuerdo. (Art. 16 de las Reglas y Procedimientos que regulan la Solución de Controversias).

La singularidad de este enfoque para agilizar y dar solidez a la toma de decisiones cuando deban adoptarse, es digna de reconocimiento.

Con evidente congruencia con las declaraciones y aclaraciones contenidas en los doce párrafos que componen el Artículo 3°., antes de referirse a las normas procedimentales propias a la solución del caso, se presentan disposiciones sobre temas previos como las referentes a las consultas, a los buenos oficios, a la conciliación y a la mediación.

De no operar se procederá al establecimiento de los cuerpos especiales.[495]

La solicitud de una consulta que no es sino la invitación forzada a la conciliación, es obligatoria y sólo después de transcurridos 60 días de la presentación de la misma sin haber obtenido éxito, se podrá pedir la integración de un Grupo Especial.[496]

Dicho grupo se formará necesariamente en la segunda reunión posterior del OSD (Obviamente porque en la primera se rehusó por la parte demandada), salvo que se acuerde por consenso no hacerlo. (Art. 6.1)

Para incitar a la acción se previene que si las partes interesadas no le otorgan al grupo especial su mandato para estudiar el caso y formular las recomendaciones necesarias al OSD y a la vez las haga propias y sugiera lo que debe hacerse o bien tomar la decisión procedente, se hará de manera automática conforme el formato que aparece en el Artículo 7.1. Para ello el presidente del grupo lo elaborará con base en lo manifestado por la reclamante, según lo previsto en varias disposiciones como el párrafo 2 del Art. 4 y 2 del Art. 6.

---

495. Ver Palmeter, David y Petros C. Marroidis, *op. cit.*, nota 492.

496. Sobre este tema véase Layton, Duane W., «The litigation of antidumping disputes before the World Trade Organization», *Business Law International,* EUA, International Bar Association, Issue 4, september 2000, pp. 296-298.

La composición de los Grupos Especiales será de tres personas o si las partes interesadas lo acuerdan, de cinco y la Secretaría los propondrá.

Si no hay acuerdo dentro de los siguientes 20 días a la aceptación de la petición para formar al grupo, el Director General los nombrará dentro de los diez días que sigan.

Los integrantes del Grupo Especial deberán ser personas especialistas y expertos en lo referente al comercio, derecho y organismos internacionales reconocidos en el medio.

Pueden ser funcionarios públicos o particulares y los miembros aceptarán permitirles en su caso, que formen parte de los Grupos Especiales cuando lo soliciten.

«Los integrantes de los Grupos Especiales actuarán a título personal y no en calidad de representantes de un gobierno o de una organización». (Art. 8.9).

Los Grupos Especiales tienen como tarea, evaluar en forma objetiva los hechos, de su relación con los acuerdos abarcados y en consecuencia, formular las conclusiones que se deriven lógicamente para ayudar a que se formulen las recomendaciones que procedan o a dictar la resolución pertinente. (Art. 11).

En diversos preceptos se establecen términos legales particularmente en el apéndice 3 de anexo 2, pero de manera expresa se determina que la duración del procedimiento no deberá ser mayor, por regla general a seis meses. Si hubiere impedimentos para hacerlo deberán explicarse las razones y el plazo se ampliará hasta nueve meses en total. (Art. 12.8)

Durante el procedimiento se podrán presentar escritos conformando la demanda y la contestación, réplicas, informes, observaciones y celebrarse una o varias audiencias de alegatos. Cabe mencionar que no esta permitida la participación en el procedimiento de los representantes de los particulares interesados, aunque hay cierta tendencia hacia permitir su presencia en el desahogo de las audiencias.[497]

Con este bagaje el Grupo Especial preparará un informe provisional que dará a conocer a las partes y éstas podrán solicitar que reexaminen algunos aspectos concretos del mismo, antes de preparar el definitivo; incluso podrá llevarse a cabo otra audiencia expresa para tratar las observaciones en cuestión. Para ello las partes dispondrán de un término breve y si no hubiere observaciones, se convertirá en definitivo. (Art. 15)

Dicho informe deberá circularse entre todos los miembros y dentro de los 60 días siguientes a su recepción,[498] podrá adoptarse por el OSD salvo que:

---

497. Ver el estudio de PEARLMAN, Jessica C., «Participation by private council in World Trade Organization dispute settlement proceedings», *Law and policy in international business*, USA, Georgtown University Law Center, International Law Institute, Vol. 30, núm. 2, invierno 1999.

498. El término de 60 días nos es obligatorio, es máximo y en nuestra opinión constituye un derecho de las partes involucradas para estudiar si apelan en contra del reporte. En el caso

a. El OSD decida por consenso, no hacerlo.
b. Que una de las Partes manifieste su decisión de apelar. (Art. 17)

Cabe formular una cuestión sobre el contenido del Informe Final o "Report" como se le titula en inglés. Dicho documento se compone no sólo de un análisis de los argumentos e informes de las partes derivados de los expedientes que originan el asunto, sino de las conclusiones y recomendaciones.

Suele suceder que en ellas se determina que actos o medidas objeto de la queja, están acordes o son consistentes con las Reglas del GATT/OMC y cuáles no.

En las recomendaciones generalmente se puntualizan las que no siguen las disposiciones de la OMC y se recomienda que se ajusten a ella más sin consignar el cómo.

En cuanto a la naturaleza jurídica de la recomendación, recordemos que existe la posibilidad dentro de un término legal de "apelar" la misma.

Tememos que la semántica nos hace una mala jugada pues el término "recomendación" produce una impresión errónea; su concepto es algo más fuerte, de mayor trascendencia, constituye propiamente una sentencia.

¿Es correcto interponer un recurso de apelación contra una recomendación formulada por un Grupo de Expertos?

Más aún, si la Recomendación no es apelada por las Partes deberá observarse en un plazo prudente que será el más corto posible.

En nuestra opinión nos enfrentamos a una situación *sui generis* pues el llamado Grupo Especial se asemeja más a un Tribunal Arbitral *ad hoc* que a un simple equipo de expertos y sus recomendaciones pueden ser más laudos obligatorios que simples opiniones.

Sin embargo no existe un mecanismo de coacción o de forzar su cumplimiento, no hay medios para ello.

Se da el mismo fenómeno propio del Derecho Internacional de la ausencia de la coerción.

Pierre Pescatore nos dice al respecto que «...we may retain that dispute settlement in the WTO system is a quasi automatic mechanism which, once it has been set into motion by the introduction of a complaint will develop according to is own logic through the successive stages, to a binding decisions, which there is no other escape than the unlikely procedure of "inverted consesus"».[499]

---

de JMAF, el Grupo Especial redujo el término a 30 días y nuestra Misión Oficial ante la OMC, protestó al expresar su extrañeza por ello al Dr. Rodolfo Cruz, Asesor de la afectada, logrando un *corrigendum*.

499. Pescatore, Pierre, *Handbook of WTO/GATT Dispute Settlement*, Nueva York, Volume 1, Transnational Publishers Inc., 1998, p. 30.

Concordando con esta opinión podemos sostener que si una recomendación no es apelada y queda firme, su carácter obligatorio y vinculatorio se actualiza, por lo que se convierte así en un laudo definitivo.

Si el Estado afectado no recibe una satisfacción, puede imponer medidas compensatorias o aún suspender concesiones. (Art. 22) previa aprobación y visto bueno del Órgano de Solución de Diferencias.

Se han establecido reglas y procedimientos muy puntuales en este tema, pues la comunidad internacional no las ve con simpatía y prefiere que los afectados cumplan con su obligación.[500]

Los miembros de la OMC pueden si lo desean, tener una participación activa, además de que los intereses generales existentes en un acuerdo abarcado, deberán tomarse en consideración.

Si el tercero tuviese un interés substancial en el caso, lo hará saber al OSD y podrá expresar sus argumentos al Grupo Especial tanto oralmente como por escrito.

La notificación de sus intereses tanto al OSD como a las partes podrá hacerse bien al formularse la consulta o ya al iniciarse la substanciación del procedimiento. (Arts. 4.11 y 10).

En diversos preceptos se protegen debidamente los intereses de los terceros tanto al llevarse a cabo el procedimiento como al dictarse la recomendación en la resolución.

El recurso de apelación nos plantea algunas interrogantes: ¿Por qué se convino establecer el recurso, si el propósito declarado por los miembros fue eficientar y agilizar el sistema? ¿La apelación no estorba y en cierta manera, contradice este propósito? ¿Hubo alguna presión de las grandes potencias sobre todo los apoyadores de la tesis del arreglo negociado y no de la aplicación del derecho, para dar una posibilidad de enmienda de las resoluciones "inconvenientes" a sus particulares intereses y así analizar en cierta forma, dos veces el asunto?

---

500. Sobre el tema véase Joergens, Konstantin J., «True appelate procedure or only a two stage process? A comparative view of the Appelate Body under the WTO dispute settlement understanding«, *Law and policy in international business*, USA, Georgtown University Law Center, International Law Institute,Vol. 30, núm. 2, invierno 1999. Puede suceder que una persona física o moral que no tenga reconocimiento en el proceso, considere que la resolución del caso afecte seriamente sus intereses y no pueda manifestarse por no existir regulada esta situación, ante tal situación se han dado casos muy importantes que han debido atenderse. Así sucedió en el litigio del JMAF donde el Dr. Rodolfo Cruz en representación del afectado alegó directamente como lo relata en: El Anexo 2 de la Organización Mundial de Comercio y la participación de los particulares a través del *amicus curiae*; Anuario Mexicano de Derecho Internacional n.° IX, UNAM-IIJ, México, 2009.

El procedimiento es sumario y será conocido por el órgano permanente de apelación formado por siete personas de las cuales tres serán adscritas a cada caso.

Su tarea será revisar las cuestiones de derecho del informe definitivo y las interpretaciones jurídicas realizadas (Art. 17.6).

El término para dictar su veredicto será de 60 días y en casos justificados hasta 90 días y podrá confirmar, modificar o revocar las conclusiones jurídicas del Grupo Especial.

La resolución será adoptada sin condiciones por el OSD dentro de los 30 días posteriores a la distribución del mismo a los miembros. La única excepción se dará cuando dicho órgano, por consenso, decida lo contrario.

Si la recomendación final y definitiva es que la parte demandada elimine la medida o bien que se ajuste en los aspectos pertinentes a las reglas de la OMC para lograr su consistencia, y no lo hiciere dentro del plazo "prudencial" señalado (Art. 22.1) [501] el demandante podrá imponer medidas retaliatorias previa la autorización del OSD o bien suspenderle concesiones o preferencias otorgadas al rebelde, tal como ya explicamos anteriormente al referirnos al cumplimiento de las recomendaciones.

El órgano de apelación establecerá su reglamento de trabajo, el que dio a conocer poco más de un año después que entrara en vigor la OMC. [502]

La importancia adquirida por el OSD en el corto plazo transcurrido desde que entrara en vigor es evidente y me atrevo a pensar que sobrepasó las expectativas más optimistas.

Baste señalar que para el 1° de enero de 1998, a tres años de estar operando, se presentaron cien casos, lo que comparativamente significó una tercera parte de los tramitados bajo el sistema del GATT en 50 años.

¿Qué causó tal entusiasmo?

Una primera respuesta puede ser que se estableció una norma general de que los miembros no deberán implementar ninguna medida en razón de anulación o menoscabo, o de violación a disposiciones de los acuerdos abarcados, si no se acudió previamente a los mecanismos del O.S.D.

Otra tal vez es que la tendencia manifiesta en los años anteriores a la creación de la OMC, de apoyar el sistema de la aplicación de la regla de derecho en lugar de la negociación directa, dió más confianza a los miembros para acudir al mismo.

Esta respuesta parece que alentó especialmente a los países de menor desarrollo, dándose el caso que los usuarios más frecuentes han sido después de los países denominados "Quad" (EUA-UE-Japón y Canadá), México, India y Thailandia.

---

501. Dicho «plazo prudencial« en principio deberá ser acordado entre las partes, lo que difícilmente sucede y en su defecto, se determinará mediante Arbitraje. (Art. 21, p.3, a, b y c).

502. Working procedures for appellate review, WtTAB/WP1.

Asimismo como otra razón adicional y en opinión de Debra P. STEGER y Susan M. HAINSWORTH, se puede citar que los terceros Estados miembros, han aprovechado la facultad que se les brinda de participar activamente en los casos, alentando así y promoviendo su utilización.[503]

Cabe también estimar que la existencia del órgano de apelación, da más confianza, seguridad y posibilidad de lograr un buen resultado.

El número de informes del Órgano de Apelación adoptados al 05 de octubre de 2011 es de 105 [504], con claridad y en apego a la ley y a las reglas fundamentales de la interpretación de los Tratados, según opina, para los adoptados hasta 1998, el Profesor Ernst ULRICH PETERSMANN.[505]

Frente a este resultado positivo de la práctica en la aplicación y recurrencia de los miembros al sistema de los "Grupos Especiales", paneles o Tribunales Especiales Ad-Hoc,[506] se presentan algunas interrogantes que habrá que despejar.

4.3. La Corte Permanente de Arbitraje de La Haya

La Corte Permanente de Arbitraje de La Haya se estableció en 1899 por la Primera Conferencia de Paz de La Haya, con el objetivo de facilitar la solución de

503. STEGER, Debra P. y HAINSWORTH, Susan M., «World Trade Organization Dispute Settlements: The First Three Years«, Journal of International Economic Law, UK, Oxford University Press, Oxford, Vol. 1, núm. 2, Junio, 1998. México ha participado activamente y ha afrontado problemas derivados de la necesaria interpretación de los preceptos. Ver CRUZ MIRAMONTES, Rodolfo, *Los mecanismos institucionales de solución de diferencias en materia de comercio internacional y su posible ejercicio correspondiente a la OMC y TLCAN.* Consideración de un caso presente en Liber Amicorum homenaje a Tatiana B. Maekelt, Tomo I, Universidad Central de Venezuela, Caracas, 2001; asímismo *Las controversias Comerciales en el marco de la Organización Mundial de comercio LOMC.* Estudio de Derecho Internacional en homenaje al profesor Ernesto J. Rey Caro, Tomo II, Drnas-Lerner Editores, coordinadora Zlata Drnas Clement; impreso en Argentina, 2002.

504. http://www.wto.org/spanish/tratop_s/dispu_s/stats_s.htm

505. PETERSMANN, Ernst Ulrich, «From the Hobbesian International Law of Coexistence to Modern Integration Law: The Wto Dispute Settlement System», *Journal of International Economic Law*, UK, Oxford University Press, Oxford, Vol. 1, núm. 2, Junio, 1998, p.208. Este comentario honra a los siete integrantes del órgano de apelación nombrados el 11 de diciembre de 1995 quienes son: Claus-Dieter EHLERMAN de Alemania, Said EL-NAGGAR de Egipto, James BACCHUS de los Estados Unidos de América, Florentino P. FELICIANO de Filipinas, Mitsuo MATSUSHITA de Japón, Christopher BEEBY de Nueva Zelanda y Julio LACARTE-MURO de la República Oriental del Uruguay.

506. Ver asimismo MONTAÑA LLORA, Miguel, *La OMC y el reforzamiento del sistema GATT*, Madrid, McGraw Hill, 1997.

controversias internacionales mediante el uso del arbitraje. La Corte es competente para conocer todos los arbitrajes a ella sometidos mediante un acuerdo arbitral.

Actualmente, el Tribunal Internacional de Justicia[507] y la Corte Permanente de Arbitraje funcionan como instituciones complementarias al ofrecer a la comunidad internacional una amplia gama de opciones en la solución pacífica de las controversias.

Existen dos convenciones relativas a la Corte que son las Convenciones de La Haya de 1899 y 1907 (que revisa la anterior, en el marco de la Segunda Conferencia de paz de La Haya), además de diversas reglas de procedimiento arbitral adoptadas por la Corte entre 1992 y 1997. Tiene sus oficinas en el Palacio de la Paz en La Haya, construido en 1913 para servir como sede de la Corte. En el mismo edificio se alberga el Tribunal Internacional de Justicia y la Academia de Derecho Internacional.[508]

La Corte ofrece servicios de solución de controversias entre Estados, entre Estados y particulares y entre Organismos Internacionales con Estados o particulares. Asimismo, la Corte puede conducir arbitrajes comerciales internacionales conforme a las Reglas de la UNCITRAL.

Si bien las convenciones de 1899 y 1907 contienen disposiciones relativas al arbitraje entre Estados, el arbitraje ante la Corte se puede llevar, dependiendo de cada caso, de acuerdo con las siguientes reglas:[509]

a. Reglas Opcionales de la Corte Permanente de Arbitraje para arbitrar disputas entre dos Estados.

b. Reglas Opcionales de la Corte Permanente de Arbitraje para arbitrar disputas entre dos partes de las cuales solamente una es un Estado.

c. Reglas Opcionales de la Corte Permanente de Arbitraje sobre arbitraje entre Organismos Internacionales y Estados.

d. Reglas Opcionales de la Corte Permanente de Arbitraje sobre arbitraje entre Organismos Internacionales y Particulares.

Cabe destacar que todas las Reglas de Arbitraje de la Corte están basadas en las Reglas de Arbitraje de la UNCITRAL de 1976, con los ajustes debidos para las Reglas en particular.

---

507. Sobre su procedimiento véase Acosta Estévez, José B., *El proceso ante el Tribunal Internacional de Justicia*, Barcelona, España, J.M. Bosch Editor, 1995.

508. Véase *Permanent Court of Arbitration 98 th annual report,* The Hague, International Bureau of The Permanent Court of Arbitration, Peace Palace 1998. El reporte anual correspondiente a 1999 se puede consultar en la página de internet de la Corte.

509. Todas ellas publicadas en *Permanent Court of Arbitration Basic Documents. Conventions, rules, model clauses and guidelines,* The Hague, Permanent Court of Arbitration, 1998.

El procedimiento se puede llevar a cabo en La Haya o en cualquier otro lugar que designen las partes.

La Corte se compone de:

1. El Buró Internacional, al frente del cual se encuentra el Secretario General que asiste a las partes con las funciones administrativas asociadas con la solución de controversias. Actúa como secretario de la Corte y está encargado del archivo de la misma. Los idiomas son el francés y el inglés.

2. El Consejo Administrativo, que se encarga de las cuestiones políticas de la Corte, integrado por los representantes diplomáticos de los Estados Parte de las convenciones de 1899 y 1907, que a 1997 sumaban 86.

Los 86 Estados parte nombran a quienes integran la lista de árbitros de la Corte, que suman 256. Por parte de México, al año 2000, los miembros de la Corte fueron los abogados Dr. Emilio O. Rabasa q.e.p.d., Dr. Alberto Székely Sánchez y el Dr. Alejandro Sobarzo, quienes fueron nombrados respectivamente en febrero de 1980, febrero de 1986, marzo de 1987 y renovado el encargo de los tres en mayo de 2000.

4.4. Solución de controversias entre partes en el Acuerdo para el Fortalecimiento de la Asociación Económica entre los Estados Unidos Mexicanos y Japón

En 1990 se dio a conocer el *Programa Nacional de Modernización Industrial y del Comercio Exterior 1990-1994*[510] en donde destacan diversas líneas de acción como son:

1. Fomento de una cultura exportadora basada en la competitividad, el prestigio y la calidad.
2. Creación de la Comisión Mixta para la Promoción de las exportaciones.
3. Actualización del marco jurídico vigente para las empresas de comercio exterior.
4. Fortalecimiento de la Subsecretaría de Comercio Exterior.
5. Establecimiento del Sistema Integral de Información.

A nivel continental, las relaciones comerciales internacionales de Latinoamérica habían estado tradicionalmente orientadas a los Estados Unidos y Europa, lo mismo que las propias del Japón que también se orientaban a los países asiáticos.[511] Señala Eduardo Ferrero que en 1984, de un total de 96 mil millones

---

510. Publicado en el *Diario Oficial de la Federación* de fecha 24 de enero de 1990.

511. Sobre el acuerdo México-Japón véase Cruz Barney, Oscar, «Solución de controver-

de dólares que representaban las exportaciones latinoamericanas, solamente el 8% de las mismas se orientaron hacia Japón, siendo Brasil y México los dos países con mayor participación porcentual en dicho comercio, seguidos por Perú, Argentina, Chile y Venezuela.[512] Se señalan los altos costos del transporte y la calidad de los productos como los dos problemas fundamentales para el crecimiento de las exportaciones de productos latinoamericanos al Japón.[513]

Japón, que si bien atravesó por una recesión económica durante los años 1992 a 1996 dominada por problemas en el sector financiero[514], es la segunda economía más grande del mundo, con un Producto Interno Bruto nominal de 4,290.7 miles de millones de dólares y un PIB *per capita* de 33,728 dólares en 2003.[515] Es además, la octava fuente de inversión extranjera directa en el mundo, aportando un promedio anual de aproximadamente 26 mil millones de dólares entre 1994 y 2003. En la década pasada, se anunciaba respecto de su población un proceso de envejecimiento pronunciado y una tendencia a la baja en las tasas de ahorro.[516]

Japón es un productor y exportador de productos de alta tecnología con un importante valor agregado y salarios elevados, que requiere importar productos de tecnología media-alta como electrónicos, electrodomésticos, y del sector automotriz.[517]

Se identifican dos elementos fundamentales para el fortalecimiento de la atención de México hacia la región Asia-Pacífico consistentes en:[518]

---

sias entre partes en el Acuerdo para el Fortalecimiento de la Asociación Económica entre los Estados Unidos Mexicanos y Japón», *Boletín Mexicano de Derecho Comparado,* Nueva Serie, Año XXXIX, Número 116, Mayo-Agosto, 2006.

512. Ferrero, Eduardo, «Las relaciones de América Latina con el Japón y otros países asiáticos de la Cuenca del Pacífico», en *Estudios Internacionales,* Santiago de Chile, Año XXII, octubre-diciembre, 1989, núm. 88, pp.447-448.

513. *Idem.*

514. Subercaseaux, Enrique, «Japón: su economía al día de hoy«, en *Estudios Internacionales,* Santiago de Chile, Año XXIX, enero-marzo, 1996, núm. 113, p. 75.

515. Un panorama del derecho japonés en Margadant, Guillermo F., *Evolución del derecho japonés; introducción histórico-sociológica al sistema jurídico del Japón actual,* México, Miguel Ángel Porrúa, 1984.

516. Subercaseaux, Enrique, *op. cit.*, nota 514, p. 78.

517. Importa el 60% de su consumo de alimentos. Fuente: Secretaría de Economía, México.

518. Székely, Gabriel, «Las relaciones de México con Japón«, en *El Mercado de Valores,* México, nacional Financiera, Año LXI, núm. 2, 2001, p. 13.

1. Los éxitos macroeconómicos obtenidos por México a partir de la firma del TLCAN y la negociación exitosa del TLCUE.
2. El surgimiento de puntos de interés común a raíz de la crisis financiera asiática de 1997.

Los primeros acercamientos entre México y Japón datan del siglo XVII.[519] La Nueva España buscaba contactos comerciales con el Japón. No será sino hasta la restauración del Imperio Meiji que se establecen acuerdos entre el Japón y algunas naciones europeas. En ese momento (1868-1912) el Japón considera a México «como el espacio para obtener un trato de nación soberana y en igualdad de condiciones, lo que no tenía no de Europa ni de Estados Unidos.»[520]

Se considera además que tanto en términos políticos como económicos, el Japón es el país asiático con mayor importancia para México en el presente siglo. Las relaciones se han fomentado desde 1888 con la firma del *Tratado de Amistad, Comercio y Navegación* el 3 de diciembre de ese año en la Ciudad de Washington por Don Matías ROMERO y Don Mutsu MUNEMITSU. Sostiene María Elena OTA que «México firmaba por primera vez, un acuerdo con un país asiático y era la primera nación de occidente que reconocía la soberanía del pueblo japonés al negociar un tratado sobre bases de absoluta igualdad. La buena voluntad mexicana hacia Japón, en un momento difícil para éste, constituye un hecho relevante en las relaciones diplomáticas internacionales.»[521]

Las relaciones fueron interrumpidas por la Segunda Guerra Mundial con el rompimiento de relaciones en 1941 y la declaración de guerra al Eje el 22 de mayo de 1942.[522] Las relaciones bilaterales no fueron reanudadas sino hasta 1952 y el flujo de inversión japonesa se inició hacia 1957.[523]

A fines de los años sesenta y primera mitad de los setenta México mantuvo una posición superavitaria en el comercio bilateral con Japón, exportando a dicho país básicamente algodón, cacao, camarón, maíz y sal; e importando textiles, medicinas, plásticos, automóviles, maquinaria y radios. En la década de los años ochenta las exportaciones al Japón se restringieron fundamentalmente a

---

519. Para los antecedentes históricos de la relación bilateral véase OTA MISHIMA, María Elena, «Las relaciones de México y Japón: historia de un esfuerzo binacional«, en *Comercio Exterior*, México, Banco Nacional de Comercio Exterior, Vol. 48, núm. 1, enero, 1998, pp. 21-28.

520. GONZÁLEZ GARCÍA, Juan, «Presentación», en *Comercio Exterior*, México, Banco Nacional de Comercio Exterior, Vol. 48, núm. 1, enero, 1998, p. 3.

521. OTA MISHIMA, María Elena, *op. cit.*, nota 519, pág. 26.

522. Un análisis de las relaciones comerciales entre México y Japón durante la posguerra en USCANGA, Carlos, «Nexos económicos México-Japón en la posguerra», en *Comercio Exterior*, México, Banco Nacional de Comercio Exterior, Vol. 48, núm. 1, enero, 1998, pp. 15-20.

523. SZÉKELY, Gabriel, *op. cit.*, nota 518, pp. 13-14.

petróleo, perdiendo México su posición preponderante para Japón en Latinoamérica.[524]

En 1995 las exportaciones mexicanas al Japón consistían en petróleo, metales, sal, cobre, plata, algodón y vegetales, importando maquinaria, acero y autopartes de aquél país.[525] Cabe destacar que la década de los años noventa fue marco de transformaciones en el modelo económico del Japón. Dicho país había desestimado tradicionalmente los acuerdos bilaterales de libre comercio «por considerarlos excluyentes y mantuvo de manera incólume una orientación multilateral en su política comercial.»[526]

En el mes de junio del año 2001, los gobiernos de México y Japón plantearon la posibilidad de negociar un Acuerdo de Asociación Económica. Para tal efecto se integró un *Grupo de Estudio Conjunto* conformado por representantes del gobierno, del sector privado y académico de ambos países a efecto de analizar la posibilidad de negociar un acuerdo comercial.

El *Grupo de Estudio Conjunto* se reunió en siete ocasiones y en julio de 2002 pronunció un informe que contiene las discusiones y recomendaciones sobre temas de comercio de bienes, comercio de servicios e inversión; reglas de comercio; y posibles áreas de cooperación económica y técnica.

Entre las recomendaciones del *Grupo de Estudio Conjunto* estaba el iniciar las negociaciones para un acuerdo de asociación económica entre ambos países.[527] Así, durante la X Reunión de Líderes de APEC realizada en Los Cabos, México, el Presidente Vicente Fox y el Primer Ministro Junichiro Koizumi acordaron iniciar la negociación del Acuerdo de Asociación Económica (AAE) entre México y Japón.

La coordinación del proceso negociador le correspondió al Dr. Gerardo Traslosheros, Director General de Negociaciones Multilaterales y Regionales de la Secretaría de Economía y sus contrapartes de los Ministerios de Asuntos Exteriores; Economía, Comercio e Industria; Finanzas; y Agricultura de Japón.

Durante dos años se llevaron a cabo catorce rondas de negociación tanto en la Ciudad de México como en Tokio.

---

524. González García, Juan, *op. cit.*, nota 520, p. 4.

525. López Villafañe, Víctor y Oliver Navarro, Luis «Las relaciones entre México y Japón en la transformación mundial», en *Comercio Exterior*, México, Banco Nacional de Comercio Exterior, Vol. 48, núm. 1, enero, 1998, p. 7.

526. Uscanga, Carlos, «La política comercial de Japón ante los retos de una estrategia de interacción múltiple» *Comercio Exterior*, México, Banco Nacional de Comercio Exterior, Vol. 52, núm. 12, diciembre, 2002, pp. 1064.

527. Un panorama de las empresas mexicanas en Japón y Asia Pacífico en Székely, Gabriel, *op. cit.*, nota 518, pp. 19-20.

Respecto de las primeras diez rondas de negociación, el Gobierno de México informó [528] que se había producido ya un avance importante en la mayoría de los temas, tales como servicios e inversión, cooperación bilateral, compras de gobierno y solución de controversias y comercio de bienes.

Las rondas 12 a 14 se llevaron a cabo entre diciembre de 2003 y marzo de 2004. En ella se abordaron los temas de comercio de bienes (incluyendo acceso a mercados, reglas de origen y procedimientos aduaneros y salvaguardias), inversión, servicios, compras gubernamentales, solución de controversias, cooperación bilateral y se concluyó el texto del capítulo de inversión.

El 17 de septiembre de 2004, el Presidente Vicente Fox y el Primer Ministro de Japón, Junichiro Koizumi, firmaron en Palacio Nacional el Acuerdo de Asociación Económica entre México y Japón (AAEMJ).

El AAEMJ se trata del segundo acuerdo de esta naturaleza negociado por Japón,[529] el primero fue el Acuerdo de Asociación Económica con Singapur del año 2002, que buscó "construir un modelo de referencia que se pudiera utilizar con otros candidatos, con la idea de generar un espacio de asociación económica más incluyente y ver la posibilidad de excluir las actividades agrícolas," si bien la estrategia japonesa tuvo un alcance limitado.[530]

El texto del acuerdo, dividido en 18 Capítulos, 177 artículos y 18 Anexos ofrece como principales temas negociados los siguientes:

- Acceso a mercados de bienes industriales y agrícolas [531];
- Reglas de origen;
- Procedimientos aduaneros;
- Normas sanitarias y fitosanitarias;
- Normas, reglamentos técnicos y procedimientos de evaluación de la conformidad;
- Salvaguardas;
- Servicios;
- Inversión;

---

528. Véase www.economia.gob.mx

529. Véase Comunicado de Prensa de fecha 14 de septiembre de 2004 107/2004 «*Firma del Acuerdo de Asociación Económica México-Japón*»

530. Uscanga, Carlos, «La política comercial de Japón...», *op. cit.*, nota 526, p. 1066.

531. Sobre el sector agrícola japonés véase Falck, Melba E., «El sector agrícola de Japón: el proteccionismo y sus efectos», en *Comercio Exterior*, México, Banco Nacional de Comercio Exterior, Vol. 44, núm. 4, abril, 1994, pp. 327-334. Para un acercamiento comparado a la política agrícola del Japón véase de la misma autora: «Dinámica y convergencias de las políticas agrícolas de Japón y México», en *Comercio Exterior*, México, Banco Nacional de Comercio Exterior, Vol. 48, núm. 1, enero, 1998, pp. 49-65.

- Compras de gobierno;
- Política de competencia;
- Mecanismos de Solución de Controversias entre Partes y en el Capítulo de Inversiones y
- Cooperación bilateral.

Se mencionan como objetivos de AAEMJ los siguientes:

1) Liberalizar y facilitar el comercio de bienes y servicios entre las Partes;

2) Aumentar las oportunidades de inversión y fortalecer la protección de la inversión y las actividades de inversión en las Partes;

3) Incrementar las oportunidades para los proveedores para participar en las compras del sector público en las Partes;

4) Promover la cooperación y la coordinación para la aplicación efectiva de las leyes en materia de competencia en cada una de las Partes;

5) Crear procedimientos efectivos para la implementación y operación del Acuerdo y para la solución de controversias; y

6) Establecer un marco para fomentar la cooperación bilateral.

Es en el Capítulo 15 de Acuerdo que se trata el tema de la Solución de Controversias entre las Partes relativas a la aplicación o interpretación del Acuerdo.[532]

De inicio se establece en el artículo 51 que ninguna disposición del capítulo perjudicará los derechos de las Partes para recurrir a los procedimientos de solución de controversias disponibles en cualquier otro acuerdo internacional del que ambas Partes sean partes, caso claramente del mecanismo de solución de diferencias de la OMC. Sin embargo, se establece afortunadamente la exclusión de foros al señalarse en el párrafo 2 del citado artículo 151 que una vez que se haya iniciado un procedimiento de solución de controversias conforme al capítulo 15 o conforme a cualquier otro acuerdo internacional del que ambas Partes sean partes con respecto a una controversia particular, ese procedimiento será excluyente de cualquier otro procedimiento para esa controversia en particular, si bien se hace la aclaración, no contenida por ejemplo en el capítulo XX del TLCAN[533], de que esto no aplica si están en disputa derechos u obligaciones sustancialmente separados y distintos conforme a acuerdos internacionales diferentes.

Se considera que se ha iniciado un procedimiento de solución de controversias conforme al capítulo 15 cuando una Parte ha solicitado el establecimiento de un Tribunal Arbitral de conformidad con el párrafo 1 del artículo 153 del propio capítulo.[534]

---

532. Artículo 150 AAEMJ.
533. Artículos 2004 y 2005 del TLCAN.
534. Artículo 153 Establecimiento del Tribunal Arbitral

Asimismo, se considerará iniciado un procedimiento de solución de controversias conforme al Acuerdo sobre la OMC cuando una Parte solicite el establecimiento de un Grupo Especial de conformidad con el Artículo 6 del Entendimiento Relativo a las Normas y Procedimientos por los que se Rige la Solución de Diferencias establecido en el Anexo 2 del Acuerdo sobre la OMC, con sus reformas.

El Artículo 152 del AAEMJ establece que cada Parte podrá solicitar por escrito la realización de consultas con la otra Parte con respecto de cualquier asunto referente a la interpretación o aplicación del Acuerdo. Cuando una Parte solicite la realización de dichas consultas, la otra Parte deberá responder a la solicitud y entablar consultas de buena fe en un plazo de 30 días, contados después de la fecha de recepción de la solicitud, con miras a llegar a una solución expedita y satisfactoria del asunto. Cabe destacar que conforme al Artículo 157, cualquier plazo establecido en el Capítulo 15 podrá ser modificado por consentimiento mutuo de las Partes.

En el caso de consultas referentes a bienes perecederos, la Parte solicitada deberá entablar consultas en un plazo de 15 días contados después de la fecha de recepción de la solicitud.

En el Artículo 153, como ya señalamos, se regula el establecimiento del Tribunal Arbitral. La Parte reclamante que solicitó consultas conforme al Artículo 152 podrá solicitar por escrito a la Parte demandada el establecimiento de un Tribunal Arbitral en un plazo de 30 días contados después de la fecha de recepción de la solicitud de dichas consultas, si la Parte demandada no entabla consultas; o en un plazo de 60 días contados después de la fecha de recepción de la solicitud de consultas si las Partes no logran resolver la controversia en las consultas, siempre que la Parte reclamante considere que cualquier ventaja resultante para ella directa o indirectamente conforme al Acuerdo haya sido anulada o menoscabada a consecuencia de que la Parte demandada no cumpla con sus obligaciones, o que la Parte demandada aplique medidas que sean contrarias a las obligaciones de esa Parte conforme al Acuerdo.

---

1. La Parte reclamante que solicitó consultas conforme al artículo 152 anterior podrá solicitar por escrito a la Parte demandada el establecimiento de un Tribunal Arbitral:

(a) en un plazo de 30 días contados después de la fecha de recepción de la solicitud de consultas conforme a ese artículo si la Parte demandada no entabla consultas; o

(b) en un plazo de 60 días contados después de la fecha de recepción de la solicitud de consultas si las Partes no logran resolver la controversia en las consultas conforme a ese artículo, siempre que la Parte reclamante considere que cualquier ventaja resultante para ella directa o indirectamente conforme a este Acuerdo se halle anulada o menoscabada a consecuencia de que la Parte demandada no cumpla con sus obligaciones, o que la Parte demandada aplique medidas que son contrarias con las obligaciones de esa Parte conforme a este Acuerdo.

Las solicitudes para el establecimiento de un Tribunal Arbitral deberán identificar:

a. Los fundamentos de derecho de la reclamación, incluyendo las disposiciones del Acuerdo que se argumentan han sido violadas y cualquier otra disposición relevante; y

b. Los fundamentos de hecho de la reclamación.

Un problema clave para el buen funcionamiento de todo procedimiento de solución de controversias consiste en contar con un mecanismo eficiente e independiente de la voluntad de las Partes para la integración del Tribunal Arbitral una vez que el mecanismo ha sido accionado.[535] Conforme al Capítulo 15 del AAEMJ el Tribunal Arbitral se deberá integrar por tres árbitros conforme a los siguientes pasos:

1. En un plazo de 30 días contados después de la fecha de recepción de la solicitud para el establecimiento de un Tribunal Arbitral cada Parte designará un árbitro que podrá ser su nacional y propondrá hasta 3 candidatos para actuar como el tercer arbitro quien será el presidente del Tribunal Arbitral. El tercer árbitro no podrá ser nacional de cualquiera de las Partes, ni tener su residencia habitual en cualquier Parte, ni ser empleado de cualquiera de las Partes.

2. Las Partes acordarán y designarán al tercer árbitro en un plazo de 45 días contados después de la fecha de recepción de la solicitud para el establecimiento de un Tribunal Arbitral, tomando en consideración los candidatos propuestos por ellas. Si una Parte no ha designado un árbitro de conformidad con el Acuerdo, o si las Partes no logran llegar a un acuerdo y designar al tercer árbitro, ese árbitro o ese tercer árbitro será seleccionado por sorteo dentro de los siguientes 7 días de entre los candidatos propuestos de conformidad con el párrafo 4 anterior.

Esta es una medida que intenta evitar que la marcha de los procedimientos se entorpezca por la renuencia de una de las Partes a nombrar árbitro, sin embargo, la celebración del sorteo sigue estando a la voluntad de las Partes.

3. La fecha de establecimiento del Tribunal Arbitral será la fecha en que se haya designado al presidente del mismo.

4. A menos que las Partes acordaren otra cosa, en un plazo de 20 días contados a partir de la fecha de recepción de la solicitud para el establecimiento del Tribunal Arbitral, el mandato de ese Tribunal Arbitral será:

535. Como ejemplo de esta necesidad basta con señalar el caso del Panel del Capítulo XX del TLCAN solicitado por el Gobierno de México en el tema del comercio de edulcorantes entre México y Estados Unidos que no ha podido ser integrado por la negativa de este último a ello.

«Examinar a la luz de las disposiciones pertinentes de este Acuerdo, el asunto sometido en la solicitud para el establecimiento de un Tribunal Arbitral conforme a este artículo, decidir acerca de la conformidad de las medidas en cuestión con este Acuerdo, y en caso de que el Tribunal Arbitral decida que la medida es incompatible con este Acuerdo, emitir recomendaciones de que la Parte demandada ponga la medida en conformidad con este Acuerdo. Al emitir recomendaciones el Tribunal Arbitral no podrá sugerir la forma en que la Parte demandada podría implementarlas.»

5. Las Partes deberán entregar sin demora el mandato al Tribunal Arbitral.
6. En caso de que un árbitro muera, renuncie o sea removido, se deberá designar un sustituto dentro de los siguientes 30 días de conformidad con el procedimiento establecido en con anterioridad para la designación de árbitros, que se aplicará, respectivamente, *mutatis mutandis*. En este caso, cualquier plazo aplicable al procedimiento del Tribunal Arbitral quedará suspendido desde la fecha de la muerte, renuncia o remoción hasta la fecha de designación del sustituto.

Conforme al Acuerdo, el Tribunal Arbitral se deberá reunir a puertas cerradas y mantener como confidenciales tanto las deliberaciones del Tribunal Arbitral y los documentos entregados a éste, como el laudo preliminar. Si bien, se establece que nada impide a una Parte hacer públicas sus posiciones.

Cada Parte deberá considerar confidencial la información facilitada al Tribunal Arbitral por la otra Parte a la que ésta haya atribuido tal carácter. A petición de una Parte, la otra Parte proporcionará un resumen no confidencial de la información contenida en sus comunicaciones escritas que pueda en su caso, hacerse público.

El Tribunal Arbitral deberá presentar a las Partes, en un plazo de 90 días contados después de la fecha de su establecimiento, un laudo preliminar, que incluya:

a. Una parte descriptiva y
b. Sus conclusiones

Lo anterior con objeto de que las Partes puedan revisar aspectos precisos de dicho laudo. Cuando el Tribunal Arbitral considere que no puede presentar a las Partes su laudo preliminar en el período de 90 días mencionado, podrá extender ese período con el consentimiento de las Partes pero, en ningún caso, el período entre el establecimiento del Tribunal Arbitral y la presentación del laudo preliminar deberá (¿podrá?) exceder de 150 días.

Las Partes tienen un plazo de 15 días contados después de su presentación por el Tribunal Arbitral, hacer observaciones por escrito sobre el laudo preliminar.

El Laudo Definitivo [536] deberá ser rendido por el Tribunal Arbitral en un plazo de 30 días contados a partir de la fecha de presentación del laudo preliminar. El Laudo Definitivo será definitivo y obligatorio para las Partes.

En aquellos casos en que el asunto sometido al Tribunal Arbitral fuere concerniente a bienes perecederos, el Tribunal Arbitral deberá realizar todos los esfuerzos necesarios para presentar su Laudo Definitivo a las Partes en un plazo de 90 días contados a partir de la fecha de su establecimiento. En ningún caso deberá presentarlo después de 120 días.

Las decisiones del Tribunal Arbitral, incluyendo su laudo Definitivo deberán ser tomadas por mayoría de votos.

Mientras los procedimientos del Tribunal Arbitral estén en curso, las Partes estarán en posibilidades de acordar la conclusión de los procedimientos en cualquier momento mediante el envío de una notificación conjunta al presidente del Tribunal Arbitral.[537]

El Artículo 156 del Acuerdo establece que la «Parte demandada cumplirá prontamente con el laudo del Tribunal Arbitral presentado conforme al artículo 154.» [538]

La Parte demandada deberá notificar a la Parte reclamante el periodo de tiempo para implementar el Laudo Definitivo dentro de un plazo de 20 días contados después de la fecha de presentación del mismo. Si la Parte reclamante considera que el período notificado es inaceptable, podrá someter el asunto a un Tribunal Arbitral.[539]

En caso de que la Parte demandada no cumpliese con el Laudo Definitivo dentro del período de implementación establecido conforme al párrafo 2 an-

---

536. Debe tenerse presente que el Acuerdo habla de «Laudo Preliminar» y «Laudo». Adoptamos el término «Laudo Definitivo» para una mayor claridad.

537. Artículo 155 AAEMJ.

538. Consideramos que en estricto sentido el artículo debió hacer referencia a la «Parte» o «Partes Condenadas» ya que no siempre la parte demandada es la perdidosa ni la demandante queda libre de condena, sobre todo en el caso de una reconvención o reclamación interpuesta por la demandada.

539. No se señala conforme a qué disposiciones se regirá el establecimiento y procedimientos de dicho Tribunal. Si bien se establece en el Artículo 156 que «El Tribunal Arbitral que se establezca para efectos de este artículo tendrá, siempre que sea posible, como árbitros, a los árbitros del Tribunal Arbitral original. Si esto no es posible, entonces los árbitros del Tribunal Arbitral que se establezca para efectos de este artículo se designarán conforme a los párrafos 4 a 6 del artículo 153. A menos que las Partes acuerden un período diferente, ese Tribunal Arbitral presentará su laudo dentro de un plazo de 30 días contados después de la fecha en que se le sometió el asunto. El laudo del Tribunal Arbitral establecido conforme a este artículo será obligatorio para las Partes.»

terior, la Parte demandada podrá entablar consultas con la Parte reclamante a más tardar en la fecha en que expire ese periodo con objeto de establecer una compensación mutuamente aceptable.

Si no se acuerda una compensación satisfactoria dentro de un plazo de 20 días contados después de la fecha en que expire el periodo para implementar el Laudo Definitivo, la Parte reclamante podrá notificar a la Parte demandada su intención de suspenderle la aplicación de concesiones u otras obligaciones conforme al Acuerdo.

En caso de que la Parte reclamante considere que las medidas adoptadas por la Parte demandada para implementar el Laudo Definitivo no cumplen con el mismo dentro del periodo ya señalado, podrá someter el asunto a un Tribunal Arbitral.

En caso de que el Tribunal Arbitral al que se haya sometido el asunto confirme que la Parte demandada no cumplió con el Laudo Definitivo dentro del período de implementación, la Parte reclamante podrá, dentro de un plazo de 30 días contados después de la fecha de esa confirmación por el Tribunal Arbitral, notificar a la Parte demandada que pretende suspenderle la aplicación de concesiones u otras obligaciones conforme al Acuerdo.

La suspensión de la aplicación de concesiones u otras obligaciones conforme al Acuerdo únicamente podrá implementarse al menos 30 días después de la fecha de la notificación conforme al mismo Acuerdo.

La suspensión de la aplicación de concesiones u otras obligaciones conforme al Acuerdo:

a) no podrá realizarse si, con respecto a la disputa a la que se refiere la suspensión están en curso consultas o procedimientos ante un Tribunal Arbitral;

b) será temporal y finalizará cuando las Partes alcancen una solución mutuamente satisfactoria o cuando se cumpla con el laudo;

c) se limitará al mismo nivel de anulación o menoscabo que sea atribuible a la falta de cumplimiento con el laudo; y

d) se limitará al mismo sector o sectores a los que se refiere la anulación o menoscabo, a no ser que no sea práctico o efectivo suspender la aplicación de concesiones u otras obligaciones en ese sector o sectores.

Si la Parte demandada considera que la Parte reclamante no ha cumplido con los requisitos establecidos para la suspensión de la aplicación de concesiones u otras obligaciones conforme al Acuerdo, podrá someter el asunto a un Tribunal Arbitral.

En cuanto a los costos del arbitraje, a menos que las Partes acordaren otra cosa, los costos del Tribunal Arbitral, incluyendo el pago de sus árbitros deberán ser asumidos en partes iguales por ambas Partes.[540]

Finalmente, el Artículo 159 establece que a menos que las Partes acuerden otra cosa, los detalles y procedimientos del Tribunal Arbitral establecido en este capítulo se seguirán conforme a las *Reglas de Procedimiento* que se adopten por el Comité Conjunto[541] dentro del primer año contado a partir de la fecha de entrada en vigor del Acuerdo.

---

540. Artículo 158 AAEMJ.

541. Conforme al Artículo 165 del AAEMJ:

1. Se establecerá el Comité Conjunto integrado por representantes de los Gobiernos de las Partes de conformidad con este Acuerdo.

(a) revisar la implementación y operación de este Acuerdo y, cuando resulte necesario, efectuar las recomendaciones pertinentes a las Partes;

(b) considerar y recomendar a las Partes cualquier modificación a este Acuerdo;

(c) por acuerdo mutuo de las Partes actuar como foro de las consultas a que se hace (sic);

2. Las funciones del Comité Conjunto serán:

(d) supervisar el trabajo de todos los subcomités establecidos de conformidad con este Acuerdo;

(e) adoptar:

(i) las modificaciones a los anexos referidos en los artículos 8 y 37;

(ii) las Reglamentaciones Uniformes referidas en el artículo 10;

(iii) una interpretación de una disposición de este Acuerdo referida en los artículos 84 y 89;

(iv) las Reglas de Procedimiento referidas en el artículo 159; y

(v) cualesquiera decisiones necesarias; y

(f) realizar otras funciones que las Partes acuerden.

(a) establecer subcomités y delegarles responsabilidades para efectos de la implementación y operación efectiva de este Acuerdo; y

(a) Subcomité de Comercio de Bienes.

(b) Subcomité de Medidas Sanitarias y Fitosanitarias.

(c) Subcomité de Normas, Reglamentos Técnicos y Procedimientos de Evaluación de la Conformidad.

(d) Subcomité de Reglas de Origen, Certificado de Origen y Procedimientos Aduaneros.

(e) Subcomité de Comercio Transfronterizo de Servicios.

(f) Subcomité de Entrada y Estancia Temporal.

(g) Subcomité de Compras del Sector Público.

(h) Subcomité de Cooperación en Materia de Promoción del Comercio y la Inversión.

(i) Subcomité de Cooperación en Materia de Agricultura.

(j) Subcomité de Cooperación en Materia de Turismo.

3. El Comité Conjunto podrá:

(b) llevar a cabo cualquier otra acción en el ejercicio de sus funciones que las Partes acuerden.

4. En la fecha de entrada en vigor de este Acuerdo se establecerán los siguientes Subcomités:

Esperamos que en dichas Reglas de Procedimiento se hagan los ajustes convenientes al buen funcionamiento del mecanismo pactado entre ambos países.

5. México y el Arbitraje Nacional

En este apartado examinaremos las disposiciones que sobre arbitraje se encuentran en diversos ordenamientos e instituciones mexicanas administradoras de arbitrajes, tales como el *Código de Comercio*, el *Código de Procedimientos Civiles del Distrito Federal*, el *Código Federal de Procedimientos Civiles*, la *Cámara Nacional de Comercio*, el *Centro de Arbitraje de México* (CAM), el arbitraje en las Cámaras Industriales y en los Colegios de Abogados, la *Ley de Protección y Defensa al Usuario de Servicios Financieros*, la Comisión Nacional de Arbitraje Médico, la Procuraduría Federal de Protección al Consumidor, la *Ley de Propiedad Industrial*, la *Ley Federal del derecho de autor* y el llamado arbitraje laboral.[542]

5.1. El Código de Comercio

De conformidad con las disposiciones legales aplicables, las contiendas surgidas en los actos fundamentalmente mercantiles caen bajo la regulación del *Código de Comercio*.[543]

Sin pretender agotar la enumeración de los actos de comercio comprendidos en el art. 75 y demás leyes que lo han modificado, bástenos consignar que se trata de actos jurídicos mediante los que se enajena, traspasa, compromete, transporta y demás análogos, con propósitos de especulación comercial o ánimo de lucro.

Podrán establecerse otros Subcomités por acuerdo de las Partes.

5. El Comité Conjunto establecerá sus reglas y procedimientos.

6. El Comité Conjunto se reunirá alternadamente en México y Japón a petición de cualquier Parte.

542. Sobre la práctica del arbitraje en México existen algunos estudios muy interesantes cuyo contenido, siendo anterior al gran desarrollo de la última década, merecen ser mencionados. Nos referimos a los trabajos del Lic. José Luis Siqueiros, «El Arbitraje Comercial en México», *Revista de la Facultad de Derecho de México*, México, UNAM, Tomo XV, Julio-Septiembre de 1965, No. 59 y de Cruz Miramontes, Rodolfo, «El arbitraje en México», *The Arbitration,* Milán, Inchieste di Diritto Comparato M. Rotondi, Giuffre Editore, 1991 y «El arbitraje en México», *El Foro, Órgano de la Barra Mexicana, Colegio de Abogados, A.C.,* México, Octava Época, Tomo III, núm. 1, 1990.

543. Artículo 1°. Los actos comerciales sólo se regirán por lo dispuesto en este Código y las demás leyes mercantiles aplicables.

Ordinariamente se invocaba como marco general el artículo 78 del dicho ordenamiento pues se consagra el principio del respeto a la voluntad de las partes que prevalece en todo contrato comercial y el arbitraje es precisamente un acuerdo de voluntades. En confirmación de lo anterior tenemos que el artículo 1051 lo incluye expresamente en su párrafo primero.

Por lo tanto serán en principio competentes para conocer de dichos problemas, los tribunales federales por disposición expresa del art. 104, fracción Primera de la Constitución y eventualmente los ordinarios de los estados si se da la hipótesis prevista para la jurisdicción concurrente. Como ya señalamos, el ordenamiento legal citado es del 15 de septiembre de 1889, lo que ha provocado que se le hayan suprimido algunos capítulos para dar nacimiento a leyes autónomas (*verbi gratia* materias tales como los títulos de crédito, las sociedades mercantiles, las instituciones de crédito y banca, la suspensión de pagos y la quiebra, el comercio y transporte marítimo, entre otras). Asimismo ha sufrido alteraciones y modificaciones diversas.[544]

Una excepción a los cambios habían sido los preceptos que normaban el sometimiento de conflictos comerciales a vías no jurisdiccionales.

Este sistema estaba consagrado por el art. 1051 del Código. A continuación se fijan en escasos tres preceptos (del 1052 al 1054) las condiciones de validez para que el pacto voluntario celebrado entre las partes interesadas, sea acatado.

Lamentablemente en ningún momento se trataba al arbitraje por lo que fue necesario que ante el caso concreto se aplicasen supletoriamente las disposiciones comunes bien del Distrito Federal o las locales, o bien ante la presencia de Tratados Internacionales suscritos por México, se acudiese a sus disposiciones.[545]

Lo extraño es que se hiciese a un lado a la citada institución pese a que en la enumeración de los actos comerciales comprendida en el art. 75 conforme ya se dijo, se invocase al arbitraje en caso necesario para dirimir la naturaleza del acto.

Como mencionamos, esta situación fue modificada por decreto publicado en el *Diario Oficial de la Federación* del día 4 de enero de 1989, fecha en que entró en vigor el Decreto modificatorio y derogatorio del *Código de Comercio* en el Título Cuarto del Libro Quinto.[546] Originalmente, adoptando en parte

---

544. Sobre el proceso de codificación mercantil en México ver Cruz Barney, Oscar, *La codificación en México,* México, Ed. Porrúa, Instituto de Investigaciones Jurídicas, UNAM, 2010.

545. Ver Treviño, Julio César, «La nueva legislación mexicana sobre arbitraje comercial», *Revista de derecho privado*, México, Instituto de Investigaciones Jurídicas, UNAM, año 6, núm. 17, mayo-agosto, 1995, p. 36.

546. Una nota sobre esta reforma en León Tovar, Soyla H., «Código de Comercio, decreto por el que se reforma, adiciona y derogan diversas disposiciones», *Boletín mexicano de derecho*

la *Ley Modelo de Arbitraje* elaborada por la Comisión de Naciones Unidas para el Derecho Mercantil (CNUDMI o UNCITRAL por sus siglas en inglés), además de algunas disposiciones del Código de Procedimientos Civiles para el Distrito Federal.

Sin embargo, y debido a que las reformas no tuvieron los resultados esperados, el 22 de julio de 1993 se sustituyeron por una nueva reforma con la rúbrica *Del Arbitraje Comercial.* Con ella se incorporó sustancialmente la *Ley Modelo* más algunas disposiciones del *Reglamento de Arbitraje de CNUDMI de 1976*, en lo referente a costas y otras reglas de procedimiento.[547] La reforma empieza con el artículo 1415 y termina con el 1463.[548] "Se hicieron algunos ajustes de orden y lenguaje, pero de poca importancia, de modo que puede asegurarse que se incorporaron la esencia, el espíritu y el lenguaje de la *Ley Modelo*."[549]

Las diferencias entre la nueva legislación mexicana de arbitraje comercial y la Ley Modelo de UNCITRAL consisten, en opinión de Julio César Treviño en:[550]

---

comparado, México, UNAM, Instituto de Investigaciones Jurídicas, nueva serie, año XXII, núm. 66, septiembre-diciembre, 1989.

547. Sobre el arbitraje de la UNCITRAL véase entre otros a Arellano García, Carlos, «Personalidad y partes conforme a la Ley Modelo de la UNCITRAL sobre arbitraje comercial internacional», *Revista de la Facultad de Derecho de México*, México, UNAM, Tomo XXXVI, enero-junio, 1986, núms. 145-146-147; Briseño Sierra, Humberto, «El procedimiento arbitral. Reglas de la UNCITRAL», *Revista de la Facultad de Derecho de México,* México, UNAM, tomo XXIX, núm. 113, mayo-agosto, 1979; Davidson, Paul, Perret, Louis y Langlois, Martin (eds.), *Commercial arbitration in the americas (International conventions and UNCITRAL Model Law). El arbitraje comercial en las américas (Convenciones internacionales y ley Modelo CNUDCI), in memoriam of Ludwik Kos-Rabcewicz-Zubkowski,* México, Université D'Ottawa, UNAM, Instituto de Investigaciones Jurídicas, 1992; Herrmann, Gerold, «Ley Modelo de la UNCITRAL sobre Arbitraje Comercial Internacional. Base universal para la armonización y perfeccionamiento de las leyes», *Revista de derecho comercial y de las obligaciones,* Buenos Aires, Argentina, Ed. Depalma, año 26, núm. 151/153, enero-junio, 1993 y Mora Rojas, Fernando, «La Ley Modelo de UNCITRAL sobre arbitraje comercial internacional», *Memorias Felaban,* Bogotá, Colombia, X Encuentro Latinoamericano de Abogados Expertos en Derecho Bancario, Federación Latinoamericana de Bancos, Editorial Kelly, memorias núm. 7, septiembre, 1991.

548. El artículo 1460 fue derogado por el *Decreto por el que se reforman, adicionan y derogan diversas disposiciones del Código de Comercio* publicado en el *Diario Oficial de la Federación* del 27 de enero de 2011.

549. Treviño, Julio César, *op. cit.*, nota 545, p. 36.

550. *Ibidem,* p. 37.

1. La nueva ley se aplica al arbitraje comercial tanto doméstico como internacional, mientras que la Ley Modelo fue diseñada para el arbitraje internacional, pero bien puede aplicarse al doméstico.

2. En la nueva legislación mexicana, si las partes no han elegido el derecho sustantivo aplicable, los árbitros pueden hacerlo, tomando en consideración las características y circunstancias del caso, mientras que en la Ley Modelo se establece que el derecho será determinado por reglas de conflicto que el tribunal considere aplicables.

3. Cuando las partes no se ponen de acuerdo en el número de árbitros, la nueva ley opta por un solo árbitro, en lugar de los tres que dispone la Ley Modelo; y

4. Si no hay acuerdo de las partes respecto a las costas del arbitraje, la nueva ley incorpora disposiciones del reglamento de arbitraje de la UNCITRAL para la determinación de las mismas.

A continuación veremos en términos generales el procedimiento arbitral regulado por el Código de Comercio:

A) Disposiciones generales y definiciones:

Las disposiciones del Título Cuarto del Libro Quinto del Código de Comercio, son aplicables al arbitraje comercial nacional, y al internacional en aquellos casos en que el lugar del arbitraje se encuentre en México, salvo lo dispuesto en los tratados internacionales de que México sea parte o en otras leyes que establezcan un procedimiento distinto o dispongan que determinadas controversias no sean susceptibles de arbitraje.[551]

El Código de Comercio define en su artículo 1416 los términos de Acuerdo de Arbitraje, Arbitraje, Arbitraje Internacional, Costas y Tribunal arbitral en el siguiente sentido:

Acuerdo de arbitraje: el acuerdo por el que las partes deciden someter a arbitraje todas o ciertas controversias que hayan surgido o puedan surgir entre ellas respecto de una determinada relación jurídica, contractual o no contractual. El acuerdo de arbitraje podrá adoptar la forma de una cláusula compromisoria incluida en un contrato o la forma de acuerdo independiente;

Arbitraje: cualquier procedimiento arbitral de carácter comercial, con independencia de que sea o no una institución arbitral permanente ante la que se lleve a cabo;

Arbitraje internacional, aquél en el que:

---

551. Art. 1415, que al final dispone que lo dispuesto en los artículos 1424, 1425, 1461, 1462 y 1463, se aplicará aún cuando el lugar del arbitraje se encuentre fuera del territorio nacional.

a) Las partes en el momento de la celebración del acuerdo de arbitraje, tengan sus establecimientos en países diferentes; o

b) El lugar de arbitraje, determinado en el acuerdo de arbitraje o con arreglo al mismo, el lugar del cumplimiento de una partida sustancial de las obligaciones de la relación comercial o el lugar con el cual el objeto de litigio tenga una relación más estrecha, esté situado fuera del país en el que las partes tienen su establecimiento. Si alguna de las partes tiene más de un establecimiento, el establecimiento será el que guarde una relación más estrecha con el acuerdo de arbitraje; y si una parte no tiene ningún establecimiento, se tomará en cuenta su residencia habitual;

Costas: los honorarios del tribunal arbitral; los gastos de viaje y demás expensas realizadas por los árbitros; costo de la asesoría pericial o de cualquier otra asistencia requerida por el tribunal arbitral; gastos de viaje y otras expensas realizadas por los testigos, siempre que sean aprobados por el tribunal arbitral; costo de representación y asistencia legal de la parte vencedora si se reclamó dicho costo durante el procedimiento arbitral y sólo en la medida en que el tribunal arbitral decida que el monto es razonable; y honorarios y gastos de la institución que haya designado a los árbitros;

Tribunal arbitral: el árbitro o árbitros designados para decidir una controversia.

B) Notificaciones y cómputo de plazos: [552]

Salvo acuerdo en contrario de las partes se considerará recibida toda comunicación escrita que haya sido entregada personalmente al destinatario o que haya sido entregada en su establecimiento, residencia habitual o domicilio postal; en el supuesto de que no se obtenga después de una indagación razonable la ubicación de alguno de esos lugares, se considerará recibida toda comunicación escrita enviada al último establecimiento, residencia habitual o domicilio postal conocido del destinatario, por carta certificada o cualquier otro medio que deje constancia del intento de entrega. La comunicación se considerará recibida el día en que se haya realizado tal entrega.

Los plazos comenzarán a correr desde el día siguiente a aquél en que se reciba una notificación, nota, comunicación o propuesta. Si el último día de ese plazo es feriado oficial o no laborable en el lugar de residencia o establecimiento de los negocios del destinatario, dicho plazo se prorrogará hasta el primer día laborable siguiente. Los demás días feriados oficiales o no laborables que ocurran, durante el transcurso del plazo se incluirán en el cómputo del plazo.

---

552. C.Com. Arts. 1418-1422.

Cabe señalar que si una parte prosigue el arbitraje sabiendo que no se ha cumplido alguna disposición del Código de Comercio o algún requisito del acuerdo de arbitraje y no exprese su objeción a tal incumplimiento sin demora o bien si existiendo un plazo para hacerlo y no lo hace, se entenderá renunciado su derecho a impugnar.

Cuando sea necesaria la intervención judicial, será competente para conocer el juez de primera instancia federal o del orden común del lugar donde se lleve a cabo el arbitraje, esto por la competencia concurrente en materia mercantil. En aquellos casos en que el lugar del arbitraje se encuentre fuera del territorio nacional, conocerá del reconocimiento y de la ejecución del laudo el juez de primera instancia federal o del orden común competente del domicilio del ejecutado o, en su defecto, el de la ubicación de los bienes.

C) Acuerdo de arbitraje: [553]

El Código de Comercio exige que el acuerdo de arbitraje conste por escrito, y conste en documento firmado por las partes o bien en un intercambio de cartas, télex, telegramas, facsímil u otros medios de telecomunicación que dejen constancia del acuerdo, o en un intercambio de escritos de demanda y contestación en los que la existencia de un acuerdo sea afirmada por una parte sin ser negada por la otra.

La referencia hecha en un contrato a un documento que contenga una cláusula compromisoria, constituirá acuerdo de arbitraje siempre que dicho contrato conste por escrito y la referencia implique que esa cláusula forma parte del contrato.

El juez al que se someta un litigio sobre un asunto que sea objeto de un acuerdo de arbitraje, deberá remitir a las partes al arbitraje en el momento en que lo solicite cualquiera de ellas, a menos que se compruebe que dicho acuerdo es nulo, ineficaz o de ejecución imposible. Es importante tener presente que si se ha entablado la acción ante el órgano jurisdiccional, se podrá no obstante, iniciar o proseguir las actuaciones arbitrales y dictar un laudo mientras la cuestión esté pendiente ante el juez.

En cuanto a las medidas cautelares provisionales, estas se podrán solicitar al juez con anterioridad a las actuaciones arbitrales o durante su transcurso, aún cuando exista un acuerdo de arbitraje.

D) Composición del tribunal arbitral: [554]

Salvo que las partes acuerden otra cosa, el tribunal arbitral se compondrá de un solo árbitro. De cualquier modo, el Código de Comercio establece los siguientes criterios para su nombramiento:

---

553. C.Com. Arts. 1423-1425.

554. C.Com. Arts. 1426-1428.

I. Salvo acuerdo en contrario de las partes, la nacionalidad de una persona no será obstáculo para que actúe como árbitro;

II. Las partes podrán acordar libremente el procedimiento para el nombramiento de los árbitros;

III. A falta de tal acuerdo:

a) En el arbitraje con árbitro único, si las partes no logran ponerse de acuerdo sobre la designación del árbitro, éste será nombrado, a petición de cualquiera de las partes, por el juez;

b) En el arbitraje con tres árbitros, cada parte nombrará un árbitro, y los dos árbitros así designados nombrarán al tercero; si una parte no nombra al árbitro dentro de los treinta días del recibo de un requerimiento de la otra parte para que lo haga, o si los dos árbitros no consiguen ponerse de acuerdo sobre el tercer árbitro dentro de los treinta días siguientes contados a partir de su nombramiento, la designación será hecha, a petición de cualquiera de las partes, por el juez;

IV. Cuando en un procedimiento de nombramiento convenido por las partes, una de ellas no actúe conforme a lo estipulado en dicho procedimiento, o las partes o dos árbitros no puedan llegar a un acuerdo conforme al mencionado procedimiento, o bien, un tercero, incluida una institución, no cumpla alguna función que se le confiera en dicho procedimiento, cualquiera de las partes podrá solicitar al juez que adopte las medidas necesarias, a menos que en el acuerdo sobre el procedimiento de nombramiento se prevean otros medios para conseguirlo, y

V. Toda decisión sobre las cuestiones encomendadas al juez en materia de nombramiento de árbitros, es inapelable. Al nombrar un árbitro, el juez deberá tener en cuenta las condiciones estipuladas en el acuerdo arbitral por las partes y tomar las medidas necesarias para garantizar el nombramiento de un árbitro independiente e imparcial. En el caso de árbitro único o del tercer árbitro, habrá de tomar en cuenta, la conveniencia de nombrar un árbitro de nacionalidad distinta a la de las partes.

La persona a quien se comunique su posible nombramiento como árbitro deberá revelar todas las circunstancias que puedan dar lugar a dudas justificadas acerca de su imparcialidad o independencia. El árbitro desde el momento de su nombramiento y durante todas las actuaciones arbitrales, revelará sin demora tales circunstancias a las partes, a menos que ya se hubiera hecho de su conocimiento. Un árbitro sólo podrá ser recusado si existen circunstancias que den lugar a dudas justificadas respecto de su imparcialidad o independencia, o si no posee las cualidades convenidas por las partes. Es necesario resaltar que una parte sólo podrá recusar al árbitro nombrado por ella, o en cuyo nombramiento haya participado, por causas de las que haya tenido conocimiento después de efectuada la designación.

E) Recusación de los árbitros:[555]

En cuanto a la recusación de los árbitros, se establece la plena libertad de las partes para acordar el procedimiento para llevarlo a cabo. A falta de acuerdo, la parte que desee recusar a un árbitro deberá enviar al tribunal arbitral, dentro de los quince días siguientes a aquél en que tenga conocimiento de su constitución o de circunstancias que den lugar a dudas justificadas respecto de la imparcialidad del árbitro o su independencia, o bien si no posee las cualidades convenidas, un escrito en el que exponga los motivos para la recusación. A menos que el árbitro recusado renuncie a su cargo o que la otra parte acepte la recusación, corresponderá al tribunal arbitral decidir sobre ésta.

Cuando no prospera la recusación solicitada por la parte, ésta podrá pedir al juez, dentro de los treinta días siguientes de notificada la decisión por la que se rechaza la recusación, que resuelva sobre su procedencia, decisión que será inapelable. Mientras esa petición esté pendiente, el tribunal arbitral, incluso el árbitro recusado, podrán proseguir las actuaciones arbitrales y dictar un laudo.

Cuando un árbitro se vea impedido de hecho o por disposición legal para ejercer sus funciones o por otros motivos no las ejerza dentro de un plazo razonable, cesará en su cargo si renuncia o si las partes acuerdan su remoción. Si existe desacuerdo, cualquiera de las partes podrá solicitar al juez de por terminado el encargo, decisión que también será inapelable y se procederá al nombramiento de un sustituto conforme al mismo procedimiento por el que se designó al árbitro que se ha de sustituir.

F) Competencia del tribunal arbitral:[556]

El tribunal arbitral está facultado para decidir sobre su propia competencia. Esto es lo que se conoce como "competencia de la competencia," incluso podrá decidir sobre las excepciones relativas a la existencia o validez del acuerdo de arbitraje.

En este sentido, la cláusula compromisoria que forme parte de un contrato se considerará como un acuerdo independiente de las demás estipulaciones del contrato. Como ya se mencionó anteriormente, la nulidad del contrato, no entraña la nulidad de la cláusula compromisoria.

Cabe la excepción de incompetencia del tribunal arbitral, misma que deberá oponerse a más tardar en el momento de presentar la contestación de la demanda arbitral, no siendo un obstáculo para ello el hecho de que las partes hayan designado a un árbitro o participado en su designación.

Cabe asimismo la excepción basada en que el tribunal ha excedido su mandato, misma que deberá oponerse tan pronto como se plantee durante las actua-

555. C.Com. Arts. 1429-1431.

556. C.Com. Arts. 1432-1433.

ciones arbitrales la materia que supuestamente exceda su mandato. La decisión de las excepciones mencionadas podrá llevarse a cabo ya sea en el momento o bien en el laudo que resuelva el fondo del asunto. Si antes de emitir el laudo sobre el fondo, el tribunal arbitral se declara competente, cualquiera de las partes dentro de los treinta días siguientes a aquél en que se le notifique esta decisión, podrá solicitar al juez resuelva en definitiva; resolución que será inapelable.

Salvo acuerdo en contrario de las partes, el tribunal arbitral podrá, a petición de una de ellas; ordenar la adopción de las providencias precautorias necesarias respecto del objeto de litigio. El tribunal arbitral podrá exigir de cualquiera de las partes una garantía suficiente en relación con esas medidas.

G) Sustanciación del procedimiento arbitral: [557]

Como en todo arbitraje, el tribunal deberá tratar a las partes con igualdad y darse a cada una de ellas plena oportunidad de hacer valer sus derechos.

Las partes podrán convenir el procedimiento a que se haya de ajustar el tribunal arbitral en sus actuaciones. A falta de acuerdo, el tribunal arbitral podrá, con sujeción a lo dispuesto por el presente título, dirigir el arbitraje del modo que considere apropiado, incluyendo la determinación sobre la admisibilidad, pertinencia y valor de las pruebas. Si las partes no indicaron la ley que debe regir el fondo de litigio, el tribunal arbitral, tomando en cuenta las características y conexiones del caso, determinará el derecho aplicable.

En cuanto al lugar del arbitraje, este puede ser determinado libremente por las partes, y en caso de no haber acuerdo al respecto, el tribunal arbitral se deberá encargar de la determinación del mismo, atendiendo las circunstancias del caso y desde luego las conveniencias de las partes. El tribunal arbitral podrá, salvo acuerdo en contrario de las partes, reunirse en cualquier lugar que estime apropiado para celebrar deliberaciones entre sus miembros, oír a las partes, a los testigos, o a los peritos, o para examinar mercancías u otros bienes o documentos.

Salvo que las partes hayan convenido otra cosa, las actuaciones arbitrales con respecto a una determinada controversia, se iniciarán en la fecha en que el demandado haya recibido el requerimiento de someter esa controversia al arbitraje.

El idioma o idioma del arbitraje será acordado por las partes o bien determinado por el tribunal a falta de acuerdo, mismo que será aplicable a todos los escritos de las partes, a todas las audiencias y a cualquier laudo, decisión o comunicación de otra índole que emita el tribunal arbitral, salvo que las partes determinen otra cosa. En este sentido, el tribunal arbitral podrá ordenar que

557. C.Com. Arts. 1434-1444.

cualquier prueba documental vaya acompañada de una traducción a uno de los idiomas convenidos por las partes o determinados por el tribunal arbitral.

Dentro del plazo convenido por las partes o bien del determinado por el tribunal arbitral, el actor deberá expresar los hechos en que se funda la demanda de los puntos controvertidos y las prestaciones que reclama (caso contrario, el tribunal podrá dar por terminadas las actuaciones); y el demandado deberá referirse a todo lo planteado en la demanda (de no hacerlo así, el tribunal arbitral continuará las actuaciones, sin que esa omisión se considere por sí misma como una aceptación de lo alegado por el actor), a menos que las partes hayan acordado otra cosa respecto de los elementos que la demanda y la contestación deban necesariamente contener. Las partes aportarán, al formular sus alegatos, todos los documentos que consideran pertinentes con que cuenten o harán referencia a los documentos u otras pruebas que vayan a presentar. Se permite a las partes modificar o ampliar su demanda o contestación, a menos que el tribunal arbitral considere improcedente la alteración de que se trate en razón de la demora con que se haya hecho o bien que las partes hayan acordado otra cosa.

Se podrán, a juicio del tribunal, celebrar audiencias para la presentación de pruebas o de alegatos orales. Si las partes no hubiesen acordado la no celebración de audiencias, el tribunal arbitral celebrará dichas audiencias en la fase apropiada de las actuaciones, a petición de una de las partes. De la celebración de las audiencias y de las reuniones del tribunal arbitral para examinar mercancías u otros bienes o documentos se deberá notificar a las partes con suficiente antelación. De todas las declaraciones, documentos probatorios, peritaje o demás información que una de las partes suministre al tribunal arbitral se deberá en respeto a la garantía de audiencia, dar traslado a la otra parte.

Cuando una de las partes no comparezca a una audiencia o no presente pruebas documentales, el tribunal arbitral puede continuar con las actuaciones y dictar el laudo basándose en las pruebas de que disponga.

Salvo acuerdo en contrario de las partes, el tribunal arbitral podrá nombrar uno o más peritos para que le informen sobre materias concretas y solicitar a cualquiera de las partes que proporcione al perito toda la información pertinente, o le presente para su inspección o le proporcione acceso a todos los documentos, mercancías u otros bienes pertinentes. En este caso, cuando una parte lo solicite o el tribunal arbitral lo considere necesario, el perito, después de la presentación de su dictamen escrito u oral, deberá participar en una audiencia en la que las partes tendrán oportunidad de formular preguntas y presentar peritos para que informen sobre los puntos controvertidos.

El tribunal arbitral o cualquiera de las partes con la aprobación de éste, podrá solicitar la asistencia del juez para el desahogo de pruebas.

H) Pronunciamiento del laudo y terminación de las actuaciones.

El tribunal deberá decidir el litigio conforme a las normas de derecho elegidas por las partes y se entenderá que toda indicación del derecho u ordenamiento jurídico de un país determinado se refiere, a menos que se exprese lo contrario, al derecho sustantivo de ese país y no a sus normas de conflicto de leyes.

En todos los casos, el tribunal arbitral decidirá con arreglo a las estipulaciones del convenio arbitral y tendrá en cuenta los usos mercantiles aplicables al caso.

En las actuaciones arbitrales en que hubiere más de un árbitro, toda decisión del tribunal arbitral se adoptará, salvo acuerdo en contrario de las partes, por mayoría de votos. Sin embargo, por economía de tiempo, el árbitro presidente podrá decidir cuestiones de procedimiento, si así lo autorizan las partes o todos los miembros del tribunal arbitral.

Se puede presentar el caso de que durante las actuaciones arbitrales, las partes llegaran a una transacción que resuelva el litigio, caso en el cual el tribunal arbitral deberá dar por terminadas las actuaciones y, si lo piden ambas partes y el tribunal arbitral no se opone, hará constar la transacción en forma de laudo arbitral en los términos convenidos por las partes y tendrá la misma naturaleza y efectos que cualquier otro dictado sobre el fondo del litigio.

En cuanto a su forma, el laudo:

1. Se debe dictar por escrito y estar firmado por el o los árbitros. En actuaciones arbitrales con más de un árbitro, son suficientes las firmas de la mayoría de los miembros del tribunal arbitral, siempre que se deje constancia de las razones de la falta de una o más firmas.

2. El laudo del tribunal arbitral deberá ser motivado, a menos que las partes hayan convenido otra cosa o se trate de un laudo pronunciado en los términos convenidos por las partes en una transacción.

3. Se deberá hacer constar en el laudo la fecha en que ha sido dictado y el lugar del arbitraje.

El tribunal arbitral fijará en el laudo las costas del arbitraje.

Una vez dictado el laudo, el tribunal arbitral lo notificará a cada una de las partes mediante entrega de una copia firmada por los árbitros.

Por lo que se refiere a las formas de terminación de las actuaciones del tribunal arbitral, estas llegan a su fin por:

I. Laudo definitivo, y

II. Orden del tribunal arbitral cuando:

a) El actor retire su demanda, a menos que el demandado se oponga a ello y el tribunal arbitral reconozca su legítimo interés en obtener una solución definitiva de litigio;

b) Las partes acuerden dar por terminadas las actuaciones; y

c) El tribunal arbitral compruebe que la prosecución de las actuaciones resultaría innecesaria o imposible.

d) Si transcurridos treinta días desde la comunicación del requerimiento del tribunal arbitral los depósitos para gastos requeridos no se han abonado en su totalidad, el tribunal arbitral informará de este hecho a las partes a fin de que cada una de ellas haga el pago requerido. Si este pago no se efectúa, el tribunal arbitral podrá ordenar la suspensión o la conclusión del procedimiento de arbitraje.

Dentro de los treinta días siguientes a la notificación del laudo, salvo que las partes hayan acordado otro plazo, cualquiera de ellas podrá, con notificación a la otra, solicitar al tribunal arbitral la corrección en el laudo de cualquier error de cálculo, de copia, tipográfico o de naturaleza similar. Esta corrección se podrá hacer de oficio dentro de los treinta días siguientes a la fecha del laudo; podrán las partes solicitar al tribunal una interpretación sobre un punto o una parte concreta de laudo. Si el tribunal arbitral lo estima justificado efectuará la corrección o dará la interpretación dentro de los treinta días siguientes a la recepción de la solicitud. Dicha interpretación formará parte del laudo.

Salvo acuerdo en contrario de las partes, dentro de los treinta días siguientes a la recepción del laudo, cualquiera de ellas, con notificación a la otra, podrá solicitar al tribunal arbitral que dicte un laudo adicional respecto de reclamaciones formuladas en las actuaciones arbitrales pero omitidas en el laudo. Si el tribunal arbitral lo estima justificado, dictará el laudo adicional dentro de sesenta días, prorrogable a juicio del tribunal arbitral. Es importante tener en cuenta que el tribunal arbitral no podrá cobrar honorarios adicionales por la interpretación, rectificación o por completar su laudo.

I) Las costas y los honorarios de los árbitros:[558]

Las partes tienen facultad de adoptar, ya sea directamente o por referencia a un reglamento de arbitraje, reglas relativas a las costas del arbitraje. A falta de acuerdo entre las partes, se aplicarán las disposiciones del Código de Comercio. Los honorarios del tribunal arbitral serán de un monto razonable teniendo en cuenta:

a. el monto de la disputa,
b. la complejidad del tema,
c. el tiempo dedicado por los árbitros y
d. cualesquiera otras circunstancias pertinentes del caso.

558. C.Com. Arts. 1452-1456.

Los honorarios de cada árbitro, deberán indicarse por separado y los fijará el propio tribunal arbitral.

Cuando una parte lo pida y el juez consienta en desempeñar esta función, el tribunal arbitral fijará sus honorarios solamente tras consultar al juez, el cual podrá hacer al tribunal arbitral las observaciones que considere apropiadas respecto de los honorarios.

En principio, el pago de las costas del arbitraje deberá correr a cargo de la parte vencida. Sin embargo, el tribunal arbitral podrá prorratear los elementos de estas costas entre las partes si decide que el prorrateo es razonable, teniendo en cuenta las circunstancias del caso.

Respecto del costo de representación y de asistencia legal, el tribunal arbitral decidirá, teniendo en cuenta las circunstancias del caso, que parte deberá pagar dicho costo o podrá prorratearlo entre las partes si decide que es lo razonable.

Una vez constituido, el tribunal arbitral podrá requerir a cada una de las partes que deposite una suma igual, por concepto de anticipo de honorarios del tribunal arbitral, gastos de viaje y demás expensas de los árbitros, y del costo de asesoría pericial o de cualquier otra asistencia requerida por el tribunal arbitral y requerir, en el curso de las actuaciones, depósitos adicionales de las partes.

Cuando una parte lo solicite y el juez consienta en desempeñar esa función, el tribunal arbitral fijará el monto de los depósitos o depósitos adicionales sólo después de consultar al juez, que podrá formular al tribunal arbitral todas las observaciones que estime apropiadas relativas al monto de tales depósitos adicionales.

Una vez dictado el laudo, el tribunal arbitral deberá entregar a las partes un estado de cuenta de los depósitos recibidos y les reembolsará todo saldo no utilizado.

J) La Intervención Judicial en la Transacción Comercial y el Arbitraje conforme a las reformas de enero de 2011.

El 27 de enero de 2011 se publicó en el *Diario Oficial de la Federación* el *Decreto por el que se reforman, adicionan y derogan diversas disposiciones del Código de Comercio*, mismo que reformó los artículos 1464 a 1480 relativos a la *Intervención Judicial en la Transacción Comercial y el Arbitraje.*

Se establece que cuando una parte solicite la remisión al arbitraje en los términos del artículo 1424 del propio Código, se deberá observar lo siguiente:

I. La solicitud deberá hacerse en el primer escrito sobre la sustancia del asunto que presente el solicitante.

II. El juez, previa vista a las demás partes, resolverá de inmediato.

III. Si el juez ordena remitir al arbitraje, ordenará también suspender el procedimiento.

IV. Una vez que el asunto se haya resuelto finalmente en el arbitraje, a petición de cualquiera de las partes, el juez dará por terminado el juicio.

V. Si se resuelve la nulidad del acuerdo de arbitraje, la incompetencia del Tribunal Arbitral o de cualquier modo el asunto no se termina, en todo o en parte, en el arbitraje, a petición de cualquiera de las partes, y previa audiencia de todos los interesados, se levantará la suspensión a que se refiere la fracción III del artículo 1464.

VI. Contra la resolución que decida sobre la remisión al arbitraje no procederá recurso alguno.

En todos los casos anteriormente señalados la suspensión del procedimiento judicial y la remisión al arbitraje se harán de inmediato. Sólo podrá denegarse la remisión al arbitraje:

a) Si en el desahogo de la vista dada con la solicitud de remisión al arbitraje se demuestra por medio de resolución firme, sea en forma de sentencia o laudo arbitral, que se declaró la nulidad del acuerdo de arbitraje, o

b) Si la nulidad, la ineficacia o la imposible ejecución del acuerdo de arbitraje son notorias desde el desahogo de la vista dada con la solicitud de remisión al arbitraje. Se aclara que al tomar esta determinación el juez deberá observar un criterio riguroso.

El Artículo 1466 del Código de Comercio establece que se deberán tramitar en vía de jurisdicción voluntaria conforme a los artículos 530 a 532 y 534 a 537 del *Código Federal de Procedimientos Civiles* las siguientes actuaciones:

I. La solicitud de designación de árbitros o la adopción de medidas previstas en las fracciones III y IV del artículo 1427 del *Código de Comercio.*

II. La solicitud de asistencia para el desahogo de pruebas prevista en el artículo 1444 del *Código de Comercio.*

III. La consulta sobre los honorarios del Tribunal Arbitral prevista en el artículo 1454 del *Código de Comercio.*

Se establece que salvo que en las circunstancias del caso sea inconveniente, al designar árbitro o árbitros o adoptar las medidas a que se refiere el artículo 1466, se observará lo siguiente:

I. El juez deberá oír previamente a las partes, a cuyo efecto podrá, si lo estima conveniente, citarlas a una junta para oír sus opiniones.

II. El juez deberá previamente consultar con una o varias instituciones arbitrales, cámaras de comercio o industria designadas a su criterio.

III. Salvo acuerdo en contrario de las partes o que el juez determine discrecionalmente que el uso del sistema de lista no es apropiado para el caso, el juez deberá observar lo siguiente:

a) Enviará a todas las partes una lista idéntica de tres nombres por lo menos;

b) Dentro de los 10 días siguientes a la recepción de esta lista, cada una de las partes podrá devolverla al juez, tras haber suprimido el nombre o los nombres que le merecen objeción y enumerado los nombres restantes de la lista en el orden de su preferencia. Si una parte no hace comentarios, se entenderá que presta su conformidad a la lista remitida por el juez;

c) Transcurrido el plazo mencionado, el juez nombrará al árbitro o árbitros de entre las personas aprobadas en las listas devueltas y de conformidad con el orden de preferencia indicado por las partes, y

d) Si por cualquier motivo no pudiera hacerse el nombramiento según el sistema de lista, el juez ejercerá su discreción para nombrar al árbitro o árbitros.

IV. Antes de hacer la designación, el juez pedirá al árbitro o árbitros designados, que hagan las declaraciones previstas en el acuerdo de arbitraje y en el artículo 1428 del *Código de Comercio*.

Cabe destacar que conforme al Artículo 1468 del *Código de Comercio* contra la resolución del juez no procederá recurso alguno, salvo el derecho de las partes a recusar al árbitro o árbitros, en los términos del acuerdo de arbitraje o, en su defecto, las disposiciones del artículo 1429 del mismo Código. Salvo que en las circunstancias del caso sea inconveniente, la asistencia en el desahogo de pruebas se dará previa audiencia de todas las partes en el arbitraje.

Se destaca que para el reconocimiento y ejecución de los laudos a que se refieren los artículos 1461 a 1463 del Código, no se requiere de homologación, es decir, los laudos arbitrales no se homologan, solamente se ejecutan, resolviendo así un prolongado malentendido jurisprudencial en el tema.[559] Salvo cuando se solicite el reconocimiento y ejecución como defensa en un juicio u otro procedimiento, el reconocimiento y ejecución se promoverán mediante el denominado *juicio especial sobre transacciones comerciales y arbitraje*.

Se establece que:

I. La resolución sobre recusación de un árbitro a que se refiere el tercer párrafo del artículo 1429 del *Código de Comercio*; II. La resolución sobre la competencia del Tribunal Arbitral, cuando se determina en una resolución que no sea un laudo sobre el fondo del asunto, conforme a lo previsto en el tercer párrafo del artículo 1432 del *Código de Comercio*; III. La adopción de las medidas cautelares provisionales a que se refiere el artículo 1425 del *Código de Comercio*; IV. El reconocimiento y ejecución de medidas cautelares ordenadas por un Tribunal Arbitral; y V. La nulidad de transacciones comerciales y laudos arbitrales; se tramitarán conforme al procedimiento previsto en los artículos 1472 a 1476 del propio Código. Es decir, mediante el denominado *juicio especial sobre transacciones comerciales y arbitraje*.

El *juicio especial sobre transacciones comerciales y arbitraje*, se tramitará conforme a lo siguiente:

---

559. González de Cossío, Francisco, «La modificación al derecho arbitral mexicano. Un comentario», en *Revista de derecho privado,* México, IIJ, UNAM, Número 1, Enero-Junio, 2012, p. 294.

Una vez admitida la demanda, el juez ordenará emplazar a las demandadas, otorgándoles un término de quince días para contestar. Transcurrido el término para contestar la demanda, sin necesidad de acuse de rebeldía, si las partes no promovieren pruebas ni el juez las estimare necesarias, se deberá citar, para dentro de los tres días siguientes, a la audiencia de alegatos, la que tendrá que verificarse concurran o no las partes.

Si se promoviere prueba o el juez la estimare necesaria previo a la celebración de la audiencia, se abrirá una dilación probatoria de diez días. Una vez celebrada la audiencia el juez deberá citar a las partes para oír sentencia. Las resoluciones intermedias dictadas en este juicio especial y la sentencia que lo resuelva no serán recurribles.

En cuanto a los juicios especiales que versen sobre nulidad o reconocimiento y ejecución de laudos comerciales se establece que éstos podrán acumularse en favor del juez que haya prevenido. Para que proceda la acumulación, es necesario que no se haya celebrado la audiencia de alegatos. La acumulación no procede respecto de procesos que se ventilen en jurisdicciones territoriales diversas o en el extranjero, ni entre tribunales federales y los de los estados.

Cabe señalar que la acumulación se debe tramitar conforme a los artículos 73 a 75 del *Código Federal de Procedimientos Civiles*. La resolución que resuelva sobre la acumulación es irrecurrible.

En cuanto a la adopción de las medidas cautelares provisionales a que se refiere el artículo 1425 del Código de Comercio, se establece que el juez gozar de plena discreción.

Es importante señalar un cambio importante que introduce la reforma de 2011: se establece que toda medida cautelar ordenada por un Tribunal Arbitral se reconocerá como vinculante y, salvo que el Tribunal Arbitral disponga otra cosa, será ejecutada al ser solicitada tal ejecución ante el juez competente, cualquiera que sea el estado en donde haya sido ordenada, y a reserva de lo dispuesto en el artículo 1480 del *Código de Comercio*.

La parte que solicite o haya obtenido el reconocimiento o la ejecución de una medida cautelar informará sin demora al juez de toda revocación, suspensión o modificación que se ordene de dicha medida. El juez ante el que sea solicitado el reconocimiento o la ejecución de una medida cautelar podrá, si lo considera oportuno, exigir de la parte solicitante que preste una garantía adecuada, cuando el Tribunal Arbitral no se haya pronunciado aún sobre tal garantía o cuando esa garantía sea necesaria para proteger los derechos de terceros.

El Artículo 1480 establece que sólo podrá denegarse el reconocimiento o la ejecución de una medida cautelar:

I. Si, al actuar a instancia de la parte afectada por la medida, al juez le consta que:

a) Dicha denegación está justificada por alguno de los motivos enunciados en los incisos a), b), c) o d) de la fracción I del artículo 1462 del *Código de Comercio*, o

b) No se ha cumplido la decisión del Tribunal Arbitral sobre la prestación de la garantía que corresponda a la medida cautelar otorgada por el Tribunal Arbitral, o

c) La medida cautelar ha sido revocada o suspendida por el Tribunal Arbitral o, en caso de que esté facultado para hacerlo, por un tribunal del estado en donde se tramite el procedimiento de arbitraje o conforme a cuyo derecho dicha medida se otorgó, o

II. Si el Juez resuelve que:

a) La medida cautelar es incompatible con las facultades que se le confieren, a menos que el mismo juez decida reformular la medida para ajustarla a sus propias facultades y procedimientos a efectos de poderla ejecutar sin modificar su contenido, o bien que

b) Alguno de los motivos de denegación enunciados en la fracción II del artículo 1462 del *Código de Comercio* es aplicable al reconocimiento o a la ejecución de la medida cautelar.

Se hace la precisión en el sentido de que toda determinación a la que llegue el juez respecto de cualquier motivo enunciado en la fracción I del artículo 1480 del Código será únicamente aplicable para los fines de la solicitud de reconocimiento y ejecución de la medida cautelar. El juez al que se solicite el reconocimiento o la ejecución no podrá emprender, en el ejercicio de dicho cometido, una revisión del contenido de la medida cautelar.

Se añade al final y sin duda es criticable [560], que de toda medida cautelar queda responsable el que la pide, así como el Tribunal Arbitral que la dicta, por consiguiente son de su cargo los daños y perjuicios que se causen.

5.2. El Código de Procedimientos Civiles del Distrito Federal

La solución de conflictos entre particulares, es normalmente actividad propia del poder judicial pues es el único que tiene la facultad de "decir (establecer) el derecho". Por ello además está investido de imperio, de tal forma que sus resoluciones puedan cumplirse coactivamente.

Sin embargo el particular puede optar en determinados casos y según la materia, por buscar otra forma de resolución a un problema de conflicto de

560. Calificado como «pelo en la sopa» por González de Cossío, Francisco, *op. cit.*, nota 559, p. 296.

intereses acudiendo ante otro ciudadano a que juzgue el problema y determine en definitiva quién tiene la razón.

Aceptado por el orden jurídico interno, el derecho individual de optar por el arbitraje, es necesario regular su operabilidad. Para esto se establece una gran división entre el arbitraje civil y el mercantil, siendo materia local el primero y federal el segundo. Nos referiremos a continuación, en ese orden, a las disposiciones más relevantes que se ocupan de ambos.

En el análisis que haremos a continuación, nos ocuparemos solamente de las disposiciones de un solo ordenamiento adjetivo y éste es el que se aplica en el Distrito Federal, sede de los Poderes de esta naturaleza y que en cierta forma siguen los Códigos Procesales de los 31 Estados que integran la República.[561]

El *Código de Procedimientos Civiles para el Distrito Federal* entró en vigor el día primero de octubre de 1932 quedando abrogado así el anterior de 15 de mayo de 1884.[562]

Tanto en el virreinato como desde el inicio de la vida independiente de México, el arbitraje tuvo cabal acogida en diversas disposiciones inclusive constitucionales y en la actualidad está consignado en Título Octavo de los artículos 609 al 636 inclusive, del Código adjetivo citado.

Se parte del principio ya mencionado de que las partes tienen el derecho de sujetar sus diferencias al juicio arbitral (art. 609) y se consagra una libertad amplia para su establecimiento y para la forma de su concertación.

Sin embargo este principio de libertad no es absoluto, pues existen ciertas limitaciones o exclusiones cuando el legislador estimó que la importancia de la materia o la calidad de los sujetos los ameriten como sucede con el de estado civil de las personas que no pueden sujetarse al procedimiento arbitral salvo que el problema verse sobre derechos pecuniarios derivados de la filiación legalmente adquirida (art. 339 del *Código Civil para el Distrito Federal* [563]); las de divorcio con excepción también de las de carácter meramente pecuniario; las de nulidad de matrimonio, las de alimentos y las demás que prohiba la ley (Art. 615 del *Código de Procedimientos Civiles del Distrito Federal*). En cuanto a los sujetos, tanto las albaceas como los síndicos requieren del consentimiento unánime de quienes se vean afectados por el laudo, o sean los herederos y los acreedores respectivamente. Sin pretender abordar problemas espinosos en cuanto a la naturaleza jurídica, efectos de laudo u opinión según el caso y demás puntos que

561. Art. 43 de la *Constitución Política de los Estados Unidos Mexicanos*.

562. Véase Cruz Barney, Oscar, *op. cit.*, nota 305.

563. Art 339. «Puede haber transacción o compromiso en árbitros sobre los derechos pecuniarios que de la filiación legalmente adquirida pudieran deducirse, salvo aquellos casos en que este Código señale lo contrario.»

puedan ser analizados, será necesario señalar que se formula una distinción expresa en el Código procesal en comento, entre el arbitraje de estricto derecho, la amigable composición y el fallo en conciencia (art. 628).

Esta redacción puede prestarse a confusiones entre la amigable composición y el arbitraje, ya que en estricto sentido no se puede hablar de arbitraje en amigable composición, pues son dos figuras distintas.[564] En este punto, Eduardo Pallares señala que «la ley parece distinguir en los amigables componedores, dos clases de actividades, o bien, resuelven el litigio de acuerdo con los dictados de su conciencia, o procuran una composición amistosa entre los interesados. Esto último no puede llevarse a cabo por medio de un fallo en el que se ha de declarar el derecho de las partes. Sin embargo si los interesados están conformes en que el arreglo concluido por ellos sirva de base a la sentencia, entonces es posible que mediante ésta realicen los componedores su cometido».[565]

Tenemos entonces que podemos hablar de tres situaciones distintas conforme al artículo 628 en cuestión: una primera en donde el árbitro decide conforme a derecho, la segunda en donde decide conforme a su conciencia «a verdad sabida y buena fe guardada» y una tercera en donde actúa no como árbitro sino como amigable componedor, ayudando a las partes a llegar a un entendimiento y que como bien señala el maestro Pallares, la amigable composición no se lleva a cabo por medio de un fallo, sino que en todo caso, el arreglo a que se llega gracias a esta, puede servir de base para una sentencia.

Además, lo anterior nos plantea la reflexión de que en un momento dado se pueden equiparar en la práctica, ya que si no se consignaron en el compromiso diferencias de procedimiento, o bien si éstas son de las mencionadas en el art. 619[566] primer párrafo *in fine*, todo se reduce casi a una diferencia terminológica.

Ya en lo tocante a la substanciación del proceso se distinguen con precisión las cinco partes tradicionales del arbitraje: el compromiso, el árbitro o árbitros, el procedimiento, el laudo y su ejecución.

El compromiso en árbitros puede celebrarse en diversos momentos -antes, en y después de sentenciado el caso, sea cual fuere su estado-, deberá ser por escrito, pero su formalidad queda abierta a un instrumento público, escritura privada o aún en comparecencia judicial (Arts. 610 y 611).

---

564. Si bien, Rubén Santos Belandro señala que árbitro amigable componedor y ex aequo et bono deben tomarse como figuras equivalentes. Ver su trabajo *Arbitraje comercial internacional,* 3a ed., México, Oxford University Press, 2000, Colección Estudios Jurídicos, p. 196.

565. Pallares, Eduardo, *op. cit.,* nota 48, *sub voce* «amigable composición».

566. El precepto obliga al árbitro pese a que haya acuerdo en contrario, a recibir pruebas y oír alegatos si las partes lo pidieren.

El objeto fundamental del compromiso es precisar el negocio que será conocido y resuelto por el arbitraje, sus limitaciones y sobre qué puntos exclusivamente deberá resolverse. La presencia de este elemento es fundamental y sin su consignación, el acuerdo será nulo de pleno derecho. Por ello no debe extrañarnos que el art. 616 así lo consigne. Otro de los propósitos que debe tener el compromiso, según dicho precepto es designar al o los árbitros pero su omisión no tendrá ningún efecto negativo, pues se podrá hacer posteriormente ante la presencia judicial.

Existe otro elemento que debe aparecer en el compromiso que se refiere al término de duración del arbitraje, pero que su ausencia será suplida por la ley.

El art. 617 considera que sesenta días serán suficientes para la duración del juicio, desde la aceptación del nombramiento. Tal vez en un caso de carácter civil, en el que las partes sean locales, es acertado.

En cambio en un caso mercantil y más si es internacional, los tiempos serían seguramente insuficientes.

Desde luego que siendo el Código comentado de Procedimientos Civiles, su prevención es justa.

Adicionalmente a las lógicas razones para la terminación del compromiso arbitral como puedan ser las de cumplir su cometido, la ley considera otras que son lógicas también, como la muerte del árbitro, excusa, impedimento, recusación o expiración del plazo estipulado si así se hizo constar (Art. 622).

¿Qué establece el Código Procedimental de referencia sobre los árbitros?

En realidad muy poco. No se exigen requisitos específicos tal como acontece en otras legislaciones; así no se requiere que sea nacional o abogado como sucede en Chile, Guatemala, Perú o Venezuela entre otros países del Continente Americano.

Debe acudirse a los artículos 220 a 223 referentes a la preparación del juicio arbitral, en donde se dispone que cuando en escritura privada o pública sometieren los interesados las diferencias que surjan a la decisión de un árbitro y, no estando nombrado éste, debe prepararse el juicio arbitral por el nombramiento del mismo juez.

A tal efecto, una vez presentado el documento con la cláusula compromisoria por cualquiera de los interesados, el juez debe citar a una junta dentro del tercer día para que se presenten a elegir árbitro, de no hacerlo lo hará el propio juez en su rebeldía. Durante la junta debe procurar el juez que las partes interesadas elijan al juez de común acuerdo, de no hacerlo así, deberá designar uno de entre las personas que anualmente deben ser listadas por el Tribunal Superior de Justicia para tal objeto.

Las deficiencias que eventualmente pudiera presentar serán en todo caso, motivo para interponer la recusación remitiéndose a las mismas razones que son oponibles a los jueces (Art. 623).

Estas razones son las comúnmente consideradas en todos los ordenamientos legales por lo que no serán objeto de mayor comentario (Arts. 170, 171, 172-176 y demás aplicables del *Código de Procedimientos Civiles* de referencia).

En cambio para la revocación del nombramiento de un árbitro (y no "revocación del árbitro" como simplista y erróneamente se establece en el artículo 618 del Código), no se exige la presencia de ninguna razón legal, pero sí será necesaria la concurrencia unánime de las partes en su petición.

El artículo 630 expresamente asigna a los árbitros la facultad de conocer incidentes legales, excepciones perentorias mas no de la reconvención y esto dentro de ciertas condiciones.

Ha quedado establecido como un punto esencial del arbitraje en México, que los árbitros carecen de imperio pese a que tengan la facultad de condenar en costas, daños y perjuicios y aún imponer multas o sean sanciones pecuniarias, pero no podrán hacerlas efectivas. Por lo tanto tendrán en ocasiones la posibilidad de castigar al infractor, mas nunca ejercer acciones coercitivas para las que tendrán que solicitar el apoyo y la actividad del juez ordinario.

En forma expresa el artículo 631 así lo consigna, confirmando una tradición jurídica invariable que ha merecido a través del tiempo, algunas resoluciones de la máxima autoridad judicial de México como es la Suprema Corte de Justicia.

En cuando al laudo, poco se previene en el Código Adjetivo de referencia, pues sólo que será el juez ordinario el competente para su ejecución, en la hipótesis obvia de que no sea acatado voluntariamente por quien fue condenado.

El Doctor Humberto Briseño Sierra fundadamente establece una distinción en la calidad del laudo en cuanto a que pueda no merecer ejecución alguna como en los que fueren declarativos, constitutivos o declaratorios en cuyo caso serían otras las vías a seguir.

Eventualmente el laudo puede ser apelable si las partes no renunciaron expresamente al recurso, mismo que deberá observar las normas del derecho común (Art. 635).

En ocasiones varias, las autoridades federales se han pronunciado sobre la procedencia de la demanda de amparo en contra de las resoluciones de los árbitros y se ha negado al confirmar que por no ser autoridad es improcedente.[567] Sin embargo esto no significa que no sea invocable sino solamente que el acto judicial que cause el agravio, será el motivo del amparo al pretenderse ejecutar el laudo y no éste directamente. Si se llevase a cabo el acto se causaría

567. Sobre el concepto de autoridad para efectos del Juicio de Amparo véase GUDIÑO PELAYO, José de Jesús, «El concepto de autoridad para los efectos del juicio de amparo», *Ars Iuris*, México, Revista del Instituto de Documentación e Información jurídicas de la Facultad de Derecho de la Universidad Panamericana, número 10, 1993.

una violación constitucional en la hipótesis de que el laudo estuviese viciado por alguna falla del procedimiento y esto no es permisible dentro del Sistema Jurídico prevalente.[568]

---

568. Octava Época
Instancia: Tribunales Colegiados de Circuito
Fuente: Semanario Judicial de la Federación
Tomo: VIII, Diciembre de 1991
Página: 155

ÁRBITROS. SU RESOLUCIÓN NO ENTRAÑA UN ACTO DE AUTORIDAD. Es correcto el desechamiento de la demanda de garantías cuando el acto que se reclama lo constituye la resolución que dicta un árbitro designado a petición de las partes en conflicto, toda vez que su intervención no implica un acto de autoridad. Luego es claro que la determinación de un árbitro en las condiciones señaladas, implica un acto de particular que no puede ser materia del juicio de garantías; lo que se traduce en un motivo manifiesto de improcedencia de términos del artículo 73, fracción XVIII, en relación con el artículo primero, ambos de la Ley de Amparo.

PRIMER TRIBUNAL COLEGIADO EN MATERIA DE TRABAJO DEL PRIMER CIRCUITO.

Reclamación 1/91. Sección Número Uno del Sindicato de Trabajadores de la Industria Cinematográfica, Similares y Conexos de la República Mexicana, C.T.M. 20 de marzo de 1991. Unanimidad de votos. Ponente: Horacio Cardoso Ugarte. Secretaria: Teresa Sánchez Medellín.

Quinta Época
Instancia: Cuarta Sala
Fuente: Apéndice de 1995
Tomo: Tomo V, Parte SCJN
Tesis: 37
Página: 23

ÁRBITROS PRIVADOS EN MATERIA DE TRABAJO, IMPROCEDENCIA DEL AMPARO CONTRA LAS RESOLUCIONES DE LOS. La resolución dictada por un árbitro privado no constituye un acto de autoridad, por tanto no es susceptible de ser combatida mediante el juicio de amparo.

Quinta Época:

Amparo en revisión 5878/41. Sindicato de Empleados del Puerto de Veracruz. 20 de febrero de 1942. Unanimidad de cuatro votos.

Amparo en revisión 8132/42. Ríos Ezequiel y coags. 29 de noviembre de 1943. Unanimidad de cuatro votos.

Amparo en revisión 3601/49. Cabañas Arnoldo. 10 de octubre de 1949. Cinco votos.

Amparo en revisión 3206/47. Unión de Cargadores, de Número, de Comercio, Equipajes y Similares de Córdoba, Ver. 8 de marzo de 1950. Unanimidad de cuatro votos.

Amparo directo 3320/49. Sindicato de Trabajadores de Hoteles y Similares del D. F. (C.T.M.). 15 de enero de 1951. Unanimidad de cuatro votos.

La ejecución de los laudos merece una consideración particular. Primeramente podemos indicar que el juez competente será el designado en el compromiso y a falta de señalamiento el que se encuentre en turno (Art. 633).

En seguida se consigna como una obligación genérica de los jueces ordinarios, la de auxiliar a los árbitros en sus funciones, bien se trate de las recusaciones y excusas a los mismos o de aplicar medios de apremio y desde luego de ejecutar el laudo.

Al recibir el juez ordinario la petición de que proceda al cumplimiento de la sentencia arbitral, deberá otorgar el *exequator* cuya función es en opinión de la Suprema Corte, completar la sentencia, mas sin entrar en el estudio material de la misma, pues carece de facultades para ello; solamente se ocupará de verificar que el laudo está o no conforme con el ordenamiento jurídico. Por lo tanto sólo puede rehusar el *exequator* si se violó el orden público, mas no si los intereses vulnerados son de carácter privado, ya que en este caso los afectados podrán acudir al juicio de amparo como ya se advirtió en contra de la orden del juez, por ser un acto de autoridad.

Cabe señalar que pese a que se reúnan las condiciones de fondo, pueden los interesados evitar que se ejecute el laudo si estiman que el juez es incompetente debiendo interponer el recurso -aparentemente como excepción- ante el juez requerido, quien la desahogará en acatamiento a lo ordenado por el artículo 600 del Código Procesal.

Se estima por la ley comentada (art. 601) otra posibilidad de congelar la ejecución pero ya no a beneficio de las partes, sino de personas ajenas al mismo, al dar cabida a la tercería cuando «el tercero... poseyese en nombre propio la cosa en que debe ejercitarse la sentencia...» y desde luego no hubiese sido oído por el juez requeriente. Dado el carácter de la organización política de México, es válida la inquietud de saber si todos los Códigos Procesales de los estados, contemplan la ejecución de laudos y que sucede cuando no aparezca.

La mayor parte sí prevén esta situación, pero hay una minoría que guarda silencio sobre el particular, lo que no debe alarmarnos, ya que el art. 121 Constitucional suple esta omisión como acertadamente afirma el Maestro José Luis Siqueiros apoyándose en el texto de la fracción III.

Otra interrogante que debe ser despejada, es la que se refiere a si el laudo debe ser homologado para que pueda cumplirse o bien este requisito no es necesario en México. Hasta diciembre de 1987, existían puntos de vista diversos, pues algunos especialistas lo afirmaban y otros discrepaban sobre la necesidad de la misma como sostiene Don Luis Araujo V., ya que: «No se trata de una homologación, ésto es, de un acto jurídico procesal necesario para dar validez a la sentencia o laudo arbitral, sino de un exequator, o sea de un mandamiento de ejecución».[569]

En respeto a la precisión jurídica es necesario decir que no existen disposiciones exclusivas sobre la ejecución de los laudos, sino que por analogía de razón se les aplican las que se refieren a las sentencias y demás resoluciones dictadas por los tribunales y jueces de los estados y del extranjero, como textualmente reza el art. 599, opinión compartida por los expertos en la materia como es el caso del Lic. José Luis SIQUEIROS [570] del Dr. Humberto BRISEÑO SIERRA [571] y otros.

Esto vale para los laudos dictados dentro del país mas no así para los pronunciados en el extranjero, ya que su ejecución se verá sujeta a dos grupos de normas jurídicas diversas: las de los Códigos Procesales de referencia y las existentes en los acuerdos internacionales vigentes en México.

Lo anterior conforma al marco legal del procedimiento arbitral de carácter civil, reglamentado en México, esto es, hablamos de Derecho positivo y vigente, pero como ya se ha venido señalando en repetidas ocasiones, no es el arbitraje en materia civil de competencia local ordinaria, el único que contempla las leyes en vigor, ya que otros ordenamientos legales consideran procedimientos establecidos por la voluntad de las partes, como posibles.

Por otra parte la posibilidad de acudir al juicio arbitral en materias no estrictamente civiles que por situaciones fácilmente explicables, serían las comerciales, nos la ofrece al art. 104 de la Constitución al establecer la opción de que siendo competencia originaria de los tribunales federales, conocer de las controversias que surjan sobre el cumplimiento de leyes federales, el actor escoja los tribunales y jueces del orden común en el Distrito Federal o en los estados cuando la controversia solamente afecte intereses particulares y así acogerse a las disposiciones consignadas del Artículo Octavo del Código de Procedimientos Civiles para el Distrito Federal o de sus equivalentes en los estatales, a efecto de que la resolución sea conocida y aplicada por el juez ordinario en lugar del federal.

---

569. ARAUJO VALDIVIA, Luis, «El Arbitraje Comercial y su Reglamentación Legal», *Revista de la Asociación Nacional de Abogados*, II Época, No. 1, México, 1980, p. 207.

570. Ver: SIQUEIROS, José Luis, «El Arbitraje Comercial en México», *Revista de la Facultad de Derecho de México*, UNAM, Tomo XV, Julio-Septiembre de 1965, No. 59, p. 713.

571. BRISEÑO SIERRA, Humberto, *op. cit.,* nota 96, p. 43.

5.3. El Código Federal de Procedimientos Civiles

El *Código Federal de Procedimientos Civiles* aborda el tema del arbitraje en el Título Único que conforma el Libro Cuarto relativo a la Cooperación procesal internacional, artículos 543 a 577. Existen así disposiciones que, como vimos al tratar el tema de la ejecución de los laudos arbitrales, se refieren de manera expresa al arbitraje al ocuparse por ejemplo, de la ejecución de las sentencias, laudos arbitrales privados y demás resoluciones jurisdiccionales extranjeras en los artículos 569, 570, 571, 573 y 574 que reconociendo su eficacia fijan diversas condiciones que deberán observarse.

En el artículo 574 del CFPC, se establece, como vimos, la forma en que debe substanciarse el incidente de la homologación del laudo y el recurso que cabe en contra de la resolución que se pronuncie, siendo este la apelación en ambos efectos si se denegare la ejecución y en el efecto devolutivo si se concediere.

En obvio de repeticiones, remitimos al lector a la sección dedicada a la ejecución de los laudos arbitrales.

5.4. La Cámara Nacional de Comercio Servicios y Turismo de la Ciudad de México

El día 25 de septiembre del 2000 se aprobó en sesión del Consejo Directivo de la Cámara de Comercio Servicios y Turismo Ciudad de México, el nuevo *Reglamento de Arbitraje* de la Cámara de Comercio Servicios y Turismo Ciudad de México. La Cámara cuenta con una Comisión Permanente de Arbitraje y esta a su vez con un Comité Consultivo de la Comisión Permanente de Arbitraje, integrados ambos por expertos en la materia arbitral.

El Reglamento se divide en 48 artículos que detalladamente regulan el procedimiento arbitral ante la Cámara.

Respecto de su ámbito de aplicación, se establece en el artículo primero que cuando las partes hayan acordado por escrito que sus controversias relacionadas con una relación contractual o no contractual, se sometan a arbitraje de la Cámara de Comercio Servicios y Turismo Ciudad de México, o utilicen expresiones que denoten su intención de someterse al Reglamento, tales controversias se resolverán de conformidad con el Reglamento de Arbitraje, sin perjuicio de las modificaciones que las partes pudieran acordar por escrito. Cuando las partes hayan acordado recurrir al arbitraje según el Reglamento, se someten, por ese solo hecho, al Reglamento vigente a la fecha de inicio del proceso arbitral a menos que hayan acordado someterse al Reglamento vigente a la fecha del acuerdo de arbitraje.

El Reglamento considera arbitraje internacional aquél en el que:

a) Las partes al momento de la celebración del acuerdo de arbitraje, tengan su domicilio o su establecimiento en países diferentes; o

b) El lugar del arbitraje, pactado en el acuerdo de arbitraje o con arreglo al mismo, el lugar del cumplimiento de una parte sustancial de las obligaciones de una relación o el lugar en el cual el objeto del litigio tenga una relación más estrecha, esté situado fuera del país en el que las partes tienen su establecimiento.

En caso de que alguna de las partes tenga más de un establecimiento, se considerará como establecimiento aquel que guarde una relación más estrecha con el acuerdo de arbitraje y; si una parte no tiene ningún establecimiento, se tomará en cuenta su residencia habitual.

Por excepción, el arbitraje que no caiga dentro de los supuestos señalados, se considerará arbitraje nacional.

En materia de notificaciones, el Reglamento considera que toda notificación, incluso una nota, comunicación o propuesta se ha recibido si se entrega personalmente al destinatario, o si se entrega en su residencia habitual, establecimiento de sus negocios o dirección postal, o, si no fuera posible averiguar ninguno de ellos después de una indagación razonable, en su última residencia habitual o en el último establecimiento conocido de sus negocios. La notificación se considerará recibida el día en que haya sido así entregada. Los plazos establecidos en el Reglamento comienzan a correr desde el día siguiente a aquel en que se reciba una notificación, nota, comunicación o propuesta. Si el último día de ese plazo es inhábil por disposición oficial o no laborable en la residencia o establecimiento de los negocios del destinatario, el plazo se prorrogará hasta el primer día laborable siguiente. Los demás días feriados oficiales o días no laborables que ocurran durante el transcurso del plazo se incluirán en el cómputo del plazo.

El Reglamento considera como escrito todo intercambio de cartas, telex, telegramas, telefax, correo electrónico y cualquier otro medio de comunicación que deje constancia de la información en él contenida. En este sentido, los escritos, así como todos los documentos anexos a ellos, deberán comunicarse a cada una de las partes, a cada uno de los árbitros y a la Comisión de Mediación y Arbitraje Comercial.

En cuanto a la notificación del inicio del procedimiento arbitral, el Reglamento establece:

1. La parte que inicialmente recurra al arbitraje (la Demandante), deberá notificarlo por escrito a la Comisión, la que procederá a comunicarlo a la otra parte u otras partes, (la Demandada).

2. Se considerará que el procedimiento arbitral se inicia en la fecha en que el escrito de notificación de arbitraje es recibido por la Comisión.

3. La notificación de arbitraje deberá contener la siguiente información:

a) La mención expresa de que el litigio se someta a arbitraje;

b) El nombre y la dirección de las partes;

c) Una referencia a la cláusula de arbitraje que se invoca;

d) Una referencia al contrato o a la relación jurídica de la que resulte la controversia o con el cual la controversia esté relacionada;

e) La naturaleza general de la demanda y, si procede, la indicación del monto involucrado;

f) La materia u objeto que se demanda;

g) Una propuesta sobre el número de árbitros, que pueden ser uno o tres, cuando las partes no hayan convenido previamente en ello.

4. La notificación de arbitraje puede contener asimismo:

a) La propuesta relativa al nombramiento del árbitro único;

b) La notificación relativa al nombramiento del árbitro mencionado en el artículo 8,

c) El escrito de demanda mencionado en el artículo 23.

Si dentro del plazo fijado por el tribunal arbitral, la Demandante no ha presentado su demanda sin invocar causa suficiente, el tribunal arbitral ordenará la conclusión del procedimiento. Si dentro del plazo fijado por el tribunal arbitral, la Demandada no ha presentado su contestación sin invocar causa suficiente, el tribunal arbitral ordenará que continúe el procedimiento.

Se permite a las partes acudir, durante el procedimiento de arbitraje, representadas o asesoradas por personas de su elección, debiendo comunicar por escrito a la Comisión, a la otra parte y al tribunal arbitral, los nombres y las direcciones de los asesores o representantes, precisando con qué carácter fueron designados.

Salvo acuerdo expreso en contrario de las partes, las actuaciones arbitrales serán confidenciales y no se considera que se viola la confidencialidad cuando se recurra a los tribunales públicos para solicitar el reconocimiento o la ejecución de un laudo o en cualquiera otro caso previsto por el Reglamento o en una norma de orden público.

Para la composición del tribunal arbitral, el Reglamento señala en caso de que las partes no hayan convenido previamente en el número de árbitros (que podrán ser uno o tres), y no lo hacen dentro de los quince días siguientes a la fecha de recepción por la Comisión de la notificación del arbitraje, corresponderá a ésta su determinación.

En cuanto a su nombramiento, salvo acuerdo de las partes, cuando se haya de nombrar a un árbitro único, éste será designado por la Comisión tan pronto como fuere posible, aunque las partes pueden proponer a la Comisión el nombre de una o más personas para que las considere al designar el árbitro único. El árbitro deberá ser independiente e imparcial; y, cuando el arbitraje sea internacional, la Comisión deberá tener en cuenta la conveniencia de nombrar a un árbitro de nacionalidad distinta al de la nacionalidad de las partes.

Salvo acuerdo en contrario de las partes, el nombramiento que lleve a cabo la Comisión se deberá hacer conforme el siguiente sistema:

a) A petición de una de las partes, la Comisión enviará a ambas partes una lista idéntica de tres nombres por lo menos.

b) Dentro de los quince días siguientes a la recepción de esta lista, cada una de las partes podrá devolverla a la Comisión, tras haber suprimido el nombre o los nombres que le merecen objeción, enumerando los nombres restantes de la lista en el orden de su preferencia;

c) Transcurrido dicho plazo, la Comisión nombrará al árbitro único de entre las personas aprobadas en las listas devueltas y de conformidad con el orden de preferencia indicado por las partes;

d) Si por cualquier motivo no pudiera hacerse el nombramiento según este procedimiento, la Comisión ejercerá su discreción para nombrar al árbitro único.

Cuando el tribunal arbitral se vaya a componer por tres árbitros, corresponderá su nombramiento a cada una de las partes nombrará uno, notificándolo a la contraparte, el tercer árbitro, quien ejercerá las funciones de presidente del tribunal arbitral, será nombrado por la Comisión. Si dentro de los treinta días siguientes a la recepción de la notificación de una parte en que se nombra un árbitro, la otra parte no hubiera notificado a la primera parte el árbitro por ella nombrado, la primera parte podrá solicitar a la Comisión que nombre el segundo árbitro.

Si son varias las partes Demandantes o varias las Demandadas, el árbitro único o los tres árbitros serán nombrados por la Comisión, la que indicará cuál de los tres ejercerá las funciones de presidente del tribunal arbitral. Antes de entrar en funciones, los árbitros que hayan sido designados por las partes o por los otros árbitros, deberán ser confirmados por la Comisión.

La persona propuesta como árbitro tiene la obligación de revelar en todo momento a la Comisión todas las circunstancias que puedan dar lugar a dudas acerca de su imparcialidad o independencia. Una vez nombrado o elegido el árbitro, la Comisión revelará tales circunstancias a las partes, a menos que previamente hayan sido informadas de ellas.

Cuando las partes propongan como árbitros a una o más personas que no formen parte de la lista de árbitros de la Comisión, deberán indicar por escrito su nombre y dirección completos y su nacionalidad. La Comisión podrá requerir información adicional acerca de las cualidades y experiencia de los árbitros así propuestos. Las decisiones de la Comisión sobre la confirmación, recusación o sustitución de un árbitro, serán definitivas. Las razones que motiven esas decisiones no serán comunicadas a las partes ni a los árbitros.

Cabe señalar que ni la Cámara, ni los miembros de la Comisión, ni los árbitros, serán responsables, frente a persona alguna, de hechos, actos u omisiones relacionadas con el arbitraje.

El Reglamento establece la posibilidad y procedimientos para la recusación de los árbitros, que podrá ser promovida por cualquiera de las partes dentro de los quince días siguientes a la notificación del nombramiento de dicho árbitro o dentro de los quince días siguientes a la fecha en que tenga conocimiento de las circunstancias que ameriten su remoción.

La recusación se notificará por escrito, debidamente motivada, a la Comisión, a la otra parte, al árbitro recusado y a los demás miembros del tribunal arbitral. Cuando un árbitro ha sido recusado por una parte, la otra parte podrá aceptar la recusación. El árbitro también podrá, después de la recusación, renunciar al cargo. En ninguno de ambos casos se entenderá que esto implica aceptación de la validez de las razones en que se funda la recusación. En ese momento se procederá al nombramiento del árbitro sustituto.

En el caso de que la otra parte no acepte la recusación y el árbitro recusado no renuncie, la decisión respecto a la recusación, será tomada por la Comisión, misma que no podrá ser recurrida ante la autoridad judicial.

La Comisión podrá remover un árbitro en caso de que tenga conocimiento de que existen razones fundadas para considerar que el árbitro no es imparcial o independiente o cuando no cumpla con sus funciones o esté impedido, de hecho o de derecho, para cumplirlas.

En caso de muerte o renuncia de un árbitro durante el procedimiento arbitral, se nombrará o elegirá un árbitro sustituto, en el supuesto de que un árbitro no cumpla con sus funciones o en el caso de que exista imposibilidad de derecho o de hecho que le impidan ejercerlas, es aplicable el procedimiento relativo a la recusación y sustitución de un árbitro.

En el caso de sustitución del árbitro único o del árbitro presidente, por obvias razones se deberán repetir todas las audiencias celebradas con anterioridad; cuando se sustituya a cualquier otro árbitro, quedará a la apreciación del tribunal si habrán de repetirse tales audiencias.

En el procedimiento, el tribunal arbitral podrá dirigir el arbitraje del modo que considere apropiado, siempre que se trate a las partes con igualdad y que, en cada etapa del procedimiento, se dé a cada una de las partes plena oportunidad de hacer valer sus derechos. Ya sea de oficio o a petición de cualquiera de las partes y en cualquier etapa del procedimiento, el tribunal arbitral deberá celebrar audiencias para la presentación de pruebas por testigos, incluyendo peritos, o para alegatos orales.

En cuanto al lugar del arbitraje, salvo acuerdo de las partes, dicho lugar será determinado por el tribunal arbitral, de acuerdo con las circunstancias del arbitraje, pudiendo determinar el sitio del arbitraje dentro del país convenido por las partes. Podrá oír testigos y celebrar reuniones de consulta entre sus miembros en cualquier lugar que estime conveniente, habida cuenta de las circunstancias del arbitraje.

Desde luego, el tribunal arbitral puede reunirse en cualquier lugar que estime apropiado para inspeccionar mercancías y otros bienes o documentos, notificando previamente a las partes para permitirles asistir a esas inspecciones.

Respecto del o los idiomas del arbitraje, este podrpa ser acordado por las partes y determinado sin dilación por el tribunal arbitral después de su nombramiento, aplicándose al escrito de demanda, a la contestación y a cualquier otra presentación por escrito y oral que se haga ante el tribunal. El tribunal arbitral puede ordenar que los documentos anexos al escrito de demanda o a la contestación, y cualesquiera documentos o instrumentos complementarios que se presenten durante las actuaciones en el idioma original, se acompañen de su correspondiente traducción al idioma o idiomas convenidos por las partes o determinados por el tribunal arbitral.

Salvo aquellos casos en que el escrito de demanda se haya incluido con la notificación del arbitraje, dentro de un plazo que determinará el tribunal arbitral, la Demandante comunicará su escrito de demanda a la Comisión, a la Demandada y a cada uno de los árbitros. El escrito de demanda deberá ir acompañado de una copia del contrato o, si existiere, del documento que haya dado origen a la relación extracontractual y otra del acuerdo de arbitraje, si éste no está contenido en el contrato.

El escrito de demanda debe contener, de acuerdo al Reglamento, los siguientes datos:

a) El nombre y la dirección de las partes;
b) Una relación de los hechos en que se base la demanda;
c) Los puntos en litigio;
d) La materia u objeto que se demanda.

Salvo disposición en contrario por el Tribunal Arbitral, la Demandante podrá acompañar a su escrito de demanda todos los documentos que considere pertinentes, o referirse a los documentos u otras pruebas que vaya a presentar.

Dentro del plazo que determine el tribunal arbitral, la Demandada debe comunicar por escrito su contestación a la Comisión, a la Demandante y a cada uno dc los árbitros.

La contestación se referirá a los hechos, puntos litigiosos y materia del arbitraje señalados en el escrito de demanda, y salvo disposición en contrario del tribunal arbitral, la Demandada podrá acompañar su escrito con los documentos en que base su contestación o referirse a los documentos u otras pruebas que vaya a presentar. En su contestación, o bien si así se justifica, la Demandada podrá formular una reconvención fundada en el mismo contrato o relación extracontractual, o hacer valer un derecho basado en el mismo contrato o en cualquier otra relación que las partes hayan acordado someter al arbitraje conforme al Reglamento, a los efectos de una compensación.

En el curso de las actuaciones, cualquiera de las partes puede modificar o complementar su demanda o contestación, a menos que el tribunal arbitral considere que no corresponde permitir esa modificación en razón de la demora con que se hubiere hecho, el perjuicio que pudiere causar a la otra parte o cualesquiera otras circunstancias. Sin embargo, una demanda no podrá modificarse de manera tal que la demanda modificada quede excluida del campo de aplicación del acuerdo de arbitraje.

El tribunal arbitral está facultado para decidir acerca de las objeciones de que carece de competencia, incluso de las objeciones respecto de la existencia o la validez del acuerdo de arbitraje o bien del contrato del que forma parte un acuerdo de arbitraje. La decisión del tribunal arbitral de que el contrato es nulo, no entraña necesariamente la invalidez del acuerdo de arbitraje.

La excepción de incompetencia del tribunal arbitral deberá ser promovida por escrito, a más tardar en la contestación o, con respecto a una reconvención, en la réplica a esa reconvención. El tribunal arbitral deberá emitir un laudo preliminar sobre las objeciones relativas a su competencia. Sin embargo, el tribunal arbitral podrá seguir adelante en las actuaciones y decidir acerca de tales objeciones en el laudo final.

Los plazos fijados por el tribunal arbitral para la comunicación de los escritos, incluidos los escritos de demanda y de contestación, no deben exceder de cuarenta y cinco días. Sin embargo, el tribunal arbitral podrá prorrogar los plazos si estima que se justifica la prórroga.

En materia de probatoria, cada parte asume la carga de la prueba de los hechos en que se base para fundar sus acciones o defensas y el tribunal arbitral podrá, si lo considera pertinente, requerir que una parte entregue al tribunal y a la otra parte, dentro del plazo que el tribunal arbitral decida, un resumen de los documentos y otras pruebas que esa parte vaya a presentar en apoyo de los hechos en litigio expuestos en su escrito de demanda o de contestación. En cualquier momento de las actuaciones, el tribunal arbitral podrá exigir dentro del plazo que determine, que las partes presenten documentos u otras pruebas.

En cuanto a la celebración de las audiencias, previamente a su celebración, el tribunal arbitral deberá dar aviso a las partes de su fecha, hora y lugar. En caso de que vayan a participar testigos en la audiencia, cada parte está obligada a comunicar al tribunal arbitral y a la otra parte, por lo menos quince días antes de su celebración, el nombre y la dirección de los testigos que se propone presentar, con indicación del tema sobre el que depondrán y, en su caso, el idioma en que lo harán.

Las audiencias son, salvo acuerdo en contrario, de carácter privado, y el tribunal arbitral podrá exigir el retiro de cualquier testigo o testigos durante la declaración de otros testigos. El tribunal arbitral es libre de decidir la forma en que ha de interrogarse a los testigos, pudiendo éstos presentar sus deposiciones por escrito, debidamente firmadas.

La admisibilidad, la pertinencia y la importancia de las pruebas presentadas queda a la libre determinación del tribunal arbitral.

Cabe destacar que a petición de cualquiera de las partes, el tribunal arbitral podrá tomar todas las medidas provisionales que considere necesarias respecto del objeto en litigio, inclusive medidas destinadas a la conservación de los bienes que constituyen el objeto en litigio, tales como ordenar que los bienes se depositen en manos de un tercero o que se vendan los bienes perecederos o que puedan devaluarse, medidas que podrán establecerse en un laudo provisional. El tribunal arbitral podrá exigir una garantía para asegurar el costo de esas medidas.

El tribunal arbitral podrá nombrar uno o más peritos para que le informen por escrito, sobre las materias concretas que determine. Se comunicará a las partes una copia de las atribuciones del perito, fijadas por el tribunal. Las partes deberán suministrar al perito toda la información pertinente o presentarán para su inspección todos los documentos o todos los bienes pertinentes que aquél pueda pedirles. Cualquier diferencia entre una parte y el perito acerca de la pertinencia de la información o presentación requeridas, se someterá a la decisión del tribunal arbitral.

Una vez recibido el dictamen del perito, el tribunal arbitral deberá comunicar una copia del mismo a las partes, a quienes se ofrecerá la oportunidad de expresar por escrito su opinión sobre el dictamen. Las partes tendrán derecho a examinar cualquier documento que el perito haya invocado en su dictamen. Una vez entregado el dictamen y a solicitud de cualquiera de las partes, podrá oírse al perito en una audiencia en que las partes tendrán oportunidad de estar presentes e interrogar al perito.

Si una de las partes, debidamente notificada bajo los términos del Reglamento, no comparece a la audiencia sin invocar causa suficiente, el tribunal arbitral estará facultado para proseguir el arbitraje. Cuando una de las partes, debidamente requerida para presentar documentos, no lo hace en los plazos fijados sin invocar causa suficiente, el tribunal arbitral podrá dictar el laudo basándose en las pruebas de que disponga.

El tribunal arbitral está facultado para preguntar a las partes si tienen más pruebas que ofrecer, testigos que presentar o exposiciones que hacer y, si no las hay, podrá declarar cerrada(s) la(s) audiencia(s). Es importante tener presente que el tribunal arbitral podrá, si lo considera necesario en razón de circunstancias excepcionales, decidir por propia iniciativa o a petición de parte, que se reabran las actuaciones en cualquier momento, antes de dictar el laudo.

Si una parte prosigue el arbitraje sabiendo que no se ha cumplido alguna disposición del presente Reglamento o algún requisito del acuerdo de arbitraje y no exprese su objeción a tal incumplimiento sin demora justificada o, si se prevé un plazo para hacerlo y no lo hace, se entenderá renunciado su derecho a impugnar.

Las partes podrán reducir los diferentes plazos previstos en el Reglamento, o bien estipular un término para que se dicte el laudo o se termine el arbitraje, sujeto a la aprobación del tribunal arbitral. No obstante la existencia y efectividad legal de un acuerdo de las partes reduciendo los plazos o estableciendo nuevos términos, la Comisión, a solicitud del tribunal arbitral, si lo encuentra justificado, podrá prorrogar los plazos acordados por las partes.

En materia de laudos, en los tribunales arbitrales compuestos por tres árbitros, todo laudo u otra decisión del tribunal arbitral se dictará por mayoría de votos. En cuestiones de mero procedimiento, si no hubiere mayoría, o si el tribunal arbitral hubiese autorizado al árbitro presidente a hacerlo, éste podrá decidir por sí solo, a reserva de una eventual revisión por el tribunal arbitral.

Existen cinco tipos de laudos según el Reglamento: laudo definitivo, laudos provisionales, interlocutorios o parciales y laudos adicionales, todos se deben dictar por escrito.

El laudo definitivo e inapelable y obligatorio para las partes, que se comprometen a cumplir el laudo sin demora.

En cuanto a su contenido, el tribunal arbitral, salvo acuerdo en contrario, deberá exponer las razones en las que se base el laudo y firmarlo. Deberá contener la fecha y el lugar en que se dictó. Cuando haya tres árbitros y uno de ellos no firme, se indicará en el laudo el motivo de la ausencia de la firma. El laudo se considerará dictado en el lugar del arbitraje.

Una vez dictado, el tribunal arbitral lo comunicará a la Comisión con copias firmadas por los árbitros en número suficiente para la Comisión y para cada una de las partes.

Si el derecho de arbitraje del país en que se dicta el laudo requiere el registro o el depósito del laudo por el tribunal arbitral, éste cumplirá este requisito dentro del plazo señalado por la ley.

En cuanto al derecho aplicable, el tribunal arbitral deberá aplicar al fondo de la controversia, las normas de derecho que las partes hayan acordado. A falta de acuerdo de las partes, el tribunal arbitral aplicará las normas de derecho que considere apropiadas.

Podrá decidir como amigable componedor (*ex aequo et bono*) sólo si las partes lo han autorizado expresamente para ello y si la ley aplicable al procedimiento arbitral permite este tipo de arbitraje. En todos los casos, el tribunal arbitral decidirá con arreglo a las estipulaciones del contrato y tendrá en cuenta los usos mercantiles aplicables al caso.

Dentro de los treinta días siguientes a la recepción del laudo, cualquiera de las partes puede requerir del tribunal arbitral, quien deberá notificarlo a la otra parte, que dicte un laudo adicional, respecto de reclamaciones formuladas en el procedimiento arbitral, pero omitidas en el laudo. Si el tribunal arbitral estima justificado el requerimiento de un laudo adicional y considera que la omisión puede rectificarse sin necesidad de ulteriores audiencias o pruebas, completará su laudo dentro de los sesenta días siguientes a la recepción de la solicitud. La Comisión podrá prorrogar este plazo.

Si antes de que se dicte el laudo definitivo, las partes llegan a una transacción que resuelva el litigio, el tribunal arbitral dictará una orden de conclusión del procedimiento o si lo piden ambas partes y el tribunal lo acepta, registrará la transacción en forma de laudo arbitral en los términos convenidos por las partes. Este laudo no deberá estar necesariamente motivado.

Si por cualquier otra razón, antes de que se dicte el laudo se hace innecesaria o imposible la continuación del procedimiento arbitral, el tribunal arbitral comunicará a la Comisión y a las partes, su propósito de dictar una orden de conclusión del procedimiento. El tribunal arbitral estará facultado para dictar dicha orden, a menos que la Comisión o una parte haga valer razones fundadas para oponerse a esa orden.

El tribunal arbitral deberá comunicar a la Comisión y a las partes, copias de la orden de conclusión del procedimiento o del laudo arbitral en los términos convenidos por las partes, debidamente firmadas por los árbitros.

Dentro de los treinta días siguientes a la recepción del laudo, la Comisión o cualquiera de las partes, notificando a la otra parte, podrá requerir del tribunal arbitral una interpretación del laudo, misma que se habrá de dar por escrito dentro de los cuarenta y cinco días siguientes a la recepción del requerimiento. La interpretación formará parte del laudo definitivo.

Dentro de los treinta días siguientes a la recepción del laudo, la Comisión o cualquiera de las partes, notificando a la otra parte, podrá requerir del tribunal arbitral que se rectifique en el laudo cualquier error de cálculo, de copia, ortográfico, tipográfico o cualquier otro error de naturaleza similar. Igualmente, dentro de los treinta días siguientes a la comunicación del laudo, el tribunal arbitral podrá efectuar dichas correcciones por su propia iniciativa. La Comisión podrá prorrogar este plazo. Las correcciones se deberán hacer por escrito y como tales forman parte del laudo. Por la interpretación, rectificación o complementación de su laudo, el tribunal arbitral no podrá cobrar honorarios adicionales.

En cuanto a las costas del arbitraje, al tribunal arbitral le corresponde determinar en el laudo la proporción en que las partes contribuirán al pago de las mismas, cuyo monto será determinado por la Comisión.

El Reglamento entiende por costas lo siguiente:

a) Los honorarios del tribunal arbitral, que se indicarán por separado para cada árbitro y que fijará la Comisión [572];

b) Los gastos de viaje y demás expensas realizadas por los árbitros;

c) El costo del asesoramiento pericial o de cualquier otra asistencia requerida por el tribunal arbitral;

d) Los gastos de viaje y otras expensas realizadas por los testigos, en la medida en que dichos gastos y expensas sean aprobados por la Comisión;

e) El costo de representación y de asistencia de letrados de la parte vencedora, si se hubiera reclamado dicho costo durante el procedimiento arbitral y sólo en la medida en que el tribunal arbitral en el laudo determine que su pago sea a cargo de la parte perdedora;

f) Los cargos administrativos de la Comisión, los que se calcularán según el arancel respectivo.

En principio las costas del arbitraje serán a cargo de la parte vencida. Sin embargo el tribunal arbitral podrá prorratear cada uno de los elementos de estas costas entre las partes, si decide que el prorrateo es razonable, teniendo en cuenta las circunstancias del caso. Respecto del costo de representación y asesoramiento a las partes, el tribunal arbitral decidirá, teniendo en cuenta las circunstancias del caso, qué parte deberá pagar dicho costo, o podrá prorratearlo entre las partes si decide que el prorrateo es razonable.

Como requisito para que el tribunal arbitral inicie o continúe con el arbitraje, la Comisión podrá requerir a cada una de las partes que depositen una suma igual, en concepto de anticipo de las costas del arbitraje. Además, en el curso de las actuaciones, la Comisión podrá requerir depósitos adicionales de las partes.

Si transcurridos treinta días desde la comunicación del requerimiento de la Comisión, los depósitos requeridos no se han abonado en su totalidad, la Comisión informará de este hecho a las partes a fin de que cada una de ellas

---

572. Esto de acuerdo al arancel, teniendo en cuenta el monto en litigio, la complejidad del asunto, el tiempo dedicado por los árbitros y cualesquiera otras circunstancias pertinentes del caso.

pueda hacer el pago requerido. Si este pago no se efectúa, la Comisión podrá ordenar la suspensión o la conclusión anticipada del procedimiento de arbitraje. La Comisión podrá condicionar la notificación del laudo, al pago previo del saldo de las costas que eventualmente pudiera existir. Una vez notificado el laudo, la Comisión deberá entregar a las partes un informe de los depósitos recibidos y les reembolsará todo saldo no utilizado. La Comisión tiene derecho a cobrar cuotas administrativas por sus funciones de administrador de los procedimientos de arbitraje, por otros servicios y por reembolsos. Su monto se señala en un anexo al Reglamento que deberá ser consultado por las partes interesadas.

5.5. El Centro de Arbitraje de México (CAM)

El Centro de Arbitraje de México es una empresa que se especializa en la administración de procedimientos de arbitraje comercial privado. El CAM ejerce sus funciones a través de un Consejo General y del Secretario General en los términos de las *Reglas de Arbitraje del Centro de Arbitraje de México*. En su primera versión estaba dividido en 45 artículos que junto con su Reglamento Interior, fueron publicados en el mes de julio de 1997.

Conforme al Reglamento Interior del Centro de Arbitraje de México, el CAM ejerce sus funciones a través de un Consejo General y del Secretario General. El Consejo General está integrado por el número de miembros que determine la Asamblea de Accionistas del CAM y será asistido por un Secretario General o, en su ausencia, por un Secretario General Adjunto, designados por el Consejo de Administración del propio CAM.

Al Secretario General le corresponde presidir la Secretaría del CAM.

Corresponde al Consejo General, en los términos de las Reglas verificar la existencia *prima facie* del acuerdo arbitral; nombrar, remover y sustituir a los árbitros; decidir el retiro de un asunto, o de una Demanda principal o reconvencional, en los casos previstos por las Reglas; aprobar el Acta de Misión que haya redactado el Tribunal Arbitral; aprobar los Laudos dictados por el Tribunal Arbitral; aprobar las correcciones e interpretación que se hagan al Laudo; fijar los honorarios de los árbitros y la tasa administrativa del CAM; y las demás que fueren necesarias para el cumplimiento de sus funciones.

A partir del 1 de julio de 2009 entraron en vigor las nuevas Reglas de Arbitraje también en 45 artículos en el que se establece que la parte que recurra al arbitraje de conformidad con las Reglas deberá presentar su Demanda al Secretario General quien comunicará a las partes Actora y Demandada que ha recibido la Demanda, así como la fecha de su recepción que será, para todos los efectos legales a que haya lugar, la fecha de inicio del procedimiento arbitral.

Toda Demanda de arbitraje presentada en los términos de estas Reglas debe ir acompañada de la suma a que se refiere el *Arancel para el cálculo de los gastos del arbitraje*, a título de anticipo sobre la tasa administrativa del CAM. No podrá ser tomada en consideración ninguna Demanda que no vaya acompañada de este pago, que será percibido definitivamente por el CAM y no será reembolsable. Dicho anticipo será deducible de la tasa administrativa fijada por el Consejo General al final del procedimiento conforme al Arancel mencionado en el párrafo anterior.

La Demanda de arbitraje deberá contener, al menos, lo siguiente:

a) el nombre y domicilio completos y, en la medida de lo posible, el número de teléfono, fax y correo electrónico de las partes;

b) la exposición de los hechos y de los actos o hechos jurídicos que constituyan los antecedentes de las pretensiones de la Actora;

c) las pretensiones de la Actora incluyendo, en la medida de lo posible, la indicación de la suma reclamada;

d) las observaciones de la Actora en relación con el número de árbitros y, en su caso, la designación de uno de conformidad con dichos preceptos; y

e) su propuesta en relación con el lugar del arbitraje, el derecho aplicable y el idioma del arbitraje.

La Demanda deberá anexarse el acuerdo de arbitraje y el contrato o documento base de la acción.La Actora deberá presentar su Demanda en tantas copias como sea necesario según lo previsto en las propias Reglas y deberá pagar el anticipo sobre la tasa administrativa correspondiente.

Si la Actora no cumpliere con cualquiera de estos requisitos, la Secretaría podrá fijar un plazo para que la Actora proceda al cumplimiento. A falta de cumplimiento, el expediente será archivado sin perjuicio del derecho de la Actora a presentar en fecha ulterior las mismas pretensiones en una nueva Demanda.

Cuando se presente un asunto que guarde conexidad con otro que se encuentre pendiente de resolución ante el CAM, las partes pueden solicitar al Secretario General la acumulación, siempre que en ninguno de ellos haya sido firmada por las partes o aprobada por el Consejo General el Acta de Misión. En el caso de que alguna de las partes sea diversa a las de los procedimientos a los que se pretenda acumular, sólo podrá acumularse con el consentimiento de todos los interesados, siempre que en ninguno de los asuntos las partes hayan firmado o el Consejo General haya aprobado el Acta de Misión.

Una vez notificada la demanda, en un plazo de 30 días contados a partir de la recepción de la misma, la Demandada deberá presentar su Contestación, la cual deberá contener, al menos, lo siguiente:

a) el nombre y domicilio completos y, en la medida de lo posible, el número de teléfono, fax y correo electrónico de la Demandada;

b) sus observaciones respecto de los hechos y de los actos o hechos jurídicos que constituyan los antecedentes de las pretensiones de la Actora;

c) sus observaciones sobre el número de árbitros y la propuesta de la Actora, en su caso, la designación de uno de conformidad con dichos preceptos; y

d) sus observaciones en relación con el lugar del arbitraje, el derecho aplicable y el idioma del arbitraje.

En su Contestación, la Demandada podrá reconvenir a la Actora. La reconvención deberá contener los mismos requisitos de la Demanda, y deberá ser contestada por la Actora dentro del plazo de 30 días contados a partir de la recepción por ella de la reconvención.

Asimismo, el Secretario General comunicará la Contestación de la demanda a la Actora.

En cuanto a la autonomía del acuerdo de arbitraje se aclara en las Reglas que la posible nulidad o inexistencia del contrato o convenio no implica la incompetencia del Tribunal Arbitral si éste admite la validez del acuerdo de arbitraje. El Tribunal Arbitral continúa siendo competente, incluso en caso de inexistencia o de nulidad del contrato, para determinar los derechos respectivos de las partes y pronunciarse sobre sus Demandas y conclusiones.

Para las Reglas del CAM, los efectos del acuerdo de arbitraje implican que cuando las partes pacten recurrir al arbitraje del CAM, se someten por ese solo hecho a las disposiciones de las Reglas de Arbitraje del Centro de Arbitraje de México vigentes a la fecha del acuerdo de arbitraje, a menos que acuerden someterse a las Reglas de Arbitraje vigentes a la fecha de inicio del procedimiento.

Cabe destacar que si alguna de las partes se niega o se abstiene de participar en el procedimiento arbitral, éste se llevará a cabo a pesar de dicha negativa o abstención.

En caso de que la Demandada no presente una Contestación en los términos de las Reglas o si alguna de las partes alega una o varias excepciones relativas a la existencia, validez o ámbito de aplicación del acuerdo de arbitraje, el Consejo General podrá decidir que el arbitraje debe proceder, siempre y cuando considere que, *prima facie*, existe un acuerdo arbitral que se refiere a las Reglas de Arbitraje del CAM. Es importante tener presente que la decisión del Consejo General no prejuzga sobre la admisibilidad ni sobre el fundamento de estas excepciones, correspondiendo al Tribunal Arbitral decidir sobre su propia competencia.

Si el Consejo General no considera que, *prima facie*, exista un acuerdo arbitral que se refiera a las Reglas de Arbitraje del CAM, el Secretario General notificará a las partes que el arbitraje no procede. En este caso, las partes conservan el derecho de solicitar a un juez competente que decida si existe un acuerdo de arbitraje que las vincule.

En lo que se refiere al Tribunal Arbitral, las Reglas del CAM establecen que todo árbitro debe ser y permanecer independiente de las partes. Antes de su nombramiento por el Consejo General o de su confirmación por el Secretario General, la persona propuesta como árbitro firmará una declaración de independencia y deberá comunicar por escrito al Secretario General cualquier hecho o circunstancia susceptible de poner en duda su independencia ante las partes. El Secretario General deberá notificar dicha información a las partes, otorgándoles un plazo de 5 días para que manifiesten lo que a su derecho convenga.

Los árbitros tienen la obligación de comunicar inmediatamente por escrito al Secretario General y a las partes, cualquier hecho o circunstancia susceptible de poner en duda su independencia ante las partes, que surja durante el procedimiento arbitral.

Se debe tener en cuenta que las decisiones del Consejo General o del Secretario General sobre el nombramiento, confirmación, recusación o sustitución de árbitros serán definitivas. Los motivos de dichas decisiones no podrán ser comunicados a las partes ni a los árbitros.

Aquellos que acepten ser designadas como árbitros para asuntos arbitrales ante el CAM, se obligan a acatar estas Reglas hasta el cabal cumplimiento de sus funciones.

Las controversias sometidas al CAM podrán ser resueltas por un árbitro único o por tres árbitros. En el caso de que las partes no hayan convenido el número de árbitros, la controversia será sometida a un árbitro único que podrá ser designado de común acuerdo por las partes en un plazo de 30 días contados a partir de la recepción por la Demandada de la Demanda notificada por el Secretario General, o durante el plazo adicional que a dicho efecto fije el Secretario General, el árbitro único será nombrado por el Consejo General.

Cuando las partes hayan convenido que la controversia se someta a tres árbitros cada una de ellas deberá designar uno, respectivamente, en la Demanda y en la Contestación; en su defecto, el nombramiento del árbitro correspondiente deberá hacerse por el Consejo General. Salvo pacto en contrario, el tercer árbitro será nombrado por el Consejo General. Si el tercer árbitro no es designado de conformidad con el procedimiento elegido por las partes en el plazo acordado por ellas u otorgado por el Secretario General, el mismo será nombrado por el Consejo General. Corresponde al tercer árbitro asumir la presidencia del Tribunal Arbitral y al Secretario General el confirmar a los miembros del Tribunal Arbitral designados por las partes o de conformidad con el procedimiento pactado por ellas, siempre y cuando el árbitro de que se trate presente una declaración de independencia que no dé lugar a objeciones.

El artículo 16 de las Reglas se refiere a la Multiplicidad de partes y establece que cuando en el procedimiento arbitral intervengan varias personas, ya sea como Partes Actoras o Demandadas, y la controversia deba someterse a tres árbitros, las Partes Actoras, conjuntamente, y las Partes Demandadas, conjuntamente, designarán un árbitro para su confirmación por el Secretario General. Se aclara que si cualquiera de las partes no pudiere hacer la designación conjunta a que se refiere el párrafo anterior y las partes no estipulan un procedimiento para la constitución del Tribunal Arbitral, el Consejo General nombrará a los tres miembros del Tribunal Arbitral, designando a uno de ellos para fungir como presidente.

Se plantea la posibilidad de la recusación de árbitros fundada en su falta de independencia o en cualquier otro motivo. El escrito de recusación se deberá presentar ante el Secretario General precisando los hechos y circunstancias que lo motivan.

Ha lugar a sustituir a un árbitro:

a) en caso de fallecimiento;
b) cuando el Consejo General acepte su renuncia;
c) cuando el Consejo General determine que procede su recusación;
d) a petición de la Actora y de la Demandada; y
e) cuando el Consejo General determine que por cualquier causa no cumple o no puede cumplir con sus funciones de acuerdo con las Reglas.

En cuanto al procedimiento arbitral, las Reglas establecen que una vez constituido el Tribunal Arbitral, el Secretario General le deberá enviar el expediente del asunto, a condición de que haya sido cubierto el depósito para cubrir los gastos del arbitraje solicitado en esta etapa del procedimiento.

El Secretario General fijará la sede del arbitraje a menos que las partes la hayan convenido y previa consulta de las partes, salvo acuerdo en contrario de las mismas, el Tribunal Arbitral podrá celebrar sus deliberaciones en cualquier lugar y en la forma que éste determine.

El procedimiento arbitral se rige por las Reglas del CAM y, en lo que ellas fueren omisas, por las reglas que las partes o, en su defecto, el Tribunal Arbitral, determinen.

El Tribunal Arbitral deberá actuar siempre de manera imparcial, otorgando a las partes una oportunidad razonable de presentar sus argumentos.

En cuanto al idioma del arbitraje el procedimiento arbitral se debe llevar a cabo en el idioma pactado por las partes y a falta de este, corresponderá al Tribunal Arbitral determinar el idioma del arbitraje, tomando en consideración las circunstancias del caso y, en particular, el idioma del contrato. Hasta en tanto el Tribunal Arbitral no haya determinado el idioma, las partes podrán presentar sus escritos en el idioma de su elección, acompañando una traducción al español o al inglés.

Se establece que las partes pueden elegir libremente el derecho que el Tribunal Arbitral deberá aplicar al fondo de litigio. A falta de elección, el Tribunal Arbitral aplicará las reglas de derecho que juzgue apropiadas, tomando en consideración las estipulaciones del contrato y los usos del comercio.

El Tribunal Arbitral podrá tener los poderes de amigable componedor cuando las partes así lo determinen expresamente.

El artículo 24 se refiere al importante tema del Acta de Misión, existente también en el Reglamento de la ICC.

Se establece que inmediatamente después de recibir el expediente, el Tribunal Arbitral deberá redactar, sobre la base de las promociones escritas de las partes, un acta que precise su misión. El Acta de Misión deberá contener, al menos, lo siguiente:

a) el nombre completo y calidad en que intervienen las partes;

b) el domicilio completo y datos de contacto complementarios (teléfono, fax y, de ser posible, correo electrónico) de las partes para efectos de notificaciones durante el arbitraje;

c) una exposición sucinta de las pretensiones de las partes incluyendo, en la medida de lo posible, la indicación de la suma reclamada;

d) una lista de los puntos litigiosos a resolver;

e) el nombre y domicilio completos de los árbitros así como la calidad en que intervienen;

f) el lugar del arbitraje; y

g) la indicación de las reglas aplicables tanto al procedimiento como al fondo y, en su caso, mención de los poderes de amigable componedor del árbitro.

Dentro de los 30 días siguientes a la recepción del expediente, el Tribunal Arbitral deberá remitir al Secretario General el Acta de Misión firmada por las partes y por el Tribunal Arbitral. Si una de las partes no firma el Acta de Misión, el Tribunal Arbitral la someterá al Consejo General para su aprobación. El procedimiento arbitral podrá continuar si el Consejo General aprueba el Acta de Misión.

Una vez firmada o aprobada el Acta de Misión y previa consulta a las partes, el Tribunal Arbitral deberá preparar un calendario procesal provisional que notificará a las partes y al Secretario General. Cualquier modificación ulterior de dicho calendario procesal deberá notificarse al Secretario General y a las partes.

Una vez firmada o aprobada el Acta de Misión, las partes sólo podrán presentar reclamaciones no previstas en dicha Acta, con la autorización del Tribunal Arbitral.

El Tribunal Arbitral deberá instruir la causa con la mayor celeridad posible y por cualquier medio que considere apropiado y podrá fallar con base en las promociones escritas y en los documentos presentados por las partes, a menos que alguna de ellas solicite la celebración de una audiencia.

Corresponde al Tribunal Arbitral decidir si interroga a testigos, peritos nombrados por las partes o a cualquier otra persona, en presencia de las partes o en su ausencia, siempre y cuando éstas hayan sido debidamente convocadas. Previa consulta a las partes, podrá nombrar uno o varios peritos, definir su misión y recibir sus dictámenes. A petición de cualquiera de ellas, las partes tendrán la oportunidad de interrogar en audiencia a cualquier perito nombrado por el Tribunal Arbitral.

Cabe destacar que conforme a las Reglas, en todo momento durante el procedimiento arbitral, el Tribunal Arbitral podrá requerir a cualquiera de las partes que aporte aclaraciones o pruebas adicionales.

Cuando deba celebrarse una audiencia, el Tribunal Arbitral citará a las partes indicando el lugar, día y hora en que deberán comparecer ante él, debiendo informar de ello al Secretario General. El Tribunal Arbitral presidirá el desarrollo de la audiencia, a la cual no podrán acudir personas ajenas al procedimiento sin el consentimiento de las partes y del Tribunal Arbitral.

El artículo 29 se refiere al cierre de la instrucción que podrá declararse por el Tribunal Arbitral una vez que las partes hayan tenido una oportunidad razonable de presentar sus pruebas y argumentos. Hecha esta declaración las partes no podrán presentar pruebas adicionales ni alegar, a menos que el Tribunal Arbitral lo solicite o autorice expresamente. El Tribunal Arbitral deberá comunicar al Secretario General la fecha probable de envío del Laudo final. Cualquier prórroga será excepcional y deberá ser notificada por el Tribunal Arbitral al Secretario General.

Salvo acuerdo en contrario de las partes, el Tribunal Arbitral podrá ordenar cualquier providencia precautoria que estime apropiada. La parte que las solicite deberá indicar la naturaleza de la providencia solicitada y las razones por las que dicha parte considera que tiene derecho a tal providencia.

Se regula la figura del árbitro de urgencia que podrá ser nombrado por el Consejo General a la brevedad posible, a condición de que la solicitante de la providencia precautoria de urgencia cubra la provisión de fondos correspondiente. Antes de su nombramiento, la persona propuesta como árbitro de urgencia firmará una declaración de independencia y comunicará por escrito al Secretario General cualquier hecho o circunstancia susceptible de poner en duda su independencia frente a las partes.

El Tribunal Arbitral deberá rendir el Laudo en un plazo de cuatro meses contados a partir de la fecha de la última firma del Acta de Misión o, en el caso a que se refiere el artículo 24.3 de las Reglas, a partir de la fecha en que el Secretario General notifique al Tribunal Arbitral la aprobación del Acta de Misión por el Consejo General.

El Laudo se pronuncia por mayoría cuando el Tribunal Arbitral está integrado por tres árbitros. Si no existe mayoría, el presidente del Tribunal Arbitral rendirá el Laudo solo y deberá estar motivado. Se considera pronunciado en el lugar del arbitraje en la fecha que ostente. Si las partes llegan a un acuerdo con respecto a la controversia después de la entrega del expediente al Tribunal Arbitral, dicho acuerdo podrá elevarse a la categoría de Laudo arbitral si las partes así lo solicitan.

Salvo pacto en contrario de las partes, antes de firmar cualquier Laudo, el Tribunal Arbitral debe someter el proyecto al Consejo General. El Consejo General podrá ordenar modificaciones de forma y, respetando la libertad de decisión del Tribunal Arbitral, llamar su atención sobre puntos que interesen al fondo del litigio. También salvo pacto en contrario de las partes, el Tribunal Arbitral se abstendrá de firmar un Laudo arbitral que no haya sido aprobado en cuanto a la forma por el Consejo General.

El Secretario General notificará a las partes el Laudo firmado por el Tribunal Arbitral siempre que haya sido pagado en su totalidad el depósito para gastos del arbitraje. Todo Laudo arbitral será obligatorio para las partes. Por el sometimiento de su controversia a las Reglas de Arbitraje del CAM, las partes están obligadas a cumplir sin demora el Laudo dictado, renunciando expresamente al recurso de apelación o cualquier otro recurso equivalente.

El Tribunal Arbitral podrá, de oficio, corregir en el Laudo cualquier error de forma, cómputo o de naturaleza análoga, siempre y cuando la corrección sea sometida a la aprobación del Consejo General dentro de los 15 días siguientes al de la fecha de dicho Laudo.

Cabe destacar que los árbitros, el CAM, su Consejo General, Secretario General y los miembros de la Secretaría no serán responsables frente a persona alguna por acto u omisión alguno relacionado con un procedimiento arbitral conducido bajo sus auspicios.

5.6. El arbitraje en las Confederaciones de Cámaras, en las Cámaras Industriales y en los Colegios de Abogados

La Ley de Cámaras Industriales y sus Confederaciones establece en su título III, capítulo II, que dentro de los estatutos de las cámaras y confederaciones deberán contener procedimientos para la solución de controversias, para lo cual se insertará una cláusula que establezca la obligación de la cámara de someterse al arbitraje cuando el afiliado opte por dicho procedimiento.

Por su parte, en el Código de Ética Profesional del Ilustre y Nacional Colegio de Abogados de México, se establece, al tratar el tema del litigio entre abogados colegiados y de distintos colegios, estados o países, que las diferencias entre abogados miembros del Colegio deberán someterse al arbitraje de la Junta de Honor del mismo.[573]

Por su parte, el Código de Ética Profesional de la Barra Mexicana Colegio de Abogados establece en su Artículo 37 que «El abogado debe evitar toda controversia con el cliente acerca de sus honorarios, hasta donde esto sea compatible con su dignidad profesional y con su derecho a una adecuada retribución por sus servicios. En caso de surgir la controversia, procurará que se someta al arbitraje de su Colegio de Abogados. Si se viere obligado a demandar al cliente, es preferible que se haga representar por un colega.»

La Asociación Nacional de Abogados de Empresa, Colegio de Abogados (ANADE) en si Código de Ética Profesional contempla en los mismos términos que la Barra Mexicana que «El abogado debe evitar toda controversia con el cliente acerca de sus honorarios, hasta donde esto sea compatible con su dignidad profesional y con su derecho a una adecuada retribución por sus servicios. En caso de surgir la controversia, procurará que se someta el arbitraje de su Colegio de Abogados. Si se viere obligado a demandar al cliente es preferible que se haga representar por un colega.»

5.7. Otros sistemas

Existen en México diversos sistemas arbitrales de carácter especial que atienden a las controversias surgidas en distintas actividades profesionales o de servicios. Veremos a continuación algunos de ellos.

5.7.1. La Ley de Protección y Defensa al Usuario de Servicios Financieros

La *Ley de Protección y Defensa al Usuario de Servicios Financieros* se publicó en el *Diario Oficial de la Federación* el día 18 de enero de 1999, entrando en vigor el día 19 de abril de ese año.

Como su nombre lo indica, dentro de su objeto se encuentra la defensa y protección de los derechos e intereses de los usuarios de la gama de servicios financieros prestados por las instituciones tanto públicas como privadas y del sector social debidamente autorizadas para tal efecto.

La ley es de orden público, interés social e irrenunciables sus disposiciones, que son de observancia en toda la República. La defensa de los intereses del usuario se lleva a cabo a través de la Comisión Nacional para la Protección

573. Véase, Ilustre y Nacional Colegio de Abogados, *Estatutos sociales y Código de ética profesional,* México, s.e, 1999.

y Defensa de los Usuarios de Servicios Financieros, creada a tal efecto por la nueva ley como organismo público descentralizado con personalidad jurídica propia, integrada por un Presidente designado por el Secretario de Hacienda y Crédito Público, y una Junta de Gobierno integrada por un representante de la propia Secretaría de Hacienda, del Banco de México, de las Comisiones Nacionales de Seguros y Fianzas, Bancaria y de Valores y del Sistema de Ahorro para el Retiro, tres representantes del Consejo Consultivo nacional y por el Presidente de la Comisión, quien cuenta con voz, pero no voto.[574] La Comisión actúa como árbitro en los conflictos originados por operaciones o servicios que hayan contratado los Usuarios con las Instituciones Financieras.

La Comisión Nacional cuenta con plena autonomía técnica para dictar sus resoluciones y laudos, y facultades de autoridad para imponer las sanciones previstas en la Ley. Está facultada para:

1. Atender y resolver las consultas que le presenten los Usuarios, sobre asuntos de su competencia;
2. Atender y, en su caso, resolver las reclamaciones que formulen los Usuarios, sobre los asuntos que sean competencia de la Comisión Nacional;
3. Llevar a cabo el procedimiento conciliatorio entre el Usuario y la Institución Financiera, así como entre una Institución Financiera y varios Usuarios, exclusivamente en los casos en que éstos hayan contratado un mismo producto o servicio, mediante la celebración de un solo contrato.
4. Actuar como árbitro en amigable composición o en juicio arbitral de estricto derecho de conformidad con la propia Ley, en los conflictos originados por operaciones o servicios que hayan contratado los Usuarios con las Instituciones Financieras, así como emitir dictámenes técnicos de conformidad con la Ley;
5. Prestar el servicio de orientación jurídica y asesoría legal a los Usuarios, en las controversias entre éstos y las Instituciones Financieras que se entablen ante los tribunales, con motivo de operaciones o servicios que los primeros hayan contratado; así como respecto de prestatarios que no corresponden al sistema financiero, siempre y cuando se trate de conductas tipificadas como usura y se haya presentado denuncia penal;
6. Proporcionar a los Usuarios los elementos necesarios para procurar una relación más segura y equitativa entre éstos y las Instituciones Financieras, y ex-

574. Véase sobre esta ley a Hayaux du Tilly Laborde, Yves, «Ley de protección y defensa al usuario de servicios financieros», *Ars Iuris*, México, Revista del Instituto de Documentación e Información jurídicas de la Facultad de Derecho de la Universidad Panamericana, número 20, 1998, pp. 311-312.

pedir, cuando así proceda, a solicitud de parte interesada, copia certificada de los documentos que obren en poder de la misma, siempre y cuando se compruebe fehacientemente el interés jurídico;

7. Coadyuvar con otras autoridades en materia financiera para lograr una relación equitativa entre las Instituciones Financieras y los Usuarios, así como un sano desarrollo del sistema financiero mexicano;

8. Emitir recomendaciones a las autoridades federales y locales para coadyuvar al cumplimiento del objeto de la Ley y al de la Comisión Nacional, asimismo, emitir recomendaciones a las Instituciones Financieras para alcanzar dicho objetivo;

9. Formular recomendaciones al Ejecutivo Federal a través de la Secretaría de Hacienda, para la elaboración de iniciativas de leyes, reglamentos, decretos y acuerdos en las materias de su competencia, a fin de dar cumplimiento al objeto de la Ley y al de la Comisión Nacional, así como para el sano desarrollo del sistema financiero mexicano;

10. Concertar y celebrar convenios con las Instituciones Financieras, así como con las autoridades federales y locales con objeto de dar cumplimiento a la Ley;

11. Elaborar estudios de derecho comparado relacionados con las materias de su competencia, y publicarlos para apoyar a los Usuarios y a las Instituciones Financieras;

12. Celebrar convenios con organismos y participar en foros nacionales e internacionales, cuyas funciones sean acordes con las de la Comisión Nacional;

13. Proporcionar información a los Usuarios relacionada con los servicios y productos que ofrecen las Instituciones Financieras, y elaborar programas de difusión con los diversos beneficios que se otorguen a los Usuarios;

14. Analizar y, en su caso, autorizar, la información dirigida a los Usuarios sobre los servicios y productos financieros que ofrezcan las Instituciones Financieras, cuidando en todo momento que la publicidad que éstas utilicen sea dirigida en forma clara, para evitar que la misma pueda dar origen a error o inexactitud;

15. Informar al público sobre la situación de los servicios que prestan las Instituciones Financieras y sus niveles de atención, así como de aquellas Instituciones Financieras que presentan los niveles más altos de reclamaciones por parte de los Usuarios;

16. Orientar y asesorar a las Instituciones Financieras sobre las necesidades de los Usuarios;

17. Revisar y, en su caso, proponer modificaciones a los contratos de adhesión utilizados por Instituciones Financieras para la celebración de sus operaciones o la prestación de sus servicios;

18. Revisar y, en su caso, proponer a las Instituciones Financieras, modificaciones a los documentos que se utilicen para informar a los Usuarios sobre el estado que guardan las operaciones o servicios contratados;

19. Solicitar la información y los reportes de crédito necesarios para la substanciación de los procedimientos de conciliación y de arbitraje a que se refiere la Ley. Para todos los efectos legales, la sola presentación de la reclamación por parte del Usuario, faculta a la Comisión Nacional para exigir la información relativa;

20. Imponer las sanciones establecidas en la Ley;

21. Aplicar las medidas de apremio a que se refiere esta Ley;

22. Conocer y resolver sobre el recurso de revisión que se interponga en contra de las resoluciones dictadas por la Comisión Nacional fuera de los procedimientos arbitrales;

23. Determinar el monto, la forma y las condiciones de las garantías a las que se refiere la Ley, así como el monto que deberá registrarse como pasivo contingente por parte de las Instituciones Financieras;

24. Condonar total o parcialmente las multas impuestas por el incumplimiento de la Ley, y

25. Las demás que le sean conferidas por la Ley o cualquier otro ordenamiento.

El Título Quinto [575] de la Ley trata de los procedimientos de conciliación y arbitraje que proporciona la Comisión de forma institucional, aplicándose para todo lo no previsto en el procedimiento arbitral, supletoriamente el *Código de Comercio*. De inicio cabe destacar que el arbitraje podrá ser en amigable composición o en estricto derecho.

Se establece que en el compromiso o cláusula arbitral que de fundamento al juicio arbitral en amigable composición, las partes deberán facultar, a su elección, a la Comisión Nacional o a alguno o algunos de los árbitros propuestos por ésta, para resolver en conciencia, a verdad sabida y buena fe guardada, la controversia planteada, y fijar de común acuerdo y de manera específica las cuestiones que deberán ser objeto del arbitraje, estableciendo las etapas, formalidades, términos y plazos a que deberá sujetarse el arbitraje.

Cuando se trate de arbitraje de estricto derecho, las partes deberán facultar en el compromiso o cláusula arbitral, ya sea a la Comisión Nacional o a alguno o algunos de los árbitros propuestos por ésta, a resolver la controversia planteada con estricto apego a las disposiciones legales aplicables, y determinarán las

575. En sus artículos 73 a 84.

etapas, formalidades, términos y plazos a que se sujetará el arbitraje, siempre con apego a los establecido por la propia ley.

El procedimiento arbitral de estricto derecho tiene como mínimo los plazos y bases siguientes:

1. La demanda debe presentarse dentro del plazo que voluntariamente hayan acordado las partes, el cual no podrá exceder de nueve días hábiles; a falta de acuerdo entre ellas, dentro de los seis días hábiles siguientes a la celebración del compromiso, debiendo el actor acompañar al escrito la documentación en que se funde la acción y las pruebas que puedan servir a su favor en el juicio o en su caso ofrecerlas;

2. La contestación a la demanda debe presentarse dentro del plazo que voluntariamente hayan acordado las partes, el cual no podrá exceder de nueve días hábiles; a falta de acuerdo entre ellas, dentro de los seis días hábiles siguientes a la notificación de la misma, debiendo el demandado acompañar a dicho escrito la documentación en que se funden las excepciones y defensas correspondientes, así como las pruebas que puedan servir a su favor en el juicio o en su caso ofrecerlas;

3. Salvo convenio expreso de las partes, una vez contestada la demanda o transcurrido el plazo para hacerlo, se deberá dictar auto abriendo el juicio a un período de prueba de quince días hábiles, de los cuales los cinco primeros serán para ofrecer aquellas pruebas que tiendan a desvirtuar las ofrecidas por el demandado y los diez restantes para el desahogo de todas las pruebas. Cuando a juicio del árbitro y atendiendo a la naturaleza de las pruebas resulte insuficiente el mencionado plazo, éste podrá ser ampliado por una sola vez. Concluido el plazo o la prórroga otorgada por el árbitro, sólo les serán admitidas las pruebas supervenientes, conforme a lo previsto en el *Código de Comercio*, hay que considerar que se tienen además como pruebas todas las constancias que integren el expediente, aunque no hayan sido ofrecidas por las partes;

4. Los exhortos y oficios se entregarán a la parte que haya ofrecido la prueba correspondiente, para que los haga llegar a su destino, para lo cual tendrá la carga de gestionar su diligenciación con la debida prontitud. En este caso cuando a juicio del árbitro no se desahoguen las pruebas por causas imputables al oferente, se le tendrá por desistido del derecho que se pretende ejercer;

5. Las partes tienen ocho días comunes para formular alegatos;

6. Una vez concluidos los términos fijados, sin necesidad de que se acuse rebeldía, el procedimiento seguirá su curso y se tendrá por perdido el derecho que debió ejercitarse, salvo en caso de que no se presente la demanda, supuesto en el que se dejarán a salvo los derechos del reclamante;

7. Los términos son improrrogables, se computarán en días hábiles y, en todo caso, empezarán a contarse a partir del día siguiente a aquél en que surtan efectos las notificaciones respectivas;

8. Como mencionamos, el *Código de Comercio*, a excepción del artículo 1235 [576] y a falta de disposición en dicho Código, se aplicarán las disposiciones del *Código de Procedimientos Civiles para el Distrito Federal*, a excepción del artículo 617, y

9. En caso de que no exista promoción de las partes por un lapso de más de sesenta días, contado a partir de la notificación de la última actuación, operará la caducidad de la instancia.

La Comisión Nacional tiene la facultad de allegarse todos los elementos de juicio que estime necesarios para resolver las cuestiones que se le hayan sometido en arbitraje. Para tal efecto, puede valerse de cualquier persona, sea parte o tercero, y de cualquier objeto o documento, ya sea que pertenezca a las partes o a un tercero, sin más limitaciones que la de que las pruebas no estén prohibidas por la ley ni sean contrarias a la moral. Las autoridades administrativas, así como los tribunales deben auxiliarle en la esfera de su competencia.

El árbitro, después de analizar y valorar las pruebas y alegatos aportados por las partes, debe emitir un laudo que resuelva la controversia planteada por el Usuario. Los laudos dictados por los árbitros propuestos por la Comisión Nacional que no hayan sido cumplidos en el plazo de quince días hábiles, deben ser enviados por el árbitro a la Comisión Nacional, a fin de que ésta adopte todas aquellas medidas necesarias para su cumplimiento.

Tanto el laudo, así como las resoluciones que pongan fin a los incidentes de ejecución, sólo admiten como medio de defensa el juicio de amparo, lo que como sabemos contradice la esencia del arbitraje y de la naturaleza de los árbitros. De cualquier modo, las partes pueden, dentro de las setenta y dos horas siguientes a su notificación, solicitar la aclaración del laudo, cuando a su juicio exista error de cálculo, de copia, tipográfico o de naturaleza similar, sin que la misma sea considerada como un recurso de carácter procesal o administrativo.

Las demás resoluciones dictadas en el procedimiento arbitral, que conforme al *Código de Comercio* admitan apelación o revocación, podrán impugnarse en el juicio arbitral mediante el recurso de revisión, que deberá resolverse por el árbitro designado en un plazo no mayor de 48 horas.

---

576. Que establece: «Cuando la confesión no se haga al absolver las posiciones, sino al contestar la demanda o en cualquier otro acto del juicio, no siendo en la presencia judicial, el colitigante podrá pedir y deberá decretarse la ratificación. Hecha ésta, la confesión queda perfecta».

Corresponde a la Comisión Nacional adoptar todas aquellas medidas necesarias para el cumplimiento de los laudos dictados por la propia Comisión, así como de aquéllos emitidos por los árbitros propuestos por ella, para lo cual mandará, en su caso, que se pague a la persona en cuyo favor se hubiere emitido el laudo, o se le restituya el servicio financiero que demande. Es importante señalar que los convenios que pongan fin a la controversia, celebrados ante la Comisión Nacional tienen el carácter de una sentencia ejecutoria.

En caso de que el laudo emitido por la Comisión Nacional o por el árbitro propuesto por ésta, condene a la Institución Financiera a resarcir al Usuario, la Institución Financiera tendrá un plazo de quince días hábiles contado a partir de la notificación para hacerlo. En caso contrario, la Comisión Nacional deberá enviar el expediente al juez competente para su ejecución.

Como medidas de apremio, la Comisión Nacional, podrá emplear la imposición de multas y solicitar el auxilio de la fuerza pública.

Tratándose de Instituciones y Sociedades Mutualistas de Seguros, así como de Instituciones de Fianzas, en caso de no ejecución del laudo, se deberá ordenar el remate de valores invertidos conforme a las Leyes respectivas.

Para verificar el cumplimiento de los laudos, la Comisión Nacional podrá requerir al director general o al funcionario que realice las actividades de éste, para que compruebe dentro de las setenta y dos horas siguientes, haber pagado o restituido el servicio financiero demandado o las prestaciones a que hubiere sido condenada la Institución Financiera. Sin perjuicio de lo anterior, la parte afectada puede solicitar a la Comisión Nacional el envío del expediente al juez competente para su ejecución, la cual realizará conforme a lo previsto en su propia ley.

b) La Comisión Nacional de Arbitraje Médico

La Comisión Nacional de Arbitraje Médico se creó mediante decreto publicado en el *Diario Oficial de la Federación* el tres de junio de mil novecientos noventa y seis, con el objetivo de ayudar a resolver los conflictos suscitados entre los usuarios de los servicios médicos y los prestadores de dichos servicios.

La CONAMED en este sentido no es novedosa en su derecho, naturaleza y funciones, ya que tiene su antecedente en el *Tribunal del Protomedicato,* que en España se remonta al siglo XV y en la Nueva España al 18 de febrero de 1646, fecha de su fundación como tribunal, facultado para conocer de las causas civiles y criminales resultantes de la actividad de los médicos, correspondiéndole además la vigilancia de su actividad profesional. [577]

---

577. Sobre este tribunal existe abundante bibliografía. Véase CRUZ BARNEY, Oscar, *op. cit.*, nota 255.

En opinión de José Luis Soberanes, la creación de la CONAMED «es fundamentalmente una forma eficaz en que el Estado mexicano garantiza la protección a la salud; de igual manera responde a la necesidad de que las cuestiones de responsabilidad médica [578], antes de ser tratadas por tribunales y procuradurías generales de justicia, se intente su solución por los propios pares de los profesionales de la salud a través de la amigable composición...» [579]

En cuanto a su naturaleza jurídica, como señala Daniel Amézquita, «se trata de un órgano administrativo desconcentrado de la Secretaría de Salud, con plena autonomía técnica para emitir sus opiniones, acuerdos y laudos.» [580]

Dentro de sus atribuciones nos interesa señalar la que se refiere a fungir como árbitro y pronunciar los laudos que correspondan cuando las partes se sometan expresamente al arbitraje.[581]

En el primer año de la Comisión, que corrió de junio de 1996 a junio de 1997 se recibieron 4025 asuntos, de los cuales 2071 fueron resueltos a través de orientación y asesoría, 123 como dictámenes periciales y 1831 tomaron el carácter de queja.[582]

El *Reglamento de Procedimientos para la Atención de Quejas de la Comisión Nacional de Arbitraje Médico* [583] nos da una serie de definiciones que atienden al procedimiento arbitral administrado por la Comisión que son:

I. AMIGABLE COMPOSICIÓN. Procedimiento para el arreglo de una controversia entre un usuario y un prestador de servicio médico oyendo las propuestas de CONAMED;

II. CLÁUSULA COMPROMISORIA. La establecida en cualquier contrato de prestación de servicios profesionales o de hospitalización, a través de la cual las partes designen competente a CONAMED para resolver las diferencias

---

578. Sobre el tema véase Fernández Ruíz, Jorge, «La Comisión Nacional de Arbitraje Médico y la responsabilidad de los servidores públicos», *Boletín mexicano de derecho comparado,* México, UNAM, Instituto de Investigaciones Jurídicas, nueva serie, año XXXI, núm. 92, mayo-agosto, 1998.

579. Soberanes Fernández, José Luis, «La Comisión Nacional de Arbitraje Médico», *Revista del Senado de la República,* México, Vol. 3, núm. 9, octubre-diciembre, 1997, p. 248.

580. Amézquita Díaz, Daniel, «Comentario al decreto que crea la Comisión Nacional de Arbitraje Médico», *Revista de derecho privado*, México, Instituto de Investigaciones Jurídicas, UNAM, año 7, núm. 21, septiembre-diciembre, 1996, p. 106.

581. Ver Reyes Heroles, Federico, «El arbitraje médico: la forma más eficiente para impartir justicia», *Revista CONAMED. Órgano de difusión de la Comisión Nacional de Arbitraje Médico,* México, año 1, núm. 4, 1997, p. 14.

582. Soberanes Fernández, José Luis, *op. cit.,* nota 579, pp. 252-253.

583. Publicado en el *Diario Oficial de la Federación* del día jueves 29 de abril de 1999.

que puedan surgir con ocasión de dichos contratos, mediante la conciliación o el arbitraje;

III. COMPROMISO ARBITRAL. El instrumento otorgado por partes capaces y en pleno ejercicio de sus derechos civiles por el cual designen a CONAMED para la resolución del procedimiento arbitral; determinen el negocio sometido a su conocimiento; acepten las reglas de procedimiento fijadas en el presente Reglamento o, en su caso, señalen reglas especiales para su tramitación;

IV. LAUDO. Es el acto por medio del cual CONAMED resuelve las cuestiones sometidas a su conocimiento a través del compromiso arbitral;

VI. PARTES. Quienes hayan decidido someter su controversia, mediante la suscripción de una cláusula compromisoria o compromiso arbitral, al conocimiento de CONAMED;

VII. TRANSACCIÓN. Es un contrato otorgado ante CONAMED por virtud del cual las partes, haciéndose recíprocas concesiones terminan una controversia.

Corresponde a la CONAMED realizar las siguientes acciones:

1 Atender las quejas que se le presenten;

2. Gestionar la atención inmediata de los usuarios, cuando la queja se refiera a demora o negativa de servicios médicos;

3. Actuar en calidad de conciliador y árbitro, atendiendo a las cláusulas compromisorias y compromisos arbitrales, y

4. Intervenir de oficio en asuntos de interés general, propugnando por la mejoría de los servicios médicos, para cuyo efecto emitirá las Opiniones Técnicas que estime necesarias.

5. Brindar la orientación que el usuario necesite, especialmente la que se refiere a los alcances y efectos legales de la conciliación y el arbitraje y de los procedimientos alternos existentes.

La CONAMED presta también servicios de conciliación y de transacción para resolver las quejas presentadas ante la misma. Una vez agotada la fase conciliatoria, y de no lograrse el arreglo de las partes, el conciliador las exhortará a que designen como árbitro a la Comisión para solucionar la controversia.

Si las partes así lo deciden, dentro de los tres días siguientes se turnará el expediente a la Dirección General de Arbitraje para la continuación del procedimiento arbitral, la que deberá prever lo conducente a efecto de que, dentro de un plazo no mayor a los treinta días siguientes al en que se conozca su aceptación, se lleve a efecto la audiencia para firma de compromiso arbitral.

En la tramitación y resolución de los asuntos ante CONAMED, son aplicables las disposiciones del *Reglamento*, siempre que las partes no hubieren realizado alguna prevención especial en la cláusula compromisoria o en el compromiso arbitral. Es muy interesante la posibilidad de que el arbitraje pueda tramitarse ante CONAMED por correo certificado con acuse de recibo, en cuyo caso, las partes determinarán en el compromiso, el modo de cumplir las formalidades esenciales del procedimiento arbitral.

Se establecen ciertas reglas mínimas que deberán cumplirse en el desarrollo de los procedimientos. Los expedientes se formarán por la CONAMED con la colaboración de las partes, terceros, demás interesados y auxiliares que tengan que intervenir en el procedimiento, observándose forzosamente las siguientes reglas:

I. Todos los escritos y actuaciones deberán escribirse en español y estar firmados por quienes intervengan en ellos. Cuando alguna parte no supiere o no pudiere firmar, impondrá su huella digital, firmando otra persona en su nombre y a su ruego, indicando estas circunstancias;

II. Tratándose de personas que por provenir de algún grupo indígena no hablen o entiendan el idioma español, se les asignará gratuitamente un intérprete;

III. Los documentos redactados en idioma extranjero deberán acompañarse de la correspondiente traducción al español. Se exceptúa de esta regla la literatura médica en otro idioma;

IV. En las actuaciones ante CONAMED, las fechas y cantidades se escribirán con letra, y no se emplearán abreviaturas ni rasparán las frases equivocadas, sobre las que sólo se pondrá una línea delgada que permita la lectura salvándose al final del documento con toda precisión el error cometido;

V. Las actuaciones de CONAMED deberán ser autorizadas, bajo pena de nulidad, por quien actúe a título de Secretario; en tratándose de las salas de arbitraje, fungirá como secretario el personal jurídico asignado, y

VI. Cuando se trate de documentos esenciales para la queja, especialmente del expediente clínico y otros que por su naturaleza sean insustituibles, a juicio de CONAMED, se presentarán, además, copias simples, las que una vez confrontadas y autorizadas por quien actúe como secretario, se agregarán al expediente, quedando los originales en resguardo de CONAMED, donde podrá verlos la parte contraria, si lo pide.

VII. La CONAMED no puede, bajo ningún pretexto, aplazar, dilatar ni negar la resolución de las cuestiones que hayan sido fijadas en el compromiso arbitral.

En cuanto a la celebración de audiencias, estas se deberán llevar a cabo observando las siguientes reglas:

1. Serán privadas, en tal razón sólo podrán encontrarse dentro del recinto en que se lleven a efecto, las personas que legítimamente hayan de intervenir;

2. Los servidores públicos de la CONAMED que intervengan, estarán obligados a identificarse plenamente;

3. Quien actúe como secretario, bajo la supervisión del superior jerárquico que corresponda, hará constar el día, lugar y hora en que principie la audiencia, así como la hora en que termine;

4. No se permitirá interrupción en la audiencia por persona alguna, sea de los que intervengan en ella o de terceros ajenos a la misma. El personal de la CONAMED queda facultado para hacer salir del recinto en que se actúe a la persona que interfiera el desarrollo de la diligencia;

5. Las personas que intervengan en la diligencia deberán comportarse debidamente. El personal de CONAMED, está facultado para corregir y hacer salir del recinto en que se actúe, a la persona que de palabra o de obra o por escrito, faltare a la consideración y respeto debidos a las partes, terceros o al personal de la CONAMED, y

6. Se debe levantar acta circunstanciada de la audiencia, la cual será signada por los que intervengan. La negativa a firmar el acta o a recibir copia de la misma, se deberá hacer constar en el acta y no afectará su validez, ni la de la audiencia.[584]

7. El personal que actúe recibirá por sí mismo las declaraciones y presidirá los actos de prueba, bajo su más estricta responsabilidad.

8. Las actuaciones de la CONAMED se deben practicar en días y horas hábiles. Son días hábiles todos los días del año, excepto sábados y domingos y aquellos que las leyes declaren festivos, en términos del calendario oficial. Se entienden horas hábiles las que medien desde las nueve hasta las dieciocho horas.

La CONAMED se obliga a tener una oficialía de partes común, sin perjuicio de que en cada unidad administrativa exista una propia, con las siguientes atribuciones:

a) Turnar el escrito por el cual se inicie un procedimiento, al área que corresponda, para su trámite;

b) Recibir los escritos de término que se presenten después del horario señalado en el artículo anterior, y

c) Proporcionar el servicio desde las ocho treinta, hasta las veinte horas, durante los días señalados en el artículo anterior y remitir los escritos que reciba al área correspondiente, a más tardar al día siguiente.

---

584. CONAMED, Art. 33.

Cabe destacar que únicamente podrán presentarse en la oficialía de partes común:

I. La primera promoción, y

II. Los escritos entregados el día de vencimiento de algún plazo otorgado por la CONAMED, después del horario establecido. Fuera de los casos anteriores, las promociones de las partes deberán ser presentados en la oficialía de partes de la unidad ante la que promuevan.

La CONAMED en términos de los artículos 631 y 634 del *Código de Procedimientos Civiles para el Distrito Federal*, puede solicitar cuando resulte necesario, el auxilio judicial. De igual forma cuando sea necesario, podrá solicitar la colaboración de las dependencias y entidades de la Administración Pública.

En cuanto a los ordenamientos supletorios, se debe tener presente que para lo no previsto en el *Reglamento* en cuanto al procedimiento, se estará a lo dispuesto en *Código de Procedimientos Civiles para el Distrito Federal.*

Para la resolución de las controversias, en cuanto al fondo, se aplicarán:

I. El *Código Civil para el Distrito Federal en materia común y para toda la República en materia federal*, por cuanto se refiere a los aspectos civiles;

II. La *Ley General de Salud* y sus disposiciones reglamentarias por cuanto se refiere a los aspectos médicos;

III. La *Ley Reglamentaria del artículo 5o. constitucional relativo al ejercicio de las profesiones en el Distrito Federal*, especialmente por cuanto se refiere al ejercicio profesional, y

IV. Los principios científicos y éticos que orientan la práctica médica.

Respecto a las notificaciones, las resoluciones de trámite deberán mandarse notificar por publicación en los listados que para dichos efectos se emitan por la CONAMED, dentro de los ocho días siguientes a aquel en que se hubiere citado para dictarse.

De acuerdo con el artículo 48, se notificarán personalmente:

I. La admisión de la queja, al prestador del servicio médico;

II. Los autos definitivos, y

III. Los laudos.

Cuando el *Reglamento* no señala términos para la práctica de algún acto arbitral, o para el ejercicio de algún derecho, se tiene por establecido el de tres días, sin necesidad de prevención especial.

El capítulo sexto del *Reglamento* se refiere al procedimiento arbitral, regulado en los artículos 57 a 98 del mismo.

El arbitraje ente la CONAMED se tramita en términos del Título Octavo del *Código de Procedimientos Civiles para el Distrito Federal*, del Decreto por el que se creó la CONAMED y del *Reglamento*. Para la tramitación del procedimiento arbitral se requiere de cláusula compromisoria o compromiso arbitral debidamente suscritos por las partes.

Sólo puede iniciar un procedimiento arbitral ante la CONAMED o intervenir en él, quien tenga interés en que ésta declare o constituya un derecho o emita una determinación arbitral y quien tenga el interés contrario. Podrán promover los interesados, por sí o a través de sus representantes o apoderados. En este sentido, son partes en el arbitraje quienes hubieren otorgado la cláusula compromisoria o el compromiso arbitral, en términos del *Reglamento*.

La acción procede en arbitraje, aun cuando no se exprese su nombre, con tal que se determine con claridad la clase de prestación que se exija de la contraparte y el título o causa de la acción.

En cuanto a la capacidad para ser parte en un arbitraje de la CONAMED, todo el que esté en pleno ejercicio de sus derechos civiles puede comprometer en árbitros sus negocios y comparecer al arbitraje. Los tutores no pueden comprometer los negocios de los incapacitados ni nombrar árbitro a la CONAMED sino con aprobación judicial, salvo en el caso de que dichos incapacitados fueren herederos de quien celebró el compromiso o estableció la cláusula compromisoria. Por los menores e incapaces, deben comparecer sus representantes legítimos o los que deban suplir su incapacidad conforme a derecho.

Es optativo para las partes acudir asesoradas a las audiencias de conciliación y de pruebas y alegatos, y en este supuesto, atinadamente la CONAMED estableció que los asesores necesariamente deberán ser profesionales en alguna de las disciplinas para la salud o licenciados en derecho, con cédula profesional y en legal ejercicio de su profesión. En caso de que una de las partes se encuentre asesorada y la otra no, la CONAMED celebrará la audiencia correspondiente y suplirá la deficiencia de la parte que no se encuentre asesorada, procurando la mayor equidad.

La CONAMED examinará de oficio la personalidad de las partes y los interesados podrán corregir cualquier deficiencia al respecto hasta la audiencia conciliatoria. Contra el auto que desconozca la personalidad negándose a dar trámite al arbitraje, no procede recurso alguno.

La controversia se deberá determinar por las partes en la cláusula compromisoria o el compromiso arbitral y por ninguna causa podrá modificarse ni alterarse, no obstante, en la audiencia de conciliación podrán determinarse resueltos uno o varios puntos, quedando el resto pendiente para el laudo definitivo.

Se permite el desistimiento de la instancia realizado con posterioridad a la suscripción del compromiso, requiriendo sin embargo del consentimiento de la parte contraria. El desistimiento de la acción extingue ésta aun sin consentimiento de la contraparte.

El desistimiento de la queja produce el efecto de que las cosas vuelvan al estado que tenían antes de la presentación de aquélla. El desistimiento de la instancia o de la acción, posteriores a la suscripción del compromiso arbitral, obligan al que lo hizo a pagar costas y los daños y perjuicios a la contraparte, salvo convenio en contrario.

En la tramitación del procedimiento arbitral, la CONAMED está obligada a recibir pruebas y oír alegatos, cualquiera que fuere el pacto en contrario y está facultada para intentar la avenencia de las partes en todo tiempo, antes de dictar el laudo definitivo. Es importante no olvidar que no importando los términos del compromiso arbitral, se entenderá invariablemente que la CONAMED está siempre facultada para actuar a título de amigable componedor.

Como reglas generales para el arbitraje médico, se cuentan las siguientes:

1a. Todas las cuestiones litigiosas, salvo en el caso de las excepciones previstas en el *Reglamento*, deben ser resueltas en el laudo definitivo, sin que el proceso se suspenda.

2a. En términos de los artículos 34 de la *Ley Reglamentaria del artículo 5o. constitucional en materia de profesiones para el Distrito Federal*, y 9o. del *Reglamento de la Ley General de Salud en materia de prestación de servicios de atención médica*, los actos del procedimiento sólo serán conocidos por las partes, los terceros que intervengan en forma legítima y el personal facultado de la CONAMED. Por ello, están prohibidas las audiencias públicas y las manifestaciones a terceros extraños al procedimiento, sean a cargo de las partes o de la CONAMED. Sólo puede darse a conocer públicamente el laudo cuando fuere adverso al prestador del servicio médico o aun no siéndolo a solicitud de éste.

3a. Las facultades procesales se extinguen una vez que se han ejercitado, sin que puedan repetirse las actuaciones.

4a. De toda promoción planteada por una de las partes, se dará vista a la contraria a efecto de que manifieste lo que a su derecho convenga, conforme a las disposiciones del *Reglamento*, esto en respeto a la garantía de audiencia.

5a. No se requiere la presentación de promociones escritas; por ello, la CONAMED deberá disponer de los medios para que las partes puedan alegar verbalmente lo que a su derecho convenga y desahogar sus pruebas sin formalidades especiales. La CONAMED deberá asentar fielmente las alegaciones de las partes en las actas correspondientes y disponer de formatos accesibles de los que podrán servirse éstas a lo largo del procedimiento.

6a. Se deberán celebrar una audiencia de conciliación, una de pruebas y de alegatos, mismas que deberán concluir el mismo día en que se inicien; eventualmente, por causas extraordinarias, podrán dejarse continuadas para fecha posterior, debiendo concluir la diligencia dentro de los cinco días hábiles siguientes.

En cuanto a la cláusula compromisoria y al compromiso arbitral, el *Reglamento* establece que las partes podrán otorgar su compromiso arbitral ante la CONAMED antes de que haya juicio civil, durante éste y después de sentenciado, sea cual fuere el estado en que se encuentre. El compromiso posterior a la sentencia irrevocable sólo tendrá lugar si los interesados la conocieren. En caso de existir algún juicio en trámite, las partes necesariamente deberán renunciar a la instancia previa, pues de otro modo no podrá intervenir la CONAMED en calidad de árbitro.

El compromiso arbitral, cuando sea otorgado mediante un instrumento especial ante la CONAMED, deberá contener como mínimo:

1. Los datos generales de las partes;
2. El negocio o negocios que se sujeten a procedimiento arbitral;
3. En su caso, el término fijado para el procedimiento arbitral, cuando se modifiquen los plazos fijados en el *Reglamento*;
4. La aceptación del *Reglamento* y, en su caso, la mención de las reglas especiales de procedimiento que estimen necesarias;
5. La determinación de las partes respecto a si renuncian a la apelación;
6. El señalamiento expreso de ser sabedores de que el compromiso produce las excepciones de incompetencia y litispendencia, si durante él se promueve el negocio en un tribunal ordinario;
7. El señalamiento expreso y bajo protesta de decir verdad de no existir controversia pendiente de trámite ante los tribunales, un juicio conexo o cosa juzgada en relación al mismo asunto, exhibiendo cuando sea necesario el desistimiento de la instancia;
8. La determinación, en su caso, del juez que haya de ser competente para todos los actos del procedimiento arbitral en lo que se refiere a jurisidicción que no tenga la CONAMED, y para la ejecución de la sentencia y admisión de recursos, y
9. Las demás que determinen las partes.

El plazo del procedimiento arbitral, se contará a partir de que la CONAMED acepte el nombramiento de ambas partes.

Para el caso de la amigable composición, el compromiso podrá otorgarse en intercambio de cartas, telex, telegramas u otros medios de telecomunicación que dejen constancia del acuerdo, o en un intercambio de escritos de queja y contestación en los que el compromiso sea afirmado por una parte sin ser negado por la otra. La referencia hecha en un contrato a un documento que contenga una cláusula compromisoria, constituirá compromiso arbitral siempre que dicho contrato conste por escrito y la referencia implique que esa cláusula forma parte del contrato.

Cuando se trate de arbitraje por correo certificado, las partes acordarán lo necesario, siguiendo, en lo conducente, las reglas de este capítulo.

El Reglamento establece unas reglas generales a las que deberá sujetarse el juicio arbitral, que son:

1a. Son admisibles toda las pruebas susceptibles de producir la convicción en la CONAMED, especialmente la pericial y los elementos aportados por las ciencias biomédicas;

2a. Están prohibidos los interrogatorios entre las partes con fines confesionales, asimismo las pruebas que fueren contrarias a la moral y al derecho;

3a. En la ponderación del caso se evaluará la procedencia de las apreciaciones de las partes conforme a las disposiciones en vigor y en los casos en que tales disposiciones lo autoricen, la correcta aplicación de los principios científicos y éticos que orientan la práctica médica a través de la literatura generalmente aceptada, así como las disposiciones y recomendaciones médicas de las instancias especializadas;

4a. La CONAMED determinará a título de pruebas para mejor proveer, el desahogo de los peritajes que estime pertinentes;

5a. Cuando se requiera el examen del paciente por los peritos que hayan de intervenir, la CONAMED determinará las medidas necesarias para preservar el respeto al paciente. En este supuesto el paciente deberá, según su estado de salud lo permita, cooperar para su examen. Es importante tener presente que la oposición injustificada al reconocimiento médico por parte de la CONAMED o de los peritos, hará tener por ciertas las manifestaciones de la contraria;

6a. Las pruebas aportadas, especialmente las periciales y la documentación médica en que conste la atención brindada, serán valoradas bajo las reglas de la sana crítica, y

7a. Cuando sea necesaria la resolución de una cuestión jurídica previa, se llevará a cabo una audiencia preliminar, el resto de las cuestiones debatidas se resolverán en el laudo.

La Dirección General de Arbitraje acordará la recepción del expediente, dentro de los dos días siguientes a la fecha en que lo reciba, y dará vista a las partes por diez días comunes, para que en ese término: a) Ofrezcan sus pruebas; b) Presenten las apreciaciones escritas que estimen necesarias, a reserva de ampliarlas de manera verbal o por escrito en la audiencia, y c) Exhiban los documentos que obren en su poder.

Dado el carácter especializado de la CONAMED, sólo son admisibles en el juicio arbitral, las pruebas instrumental, pericial, el reconocimiento médico del paciente, las fotografías, quedando comprendidas bajo esta denominación las cintas cinematográficas y cualesquiera otras producciones fotográficas, y la presuncional; siendo admisibles únicamente las pruebas ofrecidas dentro del término fijado por el *Reglamento*, las acordadas por la CONAMED para mejor proveer, y las supervenientes, debiendo, acreditar quien argumente la existencia de estas últimas, su naturaleza. Las partes sólo podrán ofrecer la confesional cuando se refiera exclusivamente a las manifestaciones contenidas en autos; en ningún caso será admisible la prueba de posiciones.

La CONAMED deberá tomar en cuenta como pruebas todas las actuaciones y los documentos aportados oportunamente aunque no se ofrezcan, con excepción de los rechazados expresamente.

En aquellos casos en que las partes no puedan obtener directamente documentos que hayan ofrecido como pruebas, podrán pedir a la CONAMED que los solicite a las personas u organismos que los tengan en su poder, quedando a cargo de las partes gestionar el envío de los mismos a la CONAMED para que obren en el expediente el día de la audiencia de pruebas y alegatos.

En el caso de la prueba pericial, al ofrecerla, las partes deberán exhibir los interrogatorios que en su caso deban responder los peritos y precisar los puntos respecto de los cuales versará el peritaje. Nuevamente, dada la naturaleza especializada de la CONAMED, en caso de que los dictámenes rendidos por los peritos de las partes sean total o parcialmente contradictorios, deberá intervenir el Presidente de la Sala a fin de dictaminar en definitiva, siendo improcedente la petición de designar un tercero en discordia ajeno a la CONAMED.

Los peritajes de parte podrán ser presentados durante la audiencia, inclusive, debiendo acompañarse a los mismos, original y copia simple de la cédula profesional del perito, y en el evento de ser especialista, original y copia de la documentación comprobatoria de ese carácter. No será necesaria la ratificación de los dictámenes en diligencia especial. La presentación de los peritajes de parte y los testigos designados, será a cargo y costa de quien los hubiere propuesto. En la audiencia de pruebas y alegatos sólo podrán intervenir los peritos que asistan.

Las partes podrán acordar la no presentación de peritajes de parte, en cuyo supuesto podrán formular por escrito, las preguntas que estimen convenientes a la CONAMED, en su carácter de perito especializado, las que serán atendidas en el dictamen que al efecto emita para desahogar la prueba pericial.

La CONAMED podrá desechar de plano el desahogo de todas las testimoniales que le fueren ofrecidas, cuando la cuestión debatida se refiera exclusiva mente a aspectos de apreciación médica. Cuando se acepte la testimonial, cada parte podrá ofrecer como máximo dos testigos.

Transcurrido el término de diez días que se otorga a las partes para que para que ofrezcan sus pruebas, presenten las apreciaciones escritas que estimen necesarias, a reserva de ampliarlas de manera verbal o por escrito en la audiencia, y exhiban los documentos que obren en su poder, la CONAMED deberá dar cuenta con la documentación que obre en el expediente, resolviendo sobre la admisión o desechamiento de pruebas, y fijará las medidas necesarias para la preparación de la audiencia de pruebas y alegatos, la cual se llevará a efecto el día y hora señalados por la CONAMED.

Esta estrictamente prohibida la propuesta de citación indiscriminada al personal médico y paramédico que hubiere tenido relación con la atención del paciente de que se trate.

En la audiencia de pruebas y alegatos, se debe proceder como sigue:

1. Declarada abierta la audiencia e identificados los asistentes, se procederá al desahogo de las pruebas que en su caso hayan sido admitidas. Si a la apertura de la audiencia no existiere ninguna prueba pendiente, sin más trámite se procederá a oír los alegatos finales de las partes;

2. Al examinar a los testigos, se formularán las preguntas por la parte que los hubiere propuesto con arreglo al interrogatorio presentado por el oferente, acto seguido se harán las repreguntas, las cuales se formularán directamente por la contraria exclusivamente respecto de los hechos a que se haya referido, finalmente la CONAMED si lo estima pertinente, formulará las preguntas que estime necesarias;

3. A continuación, si las partes o la CONAMED lo estimasen necesario, procederán a solicitar a los peritos de parte, presentes en la audiencia, amplíen verbalmente su dictamen;

4. Las preguntas formuladas a los testigos y peritos se realizarán de manera simple y llana, sin artificio alguno y sin denostar o presionar al compareciente;

5. Si la CONAMED lo estimase necesario, podrá determinarse la realización de una junta de peritos, la que se desahogará con los que asistan;

6. Concluido el desahogo de las pruebas, se procederá a recibir los alegatos finales de las partes, primero las del quejoso y acto seguido las del prestador del servicio. Las partes podrán acordar, atendiendo a la naturaleza del asunto, que la audiencia sólo tenga por objeto recibir sus alegaciones finales. Los alegatos sólo podrán referirse a los puntos objeto del arbitraje, por lo que deberán referirse a los puntos controvertidos evitando disgresiones. Se desecharán de plano las argumentaciones impertinentes, y

7. Hecho lo anterior, la CONAMED determinará cerrada la instrucción citando a las partes para laudo.

En cuanto a las resoluciones que en un procedimiento arbitral dicte la CONAMED, estas pueden ser acuerdos, autos y laudos, si son simples determinaciones de trámite se denominan acuerdos; si son determinaciones provisionales o definitivas que no resuelvan el fondo de la controversia son autos, y los laudos, que siempre tendrán el carácter de definitivos. Estos últimos son emitidos por el Comisionado Nacional o por los Presidentes de las Salas de Arbitraje en las que se desahogue el juicio arbitral.

Las resoluciones deben tener el lugar, fecha y responsables de su emisión, los nombres de las partes contendientes, el carácter con que concurrieron al procedimiento y el objeto de la controversia. Al efecto, se deberán emplear los formatos que determine la Comisión Nacional de Arbitraje Médico.

La CONAMED no puede variar ni modificar sus resoluciones después de firmadas, pero sí podrá aclarar algún concepto o suplir cualquier deficiencia, sea por omisión sobre un punto discutido o cuando exista oscuridad o imprecisión, sin alterar la esencia de la resolución. Las aclaraciones pueden hacerse de oficio dentro del día hábil siguiente al de la publicación de la resolución o a instancia de parte presentada dentro de los tres días hábiles siguientes al de la notificación. En este último supuesto, la Comisión resolverá lo que estime procedente dentro de los dos días siguientes al de la presentación del escrito en que se solicite la aclaración.

Cuando se determine el pago de daños y perjuicios se fijará su importe en cantidad líquida o se establecerán por lo menos, las bases con arreglo a las cuales deba hacerse la liquidación. Sólo en caso de no ser posible lo uno ni lo otro, se hará la condena, a reserva de fijarse su importancia y hacerla efectiva en ejecución de laudo.

En términos de los artículos 91, 92, 93 y 533 del *Código de Procedimientos Civiles para el Distrito Federal*, son aplicables a los laudos de la CONAMED las siguientes reglas:

1. Todo laudo tiene en su favor la presunción de haberse pronunciado legalmente, con conocimiento de causa, mediante intervención legítima de la CONAMED y en términos del compromiso arbitral;
2. El laudo firme produce acción y excepción contra las partes y contra el tercero llamado legalmente al procedimiento que hubiere suscrito el compromiso arbitral;
3. El tercero puede excepcionarse contra el laudo firme, y
4. Las transacciones otorgadas ante la CONAMED y los laudos se considerarán como sentencias, en términos de la legislación procesal vigente.

Las resoluciones de CONAMED deben dictarse y mandarse notificar, dentro de los ocho días siguientes a aquel en que se hubiere citado para dictarse. Los laudos deben dictarse y mandarse notificar dentro de los quince días siguientes a aquel en que se hubiere hecho la citación para laudo. Sólo cuando hubiere necesidad de que la CONAMED examine documentos voluminosos, al resolver el laudo, podrá disfrutar de un término ampliado de quince días más para los fines ordenados anteriormente.

5.7.3. *La Procuraduría Federal de Protección al Consumidor*

Desde la aparición de la *Ley Federal de Protección al Consumidor* conforme a la Ley de 19 de diciembre de 1975, la conciliación mercantil ha tenido una gran difusión, pues la Procuraduría Federal del Consumidor tiene la función legal de buscar y propiciar una solución extrajurídica, a los problemas entre comerciantes y público-cliente, llevando así la justicia, sino a veces la equidad hasta los casos más sencillos. El éxito de esta institución es cada vez mayor, pues nunca se había atendido a este sector muy numeroso cuyas reclamaciones de poca monta, no ameritaban llegar a los tribunales.

Es digno de reconocerse la atingencia y la eficiencia con que los funcionarios y empleados de dicha Procuraduría actúan, lo que explica sin duda los resultados tan favorables.

En 1992 se publicó una nueva Ley Federal de Protección al Consumidor[585] y en 1997 el Reglamento del artículo 122 de la misma.[586] Al igual que lo hacía la ley de 1975, la nueva ley establece el carácter irrenunciable de sus disposiciones, característica común en las leyes de protección al consumidor. Como señala Ovalle Favela, la ley procura la equidad y seguridad jurídica en las relaciones entre proveedores y consumidores.[587]

La Procuraduría Federal de Protección al Consumidor, conforme al artículo 24 fracción XIV debe procurar la solución de las diferencias y actuar como árbitro entre el consumidor y el proveedor del bien o servicio, ya sea como amigable componedor o en estricto derecho.[588]

---

585. *Diario Oficial de la Federación* del 24-12-1992.

586. *Diario Oficial de la Federación* del 27-08-1997.

587. Ovalle Favela, José, «Comentarios al primer capítulo (artículos 1-18) de la Ley Federal de Protección al Consumidor» *Revista de derecho privado*, México, Instituto de Investigaciones Jurídicas, UNAM, año 4, núm. 11, mayo-agosto, 1993, pp. 244-245.

588. Sobre el tema véase Briseño Sierra, Humberto, «La defensa jurídica del consumidor», *Revista de la Facultad de Derecho de México,* México, UNAM, tomo XXXIV, núms. 133-134-135, enero-junio, 1984 y con el mismo título «La defensa jurídica del consumidor», *Revista de la Facultad de Derecho de México,* México, UNAM, tomo XXXV, núms. 139-140-141, enero-junio, 1985; Manterola Martínez, Alejandro, «El arbitraje en la Procuraduría Federal del Consumidor», *El Foro, Órgano de la Barra Mexicana, Colegio de Abogados, A.C.*, México, Sexta Época, núm. 14, julio-septiembre, 1978; Moreno Sánchez, Guillermo, «La Conciliación y el Arbitraje en la Ley Federal de Protección al Consumidor», *El Foro, Órgano de la Barra Mexicana, Colegio de Abogados, A.C.*, México, Sexta Época, núm. 13, abril-junio, 1978, y Ovalle Favela, José, «Ley Federal de Protección al Consumidor comentada (segunda parte)», *Revista de derecho privado*, México, Instituto de Investigaciones Jurídicas, UNAM, año 4, núm. 12, septiembre-diciembre, 1993.

La Ley, en la sección tercera[589] trata del procedimiento arbitral, y se faculta a la Procuraduría para actuar como árbitro cuando los interesados así la designen y sin necesidad de reclamación o procedimiento conciliatorio previos. La designación de árbitro se debe hacer constar mediante acta ante la misma Procuraduría, en la que se señalen claramente los puntos esenciales de la controversia y si el arbitraje es en estricto derecho o en amigable composición.

En la amigable composición se deben fijar las cuestiones objeto del arbitraje y el árbitro tendrá libertad para resolver en conciencia y a buena fe guardada, sin sujeción a reglas legales, pero observando las formalidades esenciales del procedimiento. El árbitro tendrá la facultad de allegarse todos los elementos que juzgue necesarios para resolver las cuestiones que se le hayan planteado, sin términos ni incidentes. En el juicio arbitral de estricto derecho las partes deben formular el compromiso en el que fijen las reglas de procedimiento que convencionalmente establezcan, aplicándose supletoriamente el *Código de Comercio* y a falta de disposición en dicho Código, el ordenamiento procesal civil local aplicable.

De acuerdo con el artículo 122 de la Ley, sin perjuicio de las funciones de arbitraje que puede legalmente ejercer la Procuraduría, existe una lista de árbitros independientes, oficialmente reconocidos para actuar como tales. Dichos árbitros pueden actuar por designación de las partes o designación de la Procuraduría, a petición del proveedor y del consumidor.

El Reglamento del Artículo 122 de la Ley tiene por objeto regular la inscripción y actuación de los árbitros independientes previstos por dicho artículo y corresponde a la Secretaría de Comercio y Fomento Industrial la aplicación y vigilancia de sus disposiciones.[590]

La Secretaría tiene a su cargo la integración de la Lista de Árbitros, que se conformará por la inscripción de aquellos particulares reconocidos por la propia Secretaría, independientes de la Procuraduría, para dirimir controversias entre proveedores y consumidores en el territorio nacional, conforme a lo previsto en este Reglamento. Para tal efecto, el territorio nacional se divide en plazas, una por cada Entidad Federativa, incluyendo la del Distrito Federal. Únicamente puede ostentarse y desempeñarse como árbitro oficialmente reconocido por la Secretaría la persona que cuente con inscripción en la mencionada Lista, misma que se publica anualmente en el *Diario Oficial de la Federación*.

Para obtener la inscripción en dicha lista, se deben cumplir los siguientes requisitos:

---

589. Artículos 117-122.
590. Artículos 1-14.

1. Acreditar ante la Secretaría una experiencia práctica de por lo menos cinco años en la profesión, arte u oficio en que se pretenda realizar las funciones arbitrales;

2. Gozar de reconocido prestigio y honorabilidad, y no haber sido sentenciado por delito doloso;

3. No desempeñar un cargo o comisión en la Administración Pública Federal o local, o puesto de elección popular; y

4. Aprobar el examen de conocimientos

Cabe señalar que la vigencia de la inscripción en la Lista de Árbitros es de un año contado a partir de la fecha de inscripción, y renovable en forma indefinida por periodos iguales. Dicha renovación se podrá dar siempre que exista una solicitud por escrito del árbitro, presentada ante la Secretaría, durante los veinte días hábiles previos a la fecha de conclusión de su vigencia, en la que manifieste bajo protesta de decir verdad que sigue cumpliendo los requisitos señalados por el Reglamento.

Procede la cancelación de la inscripción en la Lista de Árbitros al árbitro que incurra en incumplimiento de las disposiciones del Reglamento, y en adelante, aquel que sufra la cancelación, quedará impedido para obtener nueva inscripción de conformidad con las disposiciones legales aplicables.

La actuación de árbitro se debe llevar a cabo conforme a lo siguiente:

1. Prestará, cuando se le requiera, el servicio de arbitraje durante la vigencia de su inscripción en la Lista de Árbitros;

2. Ejercerá personalmente sus funciones, con probidad, honradez, legalidad, eficiencia, profesionalismo e imparcialidad;

3. Mantendrá confidencialidad sobre la información a que tenga acceso en virtud de los procedimientos en que intervenga;

4. Sujetará el procedimiento arbitral al convenio que celebren el proveedor y el consumidor y, en lo no previsto, a lo dispuesto en el Código de Comercio;

5. Emitirá oportunamente el laudo arbitral que ponga fin al procedimiento que le haya sido sometido, ya sea en amigable composición o en estricto derecho, evitando demorarlos sin causa justificada. En este sentido, se debe tener presente que el laudo arbitral emitido por la Procuraduría o por el árbitro designado por las partes deberá cumplimentarse o, en su caso iniciar su cumplimentación dentro de los quince días siguientes a la fecha de su notificación, salvo pacto en contrario.

Las resoluciones que se dicten durante el procedimiento arbitral admiten como único recurso el de revocación, que deberá resolverse por el árbitro designado en un plazo no mayor de 48 horas. El laudo arbitral sólo estará sujeto a aclaración dentro de los dos días siguientes a la fecha de su notificación.

6. Dará aviso por escrito a la Secretaría para ausentarse del ejercicio de sus funciones por un plazo mayor a quince días hábiles pero menor de noventa; cuando exceda de este plazo deberá solicitar la licencia respectiva;

7. Hará del conocimiento de la Secretaría, por escrito, en un plazo máximo de veinte días hábiles, cualquier cambio en los datos que obran en la Lista de Árbitros, y

8. Lo previsto en las demás leyes y reglamentos aplicables.

Son facultades del árbitro:

1. Actuar como mediador para transmitir e intercambiar propuestas entre el proveedor y el consumidor;

2. Asesorar al proveedor y al consumidor que siendo partes de una controversia, deseen celebrar cualquier convenio que tenga como fin la solución de la misma;

3. Pronunciar y firmar, ya sea en amigable composición o en estricto derecho, el laudo respectivo, mismo que deberá resolver todos los puntos del negocio, y

4. Desempeñar su labor de acuerdo a las disposiciones del marco jurídico aplicable a la materia.

En materia de honorarios de los árbitros, estos se calcularán de común acuerdo entre el proveedor, el consumidor y el árbitro. El lugar y modo de pago se determinarán en el acuerdo arbitral.

Existe un Comité Técnico, que es el órgano competente para decidir si el sustentante es apto para actuar como árbitro. En dicho Comité participarán representantes de la Secretaría y de la Procuraduría, de conformidad con los lineamientos de integración, operación y funcionamiento que expida la Secretaría. El Comité Técnico tiene las facultades siguientes:

1. Elaborar cuando menos cinco versiones distintas de los cuestionarios que se apliquen como examen para obtener la inscripción en la Lista de Árbitros, mismos que versarán sobre temas de relevancia en la materia y contendrán las preguntas suficientes para realizar una evaluación general objetiva respecto de los conocimientos del sustentante;

2. Revisar y modificar, al menos una vez al año, los cuestionarios aplicables a los solicitantes, y

3. Aplicar y calificar, a través de la unidad administrativa o Delegación Federal respectiva de la Secretaría, el examen de conocimientos a los solicitantes de inscripción en la Lista de Árbitros.

5.7.4. Ley de la Propiedad Industrial

La *Ley de la Propiedad Industrial* de 1994 tiene por objeto entre otros aspectos el establecer las bases para que en las actividades industriales y comerciales del país tenga lugar un sistema permanente de perfeccionamiento de sus procesos y productos. Asimismo, tiene por objeto promover la actividad inventiva de aplicación industrial, favorecer la creatividad para el diseño y presentación de nuevos productos y la protección a la propiedad industrial.

Dentro de las facultades del Instituto Mexicano de la Propiedad Industrial, que es la autoridad administrativa en la materia, creado el 10 de diciembre de 1993, se encuentra el de fungir como árbitro en la resolución de conflictos relacionados con el pago de los daños y perjuicios derivados de la violación a los derechos de la propiedad industrial tutelados por la ley, cuando los involucrados lo designen expresamente como tal, de conformidad con el Título Cuarto del Libro Quinto del Código de Comercio.

Es importante señalar que como sostiene Mauricio Jalife, «de ninguna manera debe considerarse que esta facultad pudiera estar ligada a la que se consigna en favor del IMPI en el artículo 199 bis de la LPI, que consiste en la actuación que éste puede tener como conciliador en los procedimientos de declaración administrativa de infracción.» [591]

5.7.5. La Ley Federal del Derecho de Autor

La *Ley Federal del Derecho de Autor*, reglamentaria del artículo 28 constitucional, fue publicada en el Diario Oficial de la federación del día 24 de diciembre de 1996. Tiene por objeto la salvaguarda y promoción del acervo cultural de la Nación y protección de los derechos de los autores, de los artistas intérpretes o ejecutantes, así como de los editores, de los productores y de los organismos de radiodifusión, en relación con sus obras literarias o artísticas en todas sus manifestaciones, sus interpretaciones o ejecuciones, sus ediciones, sus fonogramas o videogramas, sus emisiones, así como de los otros derechos de propiedad intelectual.

El *Reglamento de la Ley Federal del Derecho de Autor* se publicó en el *Diario Oficial de la Federación* del día 22 de mayo de 1998.

Sus disposiciones son de orden público, interés social y de observancia general en todo el territorio nacional. Su aplicación administrativa corresponde al Ejecutivo Federal por conducto del Instituto Nacional del Derecho de Autor y,

---

591. Jalife Daher, Mauricio, *Comentarios a la Ley de la Propiedad Industrial*, México, McGraw-Hill, 1998, p. 27.

en los casos previstos por la propia Ley, del Instituto Mexicano de la Propiedad Industrial.

En lo no previsto por la Ley, es aplicable la legislación mercantil, el *Código Civil para el Distrito Federal en Materia Común y para toda la República en Materia Federal* y la *Ley Federal del Procedimiento Administrativo.*

La autoridad administrativa en materia de derechos de autor y derechos conexos es el Instituto Nacional del Derecho de Autor, y tiene el carácter de órgano desconcentrado de la Secretaría de Educación Pública, entre cuyas funciones destacan:

1. Proteger y fomentar el derecho de autor;
2. Promover la creación de obras literarias y artísticas;
3. Llevar el Registro Público del Derecho de Autor;
4. Mantener actualizado su acervo histórico,
5. Promover la cooperación internacional y el intercambio con instituciones encargadas del registro y protección del derecho de autor y derechos conexos.

Las facultades con que cuenta son:

1. Realizar investigaciones respecto de presuntas infracciones administrativas;
2. Solicitar a las autoridades competentes la práctica de visitas de inspección;
3. Ordenar y ejecutar los actos provisionales para prevenir o terminar con la violación al derecho de autor y derechos conexos;
4. Imponer las sanciones administrativas que sean procedentes, y
5. Proteger el derecho de autor y los derechos conexos en los términos de la legislación nacional y de los convenios y tratados internacionales suscritos y ratificados por México;
6. Promover la creación de obras del ingenio mediante la realización de concursos, certámenes o exposiciones y el otorgamiento de premios y reconocimientos que estimulen la actividad creadora de los autores;
7. Promover la cooperación internacional, mediante el intercambio de experiencias administrativas y jurídicas con instituciones encargadas del registro y protección legal de los derechos de autor y de los derechos conexos;
8. Llevar, vigilar y conservar el Registro;
9. Conservar y resguardar el acervo cultural depositado en el Registro;
10. Coordinar con las diversas instituciones públicas y privadas, nacionales, extranjeras e internacionales, acciones que tengan por objeto el fomento y protección de los derechos de autor y de los derechos conexos, el auspicio y desarrollo de creaciones culturales, así como la difusión de las culturas populares;
11. Proporcionar la información y la cooperación técnica y jurídica que le sea requerida por autoridades federales;

12. Propiciar la participación de la industria cultural en el desarrollo y protección de los derechos de autor y de los derechos conexos;
13. Recibir las solicitudes y, en su caso, otorgar reservas;
14. Substanciar las declaraciones administrativas de cancelación y nulidad;
15. *Intervenir en los conflictos que se susciten sobre derechos protegidos por la Ley, de conformidad con los procedimientos de avenencia y arbitraje que la misma establece;*
16. Designar peritos cuando se le solicite conforme a la Ley;
17. Emitir los dictámenes técnicos que le sean requeridos por el Poder Judicial, por el Ministerio Público de la Federación o por un grupo arbitral;
18. Substanciar y resolver el recurso de revisión;
19. Difundir y dar servicio al público en materia del derecho de autor y derechos conexos;
20. Difundir las obras de arte popular y artesanal;
21. Participar en la formación de recursos humanos especializados a través de la formulación y ejecución de programas de capacitación;
22. Autorizar y revocar, cuando proceda, la operación de sociedades;
23. Colaborar y apoyar las negociaciones sobre los aspectos sustantivos del derecho de autor y los derechos conexos en los tratados y convenios internacionales que contengan disposiciones sobre la materia;
24. Participar, en coordinación con las áreas competentes de la Secretaría, en las negociaciones administrativas que correspondan al ámbito de sus atribuciones, y
25. Las demás que le otorguen la Ley y el Reglamento.

En el Título XI, Capítulo III de la Ley se regula brevemente [592] el procedimiento arbitral para dirimir las controversias suscitadas de la violación de los derechos protegidos por la ley. El arbitraje ahí contemplado se regula conforme a lo establecido en la propia ley, su reglamento y supletoriamente por las disposiciones del *Código de Comercio.*

De acuerdo con la ley, las partes pueden acordar someterse a un procedimiento arbitral por medio de:

1. Cláusula Compromisoria: que define como el acuerdo de arbitraje incluido en un contrato celebrado con obras protegidas por la Ley o en un acuerdo independiente referido a todas o ciertas controversias que puedan surgir en el futuro entre ellos, y

592. Arts. 219-228.

2. Compromiso Arbitral: definido como el acuerdo de someterse al procedimiento arbitral cuando todas o ciertas controversias ya hayan surgido entre las partes al momento de su firma. Tanto la cláusula compromisoria como el compromiso arbitral deben constar invariablemente por escrito.

Para la integración del tribunal o grupo arbitral como lo denomina la ley, se establecen los siguientes pasos:

1. Cada una de las partes deberá elegir a un árbitro, ya sea de la lista que proporcione el Instituto, y que debe publicar en el mes de enero de cada año[593] o bien que no esté en la misma pero que cumpla con los requisitos necesarios para desempeñar la función conforme a la ley;

2. Cuando sean más de dos partes las que concurran, se deberán poner de acuerdo entre ellas para la designación de los árbitros, en caso de que no haya acuerdo, el Instituto se encargará de su designación. Entre los dos árbitros designados por las partes elegirán, de la propia lista al presidente del grupo. El número de árbitros deberá ser siempre impar.

Para ser designado árbitro se requiere según la propia ley:

1. Ser Licenciado en Derecho;
2. Gozar de reconocido prestigio y honorabilidad;
3. No haber prestado durante los cinco años anteriores sus servicios en alguna sociedad de gestión colectiva;
4. No haber sido abogado patrono de alguna de las partes;
5. No haber sido sentenciado por delito doloso grave;
6. No ser pariente consanguíneo o por afinidad de alguna de las partes hasta el cuarto grado, o de los directivos en caso de tratarse de persona moral, y
7. No ser servidor público.

Se previene en la ley que el plazo máximo del arbitraje será de 60 días, que comenzará a computarse a partir del día siguiente a la fecha señalada en el documento que contenga la aceptación de los árbitros.

En caso de ausencia absoluta o temporal de algún árbitro, el sustituto se designara de la misma manera en que lo fue su predecesor, en un plazo no mayor a diez días, contados a partir de la fecha en que el grupo arbitral conozca de la ausencia. Si no se produce la designación, ésta será hecha por el Instituto.

---

593. El Reglamento en el artículo 143 establece que el Instituto, al elaborar la lista de árbitros deberá contar por escrito con la aceptación de los integrantes de la lista y con su declaración, bajo protesta de decir verdad, en el sentido de que cumplen con los requisitos para desempeñar esa función.

El procedimiento arbitral podrá concluir con el laudo que lo dé por terminado o por acuerdo entre las partes antes de dictarse éste.

En cuanto a los laudos del grupo o tribunal arbitral, estos:
1. Se dictarán por escrito;
2. Serán definitivos, inapelables y obligatorios para las partes;
3. Deberán estar fundados y motivados, y
4. Tendrán el carácter de cosa juzgada y título ejecutivo.

Toda decisión o laudo del grupo arbitral se dictará por mayoría de votos. En lo que se refiere a cuestiones de mero trámite, el grupo arbitral puede autorizar al árbitro presidente a que lo haga por sí mismo. El grupo arbitral debe comunicar el laudo al Instituto, quien lo notificará a las partes en un término de cinco días. Cuando no figure en el laudo la firma de un árbitro, deberá hacerse constar el motivo de ausencia de la misma.

Dentro de los cinco días siguientes a la notificación del laudo, cualquiera de las partes podrá requerir del grupo arbitral, notificando por escrito al Instituto y a la otra parte, que aclare los puntos resolutivos del mismo, rectifique cualquier error de cálculo, tipográfico o cualquier otro de naturaleza similar, siempre y cuando con ello no se modifique el sentido del mismo. El grupo arbitral no podrá cobrar honorarios adicionales por la aclaración, rectificación o complementación del laudo.

De todas las actuaciones que se lleven a cabo durante el procedimiento arbitral, deberá quedar constancia en el Instituto. El grupo o tribunal arbitral tiene en este sentido, la obligación de remitirle copia de las actuaciones, escritos, pruebas y demás documentos y constancias relativas al procedimiento. El expediente que se forme en el Instituto se considera como original para efectos de cualquier certificación solicitada por las partes y de la ejecución del laudo correspondiente.

En cuanto a los gastos que se originen con motivo del procedimiento arbitral, éstos correrán a cargo de las partes, salvo que estas acuerden al inicio del procedimiento la facultad del grupo para condenar al pago de gastos y costas o la determinación de que deban ser prorrateadas. El pago de honorarios del grupo arbitral será cubierto conforme al arancel que expida anualmente el Instituto y publique junto con la lista de árbitros, mediante acuerdo publicado en el *Diario Oficial de la Federación.*

Del arancel se cubrirán los gastos de notificación, substanciación y control del procedimiento, así como los honorarios de los árbitros, que serán iguales.

Los gastos de los testigos y peritos se pagarán por la parte que los presente; los gastos adicionales del arbitraje serán solventados por el arancel.

5.7.6. Laboral

Los conflictos de trabajo son todos aquellos surgidos del núcleo social del trabajo y de todas las posiciones de antagonismo entre partes que concreten una manifestación laboral a la cual se conceda valor jurídico.[594]

Los conflictos de trabajo se pueden dirimir de cuatro formas a saber:
1. Mediante el procedimiento de conciliación de la Procuraduría de defensa del Trabajo.
2. Mediante la conciliación ante las Juntas Locales de Conciliación[595]
3. Mediante el procedimiento ante las Juntas Federales o Locales de Conciliación y Arbitraje, tratándose de trabajadores del apartado A del artículo 123 de la Constitución[596]; y
4. Mediante el procedimiento ante el Tribunal de Conciliación y Arbitraje, tratándose de trabajadores del apartado B del artículo 123 de la Constitución.
5. Mediante los procedimientos especiales.[597]
6. Mediante los procedimientos para los conflictos colectivos de naturaleza económica.[598]
7. Mediante el Procedimiento de Huelga.[599]

El arbitraje laboral tiene una clara naturaleza jurisdiccional, corroborada por el carácter obligatorio de sus resoluciones que estan respaldados por su procedimiento de ejecución. Por su estructura formal y material, los laudos que emiten las Juntas de Conciliación y Arbitraje, en rigor, se corresponden con las auténticas sentencias judiciales. «Porque al igual que las sentencias judiciales, los laudos son impugnables en amparo.»[600]

En un momento dado, el patrón puede negarse a someter la controversia a la decisión de la Junta de Conciliación y Arbitraje, sin embargo, la consecuencia

---

594. Cavazos Flores, Baltasar, *El mito del arbitraje potestativo,* México, Ed. Jus, 1978, p. 29.

595. Arts. 601-603 de la *Ley Federal del Trabajo* (LFT).

596. Arts. 48, 870-891 de la LFT.

597. Son aquellos comprendidos en los artículos 892-899, 50, f.III; 28 f.III; 151; 153-X; 158; 162; 204 f.IX; 209 f.V y 210; 236 fracs. II y III; 389; 418; 424 f. IV; 427 Fracs. I, II y VI; 434 fracs. I, III y V; 439 y 503 de la LFT.

598. Arts. 900-919 LFT.

599. Arts. 920-938 LFT.

600. Santos Azuela, Héctor, «Arbitraje Laboral», *Nuevo diccionario jurídico mexicano,* México, Instituto de Investigaciones Jurídicas, UNAM, Ed. Porrúa, tomo A-C, 1998, *sub voce* «arbitraje laboral.» Asimismo, Fix Zamudio, Héctor, «La naturaleza jurídica de las juntas de conciliación y arbitraje», *Revista Artículo 123 Constitucional,* año I, n.º 1, 1990, México, 1990.

de dicha negativa sería la de darse por terminado el contrato de trabajo con la obligación de indemnizar al trabajador con el importe de tres meses de salario, la fijación de la responsabilidad del patrón que resulte del conflicto y el pago de los salarios vencidos desde la fecha en que dejaron de pagarse hasta que se cubran las indemnizaciones.[601]

Por todo lo anterior, el llamado arbitraje laboral no constituye un claro ejemplo de la institución arbitral en México, pues no reúne las características de voluntariedad propias del mecanismo alternativo, y sus resoluciones constituyen claros actos de autoridad.

601. Art. 947 de la LFT.

Capítulo V

México y el arbitraje comercial internacional administrado por organismos especializados

En el campo del arbitraje comercial internacional destacan por su seriedad y antigüedad la Cámara Internacional de Comercio con sede en París, Francia y la American Arbitration Association con sede en Nueva York. Abordaremos las disposiciones arbitrales de dichas instituciones y cerraremos el tema con una breve vista al texto de la Convención Interamericana de Arbitraje Comercial Internacional (CIAC).

1. La Cámara Internacional de Comercio CCI

La Corte de Arbitraje de la Cámara Internacional de Comercio se creó en 1923, con el fin de promover el comercio internacional y ha venido desempeñando sus funciones con gran éxito desde entonces. El objetivo de la Corte ha sido proveer un mecanismo neutral, fiable y expedito para la solución de conflictos originados en el comercio internacional.[602]

---

602. Mantilla Serrano, Fernando, «La Corte Internacional de Arbitraje de la CCI», *Revista vasca de derecho procesal y arbitraje,* San Sebastián, Instituto vasco de Derecho Procesal, tomo IV, cuaderno 3, 1992, p. 813. Sobre el tema véase entre otros Cruz Barney, Oscar, «Breve panorama del procedimiento de arbitraje internacional de la Cámara Internacional de Comercio CCI», *Anales de Jurisprudencia,* México, Tribunal Superior de Justicia del Distrito Federal, Tercera Época, tomo 218, año 5, enero-febrero-marzo, 1994; Derains, Yves, «The future of ICC Arbitration», *The Journal of International Law and Economics,* Washington, EUA, The National Law Center, The George Washington University, vol. 14, núm. 3, 1980; Goekjian, Samuel V., «ICC Arbitration from a practitioner´s perspective», *The Journal of International Law and Economics,* Washington, EUA, The National Law Center, The George Washington University, vol. 14, núm. 3, 1980, Stevenson, Russell B., «An introduction to ICC Arbitration», *The Journal of International*

La Corte cuenta actualmente con un nuevo Reglamento de Arbitraje aplicable desde el 1 de enero de 2012 [603], que sustituye al anterior vigente desde el primero de enero de 1998.[604] El proceso de revisión inició en 2008 por un comité redactor integrado por cerca de 20 miembros, apoyado por un grupo de trabajo compuesto por más de 202 miembros. A esto se añadió un proceso de consulta con los representantes de la Comisión de Arbitraje y de los Comités Nacionales de la ICC alrededor del mundo.

El nuevo Reglamento, aprobado en la Ciudad de México, durante la reunión del Consejo Mundial de la ICC en junio de 2011, se divide en 41 artículos y cinco apéndices relativos a:

I. Estatuto de la Corte Internacional de Arbitraje [605]
II. Reglamento Interno de la Corte Internacional de Arbitraje
III. Costos del arbitraje y honorarios
IV. Técnicas para la conducción del caso; y
V. Reglas de árbitro de emergencia.

Se describe al arbitraje bajo el Reglamento de Arbitraje de la ICC como «un procedimiento formal que conduce a una decisión vinculante por parte de un tribunal arbitral neutral, susceptible de ejecución de conformidad con las

---

Law and Economics, Washington, EUA, The National Law Center, The George Washington University, vol. 14, núm. 3, 1980, GONZÁLEZ DE COSSÍO, Francisco, *Arbitraje*, 3a ed., México, Porrúa, 2011, entre otros.

603. El lanzamiento mundial de las mismas se hizo el 12 de septiembre de 2011. En la Ciudad de México fueron presentadas oficialmente el martes 11 de octubre de 2011 por Claus VON WOBESER Vicepresidente de la Corte Internacional de Arbitraje de ICC y Fernando ESTAVILLO CASTRO, miembro mexicano de la Corte Internacional de Arbitraje de ICC. Un avance de su contenido en CRUZ BARNEY, Oscar, «Nuevo Reglamento de Arbitraje de la Cámara Internacional de Comercio», en *El Ilustre*, México, Ilustre y Nacional Colegio de Abogados de México, núm. 4, Noviembre, 2012.

604. Sobre el reglamento de 1998 véase entre otros CRAIG, W. Laurence, PARK, William W., y PAULSSON, Jan, *Annotated Guide to the 1998 ICC Arbitration Rules with commentary*, EUA, Oceana Publications, International Chamber of Commerce, 1998 e *International Chamber of Commerce Arbitration,* 3a ed., EUA, Oceana Publications, International Chamber of Commerce Publishing, 2000.

605. La Corte Internacional de Arbitraje de la CCI tiene como función el proveer a la solución mediante arbitraje de las controversias internacionales surgidas en el ámbito de los negocios conforme al Reglamento de Arbitraje. Es importante tener presente que la Corte no resuelve por sí misma las controversias, sino que únicamente tiene la función de asegurar el cumplimiento del Reglamento.

normas de arbitraje domésticas y tratados internacionales»[606] como es la Convención de Nueva York.

El nuevo Reglamento busca responder a las necesidades actuales de la empresa al añadir nuevas disposiciones para tratar temas que se presentaron durante la vigencia del Reglamento de 1998 y que era necesario atender como son las controversias involucrando múltiples contratos y partes; la actualización de procedimientos para la conducción del caso; cambios para facilitar la gestión de controversias derivadas de tratados de inversiones y acuerdos de libre comercio así como el nombramiento de un árbitro de emergencia para ordenar medidas urgentes.

Incluye como veremos algunas novedades importantes de las que cabe destacar las siguientes:

1. La eliminación de la distinción entre controversias de carácter "internacional" y "no internacional", como respuesta a una realidad: muchos arbitrajes nacionales se ventilan y se administran bajo el Reglamento de la ICC. Hay un elemento de confianza que ofrece la institución que permite que instituciones y empresas no solamente internacionales sino nacionales acudan a este mecanismo de solución de controversias ofrecido por la Cámara.

2. Se establece que solamente la ICC puede administrar asuntos de acuerdo con el Reglamento. El objetivo es evitar el uso de la cláusula arbitral y del Reglamento de la ICC sin la administración del procedimiento por parte de la institución.

3. En cuanto a las notificaciones se prevé el intercambio de comunicaciones mediante correo electrónico, por lo que ahora se contempla cualquier medio de telecomunicación que provea un registro del envío, eliminando las referencias a mecanismos ya superados o en desuso como pueden ser el fax, el télex y el telegrama.

4. Se sustituye el término "demanda" por el término "solicitud" contenidos en el Reglamento de 1998 respecto del inicio del procedimiento arbitral. Anteriormente se establecía que la demandante debía dirigir su "demanda" a la Secretaría General de la Corte, ahora se habla de "solicitud", lo que en principio debería implicar la redacción de un escrito más simple que una demanda en forma, sin embargo, como veremos, el contenido de la ahora "solicitud" es el mismo que el de una demanda arbitral y cumple la misma función. De hecho el término demandante se sigue utilizando al referirse a quien presenta la

606. Véase *Reglamentos de Arbitraje y de ADR*, París, Imprimerie de l'Orangerie, Cámara Internacional de Comercio, 2011, p. 1.

solicitud de inicio del arbitraje y se habla de la posibilidad de contrademandar al contestar la solicitud.

5. Se introduce un cambio muy importante en la tarea de la Corte Internacional de Arbitraje respecto de la redacción del Artículo 6(2) del Reglamento de 1998 respecto al momento y circunstancias bajo las cuales la Corte debía decidir si *prima facie* el arbitraje debía continuar o no.

6. Se incluyen disposiciones sobre los arbitrajes con multiplicidad de partes y de contratos.

7. Se incluyen disposiciones sobre la incorporación de terceros al procedimiento arbitral.

8. Se mejoran las disposiciones sobre la posibilidad de consolidar diversos procedimientos arbitrales en uno solo.

9. Se incluyen disposiciones claras sobre la imparcialidad de los árbitros, no solamente de su independencia.

10. Se contempla la posibilidad de que el tribunal arbitral solicite a todo representante de las partes que acredite la misma.

11. Se incluye la obligación por parte de los árbitros de llevar a cabo una conferencia con las partes sobre la conducción del procedimiento.

12. Se incluye la figura del "Arbitro de Emergencia"

El Reglamento de Arbitraje de 2012 se divide en:

Disposiciones preliminares

Artículo 1. La Corte Internacional de Arbitraje

Artículo 2. Definiciones

Artículo 3. Notificaciones o comunicaciones escritas; plazos

Inicio del arbitraje

Artículo 4. Solicitud de arbitraje

Artículo 5. Contestación a la Solicitud; demanda reconvencional

Artículo 6. Efectos del acuerdo de arbitraje

Multiplicidad de partes, multiplicidad de contratos y consolidación

Artículo 7. Incorporación de partes adicionales

Artículo 8. Demandas en caso de multiplicidad de partes

Artículo 9. Multiplicidad de contratos

Artículo 10. Consolidación de arbitrajes

El tribunal arbitral

Artículo 11. Disposiciones generales

Artículo 12. Constitución del tribunal arbitral

Artículo 13. Nombramiento y confirmación de árbitros

Artículo 14. Recusación de árbitros

Artículo 15. Sustitución de árbitros

El procedimiento arbitral

Artículo 16. Entrega del expediente al tribunal arbitral
Artículo 17. Prueba de representación
Artículo 18. Sede del arbitraje
Artículo 19. Normas aplicables al procedimiento
Artículo 20. Idioma del arbitraje
Artículo 21. Normas jurídicas aplicables al fondo
Artículo 22. Conducción del arbitraje
Artículo 23. Acta de misión
Artículo 24. Conferencia sobre la conducción del procedimiento y calendario procesal
Artículo 25. Instrucción de la causa
Artículo 26. Audiencias
Artículo 27. Cierre de la instrucción y fecha de presentación del proyecto de laudo
Artículo 28. Medidas cautelares y provisionales
Artículo 29. Árbitro de emergencia
El laudo arbitral
Artículo 30. Plazo para dictar el laudo final
Artículo 31. Pronunciamiento del laudo
Artículo 32. Laudo por acuerdo de las partes
Artículo 33. Examen previo del laudo por la Corte
Artículo 34. Notificación, depósito y carácter ejecutorio del laudo
Artículo 35. Corrección e interpretación del laudo; remisión de laudos
Los costos
Artículo 36. Provisión para gastos del arbitraje
Artículo 37. Decisión sobre los costos del arbitraje
Disposiciones varias
Artículo 38. Modificación de plazos
Artículo 39. Renuncia
Artículo 40. Limitación de responsabilidad
Artículo 41. Regla general

Por su parte los apéndices incluyen los siguientes rubros:
Apéndice I. Estatuto de la Corte Internacional de Arbitraje
Artículo 1. Función
Artículo 2. Composición de la Corte
Artículo 3. Nombramiento
Artículo 4. Sesión plenaria de la Corte
Artículo 5. Comités
Artículo 6. Confidencialidad
Artículo 7. Modificación del Reglamento de Arbitraje

Apéndice II. Reglamento Interno de la Corte Internacional de Arbitraje
Artículo 1. Carácter confidencial de las actividades de la Corte Internacional de Arbitraje
Artículo 2. Participación de los miembros de la Corte Internacional de Arbitraje en los arbitrajes de la ICC
Artículo 3. Relaciones entre los miembros de la Corte y los Comités Nacionales y Grupos de la ICC
Artículo 4. Comité restringido
Artículo 5. Secretaría de la Corte
Artículo 6. Examen previo del laudo
Apéndice III. Costos del arbitraje y honorarios
Artículo 1. Provisión para gastos del arbitraje
Artículo 2. Gastos y honorarios
Artículo 3. La ICC como autoridad nominadora
Artículo 4. Arancel de gastos administrativos y de honorarios del árbitro
Apéndice IV. Técnicas para la conducción del caso
Apéndice V. Reglas de árbitro de emergencia
Artículo 1. Petición de Medidas de Emergencia
Artículo 2. Nombramiento del árbitro de emergencia; entrega del expediente
Artículo 3. Recusación de un árbitro de emergencia
Artículo 4. Sede del procedimiento del árbitro de emergencia
Artículo 5. Procedimiento
Artículo 6. Orden
Artículo 7. Costos del procedimiento del árbitro de emergencia
Artículo 8. Regla general

Disposiciones preliminares

Como adelantamos, la Corte Internacional de Arbitraje de la Cámara de Comercio Internacional (ICC) es el único órgano autorizado a administrar arbitrajes bajo el Reglamento, incluyendo el examen previo y la aprobación de laudos dictados de conformidad con el mismo. El Presidente de la Corte o en su ausencia o a solicitud suya, uno de sus Vicepresidentes, está facultado para tomar decisiones urgentes en nombre de la Corte, las cuales deben comunicarse a la Corte en la siguiente sesión.

La Corte se integra por un Presidente, los Vicepresidentes, los miembros y los miembros suplentes y en su trabajo es asistida por su Secretaría. El Presidente es elegido por el Consejo Mundial de la ICC con base en la recomendación que haga el Comité Ejecutivo de la ICC. El Consejo Mundial de la ICC nombra los Vicepresidentes de la Corte entre los miembros de la Corte o fuera de ellos. Sus miembros son nombrados por el Consejo Mundial de la ICC a propuesta de los Comités Nacionales o Grupos, a razón de un miembro por cada Comité Nacional o Grupo.

Todos los miembros, incluidos el Presidente y los Vicepresidentes, son nombrados por un período de tres años. Si un miembro no pudiere ejercer sus funciones, su sucesor será nombrado por el Consejo Mundial por lo que reste del período correspondiente. Con base en la recomendación que haga el Comité Ejecutivo, el período de nombramiento de cualquier miembro podrá ser extendido más allá de tres años si el Consejo Mundial así lo determina.

Es importante destacar que los árbitros, cualquier persona nombrada por el tribunal arbitral, el árbitro de emergencia, la Corte y sus miembros, la ICC y sus empleados, y los Comités Nacionales y Grupos de la ICC y sus empleados y representantes no serán responsables, frente a persona alguna, de hechos, actos u omisiones relacionados con el arbitraje, excepto en la medida en que dicha limitación de responsabilidad sea prohibida por la ley aplicable.

Conforme a lo dispuesto en el *Reglamento Interno de la Corte Internacional de Arbitraje*[607], la Corte podrá delegar, en uno o más comités integrados por sus miembros, la facultad de tomar ciertas decisiones, las cuales también deben ser comunicadas a la Corte en su siguiente sesión. La Corte es asistida en sus tareas por la Secretaría bajo la dirección de su Secretario General.

Conforme al Artículo 3 del Reglamento, todos los escritos y demás comunicaciones presentados por cualquiera de las partes, así como todos los documentos anexos a ellos, deben presentarse en tantas copias como partes haya, más una para cada árbitro y otra para la Secretaría. Debe asimismo enviarse a la Secretaría copia de cualquier notificación o comunicación dirigida por el tribunal arbitral a las partes.

Las notificaciones o comunicaciones de la Secretaría y del tribunal arbitral deben hacerse a la última dirección de la parte destinataria o de su representante según haya sido comunicada por ésta o por la otra parte. Como señalamos líneas arriba, las notificaciones o comunicaciones podrán efectuarse mediante entrega contra recibo, correo certificado, servicio de mensajería, correo electrónico o por cualquier otro medio de telecomunicación que provea un registro del envío (eliminándose la referencia al fax, telex y telégrafo).

Una notificación o comunicación se considerará efectuada el día en que haya sido recibida por la parte destinataria o por su representante, o en que debería haber sido recibida si se hubiere hecho de conformidad con el Reglamento. Los plazos especificados en el propio Reglamento o fijados de conformidad con el mismo comenzarán a correr el día siguiente a aquél en que una

---

607. *Reglamento Interno de la Corte Internacional de Arbitraje*, en *Reglamentos de Arbitraje y de ADR*, París, Imprimerie de l'Orangerie, Cámara Internacional de Comercio, 2011, pp. 45 y sigs.

comunicación o notificación se considere efectuada. En el supuesto que dicho día fuere feriado o inhábil en el país donde la notificación o comunicación se considere efectuada, el plazo se computará a partir del primer día hábil siguiente. Los días feriados o inhábiles se incluyen en el cómputo de los plazos. En el supuesto que el último día del plazo coincida con un día feriado o inhábil en el país en que la notificación o comunicación se considere efectuada, el plazo vencerá al final del primer día hábil siguiente.

Inicio del Arbitraje

El Artículo 4 trata de la ahora denominada solicitud de arbitraje, que deberá dirigirse a la Secretaría, en cualquiera de las oficinas especificadas en el Artículo 5(3) del *Reglamento Interno de la Corte Internacional de Arbitraje.*[608] La Secretaría deberá notificar a la demandante y a la demandada la recepción de la Solicitud y la fecha de recepción.

Se establece que la fecha de recepción de la Solicitud por la Secretaría será considerada como la fecha de inicio del arbitraje.

La antes demanda, ahora solicitud de inicio del arbitraje deberá contener la siguiente información:

1. Nombre completo, descripción, dirección y otra información de contacto de cada una de las partes;

2. Nombre completo, dirección y otra información de contacto de toda persona que represente a la demandante en el arbitraje;

3. Descripción de la naturaleza y circunstancias de la controversia que ha dado origen a las demandas y los fundamentos sobre la base de los cuales las demandas han sido formuladas (anteriormente se requería la descripción de la naturaleza y circunstancias de la controversia que dio origen a la demanda);

4. Indicación de las pretensiones, junto con el monto de cualquier demanda cuantificada y, en la medida de lo posible, una estimación del valor monetario de toda otra demanda (anteriormente se requería la inclusión de las pretensiones de la Actora incluyendo, en la medida de lo posible, la indicación de la suma reclamada);

608. El Artículo 5(3) del *Reglamento Interno de la Corte Internacional de Arbitraje* establece lo siguiente: Pueden ser establecidas oficinas de la Secretaría fuera de la sede de la CCI. La Secretaría mantendrá una lista de las oficinas designadas por el Secretario General. Las demandas de arbitraje podrán ser dirigidas a la Secretaría en cualquiera de sus oficinas, y las funciones de la Secretaría bajo el Reglamento pueden ser ejercidas desde cualquiera de sus oficinas, según las instrucciones del Secretario General, del Secretario General Adjunto o del Consejero General.

5. Todo convenio pertinente y, en particular, el acuerdo o los acuerdos de arbitraje;

6. Cuando las demandas sean formuladas bajo más de un acuerdo de arbitraje, una indicación del acuerdo de arbitraje bajo el cual se formula cada demanda;

7. Toda indicación pertinente y cualesquiera observaciones o propuestas con relación al número de árbitros y su selección, así como en su caso la designación del árbitro que se requiera; y

8. Toda indicación pertinente y cualesquiera observaciones o propuestas con relación a la sede del arbitraje, las normas jurídicas aplicables y el idioma del arbitraje.

La demandante [609] podrá presentar con la solicitud cualquier documento o información que considere apropiado o que pueda contribuir a la resolución eficiente de la controversia.

Con la solicitud, la demandante deberá presentar el número de copias de la solicitud previstas en el Reglamento y efectuar el pago de la tasa de registro vigente en la fecha de presentación de la Solicitud.[610] En el caso de que la demandante omitiere cumplir cualquiera de los requisitos señalados, la Secretaría podrá fijar un plazo para que la demandante proceda al cumplimiento de los mismos. En su defecto, al vencimiento del plazo el expediente deberá ser archivado sin perjuicio del derecho de la demandante a presentar en fecha ulterior las mismas pretensiones en una nueva solicitud de inicio de arbitraje.

La Secretaría, una vez recibido el número suficiente de copias de la solicitud y pagada la tasa de registro, deberá transmitir la solicitud y los documentos anexos a la demandada, para su contestación.

El demandado o demandados tienen 30 días, contados desde el día siguiente a la recepción de la solicitud enviada por la Secretaría, para presentar una contestación que debe contener la siguiente información:

1. Nombre completo, descripción, dirección y otra información de contacto;

---

609. El Nuevo Reglamento mantiene el término demandante aún cuando se habla ahora de Solicitud y no Demanda. En realidad el tratamiento que se le da a la Solicitud es el de demanda.

610. El Apéndice III referido a Costos del Arbitraje y Honorarios establece en su Artículo 1 relativo a la provisión para gastos del arbitraje que toda solicitud para el inicio de un arbitraje según el Reglamento debe ir acompañada del pago de US$ 3.000 (Tres mil dólares americanos). Dicho pago no es reembolsable y se debe tomar a cuenta de la parte de la provisión para los gastos del arbitraje que incumba a la demandante.

2. Nombre completo, dirección y otra información de contacto de toda persona que represente a la demandada en el arbitraje;

3. Comentarios sobre la naturaleza y circunstancias de la controversia que ha dado origen a las demandas y los fundamentos que sirven de base a las demandas;

4. Su posición sobre las pretensiones de la demandante;

5. Cualesquiera observaciones o propuestas con relación al número de árbitros y su elección a la luz de las propuestas formuladas por la demandante, así como la designación de árbitro que en ellos se requiera; y

6. Cualesquiera observaciones o propuestas con relación a la sede del arbitraje, las normas jurídicas aplicables y el idioma del arbitraje.

La demandada podrá presentar con la contestación cualquier documento o información que considere apropiado o que pueda contribuir a la resolución de la controversia.

A solicitud de la demandada, la Secretaría podrá concederle una prórroga del plazo para presentar la Contestación, siempre y cuando dicha solicitud de prórroga contenga observaciones y propuestas de la demandada en relación con el número de árbitros y su elección y, cuando sea necesario conforme al Reglamento, la designación de un árbitro.

La contestación debe presentarse ante la Secretaría en tantas copias cuantas previstas en el Reglamento. Toca a la Secretaría comunicar la contestación y los documentos anexos a la misma a todas las demás partes.

Junto con la contestación debe, en su caso, presentarse la o las demandas reconvencionales formuladas por la demandada, misma que debe contener:

1. Una descripción de la naturaleza y circunstancias de la controversia que dio origen a la demanda reconvencional y los fundamentos que sirven de base a la misma;

2. Una indicación de las pretensiones junto con el monto de cualquier demanda reconvencional cuantificada y, en la medida de lo posible, una estimación del valor monetario de toda otra demanda reconvencional;

3. Todo convenio pertinente y, en particular, el acuerdo o los acuerdos de arbitraje; y

4. Cuando las demandas reconvencionales fueren formuladas bajo más de un acuerdo de arbitraje, una indicación del acuerdo de arbitraje bajo el cual se formula cada demanda reconvencional.

La demandada puede presentar con la demanda reconvencional cualquier documento o información que considere apropiado o que pueda contribuir a la resolución de la controversia.

La demandante tiene 30 días, siguientes a la recepción de la demanda reconvencional comunicada por la Secretaría, para presentar una respuesta. Previo a la entrega del expediente al tribunal arbitral, la Secretaría puede otorgar a la demandante una prórroga del plazo para presentar dicha respuesta.

En lo que se refiere a los efectos del acuerdo de arbitraje, cuando las partes han acordado someterse al arbitraje según el Reglamento, se sujetan también, por ese solo hecho, al Reglamento vigente a la fecha de inicio del arbitraje a menos que hayan acordado someterse al Reglamento vigente a la fecha del acuerdo de arbitraje. Aceptan asimismo que el arbitraje será administrado por la Corte.

En cuanto a los costos del arbitraje, después de recibida la Solicitud, el Secretario General podrá solicitar a la demandante el pago de un anticipo sobre la provisión para gastos del arbitraje en un monto previsto para cubrir los gastos del arbitraje hasta la elaboración del Acta de Misión. Todo anticipo pagado será considerado como un pago parcial de la demandante de la provisión para gastos fijada por la Corte.

Tan pronto como le sea posible, la Corte fijará la provisión para gastos del arbitraje en un monto suficiente para cubrir los honorarios y los gastos de los árbitros, así como los gastos administrativos de la ICC correspondientes a las demandas presentadas ante ella por las partes. La provisión para gastos fijada por la Corte será pagada en partes iguales por la demandante y la demandada.

Cuando la demandada formule demandas reconvencionales la Corte podrá fijar provisiones separadas para las demandas principales y reconvencionales. Cuando la Corte fije provisiones separadas, cada una de las partes deberá pagar la provisión correspondiente a sus demandas.

Cuando no se haya satisfecho una solicitud de provisión para gastos del arbitraje, el Secretario General puede, previa consulta al tribunal arbitral, indicar a éste que suspenda sus actividades y fijar un plazo, que no puede ser inferior a 15 días, al vencimiento del cual la correspondiente demanda se considerará retirada. Si la parte interesada desea oponerse a tal medida, deberá solicitar, en el plazo antes mencionado, que el asunto sea decidido por la Corte. Dicho retiro no priva a la parte interesada del derecho a formular posteriormente la misma demanda en otro proceso.

Si una parte interpone una excepción de compensación a cualquier demanda, dicha excepción será tenida en cuenta para determinar la provisión para gastos del arbitraje, como si se tratara de una demanda distinta, cuando implique el examen de cuestiones adicionales por parte del tribunal arbitral.

Los costos del arbitraje deberán incluir los honorarios y los gastos de los árbitros, así como los gastos administrativos de la ICC determinados por la Corte de conformidad con el arancel vigente en la fecha de inicio del arbitraje, los honorarios y los gastos de los peritos nombrados por el tribunal arbitral y los gastos razonables incurridos por las partes para su defensa en el arbitraje.

La Corte podrá fijar los honorarios de los árbitros en un monto superior o inferior al que resulte del arancel aplicable si así lo considera necesario en razón de las circunstancias excepcionales del caso. En cualquier momento del procedimiento arbitral, el tribunal arbitral podrá tomar decisiones sobre costos, distintos de aquéllos fijados por la Corte, y ordenar su pago. El laudo final fijará los costos del arbitraje y decidirá cuál de las partes debe pagarlos o en qué proporción deben repartirse entre ellas.

Al tomar decisiones sobre costos, el tribunal arbitral podrá tomar en cuenta las circunstancias que considere relevantes, incluyendo la medida en la que cada parte haya conducido el arbitraje de forma expedita y eficaz en término de costos. En caso de retiro de todas las demandas o de terminación del arbitraje antes de dictarse el laudo final, la Corte fijará los honorarios y gastos de los árbitros y los gastos administrativos de la ICC. A falta de acuerdo de las partes sobre la distribución de los costos del arbitraje o sobre otras cuestiones relevantes en relación con los costos, tales cuestiones serán decididas por el tribunal arbitral. Si el tribunal arbitral no hubiere sido constituido al momento del retiro de las demandas o de la terminación, cualquier parte podrá solicitar a la Corte que proceda con la constitución del tribunal arbitral de conformidad con el Reglamento a fin de que el tribunal arbitral pueda tomar una decisión sobre los costos.

El acuerdo de arbitraje

Dada la naturaleza consensual del arbitraje, se requiere la expresión de voluntad de los interesados en el sentido de querer someter sus discrepancias al arbitraje. Comúnmente se distinguen diversas etapas previas al conocimiento del conflicto por quien debe hacerlo pero pueden conjugarse entre sí.

El acuerdo arbitral consiste en «un acuerdo por el que las partes deciden someter a arbitraje todas o ciertas controversias que hayan surgido o puedan surgir entre ellas respecto de una determinada relación jurídica, sea o no contractual»[611].

El término puede aplicarse tanto a la obligación futura de acudir al arbitraje en caso de conflicto, como de someterse cuando ya apareció el problema. (Artículo 1416.I del *Código de Comercio* mexicano[612]). El acuerdo arbitral podrá

---

611. Siqueiros, José Luis, *op. cit.*, nota 95, p. 4.

612. Sobre el arbitraje en el Código de Comercio mexicano véase Estavillo Castro, Fernando, «Arbitraje comercial internacional», en Cruz Barney, Oscar, Coord., *120 años del Código de Comercio. Codificación y descodificación del derecho mercantil mexicano,* México, Ilustre y Nacional Colegio de Abogados de México, Tribunal Superior de Justicia del D.F., Instituto de Investigaciones Jurídicas de la UNAM, 2009, pp.413 y sigs.

adoptar la forma de una cláusula compromisoria o cláusula arbitral[613] incluida en el contrato o bien la forma de un acuerdo independiente.

El Artículo 6(3) contiene uno de los cambios más importantes del Nuevo Reglamento. En el Reglamento de 1998 se establecía que si la demandada no presentaba su contestación a la demanda o si alguna de las partes alegaba una o varias excepciones relativas a la existencia, validez o ámbito de aplicación del acuerdo de arbitraje, *la Corte* podía decidir que el arbitraje debía proceder, siempre y cuando estuviere convencida que, *prima facie*, existía un acuerdo arbitral de conformidad con el Reglamento. La decisión de la Corte no prejuzgaba sobre la admisibilidad ni sobre el fundamento de estas excepciones, correspondiendo al tribunal arbitral decidir sobre su propia competencia. En caso de que la Corte no considerase que, *prima facie*, existía un acuerdo arbitral de conformidad con el Reglamento, notificaría a las partes que el arbitraje no podía continuar. En este caso, las partes conservaban el derecho de solicitar a un juez competente que decidiera si existía o no un acuerdo de arbitraje que las vinculase.

En la nueva redacción se regula de manera mucho más detallada el supuesto arriba señalado. Se establece que si una parte contra la cual se haya formulado una demanda no presenta una contestación, o si formula una o varias excepciones relativas a la existencia, validez o alcance del acuerdo de arbitraje o a si todas las demandas formuladas en el arbitraje pueden ser determinadas conjuntamente en un solo arbitraje, *el arbitraje proseguirá y toda cuestión de jurisdicción o relativa a si las demandas pueden ser determinadas conjuntamente en tal arbitraje serán decididas directamente por el tribunal arbitral*, a menos que el Secretario General decida referir el asunto a la Corte de Arbitraje para su decisión, conforme al Artículo 6(4) del Reglamento. En ese caso, toca a la Corte decidir si y en qué medida el arbitraje proseguirá.

El arbitraje proseguirá si y en la medida en que la Corte estuviere convencida, *prima facie*, de la posible existencia de un acuerdo de arbitraje de conformidad con el Reglamento. En particular:

1. Cuando hayan más de dos partes en el arbitraje, el arbitraje proseguirá entre aquellas partes, incluida cualquier parte adicional que haya sido incorporada conforme al Reglamento, respecto de las cuales la Corte estuviera convencida, *prima facie*, de la posible existencia de un acuerdo de arbitraje de conformidad con el Reglamento que las vincule a todas; y

613. También llamado «contrato preliminar de arbitraje.» Ver Torralba Soriano, Vicente, «Eficacia del contrato preliminar de arbitraje», *Revista crítica de derecho inmobiliario,* Madrid, España, año XLII, núm. 453, marzo-abril, 1966, p. 311.

2. Cuando se formulen demandas que surjan de o en relación con más de un contrato, el arbitraje proseguirá en relación con aquellas demandas respecto de las cuales la Corte estuviera convencida, *prima facie*:

a) De la posible compatibilidad entre los acuerdos de arbitraje bajo los cuales tales demandas son formuladas, y

b) De la posible existencia de un acuerdo entre las partes en el arbitraje para que dichas demandas puedan ser determinadas conjuntamente en un solo arbitraje. La decisión de la Corte no prejuzga la admisibilidad o fundamento de la excepción o excepciones de cualquiera de las partes.

En todos los casos decididos por la Corte bajo el Artículo 6(4), cualquier decisión relativa a la competencia del tribunal arbitral, excepto en relación con partes o demandas respecto de las cuales la Corte decida que el arbitraje no debe proseguir, deberá ser tomada por el propio tribunal arbitral.

La decisión de la Corte de conformidad con el Artículo 6(4) de que el arbitraje no puede proseguir en relación con todas o alguna de las partes debe notificárseles. Las partes conservan el derecho de solicitar una decisión de cualquier tribunal competente sobre si existe o no, y respecto de cuál de ellas, un acuerdo de arbitraje que las obligue.

Asimismo, cuando la Corte decida de conformidad con el Artículo 6(4) que el arbitraje no puede proseguir en relación con cualesquiera de las demandas, dicha decisión no impedirá a una parte reintroducir la misma demanda en una fecha posterior en otros procedimientos.

Cabe destacar que si alguna de las partes rehúsa o se abstiene de participar en el arbitraje o en cualquier etapa de éste, el arbitraje procederá no obstante dicha negativa o abstención.

Se debe tener presente lo señalado en el Artículo 6(9) en el sentido de que salvo estipulación en contrario y siempre y cuando haya admitido la validez del acuerdo de arbitraje, el tribunal arbitral no perderá su competencia por causa de pretendida nulidad o inexistencia del contrato. El tribunal arbitral conservará su competencia, aun en caso de inexistencia o nulidad del contrato, para determinar los respectivos derechos de las partes y decidir sobre sus pretensiones y alegaciones.[614]

Disposición similar la encontramos en el *Código de Comercio* de México, en el artículo 1432. Esta disposición consagra la facultad elemental del tribunal,

---

614. Sobre la cláusula o compromiso arbitral véase el reciente trabajo de De Benito Llopis-Llombart, Marco, *El convenio arbitral. Su eficacia obligatoria,* Madrid, Civitas, Thomson-Reuters, 2010.

para discernir sobre su propia competencia y se la conoce como la "competencia de la competencia".[615]

México incorporó en el Libro Quinto del *Código de Comercio*, las disposiciones de la *Ley Modelo* de la UNCITRAL sobre arbitraje comercial internacional que fue aprobada por la Comisión de las Naciones Unidas para el Derecho Mercantil Internacional, el 21 de junio de 1985. Lo anterior dota de cierta uniformidad a las diversas legislaciones nacionales que regulan estos temas de las transacciones comerciales internacionales.

Incorporación de partes adicionales, arbitraje con multiplicidad de partes y el arbitraje con multiplicidad de contratos

Uno de los temas novedosos del Reglamento vigente es el de la incorporación de partes adicionales. La parte que desee incorporar una parte adicional al arbitraje debe, conforme al Reglamento, presentar a la Secretaría su *Solicitud de Incorporación* al arbitraje en contra de la parte adicional. Para todos los efectos, la fecha en la que la *Solicitud de Incorporación* se reciba por la Secretaría se considerará la fecha de inicio del arbitraje contra la parte adicional. Ninguna parte adicional podrá ser incorporada después de la confirmación o nombramiento de un árbitro, salvo que todas las partes, incluyendo la parte adicional, acuerden lo contrario. La Secretaría podrá fijar un plazo para la presentación de la *Solicitud de Incorporación.*

La *Solicitud de Incorporación* debe contener la siguiente información:

1) La referencia del arbitraje existente;

2) El nombre completo, descripción, dirección y otra información de contacto de cada una de las partes, incluyendo la parte adicional; y

3) La información especificada en el Artículo 4(3) relativa a las solicitudes de inicio del arbitraje, salvo lo ya señalado en los incisos 1 y 2 anteriores.

La parte que presente la *Solicitud de Incorporación* puede presentar junto con ella cualquier documento o información que considere apropiada o que pueda contribuir a la solución de la controversia.

A esta *Solicitud de Incorporación* le son aplicables, *mutatis mutandi*, las disposiciones relativas al número de copias que deben de anexarse a la misma y a la tasa de registro conforme al Reglamento.

La parte adicional deberá presentar una contestación a esta *Solicitud de Incorporación*. La parte adicional puede formular demandas en contra de cualquier otra parte de conformidad con las disposiciones del Reglamento.

615. Ver el artículo 11.3 de la Convención de Nueva York.

El Artículo 8 del Reglamento contempla otra de las novedades en el procedimiento de la ICC al referirse a las demandas en caso de multiplicidad de partes. En un arbitraje de esta naturaleza todas las partes podrán formular demandas contra cualquiera de las demás partes y siempre que ninguna nueva demanda sea formulada después de la firma o aprobación del Acta de Misión, salvo que cuente con la autorización del tribunal arbitral.

Por su parte el Artículo 9 del Reglamento se refiere a la multiplicidad de contratos y establece que las demandas que surjan de, o en relación con más de un contrato podrán ser formuladas en un solo arbitraje, independientemente de si dichas demandas son formuladas bajo uno o más acuerdos de arbitraje bajo el Reglamento.

El Artículo 10 busca una mayor claridad en el tema de la denominada consolidación de arbitrajes al establecer que la Corte podrá, a solicitud de una parte, consolidar dos o más arbitrajes pendientes bajo el Reglamento en un solo arbitraje, cuando:

1. Las partes hayan acordado la consolidación; o
2. Todas las demandas en los arbitrajes sean formuladas bajo el mismo acuerdo de arbitraje; o,
3. Si las demandas en los arbitrajes son formuladas bajo más de un acuerdo de arbitraje, los arbitrajes sean entre las mismas partes, las controversias en los arbitrajes surjan en relación con la misma relación jurídica, y la Corte considere que los acuerdos de arbitraje son compatibles.

Al decidir sobre la consolidación, la Corte puede tomar en cuenta cualquier circunstancia que considere relevante, incluyendo si uno o más árbitros han sido confirmados o nombrados en más de un arbitraje y, de ser el caso, si las mismas o diferentes personas han sido confirmadas o nombradas.

La consolidación de diversos arbitrajes se hará en el arbitraje que haya comenzado primero, salvo que todas las partes acuerden lo contrario.

Uno de los cambios incorporados en el Reglamento vigente a partir de enero de 2012 es que se exige del árbitro no solamente su independencia respecto de las partes sino también su imparcialidad, tema mucho más complejo y difícilmente previsible en la designación de un árbitro. Ahora conforme al nuevo Reglamento, antes de su nombramiento o confirmación, la persona propuesta como árbitro deberá suscribir una declaración de aceptación, disponibilidad, imparcialidad e independencia.[616] El árbitro, por el hecho de aceptar

616. En este sentido, es una declaración similar a la que firman los árbitros que participan en el procedimiento de revisión de las resoluciones antidumping en el Tratado de Libre Comer-

su designación, se compromete a desempeñar su misión hasta su término de conformidad con el Reglamento.

La persona propuesta como árbitro debe dar a conocer por escrito a la Secretaría cualesquiera hechos o circunstancias susceptibles, desde el punto de vista de las partes, de poner en duda su independencia, así como cualquier circunstancia que pudiere dar lugar a dudas razonables sobre su imparcialidad. La Secretaría deberá comunicar por escrito dicha información a las partes y fijar un plazo para que éstas realicen sus comentarios.

El árbitro está obligado a dar a conocer inmediatamente y por escrito, tanto a la Secretaría como a las partes, cualesquiera hechos o circunstancias relativas a su imparcialidad o independencia que pudieren surgir durante el arbitraje.

Constitución del Tribunal Arbitral

Los arbitrajes de la ICC pueden desarrollarse con un árbitro único o por tres árbitros. Cuando las partes no se hayan puesto de acuerdo sobre el número de árbitros, la Corte deberá nombrar a un árbitro único, a menos que considere que la controversia justifica la designación de tres árbitros. En este caso, la demandante deberá designar un árbitro en un plazo de 15 días contados a partir de la recepción de la notificación de la decisión de la Corte, y la demandada deberá designar un árbitro en un plazo de 15 días contados a partir de la recepción de la notificación de la designación hecha por la demandante. Si una parte no designa un árbitro, el nombramiento será hecho por la Corte.

Cuando las partes hayan acordado que la controversia será resuelta por un árbitro único, podrán designarlo de común acuerdo para su confirmación. Si las partes no lo hubieren designado dentro de los 30 días siguientes a la recepción de la solicitud por la otra parte, o durante el plazo adicional que a dicho efecto haya sido otorgado por la Secretaría, el árbitro único deberá ser nombrado por la Corte. Cuando las partes hayan acordado que la controversia deba ser resuelta por tres árbitros, cada parte, en la solicitud y en la contestación, respectivamente, deberá designar un árbitro para su confirmación. Si una parte se abstiene de designar árbitro, el nombramiento deberá ser hecho por la Corte.

Cuando la controversia haya de ser sometida a la decisión de tres árbitros, el tercer árbitro, quien actuará como presidente del tribunal arbitral, será nombrado por la Corte a menos que las partes hayan convenido otro procedimiento para su designación; en tal caso, la designación estará sujeta a confirmación por la Corte. Si dicho procedimiento no resulta en una designación dentro de un

---

cio de América del Norte. Sobre este punto véase CRUZ BARNEY, Oscar, *Solución de controversias y Antidumping en el Tratado de Libre Comercio de América del Norte*, México, 2ª ed., IIJ-UNAM, Porrúa, 2007.

plazo de 30 días contados desde la confirmación o nombramiento de los coárbitros, o dentro de cualquier otro plazo acordado por las partes o fijado por la Corte, ésta nombrará el tercer árbitro.

En el caso de multiplicidad de demandantes o de demandadas, si la controversia hubiere de someterse a la decisión de tres árbitros, las demandantes, conjuntamente, y las demandadas, conjuntamente, deberán designar un árbitro para confirmación por la Corte.

Cuando una parte adicional haya sido incorporada, y cuando la controversia haya de ser sometida a la decisión de tres árbitros, la parte adicional podrá, conjuntamente con la o las demandante o con la o las demandada, designar un árbitro para su confirmación.

A falta de designación conjunta y si las partes no hubieren podido ponerse de acuerdo sobre el método para constituir el tribunal arbitral, la Corte podrá nombrar cada uno de los miembros de éste y designar a uno de ellos para que actúe como presidente. En este caso, la Corte quedará en libertad de escoger cualquier persona que estime apropiada para actuar como árbitro.

En el nombramiento y/o confirmación de los árbitros, la Corte deberá tener en cuenta la nacionalidad, residencia y cualquier otra relación que dicho árbitro tuviere con los países de los que son nacionales las partes o los demás árbitros, así como su disponibilidad y aptitud para conducir el arbitraje de conformidad con el Reglamento. De la misma manera deberá proceder el Secretario General cuando le corresponda confirmar un árbitro. El Secretario General podrá confirmar como coárbitros, árbitros únicos y presidentes de tribunal arbitral a aquellas personas, designadas por las partes o en virtud de lo acordado por éstas, siempre que las declaraciones que hayan suscrito no contengan ninguna reserva respecto de su imparcialidad o independencia o, si la declaración contiene tal reserva, ésta no haya provocado objeción alguna de las partes. Dicha confirmación deberá ser comunicada a la Corte en la siguiente sesión. Si el Secretario General considera que un coárbitro, árbitro único o presidente de tribunal arbitral no debe ser confirmado, el asunto deberá someterse a la decisión de la Corte.

Cuando incumbe a la Corte el nombramiento de un árbitro, deberá efectuar dicho nombramiento sobre la base de una propuesta que al efecto solicitará a un Comité Nacional o Grupo de la ICC que considere apropiado. De no aceptar la Corte dicha propuesta, o si el Comité Nacional o Grupo no presenta la propuesta solicitada en el plazo fijado por la Corte, ésta puede reiterar la solicitud, solicitar una propuesta a otro Comité Nacional o Grupo que considere apropiado, o nombrar directamente a cualquier persona que considere apropiada. En este sentido, la Corte no está de ninguna manera maniatada o constreñida a la propuesta o sugerencia de árbitro que pueda hacer el Comité Nacional o Grupo.

La Corte podrá también nombrar directamente para actuar como árbitro a cualquier persona que considere apropiada cuando:

1. Una o más partes sean un Estado o aleguen ser una entidad estatal; o
2. La Corte considere que sería apropiado nombrar un árbitro de un país o territorio donde no haya Comité Nacional o Grupo; o
3. El Presidente de la Corte certifique a la Corte la existencia de circunstancias que, en la opinión del mismo, hacen que el nombramiento directo sea necesario y apropiado.
4. El árbitro único o el presidente del tribunal arbitral será de una nacionalidad distinta a la de las partes.

No obstante, en circunstancias apropiadas y siempre que ninguna de las partes se oponga a ello dentro del plazo fijado por la Corte, el árbitro único o el presidente del tribunal arbitral podrá ser del país del cual una de las partes es nacional.

Los árbitros son desde luego recusables, fundada la recusación en una alegación de parcialidad o falta de independencia o en cualquier otro motivo. La solicitud deberá presentarse ante la Secretaría mediante un escrito en donde se precisen los hechos y las circunstancias en que se funda la misma. Para que sea admisible, la solicitud de recusación deberá ser presentada por la parte interesada dentro de los 30 días siguientes a la recepción por ésta de la notificación del nombramiento o confirmación del árbitro, o dentro de los 30 días siguientes a la fecha en que dicha parte fue informada de los hechos y las circunstancias en que funda su solicitud, si dicha fecha es posterior a la recepción de la mencionada notificación.

La Corte deberá pronunciarse sobre la admisibilidad y, al mismo tiempo y si hubiere lugar a ello, sobre el fondo de la solicitud de recusación, después que la Secretaría haya otorgado al árbitro en cuestión, a las otras partes y, si es el caso, a los demás miembros del tribunal arbitral la oportunidad de presentar sus comentarios por escrito dentro de un plazo adecuado. Dichos comentarios deberán ser comunicados a las partes y a los árbitros.

Un árbitro podrá ser sustituido por las siguientes causas:

1. Por fallecimiento.
2. Cuando su renuncia o su recusación sea aceptada por la Corte.
3. Cuando la Corte acepte una solicitud de todas las partes en ese sentido.
4. A iniciativa de la Corte, cuando ésta decida que existe un impedimento *de iure* o *de facto* para el cumplimiento de sus funciones, o que el árbitro no cumple con éstas de conformidad con el Reglamento *o dentro de los plazos establecidos*.

Cabe destacar que el nuevo Reglamento incluye entre las razones de sustitución de o los árbitros el que no se cumpla con sus funciones dentro de los plazos establecidos, a fin de evitar demoras en los procedimientos arbitrales atribuibles a las ineficiencias o a la poca dedicación del árbitro al asunto en cuestión.

Cuando, en virtud de la información que haya llegado a su conocimiento, la Corte contemple la posibilidad de sustituir al árbitro por virtud de la existencia de impedimentos para que cumpla con su función o que no lo hace conforme al Reglamento o dentro de los plazos fijados, deberá resolver al respecto después de que al árbitro en cuestión, a las partes y, si es el caso, a los demás miembros del tribunal arbitral se les haya concedido la oportunidad de presentar sus comentarios por escrito dentro de un plazo adecuado. Dichos comentarios deberán ser comunicados a las partes y a los árbitros.

En caso de sustitución de un árbitro, la Corte decidirá, de manera discrecional, si sigue o no el procedimiento original de designación. Una vez reconstituido, el tribunal arbitral resolverá, después de haber invitado a las partes a presentar sus observaciones, si y en qué medida se repetirán las actuaciones anteriores.

Después de cerrada la instrucción de la causa, en lugar de sustituir a un árbitro que ha fallecido o ha sido destituido por la Corte, ésta podrá decidir, cuando lo considere apropiado, que los árbitros restantes continúen con el arbitraje. Al tomar dicha decisión, la Corte tomará en cuenta la opinión de los árbitros restantes y de las partes, así como cualquier otra cuestión que considere pertinente en las circunstancias.

Procedimiento arbitral

Una vez constituido el tribunal arbitral y cubierta la provisión para gastos requerida por la Secretaría a esta altura del procedimiento, la Secretaría deberá hacerle entrega del expediente. Una vez iniciado el arbitraje, el tribunal arbitral o la Secretaría podrán requerir, respecto de todo representante de las partes, que acredite la misma.

En cuanto a la sede del arbitraje, ésta podrá ser fijada por la Corte a menos que las partes la hayan convenido. Salvo acuerdo en contrario de las partes, el tribunal arbitral, previa consulta con aquéllas, podrá celebrar audiencias y reuniones en cualquier lugar que considere apropiado. Las deliberaciones del tribunal arbitral podrán llevarse a cabo en cualquier lugar que considere apropiado.

El procedimiento ante el tribunal arbitral se debe regir por el Reglamento y, en caso de silencio de éste, por las normas que las partes o, en su defecto, el tribunal arbitral determinen ya sea con referencia o no a un derecho procesal nacional aplicable al arbitraje. El o los idiomas del arbitraje, a falta de acuerdo entre las partes, será determinado por el tribunal arbitral, teniendo en cuenta cualesquiera circunstancias pertinentes, incluido desde luego el idioma del contrato.

Las partes pueden acordar libremente las normas jurídicas que el tribunal arbitral deberá aplicar al fondo de la controversia. A falta de acuerdo de las partes, el tribunal arbitral podrá aplicar las normas jurídicas que considere apropiadas, teniendo en cuenta las estipulaciones del contrato celebrado entre las partes, si lo hubiere, y cualesquiera usos comerciales pertinentes.

Se mantiene la posibilidad en el nuevo Reglamento de que el tribunal arbitral tenga los poderes de amigable componedor o de decisión *ex aequo et bono* únicamente si las partes, de común acuerdo, le han otorgado tales poderes.

Uno de los aspectos que distinguen a los procedimientos arbitrales de la ICC es la denominada Acta de misión, cuya redacción ha sido incorporada en otros procedimientos de solución de controversias contenidos en tratados comerciales internacionales de los que México es parte.[617]

El tribunal arbitral está obligado a elaborar, tan pronto como reciba de la Secretaría el expediente y con base en los documentos o en presencia de las partes y teniendo en cuenta las últimas alegaciones de éstas, un documento que precise su misión, denominado *Acta de Misión*. Dicho documento deberá contener:

a) Nombre completo, descripción, dirección y otra información de contacto de cada una de las partes y de toda persona que las represente en el arbitraje;

b) Dirección donde se podrán efectuar válidamente las notificaciones o comunicaciones durante el arbitraje;

c) Una exposición sumaria de las pretensiones de las partes y de sus peticiones, junto con el monto de cualquier demanda cuantificada y, en la medida de lo posible, una estimación del valor monetario de toda otra demanda;

d) A menos que el tribunal arbitral lo considere inadecuado, una lista de los puntos litigiosos por resolver;

e) Nombres completos, dirección y otra información de contacto de cada uno de los árbitros;

f) Sede del arbitraje; y

g) Precisiones con relación a las normas aplicables al procedimiento y, si fuere el caso, la mención de los poderes conferidos al tribunal arbitral para actuar como amigable componedor o para decidir *ex aequo et bono*.

---

617. Véase Cruz Barney, Oscar, «El arbitraje y los tratados comerciales internacionales de los que México es parte», en Méndez Silva, Ricardo, *Contratación y Arbitraje Internacionales,* México, IIJ, UNAM, 2010.

El Acta de Misión deberá ser firmada por las partes y por el tribunal arbitral. Dentro de los dos meses siguientes a la fecha en que se le haya entregado el expediente, el tribunal arbitral deberá remitir a la Corte el Acta de Misión firmada por las partes y por el tribunal arbitral. La Corte puede, por solicitud motivada del tribunal arbitral o, si lo estima necesario, de oficio, prorrogar dicho plazo.

Si una de las partes rehúsa participar en su redacción, o no la firma, el Acta de Misión deberá someterse a la Corte para su aprobación. Tan pronto como el Acta de Misión sea aprobada por la Corte, el arbitraje continuará su curso. Ninguna de las partes podrá formular nuevas demandas que estén fuera de los límites fijados en ella, salvo autorización del tribunal arbitral el cual, al decidir al respecto, deberá tener en cuenta la naturaleza de las nuevas demandas, la etapa en que se encuentre el proceso arbitral y las demás circunstancias que sean pertinentes.

Una de las innovaciones del Reglamento es el de que al preparar el Acta de Misión, o en cuanto le sea posible después de ello, el tribunal arbitral deberá organizar una conferencia sobre la conducción del procedimiento para consultar a las partes sobre las medidas procesales que podrían ser adoptadas de conformidad con el Reglamento. Tales medidas pueden incluir una o más de las técnicas para la administración del caso descritas en el Apéndice IV al que nos hemos referido anteriormente.

Durante o después de dicha conferencia, el tribunal arbitral deberá establecer el calendario procesal que pretenda seguir en la conducción del arbitraje. El calendario procesal y cualquier modificación del mismo deberán ser comunicados a la Corte y a las partes. El tribunal arbitral podrá adoptar nuevas medidas procesales o modificar el calendario procesal, después de consultar a las partes mediante una nueva conferencia sobre la conducción del procedimiento o de cualquier otra forma.

El tribunal arbitral puede solicitar a las partes que presenten propuestas para la conducción del procedimiento con antelación a una conferencia de conducción del procedimiento, y puede solicitar la presencia de las partes en persona o a través de un representante interno.

En cuanto a la instrucción de la causa el tribunal arbitral lo deberá hacer en el plazo más breve posible por cualesquiera medios apropiados. Una vez examinados los escritos y documentos presentados por las partes, el tribunal arbitral deberá oírlas contradictoriamente si una de ellas así lo solicita. A falta de tal solicitud, podrá oírlas de oficio.

El tribunal arbitral podrá decidir la audición de testigos, peritos nombrados por las partes o de cualquier otra persona, en presencia de las partes, o en su ausencia siempre y cuando éstas hayan sido debidamente convocadas. Podrá asimismo, previa consulta con las partes, nombrar uno o varios peritos, definir su misión y recibir sus dictámenes. A petición de cualquiera de ellas, las partes tendrán la oportunidad de interrogar en audiencia a cualquier perito así nombrado.

Cabe destacar que en todo momento durante el proceso arbitral, el tribunal arbitral podrá requerir a cualquiera de las partes para que aporte pruebas adicionales.

Se mantiene la posibilidad de que el tribunal arbitral decida la controversia tan solo sobre la base de los documentos aportados por las partes, salvo si alguna de ellas solicita una audiencia. En cuanto a éstas, el tribunal arbitral convocará a las partes con antelación razonable para que comparezcan ante él el día y en el lugar que determine para su celebración. Si una de las partes, a pesar de haber sido debidamente convocada, no comparece sin excusa válida, el tribunal arbitral podrá celebrar la audiencia.

El tribunal arbitral tendrá la plena dirección de las audiencias, en las cuales todas las partes tienen derecho a estar presentes en persona o a través de representantes debidamente acreditados y a ser asistidas por asesores. Salvo autorización del tribunal arbitral y de las partes, las audiencias no estarán abiertas a personas ajenas al proceso.

Tan pronto como fuere posible después de la última audiencia relativa a cuestiones a ser decididas en el laudo o, si fuere posterior, de la presentación de los últimos escritos autorizados relativos a dichas cuestiones, el tribunal arbitral deberá declarar el cierre de la instrucción respecto de las cuestiones a ser resueltas en el laudo e informar a la Secretaría y las partes la fecha en la que estima someterá el proyecto de laudo a la Corte para su aprobación.

Una vez cerrada la instrucción, no podrá presentarse ningún escrito, alegación ni prueba en relación con las cuestiones a ser resueltas en el laudo, salvo requerimiento o autorización del tribunal arbitral.

Salvo acuerdo de las partes en contrario, el tribunal arbitral podrá, desde el momento en que se le haya entregado el expediente, ordenar, a solicitud de parte, cualesquiera medidas cautelares o provisionales que considere apropiadas. El tribunal arbitral podrá subordinar dichas medidas al otorgamiento de una garantía adecuada por la parte que las solicite. Las medidas mencionadas deberán ser adoptadas mediante orden motivada o laudo, según el tribunal arbitral lo estime conveniente.

Antes de la entrega del expediente al tribunal arbitral, y en circunstancias apropiadas aun después, las partes podrán solicitar a cualquier autoridad judicial competente la adopción de medidas provisionales o cautelares. La solicitud que una parte haga a una autoridad judicial con el fin de obtener tales medidas o la ejecución de medidas similares ordenadas por un tribunal arbitral no contraviene al acuerdo de arbitraje ni constituye una renuncia a éste y no afecta los poderes del tribunal arbitral al respecto. Dicha solicitud, así como cualquier medida adoptada por la autoridad judicial, debe ser notificada a la Secretaría que deberá informar de ello al tribunal arbitral.

La parte que requiera medidas cautelares o provisionales urgentes que no puedan esperar hasta la constitución del tribunal arbitral podrá solicitar tales medidas según las *Reglas de Árbitro de Emergencia* que veremos más adelante. Tal solicitud será aceptada por la Corte solo si es recibida por la Secretaría antes de la entrega del expediente al tribunal arbitral e independientemente de si la parte que la hace ha presentado ya su Solicitud de Arbitraje.

La decisión del árbitro de emergencia deberá adoptar la forma de una orden que no será vinculante para el tribunal arbitral en relación con cualquier cuestión, tema o disputa decidida en la orden. El tribunal arbitral puede modificar, dejar sin efecto o anular la orden o cualquier modificación de la misma hecha por el árbitro de emergencia.

El tribunal arbitral decidirá sobre las solicitudes o demandas de cualquier parte relativas al procedimiento del árbitro de emergencia, incluyendo la distribución de los costos de dicho procedimiento y cualesquiera demandas que surjan o tengan relación con el cumplimiento o incumplimiento de la orden.

Las *Reglas de Árbitro de Emergencia* y las "Disposiciones sobre el Árbitro de Emergencia" se aplicarán solo a las partes que sean signatarias del acuerdo de arbitraje bajo el Reglamento que sirve de base a la solicitud o que sean sucesores de dichas signatarias. Las Disposiciones sobre el Árbitro de Emergencia no serán aplicables si:

a) El acuerdo de arbitraje bajo el Reglamento fue concluido antes de la fecha en la cual el Reglamento entró en vigor;

b) Las partes optaron por excluir las Disposiciones sobre el Árbitro de Emergencia; o

c) Las partes han acordado otro procedimiento pre arbitral que prevea el otorgamiento de medidas cautelares, provisionales o similares. Las Disposiciones sobre el Árbitro de Emergencia no impiden que cualquier parte solicite medidas cautelares o provisionales urgentes de una autoridad judicial competente en cualquier momento antes de la solicitud de dichas medidas, y en circunstancias apropiadas aun después, de conformidad con el Reglamento. Cualquier solicitud de tales medidas a una autoridad judicial no contraviene al acuerdo de arbitraje ni constituye una renuncia a éste. Dicha solicitud, así como cualquier medida adoptada por la autoridad judicial, debe ser notificada sin dilación a la Secretaría.

El tribunal arbitral deberá dictar su laudo final, motivado, en el plazo de seis meses a partir de la fecha de la última firma del tribunal arbitral o de las partes, asentada en el Acta de Misión o a partir de la fecha en que la Secretaría notifique al tribunal arbitral la aprobación del Acta de Misión por la Corte.

La Corte puede, en virtud de solicitud motivada del tribunal arbitral o, si lo estima necesario, de oficio, prorrogar el plazo.

Cuando el tribunal arbitral esté compuesto por más de un árbitro, el laudo se dictará por mayoría. A falta de mayoría, el presidente del tribunal arbitral dictará el laudo él solo.

El laudo se considerará pronunciado en el lugar de la sede del arbitraje y en la fecha que en él se mencione.

Ahora bien, si las partes llegan a un arreglo después que el expediente haya sido entregado al tribunal arbitral, se dejará constancia de dicho arreglo en un laudo por acuerdo de las partes, siempre y cuando las partes así lo hayan solicitado y el tribunal arbitral esté de acuerdo con dictarlo.

Antes de firmar un laudo, el tribunal arbitral deberá someterlo, en forma de proyecto, a la Corte. Esta podrá ordenar modificaciones de forma y, respetando la libertad de decisión del tribunal arbitral, podrá llamar su atención sobre puntos relacionados con el fondo de la controversia. Ningún laudo podrá ser dictado por el tribunal arbitral antes de haber sido aprobado, en cuanto a su forma, por la Corte. Una vez dictado el laudo, la Secretaría deberá notificar a las partes el texto firmado por el tribunal arbitral siempre y cuando los gastos del arbitraje hayan sido íntegramente pagados a la ICC por las partes o por una de ellas.

Todo laudo dictado de conformidad con el Reglamento deberá ser depositado, en original, en la Secretaría. El tribunal arbitral y la Secretaría deberán asistir a las partes en el cumplimiento de cualesquiera formalidades que puedan ser necesarias.

Recordemos que todo laudo es obligatorio para las partes ya que está claro que al someter su controversia a arbitraje según el Reglamento, las partes se obligan a cumplir sin demora cualquier laudo que se dicte y se considerará que han renunciado a cualesquiera vías de recurso a las que puedan renunciar válidamente.

El tribunal arbitral puede corregir de oficio cualquier error, de cálculo o tipográfico o de naturaleza similar que contenga el laudo, siempre y cuando dicha corrección sea sometida a la Corte para su aprobación dentro de los 30 días siguientes a la fecha de dicho laudo. Toda solicitud de corrección de un error o de interpretación del laudo formulada por una parte, deberá dirigirse a la Secretaría dentro de los 30 días siguientes a la recepción del laudo por dicha parte. Después de la comunicación de la solicitud al tribunal arbitral, éste otorgará a la otra parte, con el fin de que ésta presente sus comentarios, un plazo breve, en principio no mayor de 30 días, contado a partir de la recepción de la solicitud por dicha parte. El tribunal arbitral someterá su decisión sobre la solicitud, en forma de proyecto, a la Corte a más tardar 30 días después del vencimiento del plazo otorgado a la otra parte para que exprese sus comentarios o dentro cualquier otro plazo que la Corte haya fijado.

La decisión de corregir o interpretar el laudo deberá tomarse mediante *addendum* el cual constituirá parte del laudo.

Si un juez remite un laudo al tribunal arbitral, las disposiciones pertinentes del Reglamento [618] serán aplicables *mutatis mutandis* a cualquier *addendum* o laudo dictado de conformidad con dicha remisión. La Corte podrá tomar cualquier medida que sea necesaria para permitir al tribunal arbitral cumplir con los términos de dicha remisión, y podrá fijar una provisión para cubrir honorarios y gastos adicionales del tribunal arbitral, así como gastos administrativos adicionales de la ICC.

Las partes podrán acordar reducir los diferentes plazos previstos en el Reglamento. Dicho acuerdo, si ha sido celebrado después de la constitución del tribunal arbitral, solo surtirá efectos una vez aprobado por éste.

Se presumirá que una parte que proceda con el arbitraje sin oponer reparo al incumplimiento de cualquiera de las disposiciones del Reglamento, de cualesquiera otras normas aplicables al procedimiento, de cualquier instrucción del tribunal arbitral o de cualquier estipulación contenida en el acuerdo de arbitraje relacionadas con la constitución del tribunal arbitral o con la conducción del proceso, ha desistido de su derecho a objetar.

Arbitro de emergencia

El Apéndice V contiene las *Reglas de árbitro de emergencia* que constituyen uno de los aciertos del Nuevo Reglamento destinado a atender las peticiones de medidas de emergencia que hagan las partes en un procedimiento arbitral. Esta figura se contemplaba ya en otros reglamentos de arbitraje como son el de la Corte Española de Arbitraje con el denominado Árbitro de Urgencia,[619]

618. Artículos 31, 33, 34 y 35 del Reglamento.

619. El Artículo 15 del Reglamento de Procedimiento de la Corte Española de Arbitraje se refiere a las Medidas cautelares y provisionales. Arbitro de urgencia:

1. Los árbitros podrán, salvo acuerdo en contrario de las partes, adoptar las medidas cautelares o provisionales que estimen necesarias.

2. Los árbitros podrán supeditar la adopción de dichas medidas a la previa constitución de caución o garantía suficiente, que se exigirá a la parte solicitante en la forma, cuantía y tiempo que estimen convenientes. Tal caución sustitutoria también podrá exigirse con posterioridad a la adopción de la medida cautelar.

3. A las decisiones arbitrales sobre medidas cautelares o provisionales, cualquiera que sea la forma que revistan, les serán de aplicación las normas sobre anulación y ejecución forzosa de la Ley de Arbitraje que resulte de aplicación.

4. Cuando una parte requiera una medida urgente previa a la constitución del tribunal,

la *American Arbitration Association* [620] o la Cámara Nacional de Comercio de la Ciudad de México [621] entre otros.

---

la Corte podrá nombrar un árbitro de urgencia para decidir la solicitud de medidas urgentes, previa audiencia de las partes y conforme a lo previsto en el reglamento. Sus competencias serán idénticas a la del Tribunal arbitral previstas en el Art 14 del Reglamento, cesando en sus funciones una vez constituido el mismo. El Tribunal arbitral podrá confirmar, modificar o anular el laudo provisional u orden dictado por el árbitro de urgencia. El árbitro de urgencia no podrá actuar como miembro del tribunal salvo acuerdo en contrario de las partes.

620. El Reglamento de Arbitraje de la AAA establece en relación a su nombramiento:

«Within one business day of receipt of notice as provided in Section O-1, the AAA shall appoint a single emergency arbitrator from a special AAA panel of emergency arbitrators designated to rule on emergency applications. The emergency arbitrator shall immediately disclose any circumstance likely, on the basis of the facts disclosed in the application, to affect such arbitrator's impartiality or independence. Any challenge to the appointment of the emergency arbitrator must be made within one business day of the communication by the AAA to the parties of the appointment of the emergency arbitrator and the circumstances disclosed.»

621. El Artículo 50 del Reglamento de la CANACO establece:

1. Salvo pacto en contrario, las disposiciones del artículo 50 se aplicarán a los arbitrajes conducidos bajo los acuerdos de arbitraje celebrados a partir del 9 de junio de 2008.

2. La parte que requiera una medida urgente de protección previa a la constitución del tribunal deberá solicitarla a la Comisión. Dicha notificación puede ser entregada por correo electrónico, fax, o a través de otros medios confiables.

3. A más tardar el siguiente día hábil a la recepción de la notificación la Comisión deberá nombrar un árbitro de urgencia de una lista de árbitros de urgencia designados para decidir dichas solicitudes. Previo a la aceptación de su nombramiento, el árbitro de urgencia deberá informar a la Comisión sobre cualquier circunstancia que pueda dar lugar a dudas justificadas sobre su imparcialidad o independencia. Cualquier recusación al árbitro de urgencia deberá hacerse a más tardar el día hábil siguiente a la recepción de la comunicación a las partes del nombramiento del árbitro de urgencia y de las circunstancias reveladas.

4. El árbitro de urgencia deberá establecer dentro de los dos días hábiles siguientes a su nombramiento, un calendario de actividades para la presentación de la solicitud de la medida de urgencia. Dicho calendario de actividades deberá otorgar una oportunidad razonable a las partes para ser oídas, pero podrá disponer actuaciones por medio de conferencia telefónica o alegatos escritos como alternativas a una audiencia formal. El árbitro de urgencia tendrá la facultad conferida al tribunal en el artículo 26, incluyendo la facultad para decidir sobre su propia competencia y deberá resolver cualquier disputa relacionada con la aplicación de este artículo 50.

5. El árbitro de urgencia tendrá la facultad de ordenar cualquier medida provisional de protección u orden preliminar que considere necesaria, incluyendo prohibiciones y medidas para la protección o conservación de propiedad. Cualquiera de esas medidas puede tomar la forma de un laudo provisional o de una orden. El árbitro de urgencia deberá expresar sus razones en cualquiera de los casos. El árbitro de urgencia puede modificar o anular el laudo provisional o la orden por causas que así lo ameriten.

6. El árbitro de urgencia sólo podrá actuar como miembro del tribunal arbitral con consentimiento de las partes.

La parte que desee recurrir a un árbitro de emergencia de conformidad con el Reglamento de Arbitraje de la ICC debe dirigir su petición de medidas de emergencia a la Secretaría. Ningún árbitro de emergencia podrá ser nombrado después de la entrega del expediente al tribunal arbitral de conformidad. El árbitro de emergencia nombrado antes de dicha entrega tendrá el poder de dictar una Orden no más tarde de los 15 días siguientes a la fecha en la que el expediente le haya sido entregado.

La petición deberá presentarse en un número de copias suficiente para que cada parte reciba una copia, más una copia para el árbitro de emergencia, y otra para la Secretaría y deberá contener:

1. El nombre completo, descripción, dirección y otra información de contacto de cada una de las partes;
2. El nombre completo, dirección y otra información de contacto de toda persona que represente al peticionario;
3. Una descripción de las circunstancias que ha dado origen a la petición y de la controversia subyacente sometida o a ser sometida a arbitraje;
4. Una indicación de las medidas de emergencia solicitadas;
5. Las razones por las cuales el peticionario necesita medidas provisionales o conservatorias urgentes que no pueden esperar hasta la constitución del tribunal arbitral;
6. Cualquier convenio pertinente y, en particular, el acuerdo de arbitraje;
7. Cualquier acuerdo sobre la sede del arbitraje, las normas jurídicas aplicables o el idioma del arbitraje;

---

7. Cualquier laudo provisional o medida de urgencia puede ser condicionado a que la parte que solicita dicha medida otorgue una garantía apropiada.

8. Una solicitud para medidas provisionales dirigida por una parte a la autoridad judicial no se considerará incompatible con este artículo o con el acuerdo de arbitraje ni una renuncia al derecho de acudir a arbitraje. Si la Comisión es instruida por una autoridad judicial para nominar a un asesor especial del juez para considerar y reportar sobre la solicitud para la medida de urgencia, la Comisión procederá como establece el segundo párrafo de este artículo y las referencias al árbitro de urgencia se entenderán como referencias al asesor especial del juez, con la excepción de que lo que el asesor especial del juez entregará es un reporte y no medidas provisionales.

9. Las costas reclamadas con las solicitudes para las medidas de urgencia serán inicialmente determinadas por el árbitro de urgencia, sujeto a la facultad del tribunal para determinar en definitiva sobre la decisión en materia de costas. 10. Los honorarios de los árbitros designados para dictar medidas urgentes de protección serán determinados por la Comisión.

8. Prueba del pago necesario conforme al Apéndice V [622]; y

9. Cualquier Solicitud de Arbitraje y cualquier otro escrito en relación con la disputa subyacente, que haya sido presentado a la Secretaría por cualquiera de las partes en el procedimiento del árbitro de emergencia anteriores a la presentación de la Petición.

El peticionario podrá presentar junto con la petición cualquier documento o información que considere apropiado o que pueda contribuir al examen eficiente de la petición., redactada en el idioma del arbitraje si éste hubiere sido acordado por las partes o, en ausencia de dicho acuerdo, en el idioma del acuerdo de arbitraje.

Si y en la medida en que, sobre la base de la información contenida en la Petición, el Presidente de la Corte considere que las Disposiciones sobre el Árbitro de Emergencia se aplican en referencia al Artículo 29(5) y al Artículo 29(6) del Reglamento, la Secretaría deberá transmitir una copia de la petición y de los documentos anexos a la misma a la parte demandada. Si y en la medida en que el Presidente considere lo contrario, la Secretaría deberá informar a las partes que el procedimiento del árbitro de emergencia no tendrá lugar en relación con algunas o todas las partes y deberá transmitir copia de la Petición a ellas para su información.

El Presidente deberá terminar el procedimiento de árbitro de emergencia si la Solicitud de Arbitraje no es recibida por la Secretaría de parte del peticionario dentro de los 10 días siguientes de la recepción por la Secretaría de la Petición, salvo que el árbitro de emergencia determine que un período más extenso es necesario.

Debe el Presidente nombrar un árbitro de emergencia en el menor tiempo posible, normalmente dentro de un plazo de dos días desde que la Secretaría haya recibido la petición.

Una vez que el árbitro de emergencia haya sido nombrado, la Secretaría lo notificará a las partes y entregará el expediente al árbitro de emergencia. A partir de ese momento, todas las comunicaciones escritas de las partes deberán ser dirigidas directamente al árbitro de emergencia con copia a la otra parte y a la Secretaría. Asimismo, deberá enviarse a la Secretaría copia de las comunicaciones dirigidas por el árbitro de emergencia a las partes.

Desde luego todo árbitro de emergencia deberá ser y permanecer imparcial e independiente de las partes involucradas en la controversia. Antes de ser nombrada, toda persona susceptible de actuar como árbitro de emergencia suscribirá

---

622. El peticionario deberá pagar un importe de 40.000 US$, consistente en 10.000 US$ de gastos administrativos de la ICC y 30.000 US$ de honorarios y gastos del árbitro de emergencia.

una declaración de aceptación, disponibilidad, imparcialidad e independencia. La Secretaría enviará copia de dicha declaración a las partes.

El árbitro de emergencia no deberá actuar como árbitro en ningún arbitraje relacionado con la controversia que haya dado origen a la Petición.

El árbitro de emergencia es recusable. La solicitud de recusación de un árbitro de emergencia deberá ser efectuada dentro de los tres días siguientes a la recepción por la parte que efectúa la recusación de la notificación del nombramiento o desde la fecha en la que dicha parte fue informada de los hechos y circunstancias en que funda su solicitud, si dicha fecha es posterior a la recepción de la mencionada notificación.

La recusación deberá resolverse por la Corte después de que la Secretaría haya otorgado al árbitro de emergencia y a la(s) otra(s) parte(s) la oportunidad de presentar sus comentarios por escrito dentro de un plazo adecuado.

En cuanto a la sede del procedimiento de emergencia, si las partes acordaron la sede del arbitraje, dicha sede será la sede del procedimiento del árbitro de emergencia. En ausencia de dicho acuerdo, el Presidente deberá fijar la sede del procedimiento del árbitro de emergencia, sin perjuicio de la fijación de la sede del arbitraje de conformidad con el Reglamento de arbitraje.

Corresponde al árbitro de emergencia establecer un calendario procesal en el menor tiempo posible, normalmente dentro de los dos días siguientes a la fecha en que se le haya entregado el expediente. Deberá conducir el procedimiento de la manera que considere apropiada, tomando en consideración la naturaleza y la urgencia de la petición. En todos los casos, el árbitro de emergencia actuará justa e imparcialmente y se asegurará de que cada parte tenga una oportunidad razonable para presentar su caso.

La decisión del árbitro de emergencia deberá adoptar la forma de una orden escrita, fechada, razonada y firmada, en la que el decidirá si la petición es admisible y si tiene jurisdicción para ordenar las medidas de emergencia solicitadas.

Como señalamos líneas arriba, la orden deberá hacerse no más tarde de los 15 días siguientes a la fecha en la que el expediente haya sido entregado al árbitro de emergencia, con sujeción a las condiciones que considere apropiadas, incluyendo el otorgamiento de garantías. El Presidente de la Corte podrá prorrogar este plazo en virtud de solicitud motivada del árbitro de emergencia o de oficio si el Presidente decide que es necesario hacerlo.

Dentro del plazo señalado, el árbitro de emergencia deberá enviar la orden a las partes, con copia a la Secretaría, por cualquier medio de comunicación permitido por el Reglamento de arbitraje y que el árbitro de emergencia considere que asegurará la pronta recepción.

La orden del árbitro de emergencia dejará de ser vinculante para las partes por:

1. La terminación por el Presidente del procedimiento del árbitro de emergencia de conformidad con el Apéndice;

2. La aceptación por la Corte de una recusación del árbitro de emergencia de conformidad con el Apéndice;

3. El laudo final del tribunal arbitral, salvo que el tribunal arbitral decida expresamente lo contrario; o

4. El retiro de todas las demandas o la terminación del arbitraje antes del dictado de un laudo final.

A solicitud razonada de una parte, hecha con anterioridad a la entrega del expediente al tribunal arbitral, el árbitro de emergencia podrá modificar, dejar sin efecto o anular la orden.

Cabe mencionar que el Presidente de la Corte podrá, en cualquier momento durante el procedimiento del árbitro de emergencia, decidir aumentar los honorarios del árbitro de emergencia o los gastos administrativos de la ICC tomando en consideración, entre otras, la naturaleza del caso y la naturaleza y cantidad de trabajo realizado por el árbitro de emergencia, la Corte, el Presidente y la Secretaría. Si la parte que presenta la Petición no paga el costo aumentado dentro del plazo fijado por la Secretaría, la Petición será considerada como retirada.

La orden del árbitro de emergencia fijará los costos del procedimiento del árbitro de emergencia y decidirá cuál de las partes debe pagarlos o en qué proporción han de repartirse entre ellas, incluyendo los gastos administrativos de la ICC, los honorarios y gastos del árbitro de emergencia, y los gastos legales y otros gastos razonables incurridos por las partes en el procedimiento.

En el caso en que el procedimiento del árbitro de emergencia no tuviera lugar de conformidad con el Apéndice o fuera terminado antes del dictado de la Orden, el Presidente determinará el monto que será reembolsado al peticionario, en caso de corresponder. Un monto de 5.000 US$ por gastos administrativos de la ICC no es reembolsable en ningún caso.

Es importante tener presente que el Presidente de la Corte tendrá el poder discrecional de decidir todos los asuntos relacionados con la conducción del procedimiento del árbitro de emergencia que no estén expresamente previstos en el Apéndice. En la ausencia del Presidente o a solicitud suya, cualquiera de los Vice Presidentes de la Corte tendrá el poder de tomar decisiones en nombre del Presidente.

En todos los asuntos concernientes al procedimiento del árbitro de emergencia que no estén expresamente previstos en este Apéndice, la Corte, el Presidente y el árbitro de emergencia procederán según el espíritu del Reglamento y del Apéndice V.

Reducción de gastos

El Apéndice IV se refiere a las técnicas para la conducción del caso. Hay que tener presente que conforme al Artículo 22 del Reglamento de arbitraje, el tribunal arbitral y las partes deberán hacer todos los esfuerzos para conducir el arbitraje de una manera expedita y eficaz en término de costos, teniendo en cuenta la complejidad y el valor de la controversia.

Con el fin de asegurar la conducción efectiva del caso, el tribunal arbitral, previa consulta a las partes, podrá adoptar las medidas procesales que considere apropiadas, siempre que éstas no vulneren ningún acuerdo de las partes. A solicitud de cualquiera de las partes, el tribunal arbitral podrá dictar órdenes sobre la confidencialidad del proceso arbitral o de cualquier otro asunto relativo al arbitraje y podrá tomar medidas para proteger secretos comerciales o industriales e información confidencial.

En todos los casos, el tribunal arbitral deberá actuar justa e imparcialmente y asegurarse de que cada parte tenga la oportunidad suficiente para exponer su caso.

El Apéndice IV sugiere ocho técnicas para la conducción del caso que pueden ser usadas por el tribunal arbitral y las partes a fin de controlar el tiempo y los costos. En casos de baja complejidad y valor, resulta particularmente importante asegurar que el tiempo y los costos sean proporcionales a lo que esté en juego en la controversia.

Las técnicas sugeridas son:

1. Bifurcar el procedimiento o dictar uno o más laudos parciales sobre cuestiones claves, cuando hacerlo pueda genuinamente esperarse que resulte en una más eficiente resolución del caso.

2. Identificar las cuestiones que puedan ser resueltas por acuerdo de las partes o sus expertos.

3. Identificar las cuestiones a ser decididas únicamente sobre la base de documentos en lugar de declaraciones orales o argumentos legales en una audiencia.

4. Presentación de prueba documental:

i) Requiriendo a las partes presentar junto con sus escritos los documentos en los que se basen;

ii) Evitando solicitudes de presentación de documentos cuando sea apropiado para controlar el tiempo y los costos;

iii) En aquellos casos en los que las solicitudes de presentación de documentos se consideren apropiadas, limitando dichas solicitudes a documentos o categorías de documentos que sean pertinentes y determinantes para la solución del caso;

iv) Estableciendo plazos razonables para la presentación de documentos;

v) Empleando una tabla de presentación de documentos para facilitar la resolución de cuestiones relacionadas con la producción de documentos.

5. Limitar la extensión y el alcance de las presentaciones escritas y pruebas testimoniales escritas y orales (tanto testigos de hecho como periciales) a fin de evitar repeticiones y mantener el enfoque en las cuestiones claves.

6. Utilizar conferencias telefónicas o de vídeo para audiencias de procedimiento u otras audiencias en las que la asistencia en persona no sea esencial y utilizar tecnologías de la información que permita comunicaciones en línea entre las partes, el tribunal arbitral y la Secretaría de la Corte.

7. Organizar una conferencia previa a la audiencia con el tribunal arbitral en la cual los preparativos para la audiencia pueden ser discutidos y acordados y el tribunal arbitral puede indicar a las partes las cuestiones sobre las cuales desearía que las partes se enfoquen en la audiencia.

8. Arreglo de controversias:

i) Informar a las partes que son libres de solucionar la controversia, total o parcialmente, ya sea por medio de negociación o a través de cualquier método amistoso de resolución de controversias tal como, por ejemplo, la mediación bajo el Reglamento ADR de la ICC.

ii) Cuando las partes y el tribunal arbitral lo hayan acordado, el tribunal arbitral puede tomar medidas para facilitar un acuerdo sobre la controversia, siempre que se hagan todos los esfuerzos para asegurarse de que todo laudo subsiguiente sea susceptible de ejecución legal.

Se deben considerar otras técnicas adicionales descritas en la publicación de la ICC titulada «Técnicas para Controlar el Tiempo y los Costos en el Arbitraje» [623] que hacen referencia entre muchos otros puntos a la conveniencia de que las partes contraten asesores con disponibilidad de tiempo, la selección de árbitros con gran capacidad en la conducción de litigios, el idioma del arbitraje, el uso de nuevas tecnologías, plazos cortos y realistas, precisiones sobre la forma, el contenido y la extensión de los escritos, etc.

2. La Asociación Americana de Arbitraje AAA

Las Reglas de Arbitraje Internacional de la Asociación Americana de Arbitraje [624] se crearon para incentivar un mayor uso de los servicios de arbitraje de la institución.

---

623. http://www.iccwbo.org/uploadedFiles/843_TiempoCostos%20ESP%2008.pdf. La flexibilidad del arbitraje de la CCI es notable y se aplica también a otras instituciones comerciales internacionales; Ver Cruz Miramontes, Rodolfo, Los Incoterms y el arbitraje. Libro en homenaje al Lic. Raúl Medina Mora, Barra Mexicana Colegio de Abogados, Editorial Themis, S.A. de CU, México, 2008.

624. Modificado y vigente a partir del 1 de septiembre de 2000. Se citarán como Reglas AAA. Para una visión del procedimiento antes de las nuevas reglas véase Deye, James R. y

Conforme a las reglas citadas, las partes tienen la libertad de adoptar cualquier procedimiento mutuamente convenido para el nombramiento de los árbitros (uno o tres) y en caso de que el tribunal no se integrase rápidamente, la propia AAA llevará los nombramientos.

Cabe señalar que en los casos en que en las reglas se utilice un término en singular, tal como "parte", "demandante" o "árbitro", dicho término incluirá el plural si existe más de uno de ellos.

Asimismo, las partes pueden considerar la posibilidad de acudir a la mediación o a la conciliación con la intervención de la AAA, ya sea al momento en que se redacte el contrato o después de que se presente la disputa.

El Reglamento se ocupa de los deberes y obligaciones de la Asociación Americana de Arbitraje, que actúa como administradora de los procedimientos, ya sea a través de su Centro Internacional, ubicado en la ciudad de Nueva York, o a través de las instalaciones de instituciones de arbitraje con las cuales tenga acuerdos de cooperación. En el caso de México, el acuerdo se tiene firmado con la Cámara de Comercio de la Ciudad de México.

Cuando las partes hayan acordado por escrito someter sus controversias al arbitraje conforme a las Reglas de Arbitraje Internacional de la AAA, o bien hubieran previsto el arbitraje de una disputa internacional por la Asociación Americana de Arbitraje sin designar reglas particulares, el arbitraje se resolverá en conformidad con el Reglamento, según estén vigentes a la fecha de inicio del arbitraje, sujeto a cualesquiera modificaciones que las partes puedan adoptar por escrito. El Reglamento rige el arbitraje, excepto cuando alguna de sus normas estén en conflicto con cualquier disposición de derecho aplicable al arbitraje que las partes no puedan derogar, en cuyo caso prevalecerá dicha disposición.

En cuanto al procedimiento arbitral, la parte que inicia el arbitraje (actor) debe notificar por escrito a la AAA y a la parte contra quien se presenta la demanda (demandado), considerándose iniciado el procedimiento el día en que la AAA reciba la notificación.

Dicha notificación del arbitraje deberá contener un escrito de demanda que incluya:

a) una petición para que la disputa se someta a arbitraje;

b) los nombres y direcciones de las partes;

Britton, Lesly L., «Arbitration by the American Arbitration Association», *North Dakota Law Review,* EUA, Vol. 70, núm. 2, 1994. Asimismo CENTRO de Arbitraje de México (CAM) y Centro de Comercio Internacional, (UNCTAD/OMC) (Eds.), *Arbitraje y Solución de Controversias,* México, 2003.

c) una referencia a la cláusula de arbitraje o acuerdo que se invoca;

d) una referencia a cualquier contrato del cual o en relación al cual surge la disputa;

e) una descripción de la demanda y la indicación de los hechos que la apoyan;

f) la materia u objeto que se demanda y el monto reclamado; y

g) puede incluir propuestas con respecto a la forma de nombramiento y al número de los árbitros, el lugar del arbitraje y el (los) idioma(s) del arbitraje.

Una vez recibida la notificación por parte de la AAA, ésta se deberá comunicar con todas las partes involucradas y certificar el inicio del arbitraje.[625]

Dentro de los treinta días siguientes al inicio del arbitraje (prorrogables con causa justificada por el tribunal arbitral), o la administradora en el caso que el tribunal arbitral aún no estuviera formado, el demandado podrá presentar su escrito de contestación, en donde deberá dar respuesta a los puntos planteados en la notificación del arbitraje, al demandante, a cualquier otra parte y a la AAA. Al momento de presentar su escrito de contestación, la parte demandada podrá presentar la reconvención o bien reclamar una compensación de deuda con respecto a cualquier demanda cubierta por el acuerdo de arbitraje. La parte actora, tendrá los treinta días siguientes para presentar la contestación al demandado, a cualquier otra parte y la AAA.

Si una de las partes no presenta su escrito de contestación dentro del plazo establecido por el tribunal sin demostrar causa suficiente para dicha falta, a satisfacción del tribunal, éste puede continuar con el arbitraje.

Cabe destacar que la contestación por parte del demandado deberá incluir la respuesta a las propuestas que el demandante pudiera haber hecho en relación con el número de árbitros, el lugar del arbitraje o el (los) idioma(s) del arbitraje, salvo que las partes hayan convenido previamente con respecto a estos temas.

Durante el procedimiento, las partes pueden modificar o adicionar sus escritos de demanda, reconvención o contestación, salvo que el tribunal considere inapropiado permitir tal modificación o complemento por economía procesal, por perjuicio que se pudiera causar a las otras partes o cualesquiera otras circunstancias. Es importante destacar que no se puede modificar o complementar una demanda o reconvención si tal modificación o complemento queda fuera del alcance del acuerdo de arbitraje.[626]

---

625. Reglas AAA, arts. 1-2.

626. Reglas AAA, arts. 3-4.

A) Integración del Tribunal Arbitral:

En lo que se refiere a la integración del tribunal arbitral, si las partes no acordaron el número de árbitros, se deberá nombrar a un árbitro a menos que la AAA determine, a su discreción, que es apropiado designar a tres árbitros dado el grado de complejidad de la controversia.

Las partes pueden acordar el procedimiento para el nombramiento de los árbitros, informando a la administradora su acuerdo. Pueden nombrar de mutuo acuerdo a los árbitros con o sin la asistencia de la administradora, debiéndole notificar tales nombramientos, para que esta notifique a los individuos seleccionados y les haga llegar una copia de las reglas.

Si dentro de los cuarenta y cinco días siguientes al inicio del arbitraje, las partes no han llegado a un acuerdo sobre el procedimiento para el nombramiento del o de los árbitros o no han convenido sobre la designación del o de los árbitros, la administradora, a solicitud escrita de cualquier parte, nombrará al o los árbitros y designará al árbitro que presidirá el tribunal arbitral.

Si las partes se pusieron de acuerdo sobre el procedimiento para el nombramiento del o de los árbitros, pero estos no se han realizado dentro del plazo estipulado para ello en tal procedimiento, la administradora, a solicitud escrita de cualquier parte, realizará todas las funciones previstas en dicho procedimiento que resten por efectuarse.

Al hacer los nombramientos, la administradora, después de consultar con las partes, se deberá esforzar en seleccionar árbitros idóneos.

Cabe mencionar que ninguna parte o persona actuando en su nombre podrá tener comunicaciones referentes al caso sujeto a arbitraje, en ausencia de la otra parte, con cualquier árbitro o candidato a árbitro nombrado por una parte, salvo que sea para informar al candidato sobre la naturaleza general de la controversia, sobre los procedimientos anticipados y discutir sus calificaciones, disponibilidad o independencia respecto de las partes o para discutir sobre la idoneidad de los candidatos para ser escogidos como tercer árbitro cuando las partes o los árbitros elegidos por ellas deban participar en dicha elección. Ninguna parte o persona actuando en su nombre podrá comunicarse, en ausencia de la otra parte, en relación con el arbitraje con cualquier candidato a presidir el arbitraje.

B) Recusación de los árbitros:

Cualquier parte puede recusar a un árbitro cada vez que existan circunstancias que den lugar a dudas justificadas con respecto a su imparcialidad o independencia. La parte que desee recusar a un árbitro deberá notificar tal recusación a la administradora dentro de los quince días siguientes de haber sido notificada del nombramiento del árbitro, o dentro de los quince días siguientes de conocer las circunstancias que motivan la recusación. El escrito de recusación deberá expresar las razones en las cuales se fundamenta y una vez recibido dicho escrito, la administradora lo comunicará a las partes.

Cuando un árbitro ha sido recusado por una parte, la otra parte o partes pueden convenir en aceptar la recusación y, si existe un acuerdo, el árbitro debe renunciar. El árbitro recusado puede también retirarse de su cargo en ausencia de tal acuerdo. En ninguno de los casos, la renuncia implica aceptación de la validez de los motivos de la recusación.

Cuando la otra parte o partes no estén de acuerdo con la recusación o el árbitro recusado no renuncie, corresponde a la administradora, discrecionalmente, decidir sobre la misma.

Los miembros del tribunal y la administradora no serán responsables ante ninguna parte por ningún acto u omisión relacionado con el arbitraje conducido conforme a este Reglamento, salvo que ellos sean responsables por las consecuencias de su actuación incorrecta consciente y deliberada.

C) Sustitución de un árbitro:

A menos que las partes acuerden otra cosa, si un árbitro renuncia después de una recusación, o la administradora confirma la recusación, o determina que existen razones suficientes para aceptar la renuncia de un árbitro, o un árbitro fallece, se nombrará un árbitro sustituto. Si por otras razones, un árbitro, en un tribunal de tres personas, deja de participar en el arbitraje, los otros dos árbitros tendrán la facultad de continuar, a su entera discreción, con el arbitraje y podrán tomar cualquier decisión o dictar cualquier resolución o laudo, no obstante la falta de participación del tercer árbitro. En la determinación de si se continúa con el arbitraje o se adopta cualquier decisión, resolución o laudo sin la participación de un árbitro, los otros dos árbitros deberán tomar en cuenta la etapa en que se encuentre el arbitraje, el motivo, si existe, expresado por el tercer árbitro para no participar, y cualesquiera otros asuntos que ellos consideren apropiados dadas las circunstancias del caso. En el caso de que los otros dos árbitros determinen no continuar con el arbitraje sin la participación del tercer árbitro, la administradora, una vez que obtenga evidencia suficiente de esta circunstancia, deberá declarar vacante el cargo y en ese momento, un árbitro sustituto deberá ser nombrado a menos que las partes acuerden otra cosa.

D) Representación de las partes en el arbitraje:

Cualquier parte podrá ser representada en el arbitraje y en ese caso deberá comunicar a las otras partes y a la administradora los nombres, direcciones y números de teléfonos de los representantes

Una vez que el tribunal ha sido formado, las partes o sus representantes podrán comunicarse por escrito directamente con el tribunal.

E) Lugar e idioma del arbitraje:

En cuanto a la sede del arbitraje, salvo acuerdo de las partes, la administradora podrá inicialmente determinar el lugar del arbitraje, sujeto a la facultad del tribunal de determinarlo definitivamente dentro de los sesenta días después de su constitución, tomando en cuenta los argumentos de las partes y las circunstancias del arbitraje.

El tribunal arbitral tiene facultades para lleva· a cabo conferencias u oir testigos o inspeccionar bienes o documentos en cualquier lugar que estime conveniente., debiendo notificar a las partes por escrito con suficiente antelación para que puedan estar presentes en tales actuaciones.

En lo que se refiere al idioma del arbitraje, salvo acuerdo de las partes, éste o estos será(n) el (los) de los documentos que contengan el acuerdo de arbitraje, sujeto a la facultad del tribunal para determinar otra cosa con base en los argumentos de las partes y las circunstancias del arbitraje. El tribunal podrá ordenar que cualesquiera documentos que se entreguen en otro idioma vayan acompañados de una traducción al idioma o idiomas del arbitraje.

F) Alegatos con respecto a la competencia:

El tribunal puede decidir sobre su propia competencia, incluyendo cualesquiera objeciones con respecto a la existencia, alcance o validez del acuerdo de arbitraje y/o la existencia o validez del contrato del cual forme parte la cláusula de arbitraje. La cláusula de arbitraje se debe tratar como un acuerdo independiente de los otros términos del contrato. La decisión del tribunal que declare nulo el contrato no invalidará, por esa sola razón, la cláusula de arbitraje.

La parte que desee objetar la competencia del tribunal o la arbitrabilidad de la demanda o reconvención, deberá hacerlo a más tardar al momento de presentar su escrito de contestación a la demanda o reconvención que da lugar a la objeción. En este sentido, el tribunal puede fallar sobre tales objeciones como una cuestión previa o como parte del laudo final.

G) Tramitación del arbitraje:

El tribunal puede, sujetándose a las Reglas de la AAA, conducir el arbitraje de la manera que considere más apropiada, siempre que las partes sean tratadas con igualdad y se les otorgue la oportunidad de ser oídas y la oportunidad razonable para presentar su caso.

El tribunal podrá a su discreción, conducir el procedimiento con vistas a agilizar la resolución de la disputa. Podrá conducir una conferencia preparatoria con las partes con el propósito de organizar, planificar y acordar procedimientos para dar curso a los procesos subsiguientes.

Los documentos o información provistos al tribunal por una de las partes deben ser comunicados simultáneamente por dicha parte a la(s) otra(s) parte o partes.

Igualmente, el tribunal puede requerir a las partes la presentación de otros escritos además de los de demanda, reconvención y contestación, fijando los plazos para su presentación, mismos que no deberán exceder de cuarenta y cinco días. Sin embargo, el tribunal podrá prorrogar dicho plazo cuando considere que tal prórroga es justificada.

1. Notificaciones

En materia de notificaciones, salvo que las partes acuerden lo contrario o sea ordenado por el tribunal, todos los avisos, declaraciones, y comunicaciones escritas podrán remitirse a la parte por correo aéreo, courier aéreo, fax, télex, telegrama, u otros medios escritos de comunicación electrónica dirigida a la parte o su representante en su última dirección conocida o mediante entrega personal.

El tribunal puede requerir que una parte entregue al tribunal y a las otras partes, un resumen de los documentos y demás pruebas que esa parte pretenda presentar en apoyo de su demanda, reconvención o escrito de contestación. En cualquier momento del proceso el tribunal podrá exigir a las partes que presenten otros documentos, anexos u otras pruebas que considere necesarias o apropiadas.

2. Audiencias

En cuanto a las audiencias, el tribunal debe notificar a las partes la fecha, hora y lugar de la primera audiencia con a lo menos 30 días de anticipación. Por lo menos 15 días antes de las audiencias, cada parte le dará al tribunal y a las otras partes, los nombres y direcciones de los testigos que pretenda presentar, el tema de su testimonio y los idiomas en los cuales los testigos darán su testimonio.

Las audiencias son privadas a menos que las partes acuerden otra cosa o la ley provea lo contrario. El tribunal podrá requerir a cualquier testigo o testigos que se retire durante el testimonio de otros testigos y determinar la manera en la cual los testigos serán interrogados. La prueba testimonial también puede ser presentada en forma de declaraciones escritas y firmadas por los testigos.

La admisibilidad, relevancia, materialidad y peso de la prueba ofrecida por cualquiera de las partes será libremente determinada por el tribunal.

Después de preguntar a las partes si no tienen otros testimonios o pruebas adicionales que presentar, después de recibir respuesta negativa de las partes, o si el tribunal considera que esta etapa está completa, podrá declarar el cierre de las audiencias, mismas que podrán reabrirse de oficio o a petición de cualquiera de las partes, en cualquier momento antes de dictar el laudo.

3. Medidas provisionales de protección

A solicitud de cualquiera de las partes, el tribunal está facultado para tomar aquellas medidas provisionales que sean necesarias, incluyendo prohibiciones y medidas para la protección o conservación de los bienes y podrán adoptarse en la forma de un laudo provisional. El tribunal puede requerir una garantía para asegurar los costes de dichas medidas.

4. Peritos

El tribunal puede nombrar uno o más peritos independientes para que le informen, por escrito, sobre asuntos específicos determinados por el tribunal y comunicados a las partes, que deberán proveer al perito de cualquier información relevante o bien presentar para inspección cualesquiera documentos o bienes que el perito pueda requerir.

Una vez recibido el informe del perito, el tribunal enviará copia del mismo a todas las partes y les otorgará la oportunidad de expresar, por escrito, su opinión sobre el informe. Las partes pueden examinar cualquier documento sobre el cual se hubiese basado el perito para emitir su informe. Asimismo, a solicitud de cualquiera de las partes, el tribunal les otorgará la oportunidad para interrogar al perito en una audiencia, durante la cual las partes podrán presentar peritos como testigos para prestar declaración sobre los temas en cuestión.

5. Rebeldía

Si una de las partes, debidamente notificada conforme a este Reglamento, no comparece a una audiencia sin demostrar causa suficiente y a satisfacción del tribunal, éste puede continuar con el arbitraje. Cuando una de las partes, debidamente requerida para presentar pruebas o tomar cualesquiera otras medidas en el procedimiento, no lo hace en el plazo fijado por el tribunal sin causa justificada, a satisfacción del tribunal, éste podrá dictar el laudo basándose en las pruebas de que disponga.

6. Renuncia a las reglas

Se considerará que la parte que siga adelante con el arbitraje sabiendo que no se ha cumplido alguna disposición o requisito de este Reglamento, sin expresar prontamente su objeción por escrito a tal incumplimiento, ha renunciado a su derecho de objetar.

H) Laudos, decisiones y resoluciones

En los tribunales de más de un árbitro, cualquier laudo, decisión o resolución del tribunal arbitral se deberá dictar por la mayoría de los árbitros. Si alguno de los árbitros no firma el laudo, se acompañará un escrito explicando la ausencia de tal firma. Si las partes o el tribunal lo autorizan, el árbitro que preside podrá tomar decisiones o dictar resoluciones sobre cuestiones de procedimiento, sujeto a revisión por parte del tribunal.

1. Forma y efecto del laudo

El tribunal arbitral puede dictar: el laudo definitivo, y laudos o resoluciones provisionales, interlocutorios o parciales.

Los laudos se deberán dictar:

1. prontamente y por escrito y serán definitivos y obligatorios para las partes. Las partes se comprometen a cumplir el laudo sin demora.

2. exponiendo las razones sobre las cuales basa su laudo, a menos que las partes hayan convenido en que no se dé ninguna razón.

3. conteniendo la fecha y el lugar donde fue dictado, el cual será el lugar designado para la celebración del arbitraje.

Un laudo puede hacerse público con el consentimiento de todas las partes o si lo requiere la ley. Copias del laudo deben enviarse a las partes por la administradora.

Cuando la ley de arbitraje del país donde se ha dictado el laudo requiere que el laudo sea archivado o registrado, el tribunal cumplirá con dicho requisito.

Dentro de los treinta días siguientes a la recepción del laudo, cualquiera de las partes, notificando a las demás, podrá solicitar al tribunal que interprete el laudo o que corrija errores de copia, tipográficos o de cálculo o bien, que dicte un laudo adicional relativo a demandas presentadas pero omitidas en el laudo. Si el tribunal considera que la solicitud es justificada, después de considerar los argumentos de las partes, cumplirá con tal solicitud dentro de los treinta días siguientes a su presentación.

En el laudo se expresarán los valores monetarios en la(s) moneda(s) del contrato, salvo que el tribunal considere otra más apropiada. El tribunal podrá fijar en el laudo los intereses previos y posteriores, simples o compuestos, conforme lo considere apropiado, tomando en consideración el contrato y la ley aplicable.

I) Leyes aplicables y recursos

En cuanto al fondo de la controversia, el tribunal aplicará la o las leyes o las reglas de derecho designadas por las partes en la medida que sean aplicables a la disputa. Si las partes no han designado ley aplicable, el tribunal aplicará la ley o leyes o las reglas de derecho que considere apropiadas. Es importante tener presente que en arbitrajes que envuelvan la ejecución de contratos, el tribunal deberá decidir conforme a los términos del mismo y tomar en cuenta los usos del comercio aplicables al contrato.

El tribunal no podrá decidir como amigable componedor o *ex aequo et bono* a menos de que las partes así lo hayan expresamente autorizado.

Salvo que las partes acuerden otra cosa, se entiende que expresamente renuncian a cualquier derecho a indemnización punitiva, ejemplar de daños, o similar, a menos que una ley requiera que los daños compensatorios sean aumentados en una manera específica.

J) Transacción u otras causales de terminación

Si las partes resuelven la disputa mediante una transacción antes de dictarse el laudo, el tribunal terminará el arbitraje. Si todas las partes lo solicitan, el tribunal puede dar al acuerdo la forma de laudo en los términos convenidos por las partes. El tribunal no está obligado a expresar razones en tales laudos. Si la continuación del procedimiento se hace innecesaria o imposible por cualquier otra razón, el tribunal informará a las partes su intención de terminar el procedimiento. Posteriormente, el tribunal dictará una orden dando por terminado el arbitraje, a menos que una de las partes presente fundamentos justificados para su objeción.

El tribunal deberá fijar las costas del arbitraje en su laudo, que podrán dividirse entre las partes si se considera que el reparto es razonable, tomando en cuenta las circunstancias del caso.

Las costas podrán incluir:

a) los honorarios y gastos de los árbitros;

b) las costas de asistencia requerida por el tribunal, incluyendo a los peritos;

c) los honorarios y gastos de la administradora;

d) las costas razonables para la representación legal de la parte ganadora; y

e) cualesquiera otras costas incurridas en virtud de una solicitud de medidas provisionales o de emergencia.

K) Costas y remuneración de los árbitros

Los árbitros reciben su remuneración conforme a su servicio, tomando en cuenta la tasa de remuneración por ellos establecida, y la dimensión y la complejidad del caso. La administradora, teniendo en cuenta dichas consideraciones, deberá establecer junto con las partes y con cada uno de los árbitros, una tarifa razonable por hora o por día, lo más pronto que sea factible después del inicio del arbitraje. Si las partes no llegan a un acuerdo sobre los términos de la remuneración, la administradora deberá establecer una tarifa apropiada y la comunicará por escrito a las partes.

Cuando una parte presente una demanda, la administradora podrá requerir al demandante que deposite una suma apropiada como un anticipo de las costas. En el curso de las actuaciones, el tribunal podrá requerir depósitos adicionales de las partes.

Si los depósitos no son pagados en su totalidad dentro de los treinta días siguientes al recibo de la solicitud, la administradora informará a las partes para que una de ellas realice el pago solicitado. Si tales pagos no son hechos, el tribunal podrá ordenar la suspensión o terminación del proceso.

Una vez dictado el laudo, la administradora deberá entregar a las partes un estado de cuenta de los depósitos recibidos y les reembolsará todo saldo no utilizado.

La información confidencial revelada durante el proceso por las partes o por los testigos no puede ser divulgada por un árbitro o por la administradora. A menos que las partes acuerden otra cosa, o sea requerido por la ley aplicable, los miembros del tribunal y la administradora mantendrán confidencial todos los asuntos relacionados con el arbitraje o el laudo.

El tribunal deberá interpretar y aplicar el Reglamento en lo que respecta a sus facultades y deberes. La administradora interpretará y aplicará todas las demás reglas.

La AAA podrá cobrar cuotas administrativas, están basadas en el monto de la demanda o reconvención.

A menos que las partes acuerden otra cosa, la remuneración del o los árbitros y las cuotas administrativas estarán sujetas a asignación en el laudo por parte del árbitro.

Cuando se presenta una demanda, reconvención, o demanda adicional, la parte demandante estará sujeta al pago de una cuota no reembolsable. Los casos que procedan a su primera audiencia serán cargados con una cuota de servicio, misma que deberá ser pagada por anticipado al momento de la programación de la primera audiencia y será reembolsada a la conclusión del caso si no hubo lugar a ninguna audiencia.

Sin embargo, si la Asociación no es notificada con una anticipación mínima de 24 horas a la audiencia programada, esta cuota de servicio permanecerá como débito y no será reembolsada.

Si la remuneración del o los árbitros o las cuotas administrativas no han sido totalmente pagadas, la administradora podrá informar de ello a las partes para que una de ellas pueda realizar el pago requerido. Si dichos pagos no se realizan, el tribunal podrá ordenar la suspensión o terminación del proceso. En el caso de que ningún árbitro haya sido designado, la AAA podrá suspender los procedimientos.

3. La Convención Interamericana de Arbitraje Comercial Internacional CIAC

Esta convención que como su nombre lo indica se refiere al arbitraje comercial internacional, consta de trece artículos y se preparó en el seno de la Organización de los Estados Americanos. Fue suscrita en la ciudad de Panamá, República de Panamá, el 30 de enero de 1975. Nuestro país la firmó el 27 de octubre de 1977 y se aprobó por el Senado el 28 de diciembre de 1977, según decreto publicado en el *Diario Oficial de la Federación* del 9 de febrero de 1978. El depósito del instrumento de ratificación se efectuó el 27 de marzo de 1978. Fue publicada en el *Diario Oficial de la Federación* del 27 de abril de 1978.

Entró en vigor el 16 de junio de 1976 y para México el 26 de abril de 1978.

En ella se establecen los siguientes puntos que son aplicables a los arbitrajes comerciales internacionales y rige entre los siguientes países parte, aunque está abierta a la firma de los Estados Miembros de la Organización de los Estados Americanos: Argentina, Bolivia, Brasil, Chile, Colombia, Costa Rica, Ecuador, El Salvador, Estados Unidos [627], Guatemala, Honduras, México, Nicaragua, Panamá, Paraguay, Perú, República Dominicana, Uruguay y Venezuela.

Establece:

1. Es válido el acuerdo de las partes en virtud del cual se obligan a someter a decisión arbitral las diferencias que pudiesen surgir o que hayan surgido entre ellas con relación a un negocio de carácter mercantil. El acuerdo respectivo constará en el escrito firmado por las partes o en el canje de cartas, telegramas o comunicaciones por télex.

---

627. Con las siguientes reservas: 1. Al menos que entre las partes en un acuerdo sobre arbitraje exista un compromiso expreso en contrario, cuando se cumplan los requisitos para la aplicación tanto de la Convención Interamericana sobre Arbitraje Comercial Internacional como de la Convención sobre el Reconocimiento y la Ejecución de Sentencias Arbitrales Extranjeras, si la mayoría de dichas partes son ciudadanos de un Estado o Estados que han ratificado o hayan adherido a la Convención Interamericana y sean Estados miembros de la Organización de los Estados Americanos se aplicará la Convención Interamericana. En todos los demás casos se aplicará la Convención sobre el Reconocimiento y la Ejecución de Sentencias Arbitrales Extranjeras, 2. Los Estados Unidos de América aplicarán las reglas de procedimiento de la Comisión Interamericana de Arbitraje Comercial que estén vigentes en la fecha en que depositen el instrumento de ratificación, al menos que con posterioridad los Estados Unidos de América tomen una decisión oficial de adoptar y aplicar las modificaciones ulteriores de dichas reglas y 3. Los Estados Unidos de América aplicarán la Convención sobre la base de la reciprocidad, sólo para el reconocimiento y ejecución de las sentencias dictadas en el territorio de otro Estado Contratante.

2. El nombramiento de los árbitros se hará en la forma convenida por las partes. Su designación podrá delegarse a un tercero sea éste persona natural o jurídica.

Los árbitros podrán ser nacionales o extranjeros.

3. A falta de acuerdo expreso entre las partes el arbitraje se llevará a cabo conforme a las reglas de procedimiento de la Comisión Interamericana de Arbitraje Comercial.

4. Las sentencias o laudos arbitrales no impugnables según la ley o reglas procesales aplicables tendrán fuerza de sentencia judicial ejecutoriada. Su ejecución o reconocimiento podrá exigirse en la misma forma que la de las sentencias dictadas por tribunales ordinarios nacionales o extranjeros, según las leyes procesales del país donde se ejecuten, y lo que establezcan al respecto los tratados internacionales.

5. Sólo se podrá denegar el reconocimiento y la ejecución de la sentencia a solicitud de la parte contra la cual es invocada, si ésta prueba ante la autoridad competente del Estado en que se pide el reconocimiento y la ejecución:

a) Que las partes en el acuerdo estaban sujetas a alguna incapacidad en virtud de la ley que les es aplicable o que dicho acuerdo no es válido en virtud de la ley a que las partes lo han sometido o si nada se hubiere indicado a este respecto, en virtud de la ley del Estado en que se haya dictado la sentencia, o

b) Que la parte contra la cual se invoca la sentencia arbitral no haya sido debidamente notificada de la designación del árbitro o del procedimiento de arbitraje o no haya podido por cualquier otra razón, hacer valer sus medios de defensa, o

c) Que la sentencia se refiera a una diferencia no prevista en el acuerdo de las partes de sometimiento al procedimiento arbitral, no obstante, si las disposiciones de la sentencia que se refieren a las cuestiones sometidas al arbitraje pueden separarse de las que no hayan sido sometidas al arbitraje, se podrá dar reconocimiento y ejecución a las primeras; o

d) Que la constitución del tribunal arbitral o el procedimiento arbitral no se hayan ajustado al acuerdo celebrado entre las partes o, en defecto de tal acuerdo, que la constitución del tribunal arbitral o el procedimiento arbitral no se hayan ajustado a la ley del Estado donde se haya efectuado el arbitraje, o

e) Que la sentencia no sea aún obligatoria para las partes o haya sido anulada o suspendida por una autoridad competente del Estado en que, o conforme a cuya ley, haya sido dictada esa sentencia.

6. También se podrá denegar el reconocimiento y la ejecución de una sentencia arbitral si la autoridad competente del Estado en que se pide el reconocimiento y la ejecución comprueba:

a) Que, según la ley de este Estado, el objeto de la diferencia no es susceptible de solución por vía de arbitraje; o

b) Que el reconocimiento o la ejecución de la sentencia sean contrarios al orden público del mismo Estado.

7. Si se ha pedido a la autoridad competente prevista en el artículo 5, párrafo 1 e), la anulación o la suspensión de la sentencia, la autoridad ante la cual se invoca dicha sentencia podrá, si lo considera procedente, aplazar la decisión sobre la ejecución de la sentencia y, a solicitud de la Parte que pida la ejecución, podrá también ordenar a la otra Parte que otorgue garantías apropiadas.

Cabe mencionar que la Convención está abierta a la adhesión de cualquier otro Estado. Los instrumentos de adhesión se deben depositar en la Secretaría General de la Organización de los Estados Americanos.

De acuerdo con el artículo 12 de la Convención, esta regirá indefinidamente, pero cualquiera de los Estados Partes podrá denunciarla. El instrumento de denuncia deberá ser depositado en la Secretaría General de la Organización de los Estados Americanos. Transcurrido un año, contado a partir de la fecha de depósito del instrumento de denuncia. La Convención cesará en sus efectos para el Estado denunciante, quedando subsistente para los demás Estados Partes.

4. El Centro de Arbitraje Iberoamericano CAI

Una nueva institución arbitral con carácter esencialmente iberoamericano, orientado a la resolución de conflictos que involucren a los operadores de cualquiera de los veintidós países que integran la Conferencia Iberoamericana ha sido creada con la firma del Acuerdo Marco de Cooperación en la Ciudad de Brasilia en el año 2012.[628]

Fruto del acuerdo de las Cámaras y organizaciones empresariales y de comercio iberoamericanas; de los Colegios y principales asociaciones de Abogados, representados por la Unión Iberoamericana de Abogados (UIBA), con colaboración de la Secretaria General Iberoamericana(SEGIB) y la Conferencia de Ministros de Justicia Iberoamericanos (COMJIB), fue presentado el *Centro de Arbitraje Iberoamericano (CAI)* en el seno de la XXII Cumbre de Jefes de Estado que se celebró en Cádiz los días 16 y 17 de noviembre bajo el lema "Una relación renovada en el Bicentenario de la Constitución de Cádiz". La Cumbre Iberoamericana coincidió con la celebración del bicentenario de la Constitución de Cádiz de 1812.

---

628. Ver Cruz Barney, Oscar, *Hacia un Centro Iberoamericano de Arbitraje (CAI),* México, Instituto de Investigaciones Jurídicas, UNAM, Documento de Trabajo núm. 175, 2013.

4.1. La Secretaria General Iberoamericana (SEGIB) y la Conferencia de Ministros de Justicia Iberoamericanos (COMJIB)

En la primera Cumbre de Jefes de Estado y de Gobierno de Iberoamérica celebrada en la ciudad de *Guadalajara, México en 1991* se creó la denominada *Conferencia Iberoamericana*[629], integrada por los Estados de América y Europa de lengua española y portuguesa.[630]

A partir de ese momento, la celebración de reuniones anuales ha permitido avanzar en la cooperación política, económica y cultural entre los países iberoamericanos. Para reforzar este proceso, durante la *XIII Cumbre* celebrada en Santa Cruz de la Sierra, Bolivia en 2003 se acordó la creación de la *Secretaría General Iberoamericana (SEGIB)* como una nueva organización internacional.

La *SEGIB*, que tiene su sede en Madrid y es el órgano permanente de apoyo institucional y técnico a la Conferencia Iberoamericana y a la Cumbre de Jefes de Estado y de Gobierno, integrada por los 22 países iberoamericanos: diecinueve en América Latina y tres en la Península Ibérica, España, Portugal y Andorra.

Los objetivos de la *SEGIB* son los siguientes:

a) Contribuir al fortalecimiento y la cohesión de la Comunidad Iberoamericana e impulsar su proyección internacional,

b) Colaborar en la preparación de las Cumbres de Jefes de Estado y de Gobierno en estrecha coordinación con la correspondiente Secretaría *Pro Tempore*,

c) Fortalecer la labor desarrollada en materia de cooperación en el marco de la Conferencia Iberoamericana, de conformidad con el Convenio de Bariloche.[631]

d) Promover los vínculos históricos, culturales, sociales y económicos entre los países iberoamericanos, reconociendo y valorando la diversidad entre sus pueblos.

e) Ejecutar los mandatos que reciba de las cumbres y reuniones de ministros de Relaciones Exteriores iberoamericanos.

f) Coordinar las distintas instancias de la Conferencia Iberoamericana con los demás organismos iberoamericanos.

---

629. Véase http://www.cumbreiberoamericana.es/cumbreiberoamericana/es/content/secretar%C3%ADa-general-iberoamericana

630. Andorra, Argentina, Bolivia, Brasil, Colombia, Costa Rica, Cuba, Chile, República Dominicana, Ecuador, El Salvador, España, Guatemala, Honduras, México, Nicaragua, Panamá, Paraguay, Perú, Portugal, Uruguay y Venezuela.

631. http://segib.org/upload/File/Convenio%20Bariloche.pdf

Se trata de una alianza desde la diversidad iberoamericana que se plantea a sí misma como al servicio de la paz, la democracia, los derechos humanos y el desarrollo sostenible económico y social.

El primer secretario General Iberoamericano es el uruguayo Enrique V. Iglesias.

La Secretaría General Iberoamericana estructura su actividad en cuatro grandes áreas: política, económica, social y cultural.

Correspondió a la SEGIB apoyar a la Secretaría Pro-Tempore en el desarrollo de las reuniones preparatorias de la Cumbre de 2012: coordinadores nacionales, responsables de Cooperación, ministeriales sectoriales y ministros de Relaciones Exteriores.

La SEGIB promueve la cooperación multilateral y horizontal en el marco de la Conferencia Iberoamericana con el objetivo de fortalecer la identidad Iberoamericana a través de actuaciones en el campo cultural, científico y educativo, y de contribuir al logro de los Objetivos de Desarrollo del Milenio en la región.

La Secretaría General Iberoamericana lleva a cabo el seguimiento, evaluación y difusión de los Programas de Cooperación de las Cumbres, Iniciativas y Proyectos adscritos con el fin de asegurar su calidad, sus resultados y su sostenibilidad.

Por su parte, la Conferencia de Ministros de Justicia de los Países Iberoamericanos (COMJIB) [632], se origina en la denominada "Acta de Madrid" de 1970, durante la celebración de una reunión de Ministros de Justicia de la región. En sus inicios la Conferencia fungió como una estructura informal de colaboración entre los Ministros de Justicia de Iberoamérica, para institucionalizarse en el año de 1992 mediante la adopción del llamado "*Tratado de Madrid*" [633], que la dotó de personalidad jurídica propia.

A partir del año 2006 la COMJIB se convirtió en un referente para la promoción de políticas públicas en materia de justicia, además de acoger la celebración de las reuniones plenarias de Ministros de Justicia que se celebran cada dos años. Su objetivo general es la mejora de la Justicia en Iberoamérica mediante la adopción de políticas públicas aplicables por los Estados miembros y la conformación de alianzas regionales y subregionales como herramienta para la construcción de un espacio jurídico más cohesionado.

El Tratado de Madrid entró en vigor el día 1 de septiembre de 1998 siendo sus miembros a la fecha los siguientes países: Argentina, Bolivia, Brasil, Chile, Colombia, Costa Rica, Cuba, Ecuador, El Salvador, España, Guatemala, Hon-

632. http://www.comjib.org/contenido/historia

633. Su texto en http://www.comjib.org/contenido/tratado-constitutivo

duras, México, Nicaragua, Panamá, Paraguay, Perú, Portugal, República Dominicana, Uruguay y Venezuela. Con la finalidad de reforzar las estructuras de la Conferencia, en su XV Sesión plenaria, celebrada en la ciudad de Las Palmas de Gran Canaria en el año 2006, se acordó suscribir un Acuerdo de Sede con España, que vio finalmente la luz en el mes de noviembre de 2007.

En junio de 2007 se firmó el Convenio Marco de Cooperación entre la Secretaría General Iberoamericana (SEGIB) y la Conferencia de Ministros de Justicia de los Países Iberoamericanos COMJIB) y se preparó un reglamento de funcionamiento interno, que fue aprobado en la *XVI Conferencia de Ministros de Justicia de los Países Iberoamericanos* en la ciudad de San José (Costa Rica) celebrada los días 18 y 19 de septiembre de 2008.

La Conferencia ha desarrollado, desde la *XV sesión plenaria,* líneas de trabajo relativas a los procesos para la reforma de la Justicia, acceso a la Justicia, nuevas tecnologías, violencia de género, delincuencia organizada transnacional y cooperación jurídica internacional. Estos temas se ampliaron en la *XVI Conferencia de Ministros de Justicia de los Países Iberoamericanos,* para incluir reforma de la justicia, reforma penal y civil, fortalecimiento de los derechos de los ciudadanos en el proceso, la calidad y transparencia de éste, reforma de los sistemas penitenciarios y las políticas de lucha contra la impunidad fortalecimiento de la seguridad y la justicia.

4.2. La Unión Iberoamericana de Colegios y Agrupaciones de Abogados UIBA [634]

La Unión Iberoamericana de Colegios y Agrupaciones de Abogados (en adelante UIBA) nace en noviembre de 1976 siendo Decano del Ilustre Colegio de Abogados de Madrid y Presidente del Consejo General de la Abogacía Española Don Antonio Pedrol Rius, convocó a la abogacía iberoamericana a la celebración del I Congreso Iberoamericano de Colegios y Agrupaciones de Abogados, mismo que se celebró en el Palacio de Justicia en Madrid los días 5 a 8 del mencionado mes de noviembre, tras una audiencia con el Rey Don Juan Carlos I.

El mundo Iberoamericano ya contaba con experiencias previas de cooperación y coordinación de su abogacía, pensemos en la Unión Latinoamericana de Abogados y en la Federación de Abogados de los países del Pacto Andino.

---

634. http://www.uiba.org/ Véase asimismo Devasa Navalpotro, Felipe S., *Los abogados en Iberoamérica. La UIBA Unión Iberoamericana de Colegios y Agrupaciones de Abogados*, Madrid, La Ley, Wolters Klower, 2006, págs. 37 a 43

Es en este congreso que se procede a constituir a la UIBA como organización de carácter internacional, que se sumó a las ya existentes Union Internationale des Avocats UIA creada en 1927, a la Federación Interamericana de abogados (FIA), fundada el 16 de mayo de 1940 y al Consejo de la Abogacía Europea CCBE nacida en 1960.

Cabe destacar que el Consejo General de la Abogacía Española en sesión del 5 de octubre de 1974 había acordado la iniciación de los trabajos para el proyecto de constitución de una Unión Iberoamericana de Abogados. El abogado José Luis Segimón Escobedo sugeriría al Decano del Ilustre Colegio de Abogados de Madrid el aprovechar esta Unión Iberoamericana de Abogados, adaptándola y modificando sus estatutos a los nuevos objetivos planteados de una Unión Iberoamericana de Colegios de Abogados.

Así, se convocó al I Congreso Iberoamericano de Colegios y Agrupaciones de Abogados que se celebraría en Madrid en 1976 con la asistencia de las abogacías de Argentina, Chile, Uruguay, Paraguay, Perú, Ecuador, Colombia, Guatemala, Costa Rica, Venezuela, México, Portugal y España, la adhesión de Brasil, Nicaragua, la Federación de Abogados de los Países del Pacto Andino y la Unión Latinoamericana de Abogados.

Don Antonio Pedrol Rius resultó electo Presidente de la UIBA y sería sucedido por el actual Don Luis Martí Mingarro electo en 1992.

La UIBA ha celebrado hasta la fecha veinte congresos en ciudades como Granada (España), Santa Cruz de la Sierra (Bolivia), Punta del Este (Uruguay), Fortaleza (Brasil), Lima (Perú), Río Grande (Puerto Rico), Panamá (Panamá) y otros. En México se han celebrado dos congresos: el primero (que sería el III Congreso por su orden) los días 27 a 29 de octubre de 1980 y el segundo (que sería el XIX por su orden) los días 20 a 24 de abril de 2010, organizado por el Ilustre y Nacional Colegio de Abogados de México como parte de las conmemoraciones de su 250 aniversario.

Fue en el XVII Congreso de la UIBA celebrado en 2006 que se decidió modificar los estatutos de la organización para creare la figura del Senado de la UIBA, constituido por aquellos juristas designados por la presidencia de entre los que hayan ostentado representación institucional en la misma, otorgándose a los elegidos la consideración de congresistas de pleno derecho y la asistencia a las sesiones del Consejo de Delegados.[635]

---

635. El Senado de la UIBA se integra actualmente por los siguientes abogados: Dr. Alfonso Clavijo, Dr. Alfredo Rojas, Dra. Amparo Paciello; Dr. Andrés Guerrero, Dr. Antonio Alonso Lasheras, Dr. Antonio Pires de Lima, Dr. Aristóteles Atheniense, Lic. Arnoldo Ortiz Moscoso, Dr. Carlos-Alberto Vásquez, Dra. Carmen Herrera, Dr. Denis Gallardo, Dr. Didier Carranza, Dr. Eduardo Lapenne, Dr. Héctor Furlong, Dr. Hernán Delgado, Dr. Hugo César Figari, Lic. José

El tema del arbitraje ha sido motivo de las preocupaciones de la UIBA desde los primeros congresos. Así, en el II Congreso celebrado en Venezuela en 1979 al que acudió la Comisión Interamericana de Arbitraje Comercial, se aprobó una ley-tipo de arbitraje para los países hispano-luso-americanos.[636]

En varios congresos posteriores el tema del arbitraje ha sido recurrente como ha sucedido en el de México en 1980, Panamá en 1982, Quito en 1983, Perú en 2002, Panamá en 2006 y desde luego en el celebrado recientemente en México en 2010 y en Panamá en 2012.

4.3. El Acuerdo Marco de Colaboración para promover la conformación de un Centro de Arbitraje Iberoamericano[637]

La Secretaría General Iberoamericana (SEGIB) inició los trabajos sobre el arbitraje en Iberoamérica, en razón de las inquietudes que le manifestaron diversas instituciones del sector privado y los gobiernos de algunos países iberoamericanos.

El 27 de octubre de 2009 se llevó a cabo una reunión en Montevideo, Uruguay en la que participaron los representantes de las Cámaras Empresariales de nueve países y los representantes de los Colegios de Abogados de 11 países.

En dicha reunión se hizo patente el consenso existente entre las organizaciones participantes para avanzar en la formulación de una propuesta de creación de un mecanismo específicamente iberoamericano de arbitraje internacional para lo cual se elaboraría un documento base en el que se analizaría la posibilidad de constituir un mecanismo iberoamericano de arbitraje internacional. A fin de dar continuidad a las labores acordadas y elaborar dicho documento, se creó una Comisión de Seguimiento conformada por la Unión Iberoamericana de Colegios y Agrupaciones de Abogados –UIBA-, la Federación Argentina de Colegios de Abogados –FACA-, el Colegio de Abogados de Madrid, la Con-

---

Alberto Alvarez, Dr. Julio Fontanet, Dr. Martín Belaunde, Dr. Miguel Estrada, Dr. Moisés Tambini, Dr. Salvador- Nelson García Córdoba, Dr. Nicolás Castro Benítes, Dr. Oscar Cruz Barney, Dr. Oscar Huerta, Dr. Pedro Mantellini, Dr. Rafael Veloz, Dr. Raúl Lozano, Dr. Reynaldo Peters, Dr. Rogério Alves, Dr. Ronald Herbert y el Dr. Ulises Montoya.

636. Actualmente la UIBA tiene los siguientes cargos: Presidente: Luis Martí Mingarro, Vicepresidentes: Roberto Busato (Brasil); Luis Ortiz Quiroga (Colombia); Arnoldo Ortiz Moscoso (Guatemala); Carlos Andreucci (Argentina) y Raul Izurieta (Ecuador). Secretario General: Javier Quijano Baz (México); Secretario Ejecutivo Adjunto a Presidencia y Coordinador Internacional Andrés Guerrero (España).

637. Véase Kawabata, Alejandro, *Informe sobre el Acto de Firma del Acuerdo Marco de Colaboración para promover la conformación de un Centro Iberoamericano de Arbitraje,* Brasilia, 3 de octubre de 2012, Secretaría General Iberoamericana, 2012.

federacão Nacional da Industria –CNI- de Brasil, el Consejo Nacional de la Empresa Privada –CONEP- de Panamá y la Cámara Nacional de Comercio y Servicios de Uruguay, a la que la SEGIB comprometió su apoyo.

Posteriormente, el 23 de abril de 2010, se celebró una reunión de trabajo de dicha Comisión de Seguimiento durante la cual se incorporaron a la reunión de la Comisión los representantes de la abogacía de Brasil (Ordem dos Advogados do Brasil) y del Ilustre y Nacional Colegio de Abogados de México por la abogacía mexicana

Por su parte, la Conferencia de Ministros de Justicia de los Países Iberoamericanos (COMJIB) ha venido trabajando en el ámbito de la seguridad jurídica, que incluye iniciativas en el campo de la resolución de conflictos y el arbitraje. En función de lo anterior, la SEGIB, con el apoyo decidido de la COMJIB presentó estos temas ante la reunión plenaria de Ministros de Justicia de Iberoamérica celebrada en la ciudad de México, los días 21 y 22 de octubre de 2010. En dicha reunión fueron respaldadas estas propuestas.

La labor de promoción desde la SEGIB, impulsada por los Colegios de Abogados, las Cámaras Empresariales y la COMJIB, hicieron posible que se incorporara el tema en los debates de la XX Cumbre Iberoamericana de Jefes de Estado y de Gobierno celebrada en la ciudad de Mar del Plata, Argentina, los días 3 y 4 de diciembre de 2010. Allí, los Presidentes de los países iberoamericanos decidieron insertar como Apartado 43 de la Declaración Final de la Cumbre la siguiente decisión:[638]

«Solicitar a la Conferencia de Ministros de Justicia Iberoamericanos (COMJIB) que desarrolle acciones para potenciar la mejora de la seguridad jurídica, así como la promoción de mecanismos de resolución de conflictos económicos y comerciales de carácter regional iberoamericano, en colaboración con la Secretaría General Iberoamericana (SEGIB)».

En virtud de lo anterior se convocó a una nueva Reunión de la Comisión de Seguimiento, la que se celebró en la sede de la SEGIB en Madrid en mayo de 2011 y permitió profundizar el diálogo respecto de la situación actual del arbitraje en Iberoamérica y afirmar la importancia de continuar trabajando en pro de un mecanismo de arbitraje en la región. Se decidió que el sector privado continuaría promoviendo la creación del mecanismo iberoamericano de arbitraje y que la Comisión de Seguimiento redactaría un Acuerdo Marco general en el que se detallasen los principales acuerdos y características del mecanismo iberoamericano de arbitraje que se proponía crear.

---

638. http://segib.org/cumbres/files/2010/03/DCL-MAR-DEL-PLATA-JEGXX-E.pdf

Se preparó una propuesta que fue sometida a consideración de la Comisión de Seguimiento y que fue divulgada mediante comunicaciones a Colegios de Abogados y Cámaras Empresariales/Comerciales de Iberoamérica.[639]

La IIIa Reunión de la Comisión de Seguimiento se celebró el 25 de abril en la sede de la Cámara de Comercio, Industrias y Agricultura de Panamá, coincidiendo con la celebración del XX Congreso Internacional de la UIBA organizado por el Colegio de Abogados de Panamá. En ella se revisó el texto del Acuerdo Marco y se acordó un texto definitivo. Asimismo se decidió ampliar la Comisión de Seguimiento incorporando a otros 6 miembros (la Cámara de Comercio de Guatemala, la Cámara de Comercio de Nicaragua y a la Cámara de Comercio de Bogotá -esta última ad referéndum de la confirmación por parte de dicha Cámara-, la Ordem dos Advogados de Brasil, el Ilustre y Nacional Colegio de Abogados de México y el Colegio de Abogados de Costa Rica). Se decidió asimismo que la UIBA continuase con la labor de coordinación general del esfuerzo y que la SEGIB y a la COMJIB que mantendrían su apoyo a esta iniciativa.

Asimismo, se decidió convocar a una reunión Plenaria para la suscripción por parte de las instituciones privadas del Acuerdo Marco cuyo texto fue consensuado.

El día 3 de octubre de 2012 se llevó a cabo el acto de apertura en la sede de la Orden de Abogados de Brasil (OAB) con la presencia del Lic. Ophir Cavalcante Junior, presidente de la OAB, Don Luis Martí Mingarro, Presidente de la UIBA, del Asesor en Políticas Públicas de la Secretaría General Iberoamericana Don Alejandro Kawabata y del Secretario de Reforma do Judiciario del Ministerio de Justicia de Brasil Don Fravio Crocce Caetano.

En dicha apertura se dio lectura a la carta del Secretario General Iberoamericano, Enrique V. Iglesias al Sr. Presidente de la OAB con motivo del evento. Al evento acudieron Embajadores y representantes de 14 embajadas de los países iberoamericanos, entre ellos el Lic. Alejandro de la Peña, Embajador de México en Brasil.

Luego de la apertura se procedió a la Firma del Acuerdo Marco de Colaboración para promover la conformación de un Centro Iberoamericano de Arbitraje. El mismo fue firmado por las 35 instituciones presentes (Colegios de Abogados, Cámaras de Comercio e Industria y Organizaciones Empresariales), por los dos organismos iberoamericanos (SEGIB y COMJIB) como Testigos de Honor y se verificaron las adhesiones previas de otras 7 instituciones, por lo que se completaron 44 firmas al Acuerdo.

---

639. En cuya redacción tuvimos oportunidad de participar conjuntamente con el abogado Roberto Martínez Guerrero por el Ilustre y Nacional Colegio de Abogados de México.

Debemos destacar que por México firmó el Acuerdo el Ilustre y Nacional Colegio de Abogados de México, a quien tuvimos el honor de representar en el acto de firma.

En ese momento se acordó que la SEGIB analizare la posibilidad de hacer una presentación de la iniciativa en el marco de las actividades oficiales de la XXII Cumbre Iberoamericana de Jefes de Estado y de Gobierno, como efectivamente se hizo. El Gobierno español hizo suyo el proyecto cuyos trabajos para la creación de la nueva organización arbitral se materializaron con el apoyo expreso del Secretario General de la Secretaría General Iberoamericana y bajo el impulso de la Unión Iberoamericana de Colegios de Abogados (UIBA) que preside Don Luis Martí Mingarro, quien junto a Roberto Busato, ex presidente de la *Ordem dos Advogados do Brasil*, hizo entrega de su protocolo de constitución al Ministro de Exteriores español, José Manuel García- Margallo, en el transcurso de los trabajos de la Cumbre Iberoamericana de 2012.

Se señaló que el Centro de Arbitraje Iberoamericano deberá contar con una estructura ágil, reducida y altamente cualificada y tendrá un carácter específicamente iberoamericano; es decir orientado a la resolución de conflictos que involucren a los operadores de cualquiera de los veintidós países que integran la conferencia iberoamericana. Sus idiomas de trabajo serán el español y el portugués.

La nueva institución arbitral de ámbito regional, pretende dar una respuesta adecuada a las demandas de los países iberoamericanos, de sus operadores económicos, actores sociales y de la abogacía organizada que con el respaldo del mayor número de Gobiernos estará al servicio tanto de arbitrajes comerciales como de futuras inversiones.

Con la creación de este nuevo foro de arbitraje, se impulsarán los mecanismos de coordinación entre los países iberoamericanos en materia de arbitraje que, más allá de sentar las bases para la conformación de una cultura arbitral común, permitirá compartir experiencias, propiciar la unificación de las reglas y legislaciones existentes y promoverá cambios en los tratados internacionales de los que son partes, así como adoptará posiciones y estrategias comunes en la celebración de nuevos acuerdos con terceros.

A través de esta iniciativa se abren las puertas a juristas iberoamericanos en el ámbito del arbitraje comercial, en general. Se consideró en su momento que la escasa presencia en él hasta el momento se ha debido a las reducidas posibilidades de acceder tanto a la función de árbitros como a la de abogados de parte, generándose ahora un nuevo y extenso ámbito de profesionalidad.

A partir de ese momento se decidió crear un Programa iberoamericano de formación continuada de especialistas en arbitraje que permita a los abogados desarrollar funciones de árbitros, de secretarios de tribunales y de abogados de parte respetando los principios y costumbres jurídicas del sistema continental en las que se han formado.

4.4. El contenido del Acuerdo

Las instituciones, organizaciones y organismos internacionales firmantes del Acuerdo (en 19 párrafos preliminares y ocho cláusulas), al que podrán adherirse toda otra institución gubernamental u organización pública o privada, así como organismos internacionales y multilaterales, suscribieron el Acuerdo partiendo de una realidad: que Iberoamérica constituye un espacio multinacional fundamentado en principios y valores y en una identidad cultural, histórica y lingüística compartida.[640]

Los intercambios culturales, humanos y económicos dentro del espacio iberoamericano –tanto los transatlánticos como los que se han dado en América Latina en su conjunto y en sus subregiones en particular– tienen siglos de historia, han variado de intensidad, y han sido muy enriquecedores.

Se consideró que en las últimas décadas, con las facilidades de las comunicaciones y por virtud de los impulsos y efectos de la globalización, esos intercambios históricos se han multiplicado. Para las partes firmantes del Acuerdo «Iberoamérica es un espacio con crecientes bases económicas y sociales: inversiones (no sólo transatlánticas), comercio, migración, remesas y cooperación.»[641]

Queda claro en el Acuerdo que existen múltiples programas de cooperación de todo tipo (energética, económica, educativa, sanitaria, etc.) y se han relanzado los programas de integración regional y subregional. Es evidente además que existe una tradición y cultura jurídica igualmente compartida y rica, que distingue a Iberoamérica de otras regiones.

Se señala asimismo que la seguridad jurídica no es tan sólo un trascendente valor jurídico sino, cada día más, un requisito del desarrollo económico. En este sentido, no cabe duda de que el incremento del comercio internacional y de las inversiones reclama la articulación de mecanismos de resolución de controversias que den respuesta a dicha exigencia y, al tiempo, que permitan alcanzar soluciones rápidas y adecuadas a los mismos.

---

640. El texto del Acuerdo Marco en http://www.uiba.org/index.php?option=com_docman&task=cat_view&gid=64&limitstart=5

Una comunicación sobre el tema en la comunicación dirigida por Quijano Baz, Javier a Angel Junquera, Director General de la Revista *El Mundo del Abogado*, publicada en el número correspondiente al mes de diciembre de 2012, pág. 40.

641. *Acuerdo Marco de Colaboración para promover la conformación de un Centro Iberoamericano de Arbitraje,* Considerando 3.

Es claro para las partes firmantes del Acuerdo que en el marco de las controversias surgidas de las relaciones comerciales, el arbitraje internacional se ha afianzado como medio idóneo y no superado de resolución de conflictos por cuanto permite obtener una solución rápida y eficaz, a través de un laudo fácilmente ejecutable, dictado por árbitros especializados en la materia. Se considera que el arbitraje comercial internacional se contempla como un sistema de resolución de conflictos casi reservado a las grandes controversias y a las grandes empresas. Existe reticencia y desconocimiento del sistema por parte de las pequeñas y medianas empresas, que lo consideran como algo fuera de su alcance, entre otros motivos por su elevado coste para controversias de menor cuantía económica.

El arbitraje internacional es en la actualidad, conforme al Acuerdo, un mecanismo al que acude cada día un mayor número de empresas y en el que número y diversidad de los operadores jurídicos, árbitros, centros arbitrales y abogados ha aumentado significativamente. Lo anterior se explica tanto por el espectacular desarrollo de los intercambios comerciales internacionales, como por el conocimiento cada vez más generalizado de las ventajas que ofrece independencia, rapidez, especialización., así como por el creciente apoyo que recibe de los Estados como lo evidencia la generalizada ratificación del Convenio de Nuevo York de 1958 sobre reconocimiento y ejecución de sentencias arbitrales extranjeras, de la Convención de Washington de 1965 sobre Protección de Inversiones Extranjeras; y de las Convenciones Interamericanas (Panamá) de 1975 sobre Arbitraje Comercial Internacional y de 1979 (Montevideo) sobre Eficacia Extraterritorial de las Sentencias y Laudos Arbitrales Extranjeros. Más aun, se señala en el Acuerdo «...las ventajas que ofrece el arbitraje, unidas a la fuerte carga de trabajo que soportan los sistemas jurisdiccionales de los Estados, han dado lugar igualmente a una importante expansión del arbitraje doméstico o meramente local.» [642]

Se toca el tema de la Inversión Extranjera señalando que el arbitraje internacional no se configura tanto, como ocurre en el ámbito de los intercambios comerciales, como un mecanismo adecuado de arreglo de controversias, sino que constituye en buena medida un medio capaz de ofrecer la garantía que busca el inversor, al mismo tiempo que se transforma en una exigencia para la captación de nuevas inversiones. [643]

---

642. *Acuerdo Marco de Colaboración para promover la conformación de un Centro Iberoamericano de Arbitraje,* Considerando 9.

643. Sobre el tema véase Cruz Barney, Oscar, «El balance entre los derechos del inversionista extranjero y del Estado anfitrión: soberanía y recepción jurídica», en Rodríguez Jiménez, Sonia y Wöss, Herfried (Coords.), *Arbitraje en materia de inversiones,* México, Instituto de Investigaciones Jurídicas, UNAM, 2010.

Para las partes del Acuerdo es claro que Iberoamérica no es ajena al desarrollo del arbitraje internacional. El desarrollo del comercio internacional en la región, potenciado por los diversos acuerdos de libre comercio y de integración regional celebrados en las últimas décadas, ha ido acompasado por una apuesta sin precedentes por la institución arbitral, que refleja la opción de los operadores económicos por soluciones inmediatas y eficaces, basadas en la autorregulación y en la confianza mutua.[644]

Es clara asimismo la apuesta de los Gobiernos por el arbitraje internacional, como lo evidencian el número de ratificaciones del Convenio de Nueva York de 1958 y de la Convención Interamericana sobre Arbitraje Comercial Internacional de 1975 por parte de países de la región, así como la creciente aceptación de la Ley Modelo CNUDMI, a partir de los años noventa, ya sea mediante su incorporación a las legislaciones de muchos ellos (Chile, España, Guatemala, Honduras, México, Nicaragua, Paraguay, Perú, República Dominicana y Venezuela y Costa Rica) o tomándola como referencia para la elaboración de sus propias leyes arbitrales.

En materia de inversiones, la mayor parte de los países iberoamericanos son receptores netos de una parte importante del total de la inversión extranjera que se registra en el mundo y muchos son parte del Convenio de Washington de 18 de marzo de 1965, por el que se constituyó el Centro Internacional de Arreglo de Diferencias relativas a las Inversiones (CIADI).

Se señala que en los últimos tiempos se ha incrementado la carga de los asuntos arbitrales en tramitación ante el CIADI que conciernen a la resolución de controversias sobre protección de inversiones planteadas entre inversores internacionales y Estados iberoamericanos, ya sea en el marco de las reglas del Convenio de Washington o del Mecanismo complementario del CIADI. Por lo demás, son cada vez más numerosos los Acuerdos bilaterales de protección de inversiones (APPRIs) celebrados por países iberoamericanos que contemplan el recurso al arbitraje de inversiones, ya sea del CIADI o de otras instituciones.

Sostienen la partes firmantes que los países iberoamericanos comparten no sólo historia, idiosincrasia e idiomas, sino también una cultura jurídica común, basada en el Derecho continental, que tiene al arbitraje como una de las más antiguas formas de administración de justicia, que se proyecta en sistemas jurídicos comparables en muchos aspectos. Se considera que necesitan por ello, contar con instituciones arbitrales propias, especialmente para la administración

---

644. Así Cruz Barney, Oscar, «El arbitraje y los tratados comerciales internacionales de los que México es parte», en Méndez Silva, Ricardo, *Contratación y Arbitraje Internacionales,* México, IIJ, UNAM, 2010.

de los arbitrajes entre iberoamericanos, hoy dispersos en centros diversos generalmente fuera de la región.[645]

A las Partes firmantes les parece evidente la necesidad de crear una institución arbitral de carácter regional que dé rápida y adecuada respuesta a las demandas de los países iberoamericanos y de sus operadores económicos, «que atienda a sus particularidades, costumbres jurídicas y necesidades y que permita unificar los esfuerzos e iniciativas que se vienen desarrollando en los últimos años. Una institución arbitral que cuente con la aceptación de los operadores económicos y de los actores sociales, así como, por supuesto, de la abogacía organizada y con el respaldo del mayor número posible de Gobiernos, y que esté al servicio tanto de arbitrajes comerciales como de inversiones.»[646]

Una de las consideraciones del Acuerdo señala que resulta importante impulsar mecanismos de coordinación entre los países iberoamericanos en materia de arbitraje que permitan compartir experiencias, propiciar una cierta unificación de las reglas y legislaciones existentes y promover cambios en los tratados internacionales de los que son partes, así como adoptar posiciones y estrategias comunes en la celebración de nuevos acuerdos con terceros.

Nota importante para las abogacías de Iberoamérica es que las partes observan la necesidad de abrir las puertas a juristas iberoamericanos en el ámbito del arbitraje comercial, en general. «Su escasa presencia en él se debe a sus reducidas posibilidades de acceder tanto a la función de árbitros como a la de abogados de parte por falta de preparación específica y, por tanto, de experiencia en la materia dominada con una preponderancia de principios y procedimientos propios del common law.»[647]

Resulta en este sentido necesaria, consideran las partes, la creación de un Programa iberoamericano de formación continuada de especialistas en arbitraje, que permita a los abogados desarrollar funciones de árbitros, de secretarios de tribunales y de abogados de parte, respetando los principios y costumbres jurídicas del sistema continental en las que, básicamente, se han formado.

Por lo anterior las Partes acordaron que las instituciones y organizaciones que suscriban y que en lo futuro se adhieran al Acuerdo mantienen un firme

---

645. En este sentido, en mayo de 2008, la Cumbre de UNASUR, al aprobar su acta constitutiva, se manifestó a favor de la creación de una instancia de arbitraje que evite llevar los casos fuera de la región. Ya existen comisiones de trabajo elaborando propuestas y analizando las alternativas sobre la creación del Foro arbitral regional.

646. *Acuerdo Marco de Colaboración para promover la conformación de un Centro Iberoamericano de Arbitraje,* Considerando 16.

647. *Acuerdo Marco de Colaboración para promover la conformación de un Centro Iberoamericano de Arbitraje,* Considerando 18.

compromiso y voluntad de participar en el proceso constituyente de un *Centro Iberoamericano de Arbitraje* que atienda y resuelva controversias internacionales, tanto de carácter comercial como de inversiones.

Conforme a la Cláusula Segunda y a fin de constituir y poner en funcionamiento dicho Centro, y en la medida de sus posibilidades, las Partes se comprometieron:

i) a difundir la iniciativa en sus respectivos países y a promover el apoyo a la misma por todo otro actor nacional, regional o internacional que resulte relevante; y

ii) a realizar las aportaciones y contribuciones que puedan efectuar en materia de recursos humanos, financieros o de otro carácter.

Se designó una Comisión de Seguimiento del Acuerdo integrada por al menos doce miembros representantes del campo empresarial y del campo del derecho a efectos de que elaboren y sometan a consideración de las Partes un Estatuto y un Reglamento del mencionado Centro. Dicha Comisión cuenta como ya señalamos líneas arriba, con la colaboración de la Secretaría General Iberoamericana y de la COMJIB. El Ilustre y Nacional Colegio de Abogados de México participa en la misma.

El mencionado Reglamento debe de contemplar al menos los siguientes elementos:

i) habrá de permitir articular un procedimiento arbitral ágil, poco burocratizado, rápido y lo menos costoso para las partes, que contemple plazos razonables para dictar el laudo y las decisiones sobre jurisdicción;

ii) tendrá en cuenta la necesidad de establecer un aparato administrativo ágil y eficiente, aunque reducido, constituido por profesionales altamente cualificados; y

iii) establecerá un procedimiento abreviado, con posibilidad de desarrollarse de forma virtual, que permita atender controversias de menor entidad económica de manera de satisfacer las necesidades de las PYMES.

La Cláusula Cuarta hace hincapié en que el Centro deberá contar con una estructura ágil, reducida y altamente cualificada, a efectos de desarrollar, entre otras, las siguientes funciones:

1. Administrar los arbitrajes que le sean sometidos.
2. Designar árbitros en los procedimientos arbitrales que administre.
3. Asesorar y asistir a las partes y a los árbitros en la promoción, iniciación y desarrollo de los arbitrajes.
4. Organizar su propio funcionamiento.

5. Atender a su propia financiación independiente, allegando los medios necesarios para ello.

6. Formar y publicar las listas de árbitros de excelencia integrada por aquellos que sean designados cumpliendo con exigencias de calidad, especialidad, idoneidad y transparencia. Se deberá reglamentar a esos efectos un proceso abierto y transparente.

7. Formular y aplicar las reglas y pautas de comportamiento exigibles al Centro, a los árbitros y a los operadores en lo que concierne a su deontología y régimen de incompatibilidades.

8. Contribuir a la coordinación de las iniciativas de los países iberoamericanos en materia de arbitraje, incluidas las de carácter legislativo.

El Centro, y aquí su característica esencial, será específicamente iberoamericano; esto es «orientado a la resolución de conflictos que involucren a los operadores de cualquiera de los veintidós países que integran la Conferencia Iberoamericana y sus idiomas de trabajo serán el español y el portugués.»[648] En todo caso, no se excluye que esté abierto a conflictos que involucren a actores de otros países.

Las Partes acordaron apoyar la promoción de una cultura de la conciliación, mediación y arbitraje internacional como medios alternativos de resolución de controversias. En este sentido, se deberá promover la elaboración y ejecución de un Programa de formación continuada de especialistas en arbitraje, de carácter permanente, que garantice la máxima capacitación de los juristas que intervengan en arbitrajes administrados por el Centro y que facilite su presencia en otras instituciones arbitrales.

En cuanto a la sede o sedes del Centro, éstas podrán estar en diversos países iberoamericanos, además de contar con mecanismos virtuales que permitan una mejor administración de los procedimientos.

Se aclara que el Centro será privado e independiente, sin perjuicio de promover, para la constitución y funcionamiento del mismo, el apoyo de los gobiernos de los países iberoamericanos. Concluye el Acuerdo señalando que «El mismo nace del acuerdo de las Cámaras y Organizaciones Empresariales y de Comercio, así como de los Colegios y de las principales Asociaciones de Abogados de Iberoamérica, impulsados por los mandatos de la Asamblea Plenaria de Ministros de Justicia de los Países Iberoamericanos celebrada en el año 2010 y de la XX Cumbre Iberoamericana de Jefes de Estado y de Gobierno celebrada en diciembre de 2010 en la República Argentina.»

---

648. Cláusula Quinta.

En esa misma fecha y posteriormente a la firma se celebró la primera reunión de trabajo del conjunto de las instituciones firmantes, acordándose los siguientes puntos:

a) Mantener la integración de la Comisión de Seguimiento actual integrada por la Unión Iberoamericana de Colegios y Agrupaciones de Abogados, la Federación Argentina de Colegios de Abogados, el Colegio de Abogados de Madrid, la Confederacão Nacional da Industria de Brasil, el Consejo Nacional de la Empresa Privada de Panamá, la Cámara Nacional de Comercio y Servicios de Uruguay, la Cámara de Comercio de Guatemala, la Cámara de Comercio de Nicaragua, la Ordem dos Advogados de Brasil, el Ilustre y Nacional Colegio de Abogados de México y el Colegio de Abogados de Costa Rica con la incorporación del Centro de Arbitraje y Mediación de la Cámara Nacional de Comercio, Servicios y Turismo de Chile.

b) Establecer una categoría de miembros adicionales a los doce de la Comisión de Seguimiento, sumándose en dicho carácter la Federación Interamericana de Colegios de Abogados (FIA);

c) Encomendar a la UIBA que continúe coordinando la Comisión de Seguimiento y las labores en general;

d) Solicitar a la SEGIB y a la COMJIB que continúen apoyando y colaborando con la iniciativa;

e) Establecer un calendario general de trabajo para el trienio 2012-2014, en el que se prevean las labores de elaboración del mecanismo durante el 2012 y el 2013, y la puesta en marcha de manera inicial para el año 2014; a esos efectos, y aprovechando la celebración de la Asamblea de la UIBA en Portugal los días 29 y 30 de abril de 2013, se convocará en dicha ocasión a una reunión ampliada de la Comisión de Seguimiento, previéndose una segunda reunión a lo largo del segundo semestre de dicho año;

f) Conformar dos Grupos de Trabajo:

1. El grupo 1, que se encargará de elaborar una propuesta relativa a la estructura organizativa del mecanismo y a la normatividad que el mismo requiera (Estatuto, Reglamento, Código Deontológico, etc.); al mismo se integraron los Colegios de Abogados de Misiones, La Plata y Córdoba (todos ellos de Argentina), la FACA, y los Colegios de Abogados de México, Panamá, Paraguay, Uruguay y Costa Rica, la OAB de Brasil, COADEM y las Cámaras de Comercio de Uruguay, Argentina, Panamá y Nicaragua, la CNI de Brasil, la FIA y la Asociación Española de Arbitraje. Dicho grupo tendrá una Comisión de Redacción encargada de acumular y dar forma a las propuestas que le hagan llegar los distintos miembros; la misma está integrada por el Colegio de Abogados de Costa Rica, la FACA, la CNCS de Uruguay y la Cámara de Comercio de Argentina.

2. El grupo, que se encargará de elaborar propuestas relativas al financiamiento del mecanismo, su funciones en el área de la formación y capacitación y la difusión de la iniciativa; al mismo se integraron los Colegios de Abogados de Madrid, Loja, Bolivia, México, Chile, Bogotá, Lima y Valencia, las Federaciones Abogados de Venezuela y Ecuador, la Confederación de Abogados Andinos, la CONEP de Panamá, la Asociación Comercial de Lisboa, la Fundación Luso-Española, la Universidad de San Pablo y el Centro de Arbitraje y Mediación de la Cámara de Chile. La Comisión de redacción de dicho grupo quedó integrada por el Centro de Arbitraje y Mediación de la Cámara de Chile y por el Colegio de Abogados de Madrid.

Se acordó que todos los firmantes promoverían el acercamiento a otras instituciones para su adhesión al Acuerdo Marco, poniendo el acento en incorporar nuevas Cámaras de Comercio o Industria u Organizaciones Empresariales y que las mismas sean de segundo o tercer nivel (Organizaciones a nivel nacional o federaciones).

EPÍLOGO

Hemos pasado revista a la institución del arbitraje.

Hemos hecho referencia a los elementos sustantivos del mismo y nos hemos ocupado también de sus antecedentes históricos, ya que las generaciones actuales de abogados que seguramente se interesen en conocer dicho mecanismo alternativo, deben estar conscientes de que en México el arbitraje es conocido de siempre y que presenta perfiles propios tan respetables como el que más.

La herencia que nuestro derecho tiene del Derecho Romano, se mantuvo en las instituciones jurídicas castellanas y se acriolló en nuestro país a través del Derecho Indiano y del Derecho Nacional durante el siglo XIX.

En la última década con motivo de la suscripción de tan numerosos acuerdos comerciales, se ha hecho imprescindible conocerlo y aplicarlo.

Somos testigos de la presencia de estudios y manuales sobre el tema, lo cual es magnífico pues pone en evidencia el creciente interés de los estudiosos y académicos.

Sin embargo nos preocupa que se vayan a tomar a la ligera sus conceptos y ante el afán de aparecer como "expertos" y aspirar a ser "panelistas" o árbitros, se descuide la seriedad y profundidad que todo auténtico jurista debe procurar.

La práctica que se ha dado con motivo de los casos tramitados ante los llamados paneles del TLCAN, en particular los del Capítulo XIX, ha servido como mesa de trabajo a varios temas que exigen una sana consideración en el contexto de la práctica arbitral.

Tales temas son, entre otros, los siguientes:

1. Naturaleza jurídica de los paneles.
2. Competencia de los paneles:
   a) Criterios aplicables
   b) Capacidad para examinar la legitimidad de la autoridad investigadora
   c) Alcance de los laudos: nulidad de las resoluciones.

d) Carácter de definitividad de las resoluciones.
3. Procedencia del amparo contra los laudos.
4. La representación ante los paneles: carácter de abogado de los representantes.
5. La presencia de abogados extranjeros.
6. La duplicidad de foros: OMC-TLCAN.

Necesariamente debemos derivar conclusiones de lo dicho respecto de los paneles y que es aplicable en su mayoría a los procedimientos arbitrales en general:

1. Los paneles han demostrado su utilidad.
2. Su importancia radica fundamentalmente en el hecho de haber abierto una opción que permite a los afectados salir de la competencia y jurisdicción de las autoridades nacionales para revisar las resoluciones.
3. Sin embargo su operación no ha sido la mejor y presentan deficiencias.
4. Dichas deficiencias son de dos órdenes:
   a) Profesionales
   b) Procedimentales
5. Por profesionales queremos señalar que los panelistas pese a que han hecho su mejor esfuerzo, no siempre han sido acertados en sus resoluciones.
6. Esta situación se puede mejorar mediante una preparación suficiente de quienes puedan fungir como árbitros.
7. De cualquier manera consideramos que deben ser juristas en su mayoría, pues no basta ser ni abogados ni especialistas en comercio internacional solamente.
8. En cuanto a las fallas de carácter procedimental se requiere revisar las reglas buscando economía procesal y una mayor agilidad en las presentaciones escritas y en el desahogo de las audiencias e incidentes.
9. Consideramos de cualquier manera que en materia de comercio internacional es necesaria la creación de un tribunal permanente que conozca de todos los casos derivados de los acuerdos comerciales, que dé seguridad y certeza en los juicios y en los juzgadores y que ayude a formar árbitros estableciendo secuencia en las resoluciones, tal como lo propusimos durante la negociación del TLCAN.[649]

---

649. CRUZ MIRAMONTES, Rodolfo, «Rechaza Washington la propuesta mexicana sobre la formación de un tribunal comercial», en *El Financiero*, México, 6 de marzo de 1992. CRUZ MIRAMONTES, Rodolfo, «Un tribunal independiente para resolver diferencias. Pide la IP», en *La Jornada*, México, 25 de marzo de 1992. También en CRUZ MIRAMONTES, Rodolfo, *op. cit,* nota 103.

Bibliografía

Acosta Estévez, José B., *El proceso ante el Tribunal Internacional de Justicia*, Barcelona, España, J.M. Bosch Editor, 1995.

Adame Godard, Jorge, «¿Debe un pánel binacional, que examina una resolución en materia de cuotas antidumping o compensatorias, revisar la competencia de la autoridad que la dictó?», en *Revista de derecho privado,* México, Instituto de Investigaciones Jurídicas, UNAM, McGraw-Hill, Año 7, núm. 20, 1996.

Adame Godard, Jorge, «Las controversias en el Tratado de Libre Comercio de América del Norte», *Revista de derecho privado,* México, Instituto de Investigaciones Jurídicas, UNAM, Año 6, núm. 18, 1995.

Aguilar Alvarez, Guillermo, «El régimen jurídico de la ejecución de laudos arbitrales extranjeros en América Latina», *Estudios en homenaje a Jorge Barrera Graf,* México, Instituto de Investigaciones Jurídicas, UNAM, 1989, t. I.

Alcala-Zamora y Castillo, Niceto, «En torno a la internacionalización del arbitraje en derecho privado: dificultades a superar», *Lecturas Jurídicas,* Chihuahua, Universidad de Chihuahua, Escuela de Derecho, núm. 44, julio-septiembre, 1970.

Alcantara González, José Ma., «Arbitraje marítimo. El juicio arbitral marítimo contado por un arbitro», *Revista vasca de derecho procesal y arbitraje,* San Sebastian, Instituto vasco de Derecho Procesal, tomo V, cuaderno 3, 1993.

Alvarez Soberanis, Jaime, «El GATT: antecedentes y propósitos», *Jurídica, Anuario del Departamento de Derecho de la Universidad Iberoamericana,* México, UIA, Núm. 11, 1979.

Amezquita Díaz, Daniel, «Comentario al decreto que crea la Comisión Nacional de Arbitraje Médico», *Revista de derecho privado*, México, Instituto de Investigaciones Jurídicas, UNAM, año 7, núm. 21, septiembre-diciembre, 1996.

AMÉZQUITA DÍAZ, Daniel, «El procedimiento arbitral en la Comisión Nacional de Arbitraje Médico» *Pauta,* México, Boletín informativo del Capítulo Mexicano de la Cámara Internacional de Comercio, A.C., Núm. 32, abril, 2001.

AMEZQUITA DÍAZ, Daniel, «Medios alternativos de solución de controversias en materia fiscal», *Pauta,* México, Boletín informativo del Capítulo Mexicano de la Cámara Internacional de Comercio, A.C., Núm. 29, 2000.

ANDRADE ALARCÓN, José Leonel, «Sentido de las decisiones de los Paneles binacionales establecidos entre los Estados Unidos Mexicanos y los Estados Unidos de América, en el marco del Artículo 1904 del Tratado de Libre Comercio de América del Norte» (Estudio Inédito).

ANDRADE MAX, Diego A., «Las personas morales de derecho público como partes en el arbitraje comercial internacional», *Jurídica, Anuario del Departamento de Derecho de la Universidad Iberoamericana,* México, UIA, Núm. 22, 1993.

ANGULO PARRA, Carlos, «Comments on the potential influence of NAFTA on procedures for the settlement of disputes», *United States-Mexico Law Journal,* Albuquerque, EUA, University of New Mexico School of Law, vol. 1, Symposium 01993, Núm. 1, 1993.

ARAUJO VALDIVIA, Luis, «El Arbitraje Comercial y su Reglamentación Legal», *Revista Jurídica Messis*, México, 2a Época, Año 4, Vol. 1, Núm. 6, septiembre, 1974.

ARAUJO VALDIVIA, Luis, «El Arbitraje Comercial y su Reglamentación Legal», *Revista de la Asociación Nacional de Abogados*, México, II Época, No. 1, 1980.

ARAUJO VALDIVIA, Luis, «El arbitraje internacional», *Revista Jurídica Messis*, México, 2a Época, Año 4, Vol. 1, Núm. 5, junio, 1974.

ARELLANO GARCÍA, Carlos, «Personalidad y partes conforme a la Ley Modelo de la UNCITRAL sobre arbitraje comercial internacional», *Revista de la Facultad de Derecho de México*, México, UNAM, Tomo XXXVI, enero-junio, 1986, Núms. 145-146-147.

ARIAS, RICARDO, «Examen comparativo de reglas de arbitraje comercial», *El Foro, Órgano de la Barra Mexicana, Colegio de Abogados, A.C.,* México, Décima Época, Tomo XI, Núm. 2, Segundo Semestre, 1998.

ARNOLD, Tom, «Why is ADR the answer?», *The computer lawyer,* Cliffs, N.J., EUA, Vol. 15, Núm. 7, 1998.

ARRAZOLA, Lorenzo *et al.*, *Enciclopedia española de derecho y administración, ó nuevo Teatro Universal de la Legislación de España é Indias,* Madrid, Imprenta de los señores Andrés y Díaz, 1850, tomo III.

AYLWIN AZÓCAR, Patricio en *El juicio Arbitral,* Quinta Edición, Santiago, Editorial Jurídica de Chile, 2005.

BARAJAS MONTES DE OCA, Santiago y MENDEZ Silva, Ricardo, voz "Conciliación", en *Nuevo diccionario jurídico mexicano,* México, Instituto de Investigaciones Jurídicas, UNAM, 1998, tomo A-C.

BARNETT, Edith, «An overview of alternative dispute resolution in tne United States and the District of Columbia courts», *Ars Iuris*, México, Revista del Instituto de Documentación e Información jurídicas de la Facultad de Derecho de la Universidad Panamericana, número 14, 1995.

BARRIOS DE ANGELIS, Dante, «Naturaleza jurídica del arbitraje privado internacional. Su proyección en la práctica», *Revista de la Corte Española de Arbitraje*, Madrid, Consejo Superior de Cámaras de Comercio, Industria y Navegación de España,Vol. I, 1984.

BASAS FERNÁNDEZ, Manuel, *El Consulado de Burgos en el siglo XVI,* Madrid, CSIC, 1963, ed. facs. de la Excma. Diputación Provincial de Burgos,V Centenario de la Fundación del Consulado, 1994.

BECERRA RAMÍREZ, Manuel, CRUZ Barney, Oscar, GONZÁLEZ, Nuria y ORTÍZ Ahlf, Loretta, *Obra en Homenaje a Rodolfo Cruz Miramontes,* México, Instituto de Investigaciones Jurídicas, UNAM, 2 tomos, 2008.

BENITO LLOPIS-LOMBART, Marco de, *El Convenio Arbitral*, Editorial Avanzadi, S.A., Pamplona, España, 2010.

BERGER, Adolf, *Encyclopedic dictionary of roman law,* Philadelphia, EUA, The American Philosophical Society, 1991,Transactions of the American Philosophical Society, New Series,Volume 43, part. 2.

BERNAL, Rafael, «El arbitraje internacional», *Memorias Felaban,* Bogotá, Colombia, X Encuentro Latinoamericano de Abogados Expertos en Derecho Bancario, Federación Latinoamericana de Bancos, Editorial Kelly, memorias núm. 7, septiembre, 1991.

BERRY, Robert E., «Normas de revisión en materia de antidumping y tarifas compensatorias en el acuerdo de libre comercio entre Estados Unidos, México y Canadá»,*Jurídica, Anuario del Departamento de Derecho de la Universidad Iberoamericana,* México, UIA, Núm. 22, 1993.

BISSO, Carlos Enrique y GONZALEZ, Manuela Graciela, «Mediación. Una visión sociológica-jurídica de la institución y su implantación positiva», *Revista del Colegio de Abogados de La Plata,* La Plata, Argentina, año XXXVI, Núm. 57, enero-diciembre, 1996.

BLUMKIN, Silvia Beatriz, «La mediación: del derecho internacional al derecho interno», *Revista del Colegio de Abogados de Buenos Aires*, Buenos Aires, Argentina, tomo 54, núm.1, agosto, 1994.

BOHLMAN, Bruce E., y BOHLMAN, Erick J., «Wandering in the wilderness of dispute resolution: when do we arrive at the promissed land of justice», *North Dakota Law Review,* EUA,Vol. 70, Núm. 2, 1994.

BORJA SORIANO, Manuel, *Teoría general de las obligaciones,* 12a ed., México, Ed. Porrúa, 1991.

BRISEÑO BERRÚ, José Enrique, «El arbitraje comercial internacional en América Latina», *Rivista di diritto internazionale privato e processuale,* Padova, Italia, CEDAM, 1991.

BRISEÑO SIERRA, Humberto, «El arbitraje comercial en México y las leyes-tipo internacionales», *Revista de la Corte Española de Arbitraje*, Madrid, Consejo Superior de Cámaras de Comercio, Industria y Navegación de España, Vol. I, 1984.

—, «El arbitraje de la COMPROMEX», *Jurídica, Anuario del Departamento de Derecho de la Universidad Iberoamericana,* México, UIA, Núm. 21, 1992.

—, «El arbitraje de la Compromex», *Revista de la Facultad de Derecho de México,* México, UNAM, tomo XXXIV, Núms. 136-137-138, julio-diciembre, 1984.

—, «El Arbitraje en las Contiendas de Transferencia de Tecnología», *Revista Mexicana de Propiedad Artística*, México, Nos. 29 y 30, Enero-Diciembre de 1977, D. F.

—, «El arbitraje mercantil en México», *Jurídica, Anuario del Departamento de Derecho de la Universidad Iberoamericana,* México, UIA, Núm. 9, 1977.

—, «El arbitraje mercantil en México», *Revista de la Facultad de Derecho de México,* México, UNAM, tomo XXVII, Núm. 107-108, julio-diciembre, 1977.

—, «El arbitraje privado internacional», *El Foro, Órgano de la Barra Mexicana, Colegio de Abogados, A. C.,* México, Sexta Época, Núm. 17, abril-junio, 1979.

—, «El arbitraje y los negocios», *Jurídica, Anuario del Departamento de Derecho de la Universidad Iberoamericana,* México, UIA, Núm. 23, 1994.

—, «El procedimiento arbitral. Reglas de la UNCITRAL», *Revista de la Facultad de Derecho de México,* México, UNAM, tomo XXIX, Núm. 113, mayo-agosto, 1979.

—, «El seguro y el arbitraje comercial», *Jurídica, Anuario del Departamento de Derecho de la Universidad Iberoamericana,* México, UIA, Núm. 19, 1998-1999.

—, «La Creación de la ADACI», *Revista Jurídica de Comercio Internacional y Arbitraje Comercial Internacional,* México, No. 5, Octubre-Diciembre de 1985.

—, «La defensa jurídica del consumidor», *Revista de la Facultad de Derecho de México,* México, UNAM, tomo XXXIV, Núms. 133-134-135, enero-junio, 1984.

—, «La defensa jurídica del consumidor», *Revista de la Facultad de Derecho de México,* México, UNAM, tomo XXXV, Núms. 139-140-141, enero-junio, 1985.

—, *El Arbitraje Comercial. Doctrina y Legislación,* 2a edición, México, Limusa, 1999.

BROWN, Henry J. y MARRIOT, Arthur L., *ADR principles and practice,* 2nd edition, London, Sweet & Maxwell, 1999.

BUCHER Adreas y TSECHANZ, Pierre-Ires, *International Arbitration in Switzerland,* Frankfurt am Main, 1989.

BUHRING-UHLE, Christian, *Arbitration and mediation in international business. Designing procedures for effective conflict management,* The Hague, Kluwer Law International, 1996.

CABALLOL ANGELATS, Lluís, *El tratamiento procesal de la excepción de arbitraje,* Barcelona, España, J.M. Bosch Editor, 1997.

CABANAS RODRÍGUEZ, Marcelino, «La ley-tipo de Arbitraje para Iberoamérica», *Revista de la Corte Española de Arbitraje, Madrid, Consejo Superior de Cámaras de Comercio, Industria y Navegación de España, Vol. I, 1984.*

CABANELLAS, Guillermo, *Diccionario Enciclopédico de derecho usual,* Buenos Aires, Heliasta, 1981, T. III.

CAMPOS NIETO, Arturo, *Comisión para la Protección del Comercio Exterior de México,* México, Facultad de Derecho, UNAM, 1982.

CARMONA LARA, María del Cármen, «Integración económica y Acuerdo de Libre Comercio de la América del Norte. Mecanismo de solución de controversias», *Boletín mexicano de derecho comparado,* México, UNAM, Instituto de Investigaciones Jurídicas, nueva serie, año XXVIII, núm. 82, enero-abril, 1995.

CARPIZO, Jorge, «La naturaleza jurídica de las juntas de conciliación y arbitraje en México», *Revista Artículo 123 constitucional,* México, Ciudad de México DDF, Junta Local de Conciliación y Arbitraje, año 1, Núm. 1, enero-junio, 1990.

CASASUS, Joaquín D., *El Chamizal. Demanda, réplica, alegato e informes presentados por el Licenciado Joaquín D. Casasús ante el Tribunal de Arbitraje y sentencia pronunciada por el mismo tribunal,* México, Eusebio Gómez de la Puente, Editor, 1911.

CASTAÑON LEÓN, Wilfrido, «Intervención de los tribunales judiciales en el procedimiento y ejecución de laudos arbitrales», *Ars Iuris,* México, Revista del Instituto de Documentación e Información jurídicas de la Facultad de Derecho de la Universidad Panamericana, número 22, 1999.

CASTILLO SEGURA, Alejandra, «Tribunal Arbitral al Análisis de su Constitucionalidad como Tribunal Especial» Chihuahua, 2011.

CASTRO VILLALOBOS, José Humberto, «Solución de controversias en el derecho del mar», *Jurídica, Anuario del Departamento de Derecho de la Universidad Iberoamericana,* México, UIA, Núm. 29, 1999.

CAVAZOS FLORES, Baltasar, *El mito del arbitraje potestativo,* México, Ed. Jus, 1978.

CENTRO de Arbitraje de México (CAM) y Centro de Comercio Internacional, (UNCTAD/OMC) (Eds.), *Arbitraje y Solución de Controversias*, México, 2003.

CHOCRON GIRÁLDEZ, Ana María, *Los principios procesales en el arbitraje.* Barcelona, J.M. Bosch Editor, 2000.

CISCOMANI FREANER, Francisco, «Tratado de Libre Comercio de América del Norte. Inversión y solución de controversias», *Ars Iuris*, México, Revista del Instituto de Documentación e Información jurídicas de la Facultad de Derecho de la Universidad Panamericana, número 10, 1993.

COGER, Daniel, «Arbitramento internacional», *Temas Socio-jurídicos*, Colombia, Universidad Autónoma de Bucaramanga, vol. 8, núm. 22, enero, 1990.

COLLIARD, Claude-Albert intitulada *Instituciones de Relaciones Internacionales*, México, Fondo de Cultura Económica, México, 1978.

COMELLAS, José Luis, *Sevilla, Cádiz y América. El trasiego y el tráfico,* Málaga, ed. Arguval, MAPFRE, 1992.

CONTRERAS VACA, Francisco José, «Análisis del mecanismo de solución de controversias previsto por la Decisión Global 2/2000 del Tratado de Libre Comercio celebrado entre México y la Unión Europea» *Ars Iuris*, México, Revista del Instituto de Documentación e Información jurídicas de la Facultad de Derecho de la Universidad Panamericana, número 24, 2000.

CONTRERAS VACA, Francisco José, «Análisis del mecanismo de solución de controversias previsto por la Decisión Global 2/2000 del Tratado de Libre Comercio celebrado entre México y la Unión Europea» *Ars Iuris*, México, Revista del Instituto de Documentación e Información jurídicas de la Facultad de Derecho de la Universidad Panamericana, número 24, 2000.

CORONAS GONZÁLEZ, Santos M., *Manual de historia del derecho español,* Valencia, Tirant lo Blanch, 1996.

CORTINA GONZÁLEZ, Aurora, «El Fondo Piadoso de las Californias», en Soberanes Fernández, José Luis (coord.) *Memoria del IV Congreso de Historia del Derecho Mexicano*, México, UNAM, Instituto de Investigaciones Jurídicas, 1988.

COVARRUBIAS ACEVEDO, Manuel, *Indice alfabético de las disposiciones contenidas en el Código de Comercio de los Estados Unidos Mexicanos que comenzará á regir el 1 de Enero de 1890,* México, Tip. El Gran Libro de F. Parres y Comp. Sucs., 1889.

CRAIG, W. Laurence, PARK, William W., y PAULSSON, Jan, *Annotated Guide to the 1998 ICC Arbitration Rules with commentary,* EUA, Oceana Publications, International Chamber of Commerce, 1998.

—, *International Chamber of Commerce Arbitration,* 3a ed., EUA, Oceana Publications, International Chamber of Commerce Publishing, 2000.

CREMADES, Bernardo M., «Los Colegios de Abogados en el momento actual del arbitraje comercial», *El Foro, Órgano de la Barra Mexicana, Colegio de Abogados, A.C.,* México, Séptima Época, Núms. 9 y 10, enero-junio, 1982.

CRUZ BARNEY, Oscar, *Antidumping*, Barcelona, Editorial BOSCH-Wolters Kluwer España, 2013.

—, «El derecho mercantil y el surgimiento de la organización y jurisdicción consular en el mundo hispánico», en SILVA, Jorge Alberto (Coord), *Estudios sobre Lex mercatoria,* Instituto de Investigaciones Jurídicas, UNAM, 2006.

—, «Solución de controversias entre partes en el Acuerdo para el Fortalecimiento de la Asociación Económica entre los Estados Unidos Mexicanos y Japón», *Boletín Mexicano de Derecho Comparado,* Nueva Serie, Año XXXIX, Número 116, Mayo-Agosto, 2006.

—, «Breve panorama del procedimiento de arbitraje internacional de la Cámara Internacional de Comercio CCI», *Anales de Jurisprudencia*, México, Tribunal Superior de Justicia del Distrito Federal, Tercera Época, tomo 218, año 5, enero-febrero-marzo, 1994.

—, «El arbitraje en México: notas en torno a sus antecedentes históricos» *Ars Iuris*, México, Revista del Instituto de Documentación e Información jurídicas de la Facultad de Derecho de la Universidad Panamericana, número 24, 2000.

—, «El arbitraje y los tratados comerciales internacionales de los que México es parte», en Méndez Silva, Ricardo, *Contratación y Arbitraje Internacionales,* México, IIJ, UNAM, 2010.

—, «El balance entre los derechos del inversionista extranjero y del Estado anfitrión: soberanía y recepción jurídica», en Rodríguez Jiménez, Sonia y Wöss, Herfried (Coords.), *Arbitraje en materia de inversiones,* México, Instituto de Investigaciones Jurídicas, UNAM, 2010.

—, «El control constitucional de las resoluciones antidumping y los paneles del artículo 1904 del Tratado de Libre Comercio de América del Norte», en *Anuario Mexicano de Derecho Internacional,* México, Instituto de Investigaciones Jurídicas, UNAM, Vol. IX, 2009.

—, «El ejercicio de la abogacía por extranjeros ante autoridades mexicanas y el Tratado de Libre Comercio de América del Norte», *El Foro, Órgano de la Barra Mexicana, Colegio de Abogados, A.C.,* México, Décima Época, Tomo XI, Núm. 1, Primer Semestre, 1998.

—, «Las Reglas de Procedimiento del Artículo 1904 del TLCAN. Últimas Reformas», en *Jurídica. Anuario del Departamento de Derecho de la Universidad Iberoamericana,* México, UIA, No. 39, 2009

—, «Notas sobre los mecanismos de solución de controversias del Capítulo XIX del TLCAN: la revisión de las resoluciones antidumping», *Revista de la Facultad de Derecho de México,* UNAM, tomo XLIX, Núms. 225-226, mayo-agosto, México, 1999.

—, «Notas sobre los medios alternativos de solución de controversias», *Ars Iuris*, México, Revista del Instituto de Documentación e Información jurídicas

de la Facultad de Derecho de la Universidad Panamericana, número 23, 2000.
—, «Nuevo Reglamento de Arbitraje de la Cámara Internacional de Comercio», en *El Ilustre*, México, Ilustre y Nacional Colegio de Abogados de México, Núm. 4, Noviembre, 2012.
-"El nuevo Reglamento de Arbitraje de la Cámara Internacional de Comercio CCI", en *Revista de derecho privado*, Cuarta Época, México, Instituto de Investigaciones Jurídicas-UNAM, núm. 3, enero-junio, 2013.
—, «Protección al medio ambiente y solución de controversias en materia de inversiones en el TLCAN», *Revista de derecho privado,* México, Instituto de Investigaciones Jurídicas-UNAM, núm. 16, enero-abril, 2003.
—, *El arbitraje en los tratados comerciales internacionales firmados por México,* (Documento de Trabajo), México, UNAM. Instituto de Investigaciones Jurídicas, 2008.
—, *Hacia un Centro Iberoamericano de Arbitraje (CAI),* México, Instituto de Investigaciones Jurídicas, UNAM, Documento de Trabajo Núm. 175, 2013.
—, *La codificación en México,* México, Ed. Porrúa, Instituto de Investigaciones Jurídicas, UNAM, 2010.
—, *Historia de la Jurisdicción Mercantil en México,* México, IIJ-UNAM, Porrúa, 2006.
—, *Historia del derecho en México*, México, Oxford University Press, 1999.
—, *Solución de controversias y Antidumping en el Tratado de Libre Comercio de América del Norte*, 2ª ed., México, IIJ-UNAM, Porrúa, 2007.
Cruz Barney, Oscar y Cruz Miramontes, Rodolfo, «Diez años del capítulo XX: solución de controversias entre las partes del Tratado de Libre Comercio de América del Norte», en Witker, Jorge (Coord.), *El Tratado de Libre Comercio de América del Norte. Evaluación Jurídica: diez años después,* México, Instituto de Investigaciones Jurídicas, UNAM, 2005.
—, «Diez años del capítulo XIX del TLCAN», en Witker, Jorge (Coord.), *El Tratado de Libre Comercio de América del Norte. Evaluación Jurídica: diez años después,* México, Instituto de Investigaciones Jurídicas, UNAM, 2005.
Cruz Miramontes, Rodolfo, «Divagaciones entorno a procedimientos *sui generis* en la solución de controversias», *Pauta,* México, Boletín informativo del Capítulo Mexicano de la Cámara Internacional de Comercio, A.C., Núm. 32, abril, 2001.
—, *El TLCAN: controversias, soluciones y otros temas conexos*, 2ª ed., México, Editorial Porrúa, S.A., 2002.
—, *Las relaciones comerciales multilaterales de México y el Tratado de Libre Comercio con la Unión Europea*, México, Universidad Iberoamericana, Instituto de Investigaciones Jurídicas, UNAM, 2003.

—, «Los Incoterms y el Arbitraje», en Abascal Zamora, José María y Cecilia Flores Rueda (Coords), *Homenaje a Raúl Medina Mora,* México, Temis, BMA, 2008.

—, «Alegato presentado en la segunda audiencia celebrada en el Pánel Mex-94-1904-01», *Revista de derecho privado.* Instituto de Investigaciones Jurídicas, UNAM, México, año 8, núm. 22, enero-abril, 1997.

—, «Análisis de la Ley de Comercio Exterior de 1986, Reglamentaria del Artículo 131 Constitucional», en Barra mexicana, Colegio de Abogados, *La nueva Ley sobre Comercio Exterior,* México, Barra mexicana, Colegio de Abogados, Porrúa, 1987.

—, «Análisis de la Solución dada al problema de »El Chamizal«, *Lecturas Jurídicas,* México, Universidad de Chihuahua, No. 18, 1964.

—, «Comentarios en torno a la resolución pronunciada por el pánel establecido al amparo del capítulo XIX del TLCAN, en el expediente MEX-94-1904-02», en *Revista de derecho privado,* México, Instituto de Investigaciones Jurídicas, UNAM, año 7, núm. 19, enero-abril, 1996.

—, «El arbitraje en México», *El Foro, Órgano de la Barra Mexicana, Colegio de Abogados, A.C.,* México, Octava Época, Tomo III, Núm. 1, 1990.

—, «El arbitraje en México», *The Arbitration,* Milán, Inchieste di Diritto Comparato M. Rotondi, Giuffre Editore, 1991.

—, «El arbitraje y su función en la aplicación de los principios sobre los contratos comerciales internacionales», *Contratación internacional,* México, Universidad Panamericana, Instituto de Investigaciones Jurídicas, UNAM, 1998.

—, «El arbitraje y su función en la aplicación de los principios sobre los contratos comerciales internacionales», *Anuario del Instituto Hispano Luso Americano de Derecho Internacional,* Madrid, España, Vol. XIV, 1999.

—, «El comercio exterior de México en la última década», *Jurídica,* Anuario del Departamento de Derecho de la Universidad Iberoamericana, México, UIA, Núm. 29, 1999.

—, «El comercio exterior de México en la última década», *Jurídica, Anuario del Departamento de Derecho de la Universidad Iberoamericana,* México, UIA, Núm. 29, 1999.

—, «El Tratado de Libre Comercio de América del Norte y las denominadas "Cartas Paralelas"», en *Anuario Mexicano de Derecho Internacional,* México, Instituto de Investigaciones Jurídicas, UNAM, Vol. I, 2001.

—, «La ADACI, Objetivos y Funciones» en *Revista Jurídica de Comercio Internacional y Arbitraje Comercial Internacional,* México, No. 3, Enero-Marzo de 1984.

—, «La Organización Mundial de Comercio: introducción, antecedentes, elementos fundamentales de su constitución y su aportación a la solución de controversias», *Ars Iuris,* Revista del Instituto de Documentación e Información jurídicas de la Facultad de Derecho de la Universidad Panamericana, número 21, México, 1999.

—, «La prevención y solución de conflictos en el Tratado de Libre Comercio», *Revista de la Academia Mexicana de Derecho Fiscal, Memorias de derecho internacional tributario,* México, Academia Mexicana de Derecho Fiscal, año 1, número 2, octubre-diciembre, 1996.

—, «Las inversiones en el TLCAN: diez años de experiencia», en González Martín, Nuria (Coord.), *Estudios jurídicos en homenaje a Marta Morineau,* México, UNAM, Instituto de Investigaciones Jurídicas, 2006, Tomo II.

—, «Las negociaciones de México con la Unión Europea relacionadas con los mecanismos de revisión de resoluciones sobre prácticas desleales y de solución de controversias», *El Foro, Órgano de la Barra Mexicana, Colegio de Abogados, A.C.,* México, Undécima Época, Tomo XII, Núm. 2, Segundo Semestre, 1999.

—, «Las prácticas comerciales internacionales más usuales, su regulación jurídica y la situación de México», *Jurídica, Anuario del Departamento de Derecho de la Universidad Iberoamericana,* México, UIA, Núm. 20, 1990-1991.

—, «Los mecanismos de solución de diferencias en los acuerdos celebrados entre México y la Unión Europea» *Ars Iuris*, México, Revista del Instituto de Documentación e Información jurídicas de la Facultad de Derecho de la Universidad Panamericana, número 24, 2000.

—, *El TLC, controversias, soluciones y otros temas conexos,* McGraw Hill, México, 1997.

—, *La Ley norteamericana de inmunidad del Estado Soberano de 1976*, México, IMCE-ADACI, 1981.

Cruz Ponce, Lisandro y Leyva, Gabriel, *Código Civil concordado*, México, IIJ-UNAM, 1996.

Cures, Susana, «La mediación», *Prudentia Iuris*, Buenos Aires, Argentina, Revista de la Facultad de Derecho y Ciencias Políticas de la Pontificia Universidad Católica Argentina, Núm. 44, septiembre, 1996.

D'ors, Alvaro, *Derecho privado romano,* 7a ed., Pamplona, España, EUNSA, 1989.

Davidson, Paul, Perret, Louis y Langlois, Martin (eds.), *Commercial arbitration in the americas (International conventions and UNCITRAL Model Law). El arbitraje comercial en las américas (Convenciones internacionales y ley Modelo CNUDMI), in memoriam of Ludwik Kos-Rabcewicz-Zubkowski,* México, Université D'Ottawa, UNAM, Instituto de Investigaciones Jurídicas, 1992.

Davis, Frederick T. y Davidoff, Steven, «Selecting the forum, arbitrators, and institutional rules», en *México-Estados Unidos, Conferencia sobre Resolución de Controversias Internacionales,* México, conferencias patrocinadas por Aguilar Alvarez y Asociados, S.C., Basham, Ringe y Correa, S.C., Bufete Jurídico Rodolfo Cruz Miramontes, S.C., Miranda, Estavillo y Hernández, S.C., Shearman & Sterling y Von Wobeser y Sierra, S.C., 1995.

DAVIS, Frederick T. y ERKER, Ferdinand J., «Drafting the arbitration agreement», en *México-Estados Unidos, Conferencia sobre Resolución de Controversias Internacionales,* México, conferencias patrocinadas por Aguilar Alvarez y Asociados, S.C., Basham, Ringe y Correa, S.C., Bufete Jurídico Rodolfo Cruz Miramontes, S.C., Miranda, Estavillo y Hernández, S.C., Shearman & Sterling y Von Wobeser y Sierra, S.C., 1995.

DERAINS, Yves, «The future of ICC Arbitration», *The Journal of International Law and Economics*, Washington, EUA, The National Law Center, The George Washington University, vol. 14, núm. 3, 1980.

Derecho Procesal, México, Colegio de Profesores de Derecho Procesal, Facultad de Derecho de la UNAM, Ed. Harla, 1997, vol. 4, Biblioteca Diccionarios Jurídicos Temáticos.

DEVASA NAVALPOTRO, Felipe S., *Los abogados en Iberoamérica. La UIBA Unión Iberoamericana de Colegios y Agrupaciones de Abogados*, Madrid, La Ley, Wolters Klower, 2006.

DEYE, James R. y BRITTON, Lesly L., «Arbitration by the American Arbitration Association», *North Dakota Law Review,* EUA, Vol. 70, Núm. 2, 1994.

DIAZ, Luis Miguel, «Los Tratados Internacionales y la Constitución», *Anuario Jurídico*, México, UNAM, IIJ, núm. X, 1983.

—, «Privatización de conflictos», *El Foro, Órgano de la Barra Mexicana, Colegio de Abogados, A.C.,* México, Novena Época, Tomo X, Núm. 1, Primer Semestre, 1997.

—, *Arbitraje: privatización de la justicia,* 2a edición, México, Editorial Themis, 1998.

—, *México y las Comisiones Internacionales de Reclamación*, México, Instituto de Investigaciones Jurídicas, UNAM, 1983, 2 tomos.

—, y GARZA, Antonio, «Los mecanismos de solución de controversias del Tratado de Libre Comercio de América del Norte», *Revista de Investigaciones Jurídicas*, México, Escuela Libre de Derecho, año 17, núm. 17, 1993.

DIEZ CLAVERO, José, «Tendencias del derecho hacia el arbitraje institucional», *Revista crítica de derecho inmobiliario,* Madrid, España, año LXXI, núm. 627, marzo-abril, 1995.

DOMINGUEZ VICENTE, Joseph Manuel, *Ilustracion y continuacion a la Curia Philipica y correccion de las citas que en ella se hallan erradas: dividido en las mismas cinco partes*, Madrid, España, En la Oficina de los Herederos de Juan García Infanzón, 1736, tomo I.

ENDSLEY, Harry B., «Dispute settlement under the CFTA and the NAFTA: from eleventh-hour innovation to accepted institution», *Ars Iuris*, México,

Revista del Instituto de Documentación e Información jurídicas de la Facultad de Derecho de la Universidad Panamericana, número 13, 1995.

—, «United States standard of review», *Ars Iuris*, México, Revista del Instituto de Documentación e Información jurídicas de la Facultad de Derecho de la Universidad Panamericana, número 21, 1999.

ENDSLEY, Harry B., IRISH, Maureen, VEYTIA Palomino, HERNANY, «Standard of review under the NAFTA», *Ars Iuris*, México, Revista del Instituto de Documentación e Información jurídicas de la Facultad de Derecho de la Universidad Panamericana, número 21, 1999.

ESCURA, Viñuela, Antonio de P., *Estudios sobre el arbitraje comercial en España,* México, Cámara Nacional de Comercio de la Ciudad de México, Asociación Iberoamericana de Cámaras de Comercio, mayo, 1989, estudio especial N. 3.

ESTAVILLO CASTRO, Fernando, «Arbitraje Marítimo», *Pauta,* México, Boletín informativo del Capítulo Mexicano de la Cámara Internacional de Comercio, A.C., Núm. 29, 2000.

—, «Azinian V. México: first final award rendered under chapter eleven of NAFTA», *News ans Notes from The Institute for Transnational Arbitration*, EUA, Southern Methodist University School of Law, vol. 14, núm. 1, 2000.

—, «Medios alternativos de solución de controversias», *Jurídica, Anuario del Departamento de Derecho de la Universidad Iberoamericana,* México, Universidad Iberoamericana, Núm. 26, 1996.

—, «Medios Alternativos de Solución de Controversias», en Becerra Ramírez, Manuel, Cruz Barney, Oscar, González, Nuria y Ortíz Ahlf, Loretta, *Obra en Homenaje a Rodolfo Cruz Miramontes,* México, Instituto de Investigaciones Jurídicas, UNAM, 2 tomos, 2008.

—, «Solución de controversias en materia de inversión, conforme al Capítulo XI del Tratado de Libre Comercio de América del Norte», *Pauta,* México, Boletín informativo del Capítulo Mexicano de la Cámara Internacional de Comercio, A.C., Núm. 29, 2000.

ESTAVILLO CASTRO, Fernando, y HOYOS-WALTHER, Carlos de, «Otros medios alternativos para la solución de controversias», en *México-Estados Unidos, Conferencia sobre Resolución de Controversias Internacionales,* México, conferencias patrocinadas por Aguilar Alvarez y Asociados, S.C., Basham, Ringe y Correa, S.C., Bufete Jurídico Rodolfo Cruz Miramontes, S.C., Miranda, Estavillo y Hernández, S.C., Shearman & Sterling y Von Wobeser y Sierra, S.C., 1995.

ESTRADA SÁMANO, Miguel I., «El arbitraje comercial internacional en el contexto del Tratado de Libre Comercio de América del Norte (TLCAN)», *Pauta,* México, Boletín informativo del Capítulo Mexicano de la Cámara Internacional de Comercio, A.C., Núm. 28, 2000.

Fabrega P., Jorge, «Arbitraje en el area iberoamericana», *Revista de la Facultad de Derecho de México*, México, UNAM, Tomo XLI, Núms. 175-176-177, enero-junio, 1991.

Fairen, Guillén Víctor, *El Tribunal de las Aguas de la Vega de Valencia y su proceso,* Valencia, Caja de Ahorros, 1988.

Falck, Melba E., «Dinámica y convergencias de las políticas agrícolas de Japón y México», en Comercio Exterior, México, Banco Nacional de Comercio Exterior, Vol. 48, Núm. 1, enero, 1998.

—, «El sector agrícola de Japón: el proteccionismo y sus efectos», en Comercio Exterior, México, Banco Nacional de Comercio Exterior, Vol. 44, Núm. 4, abril, 1994.

Faris, JA, «Reconciling alternative dispute resolution (ADR) and judicial dispute resolution», *CODICILLUS,* Sudáfrica, University of Soth Africa, Faculty of Law, Vol. XXXIII, Núm. 2, octubre, 1992.

Faya Rodríguez, Alejandro, «La Nueva Lex Mercadoría Naturaleza y Alcances» en *Pauta,* México, Boletín informativo del Capítulo Mexicano de la Cámara Internacional de Comercio, A.C., año 2005, Núm. 47.

Feller, Abraham J., *The Mexican Claims Commissions*, New York, 1935.

Fernandez Rozas, José Carlos (ed.), *Derecho del comercio internacional,* Madrid, EUROLEX, 1996.

Fernandez Ruíz, Jorge, «La Comisión Nacional de Arbitraje Médico y la responsabilidad de los servidores públicos», *Boletín mexicano de derecho comparado,* México, UNAM, Instituto de Investigaciones Jurídicas, nueva serie, año XXXI, núm. 92, mayo-agosto, 1998.

Ferrero, Eduardo, «Las relaciones de América Latina con el Japón y otros países asiáticos de la Cuenca del Pacífico», en Estudios Internacionales, Santiago de Chile, Año XXII, octubre-diciembre, 1989, Núm. 88.

Figueroa Díaz, Luis, «Breves consideraciones en torno a la solución de controversias en el GATT y en las zonas de libre comercio», *Alegatos*, México, Universidad Autónoma Metropolitana, Órgano de difusión del Departamento de Derecho, División de Ciencias Sociales y Humanidades, Núm. 23, enero-abril, 1993.

Fix Fierro, Héctor y LOPEZ Ayllón, Sergio, «Comunicación entre culturas jurídicas: los paneles binacionales del Capítulo XIX del TLCAN», en *Revista de derecho privado*, México, Instituto de Investigaciones Jurídicas, UNAM, año 8, núm. 23, mayo-agosto, 1997.

Fix Zamudio, Héctor, «La naturaleza jurídica de las juntas de conciliación y arbitraje», *Revista Artículo 123 constitucional*, México, Ciudad de México DDF, Junta Local de Conciliación y Arbitraje, año 1, Núm. 1, enero-junio, 1990.

FLORES GARCÍA, Fernando, «Arbitraje, conciliación, amigable composición», *Revista de la Facultad de Derecho de México*, México, UNAM, Tomo XLV, Núms. 201-202, mayo-agosto, 1995.

—, «Arbitraje», *Nuevo diccionario jurídico mexicano,* México, Instituto de Investigaciones Jurídicas, UNAM, Ed. Porrúa, tomo A-C, 1998.

—, «El arbitraje privado», *Revista de la Facultad de Derecho de México*, México, UNAM, Tomo XL,, Núms. 172-173-174, julio-diciembre, 1990.

FRISCH PHILLIPP, Walter y FLORES GARDUÑO, Graciela, «Innovaciones en el procedimiento de homologación de sentencias, para su ejecución en México», *El Foro, Órgano de la Barra Mexicana, Colegio de Abogados, A.C.*, México, Octava Época, Tomo VII, Núm. 2, Segundo Semestre, 1994.

FRUTOS-PETERSON, Claudia, «El reconocimiento del arbitraje comercial internacional en América Latina: sobre la necesidad de efectuar un siguiente paso», *Revista de derecho privado*, México, Instituto de Investigaciones Jurídicas, UNAM, año 10, núm. 28, enero-abril, 1999.

GACTO FERNÁNDEZ, Enrique, *Historia de la jurisdicción mercantil en España,* Sevilla, Anales de la Universidad Hispalense, Universidad de Sevilla, 1971, Serie Derecho Núm. 11.

GAINES, Sanford E., «Comments on dispute resolution issues under NAFTA», *United States-Mexico Law Journal,* Albuquerque, EUA, University of New Mexico School of Law, vol. 1, Symposium 1993, Núm. 1, 1993.

GAIUS, *Institutas,* trad. de Alfredo di Pietro, La Plata, Argentina, Ediciones Librería Jurídica, 1967.

GARCIA FLORES, Jacinto, *Acuerdo de Cooperación Laboral de América del Norte; Crítica Jurídica,* México, Editorial Porrúa, 2007.

GARCIA FUENTES, Lutgardo, *El comercio español con América 1650-1700,* Sevilla, Excma. Diputación Provincial de Sevilla, Escuela de Estudios Hispanoamericanos de Sevilla, 1980.

GARCIA MORENO, Víctor Carlos, «Arbitraje Internacional», *Nuevo diccionario jurídico mexicano.* Instituto de Investigaciones Jurídicas, UNAM, Ed. Porrúa, tomo A-C, México, 1998.

GARCIA MORENO, Víctor Carlos, «El Capítulo 19 del Tratado de Libre Comercio de América del Norte», *Alegatos*, México, Universidad Autónoma Metropolitana, Órgano de difusión del Departamento de Derecho, División de Ciencias Sociales y Humanidades, Núm. 32, enero-abril, 1996

GARCIA MORENO, Víctor Carlos, «Régimen de la inversión extranjera en el TLCAN (capítulo XI)», en *Revista de derecho privado*, México, Instituto de Investigaciones Jurídicas, UNAM, año 7, núm. 19, enero-abril, 1996.

—, voz «buenos oficios», en *Nuevo diccionario jurídico mexicano,* México, Instituto de Investigaciones Jurídicas, UNAM, 1998, tomo A-C.

García Moreno, Víctor Carlos, y HERNANDEZ Ochoa, César E., «El neoproteccionismo y los paneles como mecanismos de defensa contra las prácticas desleales», en *Revista de derecho privado*, México, Instituto de Investigaciones Jurídicas, UNAM, año 3, núm. 9, septiembre-diciembre, 1992.

García Ramírez, Sergio, «Inconstitucionalidad del juicio arbitral», en *Revista de la Facultad de Derecho de México,* México, Tomo XIV, No. 53, 1964.

Garcia, Eduardo David, «El arbitraje internacional», *Alegatos*, México, Universidad Autónoma Metropolitana, Órgano de difusión del Departamento de Derecho, División de Ciencias Sociales y Humanidades, Núm. 3, mayo-agosto, 1986

Garcia, Victoria M., «¿Cuál es la realidad sobre el Acuerdo Lateral en Materia Laboral del TLC», *Revista de la Facultad de Derecho y Ciencias Sociales,* Nuevo León, México, Universidad Autónoma de Nuevo León, Facultad de Derecho y Ciencias Sociales, Quinta Época, Núm. 2, enero-abril, 1997.

Garcia-Velutini, Oscar, «Facultad, acción y efecto de arbitrar», *La Justicia,* México, Tomo XXX, Núm. 487, enero, 1971.

Garza Cánovas, Antonio, «La Convención Interamericana sobre Arbitraje Comercial Internacional: un paso firme», en *Revista de derecho privado*, México, Instituto de Investigaciones Jurídicas, UNAM, año 2, núm. 5, mayo-agosto, 1991.

Gaxiola, Juan José, «Solución de Controversias en el TLCUEM cuando un particular es parte» *Pauta,* México, Boletín informativo del Capítulo Mexicano de la Cámara Internacional de Comercio, A.C., Núm. 32, abril, 2001.

Gazol Santafé, Antonio (Ed.), El nacimiento del IMCE, México, 1971, Coleccion Selecciones y Documentos sobre la Actividad Económica en Latinoamérica.

Giavarino, Magdaleena Beatríz, «La mediación: hacia un nuevo perfil profesional», *Foro económico*, Buenos Aires, Argentina, Universidad del Museo Social Argentino, año II, Núm. 3, noviembre, 1996.

Gil Blanco, Emiliano, «La realidad del tráfico veracruzano y su contraste con las políticas de los consulados de Sevilla y México», *Novahispania,* México, UNAM, CONACYT, Seminario de Cultura Novohispana, núm. 2, 1996.

Ginebra Serrabou, Xavier, «Los mecanismos de solución de controversias en los contratos internacionales», *El Foro, Órgano de la Barra Mexicana, Colegio de Abogados, A.C.,* México, Décima Época, Tomo XI, Núm. 2, Segundo Semestre, 1998.

Giner Boira, Vicente, *El Tribunal de las Aguas de la Vega de Valencia*, Tipografia Moderna, Valencia, 1960.

Gladys, Gregory, *The Chamizal Settlement, a View from El Paso*, EUA, Texas Western College Press, Vol. I, No. 2, 1963.

Goekjian, Samuel V., «ICC Arbitration from a practitioner´s perspective», *The Journal of International Law and Economics*, Washington, EUA, The National Law Center, The George Washington University, vol. 14, núm. 3, 1980.

Goldberg, Stephen B., Sander, Frank. E.A. y Rogers, Nancy H., *Dispute resolution. Negotiation, Mediation, and other processes,* 2nd ed., USA, Little, Brown & Company, 1992.

Gómez Lara, Cipriano, «Algunas tendencias contemporáneas del arbitraje» *Ars Iuris*, México, Revista del Instituto de Documentación e Información jurídicas de la Facultad de Derecho de la Universidad Panamericana, número 23, 2000.

—, «Medios procesales para resolver controversias con elementos internacionales», *Revista de la Facultad de Derecho de México,* México, UNAM, tomo XXXIX, Núm. 163-164-165, enero-junio, 1989.

—, *Teoría General del Proceso,* México, Harla, 1996.

Gómez Robledo, Antonio, *México y el Derecho Internacional,* México, Ed. Porrúa, S.A., 1965.

Gómez Rodas, Carlos M., «Apuntes sobre arbitraje comercial internacional», *Revista de Ciencias Jurídicas,* Costa Rica, Universidad de Costa Rica, Facultad de Derecho, Colegio de Abogados, septiembre-diciembre, 1989.

González Avelar, Miguel, *Clipperton, isla mexicana,* México, Fondo de Cultura Económica, 1992.

González Calvillo, Enrique, «La mediación en México», *Jurídica, Anuario del Departamento de Derecho de la Universidad Iberoamericana,* México, UIA, Núm. 29, 1999.

—, «La mediación y la creación del Instituto Mexicano de la Mediación, A.C.», *El Foro, Órgano de la Barra Mexicana, Colegio de Abogados, A.C.,* México, Undécima Época, tomo XII, Núm. 2, segundo semestre, 1999.

González de Cossío, Francisco, «Naturaleza Jurídica del Arbitraje», en *Pauta,* México, Boletín informativo del Capítulo Mexicano de la Cámara Internacional de Comercio, A.C., 2004.

—, «Sobre la Naturaleza Jurídica del Arbitraje», en Abascal Zamora, José María y Flores Rueda, Cecilia (Coords), *Homenaje a Raúl Medina Mora,* México, Temis, BMA, 2008.

—, «El Arbitro» en Becerra Ramírez, Manuel, Cruz Barney, Oscar, González, Nuria y Ortíz Ahlf, Loretta, *Obra en Homenaje a Rodolfo Cruz Miramontes,* México, Instituto de Investigaciones Jurídicas, UNAM, 2 tomos, 2008, Tomo I.

—, «De necios y convencidos: el debate sobre la postura mexicana respecto a quién decide acerca de la validez del acuerdo arbitral», en *Revista de derecho privado,* México, IIJ, UNAM, Número 1, Enero-Junio, 2012.

—, «Ejecución en México de laudos anulados en el extranjero» *Pauta,* México, Boletín informativo del Capítulo Mexicano de la Cámara Internacional de Comercio, A.C., Núm. 32, abril, 2001.

—, «El Arbitraje y la judicatura, ¿Quis Custodiet Custodes?» en González Martín, Nuria, Coord., *Arbitraje Comercial Internacional,* Instituto de Investigaciones Jurídicas, Universidad Autónoma de México, México, 2007.

—, «La modificación al derecho arbitral mexicano. Un comentario», en *Revista de derecho privado,* México, IIJ, UNAM, Número 1, Enero-Junio, 2012.

—, «México ante el Centro Internacional de Arreglo de Diferencias Relativas a Inversiones: un comentario», *Pauta,* México, Boletín informativo del Capítulo Mexicano de la Cámara Internacional de Comercio, A.C., Núm. 32, abril, 2001.

—, *Arbitraje,* 3a ed., México, Porrúa, 2011.

González García, Juan, «Presentación», en Comercio Exterior, México, Banco Nacional de Comercio Exterior, Vol. 48, Núm. 1, enero, 1998.

Gonzalez Pedrouzo, Carmen, «El arbitraje internacional privado en el Mercosur», *Revista uruguaya de derecho procesal,* Montevideo, Uruguay, Fundación de Cultura Universitaria, núm. 3, 1996.

Goñi, José Luis, «La ejecución del laudo arbitral marítimo», *Revista vasca de derecho procesal y arbitraje,* San Sebastian, Instituto vasco de Derecho Procesal, tomo V, cuaderno 3, 1993.

Gordon, Michael W., «Some comments and comparisons: GATT and NAFTA», *United States-Mexico Law Journal,* Albuquerque, EUA, University of New Mexico School of Law, vol. 1, Symposium 1993, Núm. 1, 1993.

Gozaini, Osvaldo Alfredo, «Alternativas diferentes del proceso judicial para la solución de controversias», *Ars Iuris,* México, Revista del Instituto de Documentación e Información jurídicas de la Facultad de Derecho de la Universidad Panamericana, número 11, 1994.

—, «La mediación, una nueva metodología para la resolución de controversias», *Ars Iuris,* México, Revista del Instituto de Documentación e Información jurídicas de la Facultad de Derecho de la Universidad Panamericana, número 14, 1995.

Graham Tapia, Luis Enrique, «La cláusula arbitral: aspectos prácticos», *Revista de derecho privado,* México, Instituto de Investigaciones Jurídicas, UNAM, año 9, núm. 26, mayo-agosto, 1998.

—, *El arbitraje comercial,* México, Themis, 2000.

—, *El arbitraje comercial,* México, Themis, 2000, Colección Obras Monográficas.

Gregory, Gladys, *The Chamizal Settlement, a View from El Paso*, USA, Texas Western College Press, Vol. I, No. 2, 1963.

Gudiño Pelayo, José de Jesús, «El concepto de autoridad para los efectos del juicio de amparo», *Ars Iuris*, México, Revista del Instituto de Documenta-

ción e Información jurídicas de la Facultad de Derecho de la Universidad Panamericana, número 10, 1993.
GUILL, Terenia Urban, «A framework for understanding and using ADR», *Tulane Law Review*, Louisiana, EUA, Tulane University, Vol. 71, Núm. 4, marzo, 1997.
Handbook of WTO/GATT Dispute Settlement, Nueva York, Volume 1, Transnational Publishers Inc., 1998.
HARING, Clarence H., *Comercio y navegación entre España y las Indias, en la época de los Habsburgos*, trad. Emma Salinas, México, FCE, 1984.
HAYAUX DU TILLY LABORDE, YVES, «Ley de protección y defensa al usuario de servicios financieros», *Ars Iuris*, México, Revista del Instituto de Documentación e Información jurídicas de la Facultad de Derecho de la Universidad Panamericana, número 20, 1998.
HENON RISSO, Jorge, «La negociación, mediación y arbitraje como métodos alternativos de solución de conflictos», *Revista de la Asociación de Escribanos del Uruguay,* Montevideo, t. 82, Núms. 1-12, enero-diciembre, 1996.
—, «Teoría de la mediación», *Revista del Colegio de Abogados de La Plata,* La Plata, Argentina, año XXXVI, Núm. 57, enero-diciembre, 1996.
HENRY, Marc, *Le devoir d'independance de l'arbitre,* Paris, Libraire Générale de Droit et de Jurisprudence, EJA, 2001.
HEROS, Fernández, Juan Antonio, *Discursos sobre el comercio. Las utilidades, beneficios, y opulencias que produce, y los dignos objetos que ofrece para bien de la Patria. El que exercitan los Cinco Gremios Mayores de Madrid, participando todo el Reyno de sus ventajas: y que es compatible el comercio con la primera nobleza. Representaciones y dictámenes por...,* en Valladares de Sotomayor, Antonio, *Semanario Erudito, que comprehende varias obras ineditas, criticas, morales, instructivas, politicas, historicas, satiricas, y jocosas de nuestros mejores autores antiguos y modernos*, Madrid, por Don Blas Roman, 1790, ed. facs. Madrid, prólogo de Barrenechea, José Manuel, Banco Bilbao Vizcaya, Espasa-Calpe, S.A., 1989.
HERRMANN, Gerold, «Ley Modelo de la UNCITRAL sobre Arbitraje Comercial Internacional. Base universal para la armonización y perfeccionamiento de las leyes», *Revista de derecho comercial y de las obligaciones,* Buenos Aires, Argentina, Ed. Depalma, año 26, núm. 151/153, enero-junio, 1993.
HEVIA BOLAÑOS, Juan de, *Curia Philipica,* Madrid, por D. Josef Doblado, 1783.
HILL, Richard, «The theoretical basis of mediation and other forms of ADR: why they work», *Arbitration International,* Londres, Inglaterra, The Journal of LCIA Worldwide Arbitration, Kluwer Law International, Vol. 14, Núm. 2, 1998
IBARRA GIL, Rafael, «Solución de controversias en el Tratado de Libre Comercio de América del Norte. Juicio crítico (especial referencia a cuotas compensatorias», *Revista de la Academia Mexicana de Derecho Fiscal, Memorias de derecho*

internacional tributario, México, Academia Mexicana de Derecho Fiscal, año 1, número 1, junio, 1996.

IGLESIAS, Juan, *Derecho romano. Historia e Instituciones,* 10a ed., Barcelona, España, Ed. Ariel, 1992.

IRISH, Maureen, «NAFTA chapter 19 and the law of judicial review in Canada», *Ars Iuris*, México, Revista del Instituto de Documentación e Información jurídicas de la Facultad de Derecho de la Universidad Panamericana, número 22, 1999.

JACOBS, Louis, *A tree of life« diversity flexibility and creativity in the Jewish Law*, Oxford University Press, 1984.

JALIFE DAHER, Mauricio, *Comentarios a la Ley de la Propiedad Industrial*, México, McGraw-Hill, 1998.

JIMENEZ PEÑA, Adulfo, «Corte Internacional de Arbitraje y Conciliación Ambiental», *LEX, difusión y análisis,* México, suplemento-ecología, abril, 1997.

JOERGENS, Konstantin J., «True appelate procedure or only a two stage process? A comparative view of the Appelate Body under the WTO dispute settlement understanding», *Law and policy in international business*, USA, Georgtown University Law Center, International Law Institute, Vol. 30, Núm. 2, invierno 1999.

JORDÁN DE ASSO Y DEL RÍO, Ignacio y MANUEL Y RODRÍGUEZ, Miguel de, *El Ordenamiento de leyes que D. Alfonso XI hizo en las Cortes de Alcalá de Henares el año de mil trescientos y cuarenta y ocho,* Madrid, España, Ed, Facsimilar, Joachin Ibarra, Impresor, 1774.

—, *Instituciones del derecho civil de Castilla,* Madrid, España, Imprenta de Francisco Xavier Garcia, 1771.

KARAM QUIÑONES, Carlos, *El impacto legislativo del Acuerdo de Cooperación Ambiental de América del Norte*, Culiacán, Sin., México, Universidad Autónoma de Sinaloa, Universidad Autónoma de Guerrero y Fundación Academica Guerrerense, 2008.

KASER, Max, *Derecho romano privado,* trad. de José Santa Cruz Teijeiro, 2a ed., Ed. Reus, Madrid, 1982.

KAWABATA, Alejandro, *Informe sobre el Acto de Firma del Acuerdo Marco de Colaboración para promover la conformación de un Centro Iberoamericano de Arbitraje,* Brasilia, 3 de octubre de 2012, Secretaría General Iberoamericana, 2012.

KERBESHIAN, Lynn A., «ADR: to be or?», *North Dakota Law Review,* EUA, Vol. 70, Núm. 2, 1994.

KESSEL Georgina y Kim, Chong-Sup, »Desgravación arancelaria y reglas de orígen«, en KESSEL, Georgina (comp.), Lo negociado del TLC. Un análisis económico sobre el impacto sectorial del Tratado Trilateral de Libre Comercio, México, ITAM, McGraw Hill, 1993.

KEYTER, Peter, NELSON, James E. y VILLARREAL, Elpidio P.D., «¿Sirven los MASC? Un punto de vista empresarial, en *Medios Alternativos para la Solución de Controversias para Jueces y Empresarios,* México, Comité Consultivo de Controversias Comerciales Privadas del Tratado de Libre Comercio de América del Norte (TLCAN), Centro de Resolución de Controversias México-Estados Unidos, junio, 1999.

KNOOK, Tomas, «El Uso del nuevo Reglamento Suizo de Arbitraje» *Pauta,* México, Boletín informativo del Capítulo Mexicano de la Cámara Internacional de Comercio, A.C., Núm. 47, abril 2005.

KORNADI, Wioletta y FIX Fierro, Héctor «La Lex Mercatoria en el espejo de la investigación empírica», en *Boletín Mexicano de Derecho Comparado,* Año XXXIX núm. 117, 2006.

LABARIEGA V., Pedro Alfonso, «El devenir del GATT a la OMC: elocuente y encomiable transición», en *Revista de derecho privado,* México, Instituto de Investigaciones Jurídicas, UNAM, año 8, núm. 23, mayo-agosto, 1997.

LACTANCIO, *Sobre la muerte de los perseguidores,* Traducción y notas de Ramón Teja, Madrid, Editorial Gredos S.A., 2000.

LANDONI SOSA, Angel, «El arbitraje como medio de solución de controversias surgidas en el Mercosur provenientes de contratos comerciales internacionales», *Revista del Instituto Colombiano de Derecho Procesal,* Santa Fe de Bogotá, Vol. II, Núm. 25, 1999.

LARA SÁENZ, Leoncio, «El Acuerdo de Cooperacion Laboral de América del Norte», *Lecturas Jurídicas,* Chihuahua, Universidad de Chihuahua, Escuela de Derecho, época II, núm. 2, marzo, 1997.

LAYTON, Duane W., LAYTON, Duane W., «The litigation of antidumping disputes before the World Trade Organization», *Business Law International,* EUA, International Bar Association, Issue 4, september 2000.

LEIZOREK STAVINSKY, Miriam, *El arbitraje en el Derecho Judío,* México, Tesis de Grado, Universidad Iberoamericana, 2001.

LEÓN TOVAR, Soyla H., «Código de Comercio, decreto por el que se reforma, adiciona y derogan diversas disposiciones», *Boletín mexicano de derecho comparado,* México, UNAM, Instituto de Investigaciones Jurídicas, nueva serie, año XXII, núm. 66, septiembre-diciembre, 1989.

LEYCEGUI, Beatriz, ROBSON, W. y STEIN, D., *Comercio a golpes. Las prácticas de comercio internacional bajo el TLC,* México, ITAM-Miguel Angel Porrúa, 1998.

LOPERENA RUIZ, Carlos, «Notas en relación con el arbitraje comercial en México», *Pauta,* México, Boletín informativo del Capítulo Mexicano de la Cámara Internacional de Comercio, A.C., Núm. 29, 2000.

LÓPEZ AYLLON, Sergio, «Comentario a la resolución del pánel binacional sobre las importaciones de productos de placa de acero en hoja originarios y procedentes de los Estados Unidos de Norteamérica», *Revista de derecho privado,* México, UNAM, McGrawHill, año 6, núm. 18, 1995.

—, «Los paneles binacionales del capítulo XIX del Tratado de Libre Comercio no son autoridad para efectos del amparo (amparo en revisión número 280/98)», *Cuestiones constitucionales. Revista Mexicana de Derecho Constitucional,* México, Instituto de Investigaciones Jurídicas, UNAM, Núm. 2, enero-junio, 2000.

López Ayllón, Sergio y Vega Cánovas, Gustavo (Coords.), *Las prácticas desleales de comercio en el proceso de integración comercial en el continente americano: la experiencia de América del Norte y Chile,* México, Instituto de Investigaciones Jurídicas, UNAM, 2001.

López González, Francisco, «Evolución del mecanismo de solución de controversias de comercio internacionl: del GATT a la Organización Mundial de Comercio», *LEX, difusión y análisis,* México, 3era época, año III, Núm. 21, marzo, 1997.

López Salas, Pedro Antonio «La Mediación como instrumento de cohesión social: abatir los índices de divorcio», Monografía presentada en el curso de Maestría impartido por el Dr. Rodolfo Cruz Miramontes al Instituto de Profesionalización e Investigación Jurídica del Poder Judicial del Estado de Hidalgo, 2011.

López Villafañe, Víctor y Oliver Navarro, Luis «Las relaciones entre México y Japón en la transformación mundial», en *Comercio Exterior,* México, Banco Nacional de Comercio Exterior, Vol. 48, Núm. 1, enero, 1998.

Loya García, Yadira «Jurisdicción Ordinaria y Arbitraje, Interpretación Constitucional», Chihuahua, 2012.

Lozano Noriega, Francisco, *Cuarto curso de derecho civil contratos,* 6a ed., México, Asociación Nacional del Notariado Mexicano, A.C., 1994.

Malamud, Jaime C., «El arbitraje», *Revista del Colegio de Abogados de Buenos Aires,* Buenos Aires, Tomo 54, Núm. 2, diciembre, 1994.

Mansilla y Mejía, María Elena, «Aplicación del Capítulo XIX del Tratado de Libre Comercio en América del Norte», *LEX, difusión y análisis,* México, 3era época, año II, Núm. 8, febrero, suplemento, 1996.

Mantellini-Gonzalez, Pedro J., «El arbitraje comercial interamericano», *La Justicia,* México, Tomo XXX, Núm. 487, enero, 1971

Manterola Martínez, Alejandro, «El arbitraje en la Procuraduría Federal del Consumidor», *El Foro, Órgano de la Barra Mexicana, Colegio de Abogados, A.C.,* México, Sexta Época, Núm. 14, julio-septiembre, 1978.

Mantilla Serrano, Fernando, «La Corte Internacional de Arbitraje de la CCI», *Revista vasca de derecho procesal y arbitraje,* San Sebastian, Instituto vasco de Derecho Procesal, tomo IV, cuaderno 3, 1992.

MARGADANT, Guillermo F., *Evolución del derecho japonés; introducción histórico-sociológica al sistema jurídico del Japón actual*, México, Miguel Ángel Porrúa, 1984.

MAROTTA RANGEL, Vicente, «Solucao de controvérsias na nova convencao sobre odireito do mar», *Estudios en homenaje a la Doctora Yolanda Frías,* México, Instituto de Investigaciones Jurídicas, UNAM, 1991.

MARTÍNEZ GARCÍA, Elena, «El arbitraje y la mediación como formulas de resolución de los conflictos derivados del uso de la propiedad intelectual a través de Internet», *Revista de Derecho Mercantil*, Madrid, España, Núm. 231, enero-marzo, 1999.

MASCARELL NAVARRO, Mª José, TARÍN LÓPEZ, Ramón y SALA GINER, Daniel, *El Tribunal de las Aguas de la Vega de Valencia*, Valencia, Javier Boronat, 2002.

MCKINNEY, Joseph A., «Solución de controversias entre Canadá y Estados Unidos: Implicaciones para México», *Comercio Exterior,* México, Banco Nacional de Comercio Exterior, Vol. 44, Núm. 1, enero, 1994.

MCLAUGHLIN, Joseph T. y BEEVER, Vanessa, «Alternative dispute resolution», en *México-Estados Unidos, Conferencia sobre Resolución de Controversias Internacionales,* México, conferencias patrocinadas por Aguilar Alvarez y Asociados, S.C., Basham, Ringe y Correa, S.C., Bufete Jurídico Rodolfo Cruz Miramontes, S.C., Miranda, Estavillo y Hernández, S.C., Shearman & Sterling y Von Wobeser y Sierra, S.C., 1995.

MEANA GREEN, Fernando, «Particularidades que el convenio arbitral presenta en el arbitraje marítimo», *Revista vasca de derecho procesal y arbitraje,* San Sebastian, Instituto vasco de Derecho Procesal, tomo V, cuaderno 3, 1993.

MEDINA LIMA, Ignacio, «El arbitraje privado en nuestro derecho», *Revista de la Facultad de Derecho de México,* México, UNAM, tomo XXXVIII, Núms. 157-158-159, enero-junio, 1988.

MEDINA LIMA, IGNACIO, voz «amigable composición», en *Nuevo diccionario jurídico mexicano,* México, Instituto de Investigaciones Jurídicas, UNAM, 1998, tomo A-C.

MEDINA MORA, Raúl, «Cláusula y acuerdo arbitrales», en Pereznieto Castro, Leonel (comp.), *Arbitraje comercial internacional,* México, Distribuciones Fontamara, 2000, Doctrina Jurídica Contemporánea.

—, «Mediación y conciliación de controversias mercantiles», *Pauta,* México, Boletín informativo del Capítulo Mexicano de la Cámara Internacional de Comercio, A.C., Núm. 29, 2000.

MENDEZ SILVA, Ricardo, voz «Mediación Internacional», en *Diccionario jurídico mexicano,* México, Instituto de Investigaciones Jurídicas, UNAM, 1994, tomo I-O.

MERCHÁN ÁLVAREZ, Antonio, *El Arbitraje, estudio histórico jurídico*, Utrera, España, Publicaciones de la Universidad de Sevilla, 1981, Anales de la Universidad Hispalense, serie Derecho.

MERIGNHAC, Alexandre, *Traité théorique et pratique de l'arbitrage international: le rôle du droit dans le fonctionnement actuel de l'institution et dans ses destinées futures*, Paris L'Larose, Editeur, 1895.

MONTAÑA LLORA, Miguel, *La OMC y el reforzamiento del sistema GATT*, Madrid, McGraw Hill, 1997.

MORA ROJAS, Fernando, «La Ley Modelo de UNCITRAL sobre arbitraje comercial internacional», *Memorias Felaban,* Bogotá, Colombia, X Encuentro Latinoamericano de Abogados Expertos en Derecho Bancario, Federación Latinoamericana de Bancos, Editorial Kelly, memorias núm. 7, septiembre, 1991.

MORENO MENDOZA Jesús y URQUIDI, J. Enrique, «Medios alternativos para resolución de conflictos: reflexiones», *Pauta,* México, Boletín informativo del Capítulo Mexicano de la Cámara Internacional de Comercio, A.C., Núm. 32, abril, 2001.

MORENO SÁNCHEZ, Guillermo, «La Conciliación y el Arbitraje en la Ley Federal de Protección al Consumidor», *El Foro, Órgano de la Barra Mexicana, Colegio de Abogados, A.C.,* México, Sexta Época, Núm. 13, abril-junio, 1978.

NIEVES-MORILLO, Luis, «TLC: Mecanismo de resolución de controversias y el arbitraje comercial internacional», *Revista de derecho puertorriqueño,* Ponce, Vol. 35, Núm. 1, enero-abril, 1996.

NORBERG, Charles Robert, «International arbitration and ADR in the western hemisphere», *News ans Notes from The Institute for Transnational Arbitration*, EUA, Southern Methodist University School of Law, vol. 14, núm. 1, 2000.

—, «La Comisión Interamericana de Arbitraje Comercial. The Interamerican Commercial Arbitration Commission», *Revista vasca de derecho procesal y arbitraje,* San Sebastian, Instituto vasco de Derecho Procesal, tomo V, cuaderno 2, 1993.

NORDQUIST, Kjell-Ake, «Tres formas de mediación y cuando usarlas», *Estudios Internacionales*, Guatemala, IRIPAZ, año 6, Núm. 12, julio-diciembre, 1995.

Novisimo Sala Mexicano, o ilustracion al Derecho real de España, con las notas del Sr. Lic. D.J.M. Lacunza. Edición corregida y considerablemente aumentada con nuevas anotaciones y refundiciones, relativas a las reformas que ha tenido la legislación de México hasta el año de 1870, por los señores Don Manuel Dublan y Don Luis Mendez, abogados de los Tribunales de la República, México, Imprenta del Comercio, 1870, 2 tomos.

NOYES, John E., «El Tribunal Internacional de Derecho del Mar», *Boletín mexicano de derecho comparado,* trad. de Oscar Cruz Barney, México, UNAM, Instituto de Investigaciones Jurídicas, nueva serie, año XXVII, núm. 81, septiembre-diciembre, 1994.

Nuevo Febrero Mexicano. Obra completa de jurisprudencia teórico-práctica, dividida en cuatro tomos: en el primero y segundo se trata de la parte teórica; en el tercero de las sustanciaciones de todos los juicios y de todos los tribunales establecidos en la República; y en el cuarto del derecho administrativo, México, Publicada por Mariano Galván Rivera, Impreso por Santiago Pérez, Cuatro Tomos, 1851.

OBARRIO, Franklin M., «Algunos aspectos institucionales de la mediación», *Revista del Colegio de Abogados de Buenos Aires*, Buenos Aires, Argentina, tomo 55, núm.1, julio, 1995.

OGARRIO RAMÍREZ ESPAÑA, Alejandro, «Arbitraje en línea: problemas y soluciones», *Pauta,* México, Boletín informativo del Capítulo Mexicano de la Cámara Internacional de Comercio, A.C., Núm. 32, abril, 2001.

OGARRIO, Alejandro, «El procedimiento arbitral», en Pereznieto Castro, Leonel (comp.), *Arbitraje comercial internacional,* México, Distribuciones Fontamara, 2000, Doctrina Jurídica Contemporánea.

OGARRIO, Alejandro y RAGAN, Charles R., ¿Alternos a qué? Una perspectiva de los MASC en el área del TLCAN, en *Medios Alternativos para la Solución de Controversias para Jueces y Empresarios,* México, Comité Consultivo de Controversias Comerciales Privadas del Tratado de Libre Comercio de América del Norte (TLCAN), Centro de Resolución de Controversias México-Estados Unidos, junio, 1999.

OJEDA PAULLADA, Pedro, «Vías efectivas de acceso a la justicia: mediación, conciliación y arbitraje», *Revista del Instituto de la Judicatura Federal,* México, Núm. 2, junio, 1998.

ORTÍZ AHLF, Loretta, «Ejecución de acuerdos de mediación», en *Medios Alternativos para la Solución de Controversias para Jueces y Empresarios,* México, Comité Consultivo de Controversias Comerciales Privadas del Tratado de Libre Comercio de América del Norte (TLCAN), Centro de Resolución de Controversias México-Estados Unidos, junio, 1999.

—, «Mecanismos internacionales para solución de controversias internacionales en materia de inversión extranjera», *Jurídica, Anuario del Departamento de Derecho de la Universidad Iberoamericana,* México, UIA, Núm. 21, 1992.

—, *Discurso de ingreso como Miembro de Número que presenta la Lic. Loretta Ortíz Ahlf bajo el título: Casos en el Marco de los capítulos XIX y XX del Tratado de Libre Comercio de América del Norte,* México, Academia Mexicana de Derecho Internacional Privado y Comparado, 12 de junio de 1998.

ORTÍZ AHLF, Loretta, VAZQUEZ PANDO, Fernando A., y DIAZ, Luis Miguel, *Aspectos jurídicos del Tratado de Libre Comercio de América del Norte y sus Acuerdos Paralelos,* 2a edición, México, Ed. Themis, 1998, Colección Ensayos Jurídicos.

ORTÍZ WADGYMAR, Arturo, *Comercio exterior de México en el siglo XX*, México, Instituto de Investigaciones Económicas, UNAM, Miguel Angel Porrúa, 2001.

Ota Mishima, María Elena, «Las relaciones de México y Japón: historia de un esfuerzo binacional», en Comercio Exterior, México, Banco Nacional de Comercio Exterior, Vol. 48, Núm. 1, enero, 1998.

Oteiza Matteo de, Vivián, «Arbitraje internacional y autonomía de la voluntad», *Revista de derecho comercial y de la empresa*, Montevideo, año VII, Núms. 31-32, julio-diciembre, 1984.

Ovalle Favela, José, «Comentarios al primer capítulo (artículos 1-18) de la Ley Federal de Protección al Consumidor» *Revista de derecho privado*, México, Instituto de Investigaciones Jurídicas, UNAM, año 4, núm. 11, mayo-agosto, 1993.

—, «Ley Federal de Protección al Consumidor comentada (segunda parte)», en *Revista de derecho privado*, México, Instituto de Investigaciones Jurídicas, UNAM, año 4, núm. 12, septiembre-diciembre, 1993.

—, «Medidas procesales para resolver controversias con elementos internacionales», *Revista de la Facultad de Derecho de México,* México, UNAM, tomo XXXIX, Núm. 163-164-165, enero-junio, 1989.

Paganoni O´Donohoe, Francisco, *El arbitraje en México*, Puebla, OGS Editores, 1997.

Pallares, Eduardo, *Diccionario de derecho procesal civil,* México, Ed. Porrúa, 1960.

Palmeter, David y Marroidis, Petros C., *Dispute Settlement in the World Trade Organization*, La Haya, Países Bajos, Kluwer Law International, 1999.

Pareja y Quezada, Gabriel de, *Praxis edendi. Sive de univerſa Inſtrumentorum Editione tan á Praelatis quam a Iudicibus Eccleſiaſticis, & Secularibus litigatoribus que in judicio paeſtanda tractatus,* Madridii, España, Ex Tipographia Francisci Maroto, 1643, 2 tomos.

Parmentier, Elise: ¿Qué es el Orden Público? Monografía presentada en el Curso de Maestría en Derecho de la UIA, México 2010.

Patavinum, Marcum Antonium, *Tractatus de compromissis faciendis inter coniunctus. Et de Exceptionibus impedientibus litis ingreſſum,* Lugduni, Apud haeredes Iacobi Giuntae, 1549.

Patiño Manfer, Ruperto, «Creación de la Organización Multilateral de Comercio (OMC)», *Boletín mexicano de derecho comparado,* México, UNAM, Instituto de Investigaciones Jurídicas, nueva serie, año XXVII, núm. 81, septiembre-diciembre, 1994.

Paulsson, Jan *et al, The Freshfields guide to arbitration and ADR clauses in international contracts,* 2nd revised edition, The Hague, London, Boston, Kluwer Law International, 1999.

—, «Arbitration in three dimensions», en *Revista de derecho privado,* México, IIJ, UNAM, Número 1, Enero-Junio, 2012.

Pearlman, Jessica C., «Participation by private council in World Trade Organization dispute settlement proceedings», *Law and policy in international busi-*

ness, USA, Georgtown University Law Center, International Law Institute, Vol. 30, Núm. 2, invierno 1999.

PEÑA y PEÑA, Manuel de la, *Lecciones de práctica forense mejicana, escritas a beneficio de la Academia nacional de Derecho Público y Privado de Mejico,* México, Imprenta a cargo de Juan Ojeda, 1835, tomo I.

PÉREZ DE ACHA, Luis Manuel, «Paneles Binacionales: ¿conflicto de idiosincracias?», México, *Revista Lex*, abril, 1996.

—, «Paneles Binacionales», *Revista de la Academia Mexicana de Derecho Fiscal, Memorias de derecho internacional tributario,* México, Academia Mexicana de Derecho Fiscal, año 1, número 1, junio, 1996.

PÉREZ MIRANDA, Rafael, «La protección de la inversión extranjera y la solución de controversias en la materia», *Alegatos*, México, Universidad Autónoma Metropolitana, Órgano de difusión del Departamento de Derecho, División de Ciencias Sociales y Humanidades, Núm. 32, enero-abril, 1996.

PÉREZ y LÓPEZ, Antonio Xavier, *Teatro de la Legislación Universal de España e Indias,* Madrid, en la Oficina de Don Gerónimo Ortega y Herederos de Ibarra, 1792, t. IV.

PEREZNIETO CASTRO, Leonel, «Algunos aspectos del sistema de solución de controversias en el tratado norteamericano de libre comercio», *Jurídica, Anuario del Departamento de Derecho de la Universidad Iberoamericana,* México, UIA, Núm. 23, 1994.

—, «El caso Chromalloy Autoservices ¿un nuevo derrotero en el reconocimiento de laudos arbitrales extranjeros», *Pauta,* México, Boletín informativo del Capítulo Mexicano de la Cámara Internacional de Comercio, A.C., Núm. 28, 2000.

—, «Interpretación del art. 1424 del Código de Comercio por el Cuarto Tribunal Colegiado en Materia Civil del Primer Circuito, (Amparo Directo, exp. 9514/99)», *Pauta,* México, Boletín informativo del Capítulo Mexicano de la Cámara Internacional de Comercio, A.C., Núm. 29, 2000.

PEREZNIETO CASTRO, Leonel (coord.), *Arbitraje Comercial Internacional,* México, Distribuciones Fontamara, 2000, Doctrina Jurídica Contemporánea.

PEREZNIETO CASTRO, Leonel y GRAHAM, James A., «La ley aplicable a los contratos "arbitrales"», en *Revista de derecho privado,* México, IIJ, UNAM, Número 2, Julio-Diciembre, 2012.

—, *Tratado de Arbitraje Comercial Mexicano*, México, Limusa, 2009.

PEREZNIETO CASTRO, Leonel y SILVA, Jorge Alberto, *Derecho internacional privado. Parte especial,* México, Oxford University Press, 2000.

PETERSMANN, Ernst Ulrich, «From the Hobbesian International Law of Coexistence to Modern Integration Law: The WTO Dispute Settlement System», *Journal of International Economic Law*, UK, Oxford University Press, Oxford, Vol. 1, Núm. 2, Junio, 1998.

PLATÓN, *Las Leyes o de la Legislación Libro VI*, en *Obras Completas de Platón*, Puestas en lengua castellana por D. Patricio de Azcárate, México, Compañía Editorial Continental, S.A., 1957, Tomo III.

POTTER, Richard B., «The role of ADR clauses in avoiding foreing litigation entanglements», *The Canadian Business Law Journal. Revue Canadienne du Droit de Commerce,* Aurora, Canadá, Canada Law Book Inc., Vol. 28, 1997.

PRADILLA BARNUEVO, Francisco de la, *Suma de todas las leyes penales, canonicas, civiles, y deſtos Reynos, de mucha utilidad, y provecho, no ſolo para los naturales dellos, pero para todos en general. Primera y segunda parte. Autor......, Doctor en leyes y abogado. Y el licenciado D. Franciſco de la Barreda Alcalde de Alcadas de la ciudad de Toledo adicionó las nuevas Prematicas, Leyes, y Penas Militares. Diſpuesto todo por Andres de Carraſquilla,* Madrid, España, Por la Viuda de Luis Sánchez, 1628.

QUIJANO BAZ, Javier. «Comunicación a Angel Junquera, Director General de la Revista», en *El Mundo del Abogado*, México, diciembre, 2012

QUINTANILLA GARCÍA, Miguel Angel, *Código de procedimientos civiles para el Distrito Federal y la Ley Orgánica. Comentarios con las reformas de 2000,* México, Impresora de Periódicos y Revistas Especializados, 2000.

RAMÍREZ DE LA O, Rogelio, «El Tratado de Libre Comercio de América del Norte desde una perspectiva mexicana», en Globerman, Steven y Walker, Michael (Comp.), *El TLC. Un enfoque trinacional,* Trad. Mónica Utrilla, México, Fondo de Cultura Económica, 1994.

RANGEL MEDINA, David, «Propiedad Industrial y Arbitraje», *Revista Mexicana de Propiedad Artística,* México, Nos. 29 y 30, Enero-Diciembre de 1977.

RATTEY, Beatrice K, *Los Hebreos*, México, Fondo de Cultura Económica, 1981.

REAL ACADEMIA ESPAÑOLA, *Diccionario de la lengua castellana, en que se explica el verdadero sentido de las voces, su naturaleza y calidad, con las phrases o modos de hablar, los proverbios o refranes, y otras cosas convenientes al uso de la lengua. Dedicado al Rey nuestro señor Don Phelipe V, (que Dios guarde) a cuyas reales expensas se hace eſta obra*, Madrid, España, En la Imprenta de Francisco del Hierro, 1726, ed. facsímil, *Diccionario de Autoridades,* Madrid, España, Ed. Gredos, 1990.

REDFERN, Alan y HUNTER, Martin, *Law and practice of international commercial arbitration,* 2a ed., Londres, Sweet & Maxwell, 1991.

REISMAN, Michael, «Contextual imperatives of dispute resolution mechanisms. Some hypotheses and their applications in the Uruguay Round and NAFTA», *Journal of World Trade,* Ginebra, Suiza, vol. 29, núm. 3, junio, 1995.

REYES HEROLES, Federico, «El arbitraje médico: la forma más eficiente para impartir justicia», *Revista CONAMED. Órgano de difusión de la Comisión Nacional de Arbitraje Médico,* México, año 1, Núm. 4, 1997.

REYES RETANA TELLO, Ismael, «México frente al arbitraje internacional: el caso de El Chamizal», *Revista mexicana de política exterior,* México, Secretaría de

Relaciones Exteriores, Instituto Matías Romero de Estudios Diplomáticos, Nueva Época, Núm. 43, abril-junio, 1994.

Rodriguez Brizuela, Martín, «Los conflictos ambientales y la mediación como modo de dirimirlos», *Cuaderno de Federalismo,* Córdoba, Argentina, Instituto de Federalismo, Academia Nacional de Derecho y Ciencias Sociales de Córdoba, Núm. XI, 1997.

Rodriguez de San Miguel, Juan N., *Pandectas hispano-megicanas*, Nueva Edición, Méjico, Librería de J.F. Rosa, 1852, t. 3.

Rodriguez González-Valadéz, Carlos, *México ante el arbitraje comercial internacional,* México, Ed. Porrúa, 1999.

Rojas V., Héctor, «The dispute resolution process under NAFTA», *United States-Mexico Law Journal,* Albuquerque, EUA, University of New Mexico School of Law, vol. 1, Symposium 1993, Núm. 1, 1993.

Romero, Javier, «El Chamizal. Estudio Constitucional», *La Justicia,* México, Tomo XXIV, Núm. 405, enero, 1964.

Rosas, María Cristina, *México y la política comercial externa de las grandes potencias,* México, UNAM, Facultad de Ciencias Políticas y Sociales, Instituto de Investigaciones Económicas, Miguel Angel Porrúa, 1999.

Ruskin, John, *Las Siete Lámparas de la Arquitectura*, Pamplona, Aguilar, 1963.

Russomano Bermúdez, Ana V., «Mediación y conciliación. Un camino distinto para resolver los conflictos», *Revista de derecho y ciencia política,* Lima, Perú, Órgano de difusión de derecho y ciencia política de la Universidad Nacional Mayor de San Marcos, vol. 56 (N. 2), segundo semestre, 1998.

Saldaña Pérez, José Manuel, «La Agencia Multilateral de garantía a la Inversión (MIGA) y la solución de controversias en materia de inversiones extranjeras en el contexto del Tratado de Libre Comercio México-Estados Unidos y Canadá», en *Revista de derecho privado*, México, Instituto de Investigaciones Jurídicas, UNAM, año 3, núm. 9, septiembre-diciembre, 1992.

Sanchez Medal, Ramón, *De los contratos civiles,* 11a ed., México, Ed. Porrúa, 1991.

Sanchez Soto, Gustavo, «Solución de controversias comerciales al amparo de disposiciones y procedimientos instituidos en el TLCAN», *LEX, difusión y análisis,* México, 3era época, año III, Núm. 20, febrero, 1997.

—, «TLCAN: solución de controversias comerciales», *El mercado de valores,* México, año LVI, núm. 6, junio, 1996.

Santos Azuela, Héctor, «Arbitraje Laboral», *Nuevo diccionario jurídico mexicano.* Instituto de Investigaciones Jurídicas, UNAM, Ed. Porrúa, tomo A-C, México, 1998.

Santos Belandro, Rubén, *Arbitraje comercial internacional,* 3a ed., México, Oxford University Press, 2000, Colección Estudios Jurídicos.

Secretaría de Comercio y Fomento Industrial, *Instrumentos jurídicos fundamentales. Sistema mexicano de defensa contra prácticas desleales de comercio internacional.* SECOFI-UPCI, México, 1998.

SECRETARÍA DE ECONOMÍA, Comunicado de Prensa de fecha 14 de septiembre de 2004 107/2004 «Firma del Acuerdo de Asociación Económica México-Japón».

SEPÚLVEDA, César, «El Chamizal y algunas cuestiones diplomáticas pendientes entre México y los Estados Unidos», en *Revista de la Facultad de Derecho de México*. UNAM, Tomo XII, México, 1962, No. 47.

—, César, «Historia y problemas de los límites de México: I. La Frontera Norte», *Historia Mexicana*, México, El Colegio de México, Núm. 29, 1958.

—, César, *Derecho Internacional*, Decimoquinta Edición, México, Ed. Porrúa, S. A., 1986.

SERRANO MIGALLÓN, Fernando, «Solución de controversias en el Tratado de Libre Comercio para América del Norte», *PEMEX LEX, Revista jurídica de Petróleos Mexicanos,* México, Núm. 73-74, julio-agosto, 1994.

SIERRA, Carlos J., *El Chamizal, monumento a la justicia internacional*, México, Secretaría de Hacienda y Crédito Público, Dirección General de Prensa, Memoria, Bibliotecas y Publicaciones, 1964.

SILGUERO ESTAGNAN, Joaquín, «La resolución de conflictos comerciales mediante arbitraje», *Revista vasca de derecho procesal y arbitraje,* San Sebastian, Instituto vasco de Derecho Procesal, tomo VIII, cuaderno 1, 1996.

SILVA, Jorge Alberto (Coord.), *Estudios sobre Lex Mercatoria,* México, Instituto de Investigaciones Jurídicas, Universidad Autónoma de México, 2006.

—, «Resolución de controversias civiles por medio del arbitraje (propuesta de codificación)», *Revista mexicana de derecho internacional privado,* Academia Mexicana de Derecho Internacional Privado y Comparado, A.C., Núm. 2, abril, México, 1997.

—, *Arbitraje comercial internacional en México,* México, Pereznieto Editores, 1994.

SIQUEIROS, José Luis, «¿Puede ejecutarse un laudo extranjero que ha sido anulado por juez competente?», en *Revista de derecho privado*, México, Instituto de Investigaciones Juirídicas, UNAM, Mc. Graw Hill, año 8, núm. 22, enero-abril, 1997.

—, «Arbitraje Comercial», *Nuevo diccionario jurídico mexicano,* México, Instituto de Investigaciones Jurídicas, UNAM, Ed. Porrúa, tomo A-C, 1998.

—, «El arbitraje comercial en Latinoamérica. La perspectiva mexicana», *Estudios en homenaje a Jorge Barrera Graf*, México, Instituto de Investigaciones Jurídicas, UNAM, 1989, t. II.

—, «El Arbitraje Comercial en México», *Revista de la Facultad de Derecho de México*, México, UNAM, Tomo XV, Julio-Septiembre de 1965, No. 59.

—, «El Arbitraje Comercial, un mecanismo idóneo para resolver controversias en forma extra-judicial», *Homenaje a Fernando Vázquez Pando,* México, Barra Mexicana, Colegio de Abogados, Ed. Themis, 1996, Colección Foro de la Barra Mexicana.
—, «El arbitraje de naturaleza privada en el marco del TLCAN», *Revista mexicana de derecho internacional privado,* México, Academia Mexicana de Derecho Internacional Privado y Comparado, A.C., Núm. 2, abril, 1997.
—, «El arbitraje, marco normativo, tipos de arbitraje, compromiso arbitral y cláusula compromisoria», *Pauta,* México, Boletín informativo del Capítulo Mexicano de la Cámara Internacional de Comercio, A.C., Núm. 29, 2000.
—, «La ley mexicana en materia de arbitraje comercial», *Pauta,* México, Boletín informativo del Capítulo Mexicano de la Cámara Internacional de Comercio, A.C., Núm. 28, 2000.
—, «La resolución de controversias en el Tratado Trilateral de Libre Comercio entre México, Estados Unidos y Canadá», en *Revista de derecho privado,* México, Instituto de Investigaciones Jurídicas, UNAM, año 2, núm. 6, septiembre-diciembre, 1991.
—, «La solución de controversias en el marco del NAFTA», *Boletín de la Facultad de Derecho,* Madrid, España, 2a época, núm. 4, verano-otoño, 1993.
—, «La solución de controversias en el marco del TLC», en *Jurídica, Anuario del Departamento de Derecho de la Universidad Iberoamericana.* UIA, México, Núm. 24, 1995-I.
—, «La solución de las controversias comerciales en los acuerdos celebrados entre México y la Comunidad Europea», *Ars Iuris*, México, Revista del Instituto de Documentación e Información jurídicas de la Facultad de Derecho de la Universidad Panamericana, número 22, 1999.
—, «Las facultades de los árbitros no son omnímodas ni inconstitucionales», en *Pauta* México, Boletín informativo del Capítulo Mexicano de la Cámara Internacional de Comercio, A.C., No. 47, abril 2005.
—, «Métodos de solución de controversias en los esquemas interamericanos de integración y libre comercio», *Jurídica, Anuario del Departamento de Derecho de la Universidad Iberoamericana,* México, UIA, Núm. 25, 1995-II.
—, «Panorama actual del arbitraje comercial internacional», *El Foro, Órgano de la Barra Mexicana, Colegio de Abogados, A.C.,* México, Quinta Época, Núm. 37, enero-marzo, 1975.
—, «Reconocimiento y Ejecución de Laudos Extranjeros en la República Mexicana», *Revista de la Facultad de Derecho de México*, México, UNAM, Tomo XXVII, Julio-Diciembre de 1977, Nos. 107-108.
—, «Régimen de solución de controversias en la Asociación Latinoamericana de Integración (ALADI)», *Un homenaje a Don César Sepúlveda. Escritos Jurídicos,* México, Instituto de Investigaciones Jurídicas, UNAM, 1995.

—, *El arbitraje en los negocios internacionales de naturaleza privada.* Escuela Libre de Derecho, Miguel Angel Porrúa, México, 1992.

SMITH, James F., «Mediating international intellectual property disputes», *Ars Iuris*, México, Revista del Instituto de Documentación e Información jurídicas de la Facultad de Derecho de la Universidad Panamericana, número 20, 1998.

SMITH, Robert Sidney, *Historia de los Consulados de Mar (1250-1700),* trad. E. Riambau, Barcelona, ed. Península, 1978.

SMITH, Robert, «Los consulados de comerciantes en Nueva España», en SMITH, Robert, RAMÍREZ FLORES, José y PASQUEL, Leonardo, *Los consulados de comerciantes en Nueva España,* México, Instituto Mexicano de Comercio Exterior, 1976.

SMITH, Robert, RAMÍREZ FLORES, José y PASQUEL, Leonardo, *Los consulados de comerciantes en Nueva España,* México, Instituto Mexicano de Comercio Exterior, 1976.

SOBERANES FERNÁNDEZ, José Luis, «La Comisión Nacional de Arbitraje Médico», *Revista del Senado de la República,* México, Vol. 3, Núm. 9, octubre-diciembre, 1997.

SOHN, Louis B., «An abundance of riches: GATT and NAFTA provisions for the settlement of disputes», *United States-Mexico Law Journal,* Albuquerque, EUA, University of New Mexico School of Law, vol. 1, Symposium 1993, Núm. 1, 1993.

—, «Comments on dispute resolution», *United States-Mexico Law Journal,* Albuquerque, EUA, University of New Mexico School of Law, vol. 1, Symposium 1993, Núm. 1, 1993.

SOLORZANO y PEREYRA, Juan de, *Política indiana,* Madrid, Compañía Ibero-Americana de Publicaciones, 1930, 5 tomos.

SPAIN, Larry R., «Alternative dispute resolution for the poor: is it an alternative», *North Dakota Law Review,* EUA, Vol. 70, Núm. 2, 1994.

STEGER, Debra P. y HAINSWORTH, Susan M., «World Trade Organization Dispute Settlements: The First Three Years», *Journal of International Economic Law*, UK, Oxford University Press, Oxford, Vol. 1, Núm. 2, Junio, 1998.

STEVENSON, Russell B., «An introduction to ICC Arbitration», *The Journal of International Law and Economics*, Washington, EUA, The National Law Center, The George Washington University, vol. 14, núm. 3, 1980.

STINSON ORTÍZ, Yvonne, «Solución de controversias en el marco del T.L.C.A.N.», *Revista de la Facultad de Derecho y Ciencias Sociales,* Nuevo León, México, Universidad Autónoma de Nuevo León, Facultad de Derecho y Ciencias Sociales, Quinta Época, Núm. 2, enero-abril, 1997.

SUÁREZ HERNÁNDEZ, Daniel, «Medios alternativos d solución de conflictos. Transacción, conciliación, amigable composición y arbitramento», *Revista del Instituto Colombiano de Derecho Procesal,* Santa Fe de Bogotá, Vol. II, Núm. 25, 1999.

SUBERCASEAUX, Enrique, «Japón: su economía al día de hoy», en Estudios Internacionales, Santiago de Chile, Año XXIX, enero-marzo, 1996, Núm. 113.

SZÉKELY, Gabriel, «Las relaciones de México con Japón», en El Mercado de Valores, México, nacional Financiera, Año LXI, Núm. 2, 2001.

TALPIS, Jeffrey A., «Dispute prevention and dispute resolution post NAFTA: choice of law and forum selection clauses», *Revue Générale de Droit,* Ottawa, Canadá, Université D'Ottawa, Faculté De Droit, Section de Droit Civil, Vol. 26, Núm. 1, 1995.

TENA RAMÍEZ, Felipe, *Leyes Fundamentales de México,* 15 a ed., México, Ed. Porrúa, 1989.

THOMAS, Jeffrey S. y MEYER, Michael A., *The New Rules of Global Trade,* Ontario, Canadá, Carswell Ed., 1997.

TOLEDO CABRERA, Carlos Eduardo, «El arbitraje internacional en México», *Revista Facultad de Derecho,* México, Universidad Autónoma de Yucatán, Núm. 7, junio, 1991.

TOMAS y VALIENTE, Francisco, *Manual de historia del derecho español,* Madrid, Tecnos, 1987.

TORRALBA SORIANO, Vicente, «Eficacia del contrato preliminar de arbitraje», *Revista crítica de derecho inmobiliario,* Madrid, España, año XLII, núm. 453, marzo-abril, 1966.

TORROBA BERNALDO DE QUIRÓZ, Felipe, *Los judíos españoles,* Suc. de Rivadeneyra, Madrid, 1967.

TREVIÑO, Julio C., «El Arbitraje Comercial Internacional, un Recurso para América Latina», en *Revista de Investigaciones Jurídicas de la Escuela Libre de Derecho,* Año 12, No. 12, México, 1988.

—, «La nueva legislación mexicana sobre arbitraje comercial», en *Revista de derecho privado.* Instituto de Investigaciones Jurídicas, UNAM, México, año 6, núm. 17, mayo-agosto, 1995.

—, «Resolución de controversias», *El Foro, Órgano de la Barra Mexicana, Colegio de Abogados, A.C.,* México, Octava Época, Tomo III, Núm. 2, 1990.

TRUEBA, Eduardo y LLAVADOR, José, *Jurisdicción marítima y la práctica jurídica en Sevilla (siglo XVI),* Valencia, Studio Puig, 1993.

TSUNEKAWA, Keiichi, «Efectos del TLCAN en las relaciones México-Japón: una aproximación», en Comercio Exterior, México, Banco Nacional de Comercio Exterior, Vol. 48, Núm. 1, enero, 1998.

URIBARRI CARPINTERO, Gonzalo, «Comentarios a la Ley de protección y defensa al usuario de servicios financieros y su relación con el arbitraje», *Ars Iuris,* México, Revista del Instituto de Documentación e Información jurídicas

de la Facultad de Derecho de la Universidad Panamericana, número 20, 1998.
—, «Reformas a la ley de protección al usuario de servicios financieros», *Ars Iuris*, México, Revista del Instituto de Documentación e Información jurídicas de la Facultad de Derecho de la Universidad Panamericana, número 22, 1999.
—, «Reglamento de procedimientos para la atención de quejas de la Comisión Nacional de Arbitraje Médico», *Ars Iuris*, México, Revista del Instituto de Documentación e Información jurídicas de la Facultad de Derecho de la Universidad Panamericana, número 21, 1999.
—, *El arbitraje en México,* México, Oxford University Press, 1999, Colección Estudios Jurídicos.
URQUIDI, J. Enrique, *Mediación. Solución a conflictos sin litigio,* México, Centro de Resolución de Conflictos, 1999.
URSUA, Francisco A., *Derecho Internacional Público,* México, Ed. Cultura, 1938.
USCANGA, Carlos, «La política comercial de Japón ante los retos de una estrategia de interacción múltiple» *Comercio Exterior,* México, Banco Nacional de Comercio Exterior, Vol. 52, Núm. 12, diciembre, 2002.
—, «Nexos económicos México-Japón en la posguerra», en Comercio Exterior, México, Banco Nacional de Comercio Exterior, Vol. 48, Núm. 1, enero, 1998.
VALLE PAVÓN, Guillermina del, «Los privilegios corporativos del Consulado de comerciantes de la ciudad de México», *Historia y grafía,* México, Universidad Iberoamericana, Departamento de Historia, núm. 13, año 7, 1999.
VARELA VÁZQUEZ, Enrique, «Pórtico», *Tribunal del Consulado en Guadalajara: Real Cédula,* Guadalajara, UNED, 1989.
VAS MINGO, Marta Milagros del, «Los Consulados en el tráfico indiano», en Andrés-Gallego, José Andrés (cord.), *Colección Proyectos Históricos Tavera (I), Nuevas Aportaciones a la Historia Jurídica de Iberoamerica* (Cd Rom), Madrid, Fundación Histórica Tavera, 2000.
VEITIA LINAJE, Joseph de, *Norte de la contratación de las Indias Ocidentales*, Sevilla, por Juan Francisco de Blas, 1672.
VELÁZQUEZ, María del Cármen, *El Fondo Piadoso de las Californias*, México, Secretaría de Relaciones Exteriores, 1985.
VERDROSS, Alfred, *Derecho Internacional Público,* sexta edición, trad. de Antonio Truyol y Serra, España, Aguilar, 1982
VERMULST, Edwin y DRIESSEN, Bart, «An overview of the WTO Dispute Settlement System and its relationship with the Uruguay Round Agreements. Nice on paper but too much stress for the system?», *Journal of World Trade,* Ginebra, Suiza, vol. 29, núm. 2, abril, 1995.

VEYTIA, Hernany, «Del GATT a la OMC», *Ars Iuris*, México, Revista del Instituto de Documentación e Información jurídicas de la Facultad de Derecho de la Universidad Panamericana, número 13, 1995.

—, «El criterio de revisión para México», *Ars Iuris*, México, Revista del Instituto de Documentación e Información jurídicas de la Facultad de Derecho de la Universidad Panamericana, número 21, 1999.

—, «Paneles y panelistas del Capítulo XIX del TLCAN», *Revista mexicana de derecho internacional privado,* Academia Mexicana de Derecho Internacional Privado y Comparado, A.C., Núm. 2, abril, México, 1997.

VILLADIEGO, Alonso de, *Instruccion politica, y práctica judicial, conforme al estilo de los Confejos, Audiencias, y Tribunales de Corte, y otros ordinarios del Reyno,* Madrid, España, En la Imprenta de Juan de Ariztia, 1720.

VILLALOBOS CHAPARRO, Elvira, VARGAS GÓMEZ-URRUTIA, Marina, «Arbitraje comercial internacional: la importancia de la selección del árbitro», *Ars Iuris,* Revista del Instituto de Documentación e Información jurídicas de la Facultad de Derecho de la Universidad Panamericana, núm. 15, México, 1996.

VILLALOBOS JION, Jesús, «El procedimiento arbitral», *Lecturas Jurídicas,* Chihuahua, Universidad de Chihuahua, Escuela de Derecho, núm. 83, enero-marzo, 1993.

VILLARREAL, René, «Del proyecto de crecimiento y sustitución de importaciones al desarrollo y sustitución de exportaciones», El comercio exterior de México, México, Instituto Mexicano de Comercio Exterior, Academia de Arbitraje y Comercio Internacional, Siglo veintiuno editores, tomo I, 1982.

VIVES CHILLIDA, Julio A., *El Centro Internacional de Arreglo de Diferencias Relativas a Inversiones (CIADI),* Madrid, McGraw-Hill, 1998.

VON WOBESER, Claus «La conquista de los particulares frente al Estado en la solución de controversias, la dilución del orden público», en *Pauta,* México, Boletín informativo del Capítulo Mexicano de la Cámara Internacional de Comercio, A.C., Núm. 40, 2004.

—, «A mexican perspective on NAFTA and the regulation of unfair trade practices», *United States-Mexico Law Journal,* Albuquerque, EUA, University of New Mexico School of Law, vol. 1, Symposium 1993, Núm. 1, 1993.

—, «Arbitraje entre Estados e inversionistas de acuerdo al TLCAN y a los APPRIS suscritos por México», *El Foro, Órgano de la Barra Mexicana, Colegio de Abogados, A.C.,* México, Undécima Época, Tomo XII, Núm. 2, Segundo Semestre, 1999.

—, «El desarrollo del procedimiento arbitral», en Pereznieto Castro, Leonel (comp.), *Arbitraje comercial internacional,* México, Distribuciones Fontamara, 2000, Doctrina Jurídica Contemporánea.

—, «La situación legislativa y jurisprudencial del arbitraje en México», *Ars Iuris*, Revista del Instituto de Documentación e Información jurídicas de la

Facultad de Derecho de la Universidad Panamericana, número 11, México, 1994.

WEBB, Rodney S., «Court annexed "ADR"-a dissent», *North Dakota Law Review,* EUA, Vol. 70, Núm. 2, 1994.

WECKSTEIN, Donald T., «In praise of party empowerment-and of mediator activism», *Willamette Law Review,* Oregon, EUA, College of Law, Willamette University, Vol. 33, Núm. 3, verano, 1997.

WEINTRAUB, Russell J., *International litigation and arbitration,* USA, Carolina Academic Press, 1994.

WILDE, Zulema, «La mediación en la solución de conflictos», *Revista internacional del notariado,* Buenos Aires, Argentina, año XLIII, núm. 89, 1994.

—, «Mediación y conciliación», *Revista del Colegio de Abogados de Buenos Aires,* Buenos Aires, Argentina, tomo 55, núm. 1, julio, 1995.

WITKER, Jorge, «La resolución de controversias en el MERCOSUR», *PEMEX LEX, Revista jurídica de Petróleos Mexicanos,* México, Núm. 77-78, noviembre-diciembre, 1994.

WITKER, Jorge y HERNANDEZ, Laura, «Mecanismo de solución de controversias en materia de servicios en el TLCAN: asunto pendiente», *Boletín mexicano de derecho comparado,* México, UNAM, Instituto de Investigaciones Jurídicas, nueva serie, año XXXI, núm. 93, septiembre-diciembre, 1998.

WITKER, Jorge y JARAMILLO, Gerardo, *Comercio exterior de México, marco jurídico y operativo,* México, Mc Graw Hill, 1996.

WÖSS, Herfried, «El Orden Público, Derecho Público, cosa juzgada e inarbitrabilidad en Contratos Públicos en México», *Revista del Club Español del Arbitraje,* 14/2012.

ZAMORA ETCHARREN, Rodrigo, «El contrato de arbitraje», *Jurídica, Anuario del Departamento de Derecho de la Universidad Iberoamericana,* México, UIA, Núm. 29, 1999.

ZAMORA SÁNCHEZ, Juan Pedro, *Nuevas Tendencias del Arbitraje Comercial Internacional: la Posición de México,* México, Tesis Doctoral, UNAM, 1984.

ZORRILLA, Luis G., *Historia de las Relaciones entre México y los Estados Unidos de América,* México, Ed. Porrúa, S. A., 1966.

FUENTES

A) HISTÓRICAS:

Bases para el Reglamento de la Suprema Corte de Justicia de 14 de febrero de 1826, en Dublán, Manuel, y Lozano, José María, *Legislación mexicana o colección completa de las disposiciones legislativas expedidas desde la independencia de la república,* México, Edición Oficial, Imprenta del Comercio, 1876, tomo I, núm. 466.

Código de Comercio de los Estados Unidos Mexicanos, México, Tip. El Gran Libro de F. Parres y Comp. Sucs., 1889.

Código de Comercio de los Estados Unidos Mexicanos, México, Tipografía de Clarke y Macías, 1884.

Código de Comercio de México, México, Imprenta de Jospe Mariano Lara, 1854.

Código de Procedimientos Civiles del Distrito Federal y Territorio de la Baja California, México, Imprenta de Francisco Díaz de León, 1884.

Código de Procedimientos Civiles para el Distrito Federal y el Territorio de la Baja California, México, Imprenta del Gobierno, en Palacio, 1872.

Código de Procedimientos Civiles, 15 de septiembre de 1880, en Dublán, Manuel, y Lozano, José María, *Legislación mexicana o colección completa de las disposiciones legislativas expedidas desde la independencia de la república,* México, Edición Oficial, Imprenta del Comercio, tomo XV.

Decretales Gregorii Papae IX, una cum Libro Sexto, Clementinis, et Extravagantibus a Petro, et Francisco Pithoeo jurisconsultis, Augustae Taurinorum, Ex Typographia Regia, 1746.

Decreto del 16 de octubre de 1824, supresion de los consulados, en Dublán, Manuel, y Lozano, José María, *Legislación mexicana o colección completa de las disposiciones legislativas expedidas desde la independencia de la república,* México, Edición Oficial, Imprenta del Comercio, 1876, tomo I.

Diego de Encinas, *Cedulario indiano,* ed. facsimilar de la única de 1596, Madrid, Ediciones de Cultura Hispánica, 1945, 4 tomos.

Las Siete Partidas, Glosadas por Alonso Díaz de Montalvo, Lyon de Francia, en la imprenta de Mateo Bonhome, 1550, 2 tomos, estudio Introductorio de Oscar Cruz Barney, México, Tribunal Superior de Justicia, Ilustre y Nacional Colegio de Abogados de México, 2010.

Leyes de Recopilación, Madrid, en la Imprenta de Pedro Marín, 1772, t. I., t. II, Madrid, en la Imprenta Real de la Gazeta, 1772. *Tomo tercero de Autos Acordados, que contiene nueve libros, por el orden de títulos de las Leyes de Recopilación,* Madrid, por D. Joachin Ibarra, Impresor de Cámara de S.M., 1772.

Los Códigos Españoles concordados y anotados, 2a ed., Madrid, Imprenta de La Publicidad, 1847-1851, 12 tomos.

Ordenanzas de la ilustre Universidad y Casa de Contratación de la M.N. y M.L. Villa de Bilbao, Madrid, Oficina de la Viuda de D.Manuel Fernandez, 1769.

Proviffion que manda que fe executen las fentencias arbitrarias dadas defpues de la ley en ella inferta y conforme a ella, Dada en la villa de Madrid a diez dias del mes de Deziembre de mil y quinientos y treynta y dos años, en Encinas, Diego de, *Cedulario indiano,* ed. facsimilar de la única de 1596, Madrid, Ediciones de Cultura Hispánica, 1945, tomo segundo.

Proyecto de Reformas del Código de Procedimientos Civiles del Distrito Federal y Territorio de la Baja California formado por la Comisión nombrada al efecto por el Supremo Gobierno, en cumplimiento del decreto de 9 de abril de 1875, México, Imprenta del Comercio, 1876.

Real Cédula de ereccion del Consulado de Guadalaxara, expedida en Aranjuez a VI de Junio de MDCCXCV, Madrid, en la Oficina de Don Benito Cano, MDCCXCV, AGN, Bandos, Vol. 18, Exp. 18, Fs. 53-80v.

Real Cédula de S.M. para la ereccion del Consulado de la M.N. y M.L. Ciudad de Veracruz, de Orden de su Junta de Gobierno, Veracruz, Oficina de D. Manuel López Bueno, Impresor del Consulado, 1795, AGN, Bandos, Exp. 18, Vol. 4, Fol. 5-31.

Recopilación de las Indias, por Antonio de León Pinelo, Edición y estudio preliminar de Ismael Sánchez Bella, México, Escuela Libre de Derecho, Gobierno del Estado de Chiapas, Gobierno del Estado de Morelos, Instituto de Investigaciones Jurídicas, UNAM, Universidad Cristóbal Colón, Universidad de Navarra, Universidad Panamericana, Miguel Angel Porrúa, Librero-Editor, 1992.

Recopilación de leyes de los Reynos de las Indias, Madrid, España, Por Iulian de Paredes, 1681, ed. facsimilar, México, Escuela Libre de Derecho, Miguel Angel Porrúa, 1987, 4 tomos.

Reglamento de las audiencias y juzgados de primera instancia de 9 de octubre de 1812, en Dublán, Manuel, y Lozano, José María, *Legislación mexicana o colección completa de las disposiciones legislativas expedidas desde la independencia de la república,* México, Edición Oficial, Imprenta del Comercio, 1876, tomo I

Reglamento Político Provisional del Imperio Mexicano de 18 de diciembre de 1822, en Tena Ramíez, Felipe, *Leyes Fundamentales de México,* 15 a ed., México, Ed. Porrúa, 1989.

Sumarios de la Recopilación General de las leyes de las Indias Occidentales, por Aguiar, Rodrigo de y Montemayor y Córdoba de Cuenca, Francisco de, con licencia en México, Impre*ff*os por Francisco Rodríguez Lupercio, 1677, ed. facs., México, estudio introductorio Ismael Sánchez Bella, Fondo de Cultura Económica, 1994.

B) ACTUALES

Acuerdo para el Fortalecimiento de la Asociación Económica entre los Estados Unidos Mexicanos y el Japón (AAEMJ).

Acuerdo Marco de Colaboración para promover la conformación de un Centro Iberoamericano de Arbitraje, 3 de octubre de 2012.

Amparo en revisión No. 280/98, Suprema Corte le Justicia de la Nación. Ponente Ministro Juan N. Silva Meza, Secretarioa Juan Ramírez Díaz.

CEMAC Centro mexicano de Arbitraje Comercial, México, Imprenta Richi, 1984.

Código de Comercio.

Código Federal de Procedimientos Civiles

Código de conducta para los procedimientos de solución de controversias de los capítulos XIX y XX del Tratado de Libre Comercio de América del Norte.

Código de Procedimientos Civiles para el Distrito Federal

Comisión Intercomunitaria de Honor y Justicia, *Estructura, Normatividad y Reglamentos para procedimientos de Mediación y Arbitraje,* México, D.F., 2003.

Constitución Política de los Estados Unidos Mexicanos

Corte Internacional de Arbitraje Aéreo y Espacial, Estatutos, en GARNAULT, Fernand (redactor), *Revue Francaise de Droit Aérien et Spatial,* Paris, Francia, Editions PEDONE, 1995.

Decreto de creación de la Comisión Nacional de Arbitraje Médico.

Ley de protección y defensa al usuario de servicios financieros, publicada en el Diario Oficial de la Federación del 18 de enero de 1999.

Ley Modelo de la CNUDMI o UNCITRAL.

Ley por la que se crea la Comisión para la protección del comercio exterior COMPROMEX, publicada en el *Diario oficial de la Federación* de 31 de diciembre de 1956.

Ministerial Declaration on the Uruguay Round (GATT, BISD 338/19025).

Permanent Court of Arbitration 98 th annual report, The Hague, International Bureau of The Permanent Court of Arbitration, Peace Palace 1998.

Permanent Court of Arbitration Basic Documents. Conventions, rules, model clauses and guidelines, The Hague, Permanent Court of Arbitration, 1998.

Principios UNIDROIT sobre los Contratos Comerciales Internacionales, México, Instituto de Investigaciones Jurídicas, UNAM, Centro Mexicano de Derecho Uniforme, 2007.

Programa Nacional de Modernización Industrial y del Comercio Exterior 1990-1994, Diario Oficial de la Federación de fecha 24 de enero de 1990.

Reglamento de arbitraje de la Cámara Internacional de Comercio ICC. París, 1998.

Reglamento de Conciliación de la Cámara Internacional de Comercio ICC. París, 1988.

Reglamento de Arbitraje de la Corte Internacional de Arbitraje Aéreo y Espacial, Estatutos, en GARNAULT, Fernand (redactor), *Revue Francaise de Droit Aérien et Spatial,* Paris, Francia, Editions PEDONE, 1995.
Reglamento de Mediación del Instituto Mexicano de la Mediación, A.C., México, s.f.
Reglas de arbitraje internacional de la Asociación Americana de Arbitraje, 1 septiembre de 2000.
Reglas de arbitraje del Centro de Arbitraje de México CAM. México, 1997.
Reglas de procedimiento del artículo 1904 y del Comité de Impugnación Extraordinaria del Tratado de Libre Comercio de América del Norte, publicadas en el *Diario Oficial de la Federación* de 20 de junio de 1994.
Reglas modelo de procedimiento del Capítulo XX del Tratado de Libre Comercio de América del Norte.
Tratado de Libre Comercio México Unión Europea, México, Secretaría de Comercio y Fomento Industrial, Talleres Gráficos de México, 2000, 2 tomos.
Working procedures for appellate review, WtTAB/WP1.
Cuadro 1 Número de informes adoptados del Órgano de Apelación http://www.wto.org/spanish/tratop_s/dispu_s/stats_s.htm